本书系重庆市教委 2019 年重大项目"重庆防范和化解重大社会风险研究"的成果（项目编号：19SKZDZX16）

重大社会风险的防范化解对策及其法治保障研究
——以重庆实践为视角

姜 敏 席 若 刘佳佳 等——著

图书在版编目(CIP)数据

重大社会风险的防范化解对策及其法治保障研究：以重庆实践为视角／姜敏等著． -- 北京：当代中国出版社，2023.12
　ISBN 978-7-5154-1303-7

Ⅰ.①重… Ⅱ.①姜… Ⅲ.①社会管理－法治－研究－中国 Ⅳ.①D922.104

中国国家版本馆 CIP 数据核字(2023)第 231875 号

出 版 人	王　茵
责任编辑	邓颖君　彭世帆
责任校对	贾云华　康　莹
印刷监制	刘艳平
封面设计	鲁　娟
出版发行	当代中国出版社
地　　址	北京市地安门西大街旌勇里8号
网　　址	http://www.ddzg.net
邮政编码	100009
编 辑 部	(010)66572744
市 场 部	(010)66572281　66572157
印　　刷	中国电影出版社印刷厂
开　　本	710 毫米×1000 毫米　1/16
印　　张	23 印张　3 插页　338 千字
版　　次	2023 年 12 月第 1 版
印　　次	2023 年 12 月第 1 次印刷
定　　价	98.00 元

版权所有，翻版必究；如有印装质量问题，请拨打(010)66572159 联系出版部调换。

目 录

前 言 ... 1

第一章 防范化解重大社会风险的意义和根据 ... 1
第一节 防范化解重大社会风险的提出和地位 ... 1
一、防范化解重大社会风险的提出 ... 1
二、"七类重大风险"及其防范化解的重要性 ... 2
三、重大社会风险在重大风险图谱中的地位 ... 3

第二节 防范化解重大社会风险的意义 ... 5
一、增强重庆人民的安全感和幸福感 ... 6
二、保护重庆人民的福祉和切身利益 ... 6
三、实现重庆治理能力和治理体系现代化 ... 8
四、维护重庆的发展安全和社会稳定 ... 9

第三节 防范化解重大社会风险的宏观根据 ... 10
一、"发展新的历史方位"之需：防范化解重大社会风险以护发展 ... 11
二、"一隅"亦荷"天下"：实现总体国家安全观之需 ... 13
三、坚持和巩固中国共产党执政地位的要求 ... 15
四、实践层面践行"以人民为中心" ... 16

第四节 防范化解重大社会风险的现实根据 ... 18
一、重庆特殊的地理位置、市情和战略地位分析 ... 19
二、重庆的稳定和发展面临重大社会风险的挑战 ... 21
三、防范化解重大社会风险有利于重庆的稳定和发展 ... 23

第二章 "重大社会风险"的划定与防范化解重大社会风险的挑战 ... 26
第一节 "重大社会风险"的界定和特征 ... 26
一、"风险"概念的提出和界定 ... 26

二、社会风险的界定和特征 ... 29
三、"重大社会风险"的界定和判断 ... 33
第二节 确定"重大社会风险"的原则 ... 36
一、范畴划定的基点：两点论和重点论的统一 ... 36
二、践行唯物论：从重庆的实际出发制定防范化解策略 ... 39
三、坚持发展论：以量变质变规律指导防范化解机制建构 ... 41
第三节 防范化解重大社会风险的挑战 ... 43
一、危及生命与健康的事件波及广泛 ... 43
二、侵害财产权益的严重事件屡发不止 ... 44
三、危及社会秩序的严重事件呈上升趋势 ... 45
四、污染生态环境的重大事件时常发生 ... 48
五、各类突发事件和意外事件频发不断 ... 50
六、各类群体性事件多发且形势严峻 ... 53
第四节 重大社会风险防范化解中的法治风险 ... 54
一、防范化解重大社会风险中的立法不完善 ... 55
二、防范化解重大社会风险中的司法风险 ... 56
三、防范化解重大社会风险中的执法风险 ... 57
四、防范化解重大社会风险中的公民守法问题 ... 58
五、防范化解重大社会风险中新兴技术引发的法治风险 ... 59

第三章 重大社会风险的主要类型及分析 ... 62
第一节 危及社会安全的重大社会风险 ... 62
一、突发公共事件风险 ... 62
二、公共道路交通安全风险 ... 65
三、环境污染风险 ... 71
四、粮食领域的风险 ... 77
五、教育领域的风险与举措 ... 81
第二节 危及个体生命和财产的重大社会风险 ... 86
一、特殊人群引发的社会风险 ... 86
二、经济关系失衡引发的侵害财产风险 ... 90

三、房地产领域存在严重的风险　　94
　　四、金融领域存在严峻风险　　97
　　五、违法乱纪和犯罪诱发的侵害人身和财产的风险　　103

第四章　重大社会风险指标体系构建　　106
第一节　构建重大社会风险指标体系的原则　　106
　　一、社会风险指标体系的概念界定　　107
　　二、社会风险指标体系的功能　　110
　　三、社会风险指标体系构建的指导原则　　111
第二节　重大社会风险指标体系的主要指标　　113
　　一、经济生活风险指标　　113
　　二、政治生活风险指标　　126
　　三、重大社会安全事故与治安事件风险指标　　131
　　四、生态环境风险指标　　138
　　五、公众心理感知风险指标　　145
　　六、社会生活保障风险指标　　150
第三节　重大社会风险指标体系的权重与分级　　156
　　一、重大社会风险指标体系权重的确定步骤　　156
　　二、重大社会风险指标体系一级指标的权重确定　　159
　　三、重大社会风险指标体系二级指标的权重确定　　166
　　四、重大社会风险指标体系各个指标的权重分析　　207

第五章　建构重大社会风险防范化解和应急处置机制　　214
第一节　重大社会风险的生成和演化过程　　215
　　一、重大社会风险的生成分析　　215
　　二、社会风险从"无"到"重大危机事件"的演化　　221
第二节　分时段防范化解和应急处置重大社会风险的机制构建　　224
　　一、第一道防线：未雨绸缪的"事前防范"　　224
　　二、第二道防线：风险演化过程中的"事中化解"　　233
　　三、第三道防线：风险转为危机的"事后应急"处置　　238

第三节 重大社会风险防范化解和应急处置的责任机制　　244
一、前置化的责任分配机制　　245
二、制度化的责任分配机制　　247
三、中心化的责任分配机制　　250
四、专业化的责任分配机制　　252

第四节 "依靠一切力量"防范化解和应急处置重大社会风险的机制设计　　253
一、建构重大社会风险防范化解和应急处置的指挥系统　　253
二、依托风险管理机制防范化解和应急处置重大社会风险　　255
三、发展专业机构防范化解和应急处置重大社会风险　　257
四、调动各种社会力量防范化解和应急处置重大社会风险　　258

第六章 防范化解重大社会风险的法治保障　　261

第一节 "法治"是防范化解重大社会风险的第四道防线　　262
一、重庆市重视重大社会风险防控的法治化　　263
二、法治原则是防范化解重大社会风险的第四道防线　　275
三、法治原则作为第四道防线的价值与意义　　276

第二节 立法层面:严密法网,提升立法质量　　278
一、推进防范化解和应急处置重大社会风险的法律制度建设　　278
二、提高防范化解和应急处置重大社会风险的立法质量　　282
三、推进新兴科技领域相关立法的进度　　291

第三节 司法层面:统一法律适用标准,强化司法人员法律素养　　296
一、发挥司法解释与指导性案例的引导作用　　297
二、完善各级法院法律适用分歧解决与类案检索机制　　300
三、加强对司法工作人员的素质培养　　306

第四节 执法层面:加强执法的规范性以保证执法公正　　308
一、推动建立执法公示、过程记录、重大执法决定法制审核制度　　308
二、加强执法监督:坚持法定原则、问责原则、专业性原则　　312
三、保证行政执法实现实体公正与程序公正　　315

第五节 守法层面:全民守法以助防范化解重大社会风险　　319
　　一、重庆市以"七五"普法全面推进全民守法工程　　319
　　二、以对象分类,重点结合风险防范化解进行普法　　321
　　三、多维协同推进法治教育以实现公民有效守法　　324

参考文献　　329

后　　记　　346

前　言

中国社会主义现代化建设已取得举世瞩目的成就,中华民族正在走向伟大复兴。在不断推进社会主义建设,最终实现中华民族的伟大复兴的道路上,还会遇到很多问题,需要克服诸多阻力和困难。习近平提出:"我们的事业越前进、越发展,新情况新问题就会越多,面临的风险和挑战就会越多,面对的不可预料的事情就会越多。我们必须增强忧患意识,做到居安思危。"①当改革进入攻坚期和深水区,各种矛盾会叠加,风险隐患会集聚。不仅如此,随着国际形势深刻变化,矛盾和风险隐患还会更多。

当今,防范化解重大风险已是中国共产党和人民面临的重大任务,且中国共产党要带领人民实现中华民族的伟大复兴,就必须防范化解各类风险,与各种风险作斗争,从而为社会主义建设铺平道路。对此,习近平号召:"领导干部要敢于担当、敢于斗争,保持斗争精神、增强斗争本领,年轻干部要到重大斗争中去真刀真枪干。"②习近平还论述道:"如果发生重大风险又扛不住,国家安全就可能面临重大威胁,全面建成小康社会进程就可能被迫中断。我们必须把防风险摆在突出位置,'图之于未萌,虑之于未有',力争不出现重大风险或在出现重大风

---

① 习近平:《关于坚持和发展中国特色社会主义的几个问题》,载《求是》2019年第7期。
② 《习近平谈治国理政》(第三卷),外文出版社2020年版,第223页。

险时扛得住、过得去。"①因此,习近平要求:"防范化解重大风险,是各级党委、政府和领导干部的政治职责,大家要坚持守土有责、守土尽责,把防范化解重大风险工作做实做细做好。"②在党中央的号召下,各个区域和各个领域,均重视防范化解重大风险。故此,重庆也必须解决种种风险带来的难题,创建稳定的发展环境,以保障实现重庆又好又快又稳地发展,实现重庆人民的幸福和安康。

一、中国治理重大风险的紧迫性

当代的各种风险主要是人类实践的产物,且对人类造成重大威胁。自人类文明产生以来,风险就一直存在。尽管风险在人类社会发展的各个阶段均存在,但其表现方式、显现程度、社会影响等均不同。在当前的发展阶段,像自然灾害等风险已经不再是占据主导性地位的风险。相反,人类实践行为所诱发的人为风险已成为主导性风险。申言之,在"理性至上"的旗帜之下,人们奉科学技术为圭臬,缔造了辉煌的工业文明,似乎已经将社会与自然完全置于理性的控制下。但是,随着生产力在现代化进程中的突飞猛进,风险和潜在威胁的指数同样达到了前所未有的高度。不仅如此,人类实践带来的各种风险更具多样性和破坏性。比如,现代的信息技术、生物技术、核技术等科技发展的果实,已普遍地应用到生活中的每一个角落。这些人们习以为常的科学技术蕴含着巨大的风险,其破坏力可以轻易地突破国界,甚至造成对未来数代人的损害。简言之,当代社会的风险是制度性风险,是人类创设的风险,这种风险发生的时空界限难以控制且不易确定,对人类的威胁更加严重。中国的风险形势也异常严峻,对党和国家事业产生了极大威胁,已被国家高度关注。随着风险社会的来临和我国社会转型的不断深入,无论是传统风险还是非传统风险,都对党和国家事业产生了极大威胁。

在党的十八届五中全会上,习近平指出:"我们面临的重大风险,既包括国内的经济、政治、意识形态、社会风险以及来自自然界的风险,也包括

---

① 习近平:《论坚持全面深化改革》,中央文献出版社2018年版,第182页。
② 《习近平谈治国理政》(第三卷),外文出版社2020年版,第223页。

国际经济、政治、军事风险等。"①根据习近平的论述,中国面临的重大风险主要有七类:重大政治风险、重大意识形态风险、重大经济风险、重大科技风险、重大社会风险、重大外部环境风险、重大党建风险。重大政治风险是指有可能威胁、破坏、颠覆我国主权、政权、政治制度、政治秩序的各类重大风险。重大意识形态风险是指有可能对我国主流意识形态造成冲击、可能损害、腐蚀乃至倾覆我国主流意识形态的各类风险。重大经济风险是指有可能导致人民群众无法享受经济发展成果、阻碍经济发展进程,破坏经济稳定的各类风险。重大科技风险是指科学技术在运用过程中产生的风险。重大社会风险是指对社会领域具有根本性、全局性、颠覆性影响的社会风险。重大外部环境风险是指我国领土之外,对我国国际大环境造成严重挑战与威胁的风险。重大党建风险是指可能对党员纯洁性、党领导的正确性、党组织结构的稳定性造成威胁的风险。

重大风险若不治理或治理失败,影响将十分严重。前述的这七类重大风险涉及内政外交、国计民生等诸多方面,都是能威胁到国家稳定、社会稳定、对外关系、社会发展和人民幸福的重大风险。重大政治风险、重大意识形态风险、重大党的建设风险涉及党和国家制度的根基,对这三类重大风险的防范化解是治理重大风险战略的根本性任务,直接决定和影响其他几类重大风险能否化解。重大经济风险、重大社会风险、重大科技风险关乎社会稳定与人民幸福,这三类重大风险的防范化解涉及国家能否有效管控经济发展,国家经济利益能否得到有效保障;社会矛盾能否得到有效化解,从而维持稳定;我国能否把握科技主动权顺利开展科学研究。重大外部环境风险涉及国际交往,该类重大风险的防范化解直接关涉能否为我国改革发展稳定营造良好外部环境。由此可见,重大风险的影响力和破坏力。

二、治理重大风险在中国战略决策中的地位

重大风险的应对已是我国顶层治理设计的重要考量因素,并在我国战略决策中具有举足轻重的地位。

---

① 中共中央文献研究室编:《十八大以来重要文献选编》(中册),中央文献出版社2016年版,第833页。

(一) 国家顶层针对重大风险防范化解的部署

重大风险治理至关重要,关乎国家安全和社会稳定。中国社会正处于急速转型期,随着生产关系的不断调整,社会主体的利益诉求逐渐呈现出多元化趋势。在这种背景下,我国的社会阶层布局、利益结构、思想文化也在与之同步变迁,经济社会生活的空间也在持续拓宽。这种趋势也暗含了不利影响:在释放社会能量和激发社会活力的同时,也为复杂的社会矛盾、社会风险甚或社会危机的滋生和蔓延提供了空间与条件。社会中不断冒出的新问题、新矛盾导致了社会冲突日益增多、重大风险不断激化、公众利益诉求日益多样化。同时,过去高速发展掩盖的矛盾和风险逐步显性化,我国发展中产生的各种风险也加快集聚,这严重影响社会的和谐稳定。若任由其发展,则会威胁国家安全。因此,防范化解重大风险与维护稳定和安全之间,存在内在逻辑联系。① "各种可以预料和难以预料的重大风险积累叠加,给我国社会安全和国家安全带来巨大隐患"。② 对重大风险的回应是否有效,直接影响着稳定和安全。

党和国家已把前述七类重大风险的防范化解纳入国家战略部署。如前述提及的2019年1月21日召开的省部级主要领导干部坚持底线思维着力防范化解重大风险专题研讨班开班式上,习近平不仅围绕防范化解政治、意识形态、经济、科技、社会、外部环境、党的建设等领域中的重大风险作出深刻分析,而且还作出了一系列部署,即"需要有充沛顽强的斗争精神","既要打好防范和抵御风险的有准备之战,也要打好化险为夷、转危为机的战略主动战"。③ 首先,永葆充沛顽强的斗争精神。习近平号召各级领导班子和领导干部要加强斗争历练,增强斗争本领,永葆斗争精神,以'踏平坎坷成大道,斗罢艰险又出发'的顽强意志,应对好每一场重大风险挑战,切实把改革发展稳定各项工作做实做好"。④ 其次,打好有准备之战。要加强重大创新领域战略研判和前瞻部署,抓紧布局国家

---

① 徐汉明、邵登辉:《新时代依法防范化解重大风险挑战的行动指南——学习"习近平依法防范化解重大风险挑战论述"的体会》,载《法制与社会发展》2021年第1期,第60页。
② 崔德华:《习近平风险防范观的形成脉络与价值意蕴》,载《中国石油大学学报(社会科学版)》2021年第5期,第50页。
③ 《如何打好防范化解重大风险之战,习近平这样部署》,载百家号"央视网"。
④ 《习近平:要高度重视对青年一代的思想政治工作》,载中国网。

实验室,重组国家重点实验室体系,建设重大创新基地和创新平台,完善产学研协同创新机制。最后,打好战略主动战。各级党委和政府以及各级领导干部要找准定位,主动作为,勇于担当。为了督促这些主体形成主动担当的意识,应把防范化解重大风险的责任逐层落实到具体地区、部门、单位。这些单位必须根据责任,主动各司其职,并坚持一级抓一级、层层抓落实风险的防范化解。

(二)防范化解重大风险位于国家三大攻坚战之首

继习近平在2014年4月召开的中央国家安全委员会第一次会议中将防范化解重大风险作为维护总体国家安全的重要举措以来,此后,党中央对于防范化解重大风险的关注度不断上升。2017年10月18日,习近平在党的十九大报告中提出在全面建成小康社会决胜期内要打赢"三大攻坚战",强调"要坚决打好防范化解重大风险、精准脱贫、污染防治的攻坚战,使全面建成小康社会得到人民认可、经得起历史检验"。[①] 十九大报告中"防范化解重大风险、精准脱贫、污染防治的攻坚战"的表述将防范化解重大风险列为三大攻坚战之首,这意味着防范化解重大风险的重要性。而对于重大风险的防范化解,最终都须以完善的治理体系和高超的治理能力为依托和根本。

把防范化解重大风险置于三大攻坚战之首,意味着其具有重要的战略地位。国内处于全面深化改革的关键阶段,党和国家正面临前所未有的挑战,风险类型多样且较为复杂。习近平强调:"深刻认识和准确把握外部环境的深刻变化和我国改革发展稳定面临的新情况新问题新挑战,坚持底线思维,增强忧患意识,提高防控能力,着力防范化解重大风险,保持经济持续健康发展和社会大局稳定,为决胜全面建成小康社会、夺取新时代中国特色社会主义伟大胜利、实现中华民族伟大复兴的中国梦提供坚强保障。"[②] 可见,防范化解重大风险贯穿全面建设社会主义现代化国家,实现第二个百年奋斗目标、实现中华民族伟大复兴的中国梦等

[①] 《习近平:决胜全面建成小康社会 夺取新时代中国特色社会主义伟大胜利——在中国共产党第十九次全国代表大会上的报告》,载中华人民共和国中央人民政府网。

[②] 《习近平在省部级主要领导干部坚持底线思维着力防范化解重大风险专题研讨班开班式上发表重要讲话》,载中华人民共和国中央人民政府网。

党和国家的各项伟大事业中,具有极为重要的战略地位。

三、重庆对防范化解重大风险的动员和部署

重庆在防范化解重大风险方面的任务极为艰巨。无论是化解重大政治、经济、科技风险,还是化解重大社会风险,重庆都面临各种问题的挑战。首先,宏观防控政策完善与微观风险点风险源头化解相结合不到位。这就使得重庆市难以把握重大风险的形成机理,做好主动应对更是难上加难。加强宏观防控政策完善与微观风险点风险源头化解相结合,能够对重大风险进行整体把握,促使重庆市能够积极主动地采取有针对性的措施予以应对,以最大限度地适应风险的动态变化,提高防范化解风险的能动性。其次,全方位、立体化、多层次的风险动态防控架构尚未形成。重大风险有一个产生、发展、演变的过程,因此,全方位、立体化、多层次的风险动态防控能够帮助重庆市做好动态监管,完善风险的隔离和缓冲机制,有效防范化解重大风险。① 最后,重大风险防范化解的法治化缓慢。重庆市重大风险主要靠政策性文件治理。各项重大风险治理和应急管理依据碎块化政策文件问题突出,相互衔接不够。故总体法治化成熟度不高,体系尚处在建设之中,不能最大限度地发挥防范化解重大风险制度化的效能。

习近平在视察重庆市工作时,对重庆市工作作出了重要指示。考察期间,习近平听取了重庆市委和市政府工作汇报,对重庆近年来经济社会发展取得的成绩和各项工作给予肯定。他希望重庆发挥西部大开发重要战略支点作用,积极融入"一带一路"建设和长江经济带发展,在全面建设社会主义现代化的新征程中再创新的辉煌。"落实创新协调绿色开放共享发展理念　确保如期实现全面建成小康社会目标"②是习近平对重庆市发展提出的殷切希望。重庆市要打好"三大攻坚战",最要紧的是打好防范化解重大风险攻坚战。

2019年2月1日,重庆市委常委召开扩大会议,深入贯彻习近平在省部级主要领导干部坚持底线思维着力防范化解重大风险专题研讨班上的

---

① 李颖:《防范化解重大社会风险的几个着力点》,载重庆日报网。
② 《习近平在重庆调研时强调确保如期实现全面建成小康社会目标》,载新华网。

重要讲话精神,学习贯彻中央政治局会议精神。2019年2月25日,时任重庆市委书记陈敏尔在市管主要领导干部专题研讨班上作"学习贯彻习近平在省部级主要领导干部坚持底线思维着力防范化解重大风险专题研讨班上的重要讲话精神"的主题报告,对防范化解重大风险进行了部署和动员。2020年12月9日,重庆市召开全市安全生产和社会稳定工作电视电话会议,时任重庆市委书记陈敏尔出席会议并强调要始终把安全稳定放在突出位置来抓,以维护重庆社会大局保持和谐稳定。首先,陈敏尔对防范化解重庆重大风险进行了明确的指示和动员。其中强调的重要内容包括:重庆市要深入贯彻习近平的讲话精神,要不折不扣贯彻党中央决策部署,努力推动重庆各项事业沿着正确方向不断前进。全市上下必须坚持底线思维,提高防控能力,健全防控体系,坚决打好防范化解重大风险攻坚战。其次,陈敏尔明晰了重庆当下的现实情况、防控重点及防控困境。其指出"重庆总体形势是好的,但面临的问题挑战也不容忽视。要坚持底线思维,认真研判,精准防范,有效化解政治、意识形态、经济、科技、生态、社会、党的建设等领域重大风险"。最后,陈敏尔划定了各级党委和领导干部的职责任务。陈敏尔强调"防范化解重大风险,是各级党委、政府和领导干部的政治职责。全市各级各部门要坚决落实防范化解重大风险政治责任,进行专题研究部署,做到守土有责、守土尽责"。① 为此,重庆市出台了《重庆市党政领导干部安全生产责任制实施细则》,对各级党委主要负责人等领导干部的安全生产职责等作出了明确规定,齐抓共管保安全。这些部署、措施和指示,为重庆防范化解重大社会风险进行了导航。

重庆2018年出台了《重庆市坚决打好防范化解重大风险攻坚战实施方案》,全力以赴抓安全、保稳定、促和谐。国务院办公厅2019年5月7日印发了《对2018年落实有关重大政策措施真抓实干成效明显地方予以督查激励的通报》,其中指出:河北省,江苏省,湖北省,广东省,重庆市。防范化解金融风险、营造诚实守信金融生态环境、维护良好金融秩序、健全金融消费者权益保护机制成效较好。这充分肯定了重庆市在防范化解

---

① 《陈敏尔:深入贯彻习近平重要讲话精神 坚决打好防范化解重大风险攻坚战》,载中国共产党新闻网。

重大风险方面的实践成效。重庆市委成立的坚决打好防范化解重大风险攻坚战领导小组积极发挥统筹规划作用,进一步明晰了未来的工作重点、梳理了后续的工作思路。2019年3月22日,重庆市安全生产委员会印发通知,在全市范围内认真组织开展危险化学品等涉危涉爆隐患集中排查整治工作,全面研判危险化学品生产经营储存使用以及其他涉危涉爆风险点,以企业"日周月"隐患排查治理制度落实和重点工艺、重点区域、重点设备、重点部位等为关键,全面开展检查执法,督促企业落实主体责任,扎实做好事故防范工作。除此之外,"重庆市金融监管局全面摸排金融领域重点风险隐患,修改完善金融领域重大风险攻坚战实施方案,持续深化信用卡不良中介、保险欺诈、债券违约、私募基金、互联网金融和非法集资等六大领域风险专项治理,坚决守住不发生区域性金融风险、不引发系统性金融风险的底线"。① 这些都昭示着重庆层层落实防范化解风险的工作安排,且取得了有效的成绩。

但针对现有的问题以及实现重庆市委的部署,重庆还需建立长效机制予以防控重大风险。从现实情况和防范化解重大风险的一般原理看,重庆防范化解重大风险应从以下三个维度进行。第一,构建合理的重大社会风险指标体系。"任何社会过程与社会结构的存在都非偶然因素作用的结果,它的生成、演化等有其自身的规律性。"②因而,提升观察和预判风险的能力就显得尤为重要了。如习近平所指出:防范化解重大风险的关键之一在于"要加强对各种风险源的调查研判,提高动态监测、实时预警能力,推进风险防控工作科学化、精细化,对各种可能的风险及其原因都要心中有数、对症下药、综合施策"。③ 而重大社会风险指标,能帮助实现此目的。第二,构建长效防范化解重大风险的机制。根据风险的生长机理和风险防范化解的一般原则,在重庆防范化解重大风险应对机制的构建中,须设置多道风险应对防线,厘清风险应对层次。也即在根本防线的构建上,要以总体国家安全观为指导原则,坚持党的领导,压实各级政府的责任主体地位;在风险演化过程中,注重"事前预防、事中化

---

① 黄光红:《重庆防范化解金融风险成效明显》,载《重庆日报》2019年5月13日。
② 邓伟志:《关于社会风险预警机制问题的思考》,载《社会科学》2003年第7期,第66页。
③ 《习近平谈治国理政》(第二卷),外文出版社2017年版,第82页。

解";在风险转为危机的过程中,做好"事后应急"。第三,提高重庆防范化解重大风险的法治化程度。防范化解重大风险是国家管理的体现,因此,全面实行依法治国要求防范化解重大风险必须在法治的轨道上进行,防止在防范化解风险时衍生出新的社会风险。

第一章　防范化解重大社会风险的意义和根据

第一节　防范化解重大社会风险的提出和地位

一、防范化解重大社会风险的提出

从时间轴上看,习近平和党中央是逐步明确防范化解重大风险之战略的。2012年11月15日,习近平在党的十八届一中全会上首次提出:"面对复杂多变的国际形势和艰巨繁重的国内改革发展稳定任务,我们一定要居安思危,增强忧患意识、风险意识、责任意识,坚定必胜信念,积极开拓进取,全面做好改革发展稳定各项工作,着力解决经济社会发展中的突出矛盾和问题,有效防范各种潜在风险"。① 这就警示全党要重视防范化解重大风险,并指出有效防范各种潜在风险的重要性。其后,2014年4月15日,在中央国家安全委员会第一次会议上,习近平再次强调"增强忧患意识,做到居安思危",并把其提高到重大原则的高度上:"增强忧患意识,做到居安思危,是我们治党治国必须始终坚持的一个重大原则。"② 继

---

① 《下好先手棋　打好主动仗——习近平总书记关于防范化解重大风险重要论述综述》,载《人民日报》2021年4月15日,第1版。
② 《"我们必须增强忧患意识,做到居安思危"》,载求是网。

后,习近平在多个重大会议上,明确指示要重视防范化解重大风险。

2015年10月29日,在党的十八届五中全会第二次全体会议上,习近平明确指出:"我们必须把防风险摆在突出位置,'图之于未萌,虑之于未有'"。① 2016年1月18日,在省部级主要领导干部学习贯彻党的十八届五中全会精神专题研讨班开班式上,习近平又指出:"当前和今后一个时期,我们在国际国内面临的矛盾风险挑战都不少,决不能掉以轻心。"② 直至2019年1月21日,省部级主要领导干部坚持底线思维着力防范化解重大风险专题研讨班上,习近平在讲话中就防范化解政治、意识形态、经济、科技、社会、外部环境、党的建设等领域重大风险作出了深刻分析,提出了明确要求。其中防范化解重大社会风险,是随着"防范化解重大风险"的战略国策一起提出来的。

二、"七类重大风险"及其防范化解的重要性

"七类重大风险"是习近平对中国面临的重大风险进行的体系性阐述。前述七类重大风险可以概括为三部分:第一部分包括政治、意识形态以及党的建设方面的风险;第二部分包括经济、社会和科技方面的风险;第三部分是有关外部环境方面的风险。这三部分风险又可分为内外两个层面的风险。内部层面的风险是第一、二两个部分包括的风险,外部层面的风险是第三部分的重大外部环境风险,主要是指中国外部的因素诱发的风险,比如,某些霸权国家对中国的干预,国家之间的冲突等。需要再说明一点的是,尽管国家战略中提出了三大部分七小类风险,但它们并不是截然分开的。尤其是某些风险转化后,还会变为另外一种风险。比如,一般情况下党员干部的工作作风问题,党员干部的贪污腐败问题,可归入社会风险之中。但若发展到一定的程度,当其会直接威胁社会主义制度等上层建筑时,就演化为政治、意识形态风险了。

"七类重大风险"的防范化解极具重要意义。第一部分中的政治安全是国家安全的根本,防范化解重大政治风险"是事关中国共产党执政地

---

① 《如何打赢三大攻坚战,习近平这样说》,载党建网。
② 《下好先手棋　打好主动仗——习近平总书记关于防范化解重大风险重要论述综述》,载《人民日报》2021年4月15日,第1版。

位的巩固和国家长治久安的根本性问题"①。若对此类风险防范化解不到位,则会动摇根本。"意识形态关乎旗帜、关乎道路、关乎国家政治安全"②,也是事关我党执政根基的重要方面,因此,防范化解重大意识形态风险不仅关涉思想意识形态纯粹与否,也同样关系到执政问题。在第一部分风险中,党员队伍的建设是重中之重,因此,防范化解重大党建风险,注重队伍的纯洁性、决策科学性的建设,事关党的领导的先进性和正确性。在第二部分中,发展经济是我国在较长历史时期内的总目标,是党改善人民群众生活的重要举措,是激发和促进社会活力的重要手段。故防范化解重大经济风险事关国家稳定发展的重大问题。在当代社会,科技深入社会生活的方方面面,科技风险是现代社会风险的集中体现。因此,防范化解重大科技风险是风险治理的重要内容。重大社会风险也属于第二部分的一种,防范化解此类风险的意义下面叙之。第三部分的重大外部环境风险是影响着我国"构建人类命运共同体"号召的实现,也影响着我国的国际形象以及我国国际贸易、国际合作的开展,故防范化解重大外部环境风险,事关我国国际战略的实现。

三、重大社会风险在重大风险图谱中的地位

重大社会风险是国家重大风险图谱中的一种,是内部风险,同时也是和第一部分中意识形态风险对应的一种风险。当然,此处属性的归属具有相对性,即一般而言,重大社会风险是内部风险,但存在一些特殊情况。无论是外部的还是内部的诱因,从前述论及的"重大风险"的体系来看,"重大社会风险"是与"社会安全和稳定"紧密联系的风险。在第一部分风险中,无论是政治、意识形态风险,还是党的建设方面的风险,均会威胁"上层建筑"的风险,即直接威胁社会主义制度、党的执政地位等风险。重大社会风险是与经济和科技风险并列的风险,不会直接冲击"上层建筑",但这种风险会直接威胁"社会安全和稳定",且和民生问题紧密联

---

① 魏继昆:《习近平关于新时代中国共产党抵御重大风险的思想论析》,载《社会主义研究》2019年第1期,第5页。

② 中共中央党史和文献研究院编:《习近平关于总体国家安全观论述摘编》,中央文献出版社2018年版,第111页。

系。如失业、环境事故等风险,都会严重影响公民的生活。同时,作为一种内部风险,重大社会风险主要是由中国内部原因诱发的风险,如党的建设不到位、交通管理不善等诱发的风险。从社会实践看,重大社会风险所涉及的公共安全、社会安全、医疗、教育等领域皆为重要的民生领域,甚至在某些层面,有关国家安全的意识形态等风险,也会引起重大的社会秩序混乱。故如下详细论及的,防范化解重大社会风险直接关涉人民群众的安全感、幸福感、获得感,在某些情况下,也会涉及国家安全。

重大社会风险在重大风险体系中有着重要的地位。重大社会风险在重大风险体系中属于中观层次,上接上层建筑,下接民生。重大社会风险是社会矛盾发展到一定阶段的产物,由各社会问题而引发的矛盾日益增多,并且会越来越表面化和激烈化。如此,社会矛盾就会演化成为重大社会风险,直接威胁到党和国家的长治久安,若该类风险得不到防范化解,就会升级为大规模的群体性事件甚至引发社会危机,进而向上一个层次的重大风险转化。最终,也可能直接危害国家稳定与发展。另外,防控重大社会风险需要着力解决民生问题,将风险源头的涌现扼杀在萌芽阶段,从而避免造成风险叠加的后果,即积累的风险集中爆发引起社会的动荡,严重威胁社会的稳定与发展。因此,习近平在防范化解重大风险的战略部署中特别指出:"维护社会大局稳定,要切实落实保安全、护稳定各项措施,下大气力解决好人民群众切身利益问题,全面做好就业、教育、社会保障、医疗卫生、食品安全、安全生产、社会治安、住房市场调控等各方面工作,不断增加人民群众获得感、幸福感、安全感。"[①]确实,重大社会风险涉及各个重要的民生领域,对于人民群众的生存至关重要。如若防范化解不当,将会直接削弱人民群众的获得感、幸福感、安全感,其重要性不言而喻。因此,重大社会风险的防范化解不仅关系到人民群众的生命健康和财产安全,也关系到国家的长治久安。从这个层面看,重大社会风险在整个风险体系中,有着承上启下的重要地位。

重大社会风险的防范化解确实至关重要。"总体国家安全观"的逻辑体系为"以人民安全为宗旨,以政治安全为根本,以经济安全为基础,以

---

① 《习近平:提高防控能力着力防范化解重大风险 保持经济持续健康发展社会大局稳定》,载百家号"海外网"。

军事、文化、社会安全为保障,以促进国际安全为依托"①的五内涵要素逻辑体系。由此和其他章节论及的社会风险的含义和特征看,重大社会风险关乎"社会安全"和"人民安全"。与其他六类重大风险相比,重大社会风险涉及的主要内容,均关乎人民的福祉。确实,只有社会安宁了,人民才能安居乐业,谋取发展以促进国家和民族的复兴。无论是意识形态、政治、国际和科技等安全,均必须依托社会的安全和稳定。这彰显了重大社会风险在国家顶层绘制的"重大风险图谱"中的重要意义,同时,也进一步彰显了国家对重大社会风险予以防范化解的战略意义。

第二节 防范化解重大社会风险的意义

近年来,重庆市不断积极探索实践,通过创新管理模式、整合社会资源,努力防范化解重大社会风险。基于前述论及的重大社会风险在重大风险体系中的地位,其与民生、社会等的紧密关系以及重庆重大社会风险的严峻局势,重庆防范化解重大社会风险理应具有重要意义。从《重庆市国民经济和社会发展第十四个五年规划和二〇三五年远景目标纲要》的内容看,也对防范化解风险进行了规划,比如,在第 2 章第 3 节就规划了"防范化解重大风险体制机制不断健全,突发公共事件应急能力显著增强,自然灾害防御水平明显提升,发展安全保障更加有力,平安建设迈出重大步伐"。在第 33 章第 2 节"严密防控环境风险"规划了"建立全过程、多层级环境风险防范和应急处置体系,夯实生态环境监测预警能力建设和技术储备,有效防范和降低生态环境风险。强化危险废物环境监管和化学品环境风险管控,提高危险废物和医疗废物处置能力。实施化学物质生态环境管理制度,加强重金属污染防控。提升核与辐射安全精细化、专业化监管水平,强化放射性废物和电磁环境管理"等内容,这均能提升治理水平。确实,防范化解重大社会风险推进防范化解重大风险机制不断健全,能够为重庆的"统筹发展与安全"和"高水平的平安重庆"建设

---

① 《在中央国家安全委员会第二次会议上的讲话》,载《人民日报》2014 年 4 月 16 日,第 1 版。

提供保障,具有重要的意义。

一、增强重庆人民的安全感和幸福感

重大社会风险关涉民生问题。如前述论及的,重大社会风险与政治风险等其他内部风险以及外部风险有很大差异,其最为"接地气",即与民生问题紧密关联。民生问题是与百姓生活密切相关的问题,是人民群众最关心、最直接、最现实的利益问题。民生问题包含三个层次:第一,基本生计,即衣食住行等基本生活保障;第二,发展机会,即充分就业、社会正常流动等保障;第三,社会福利,即在解决了民众基本生存和发展机会之后,进一步提升全面生活质量的福利问题。可见,民生问题触及社会领域的方方面面。而重大社会风险又无一例外地危及民生,因此,有效防范化解重大社会风险,对于社会稳定、人民安居乐业和幸福生活而言十分重要。

重庆防范化解重大社会风险,有利于增强重庆人民的安全感和幸福感。党的十九大报告指出,党的初心和使命就是为中国人民谋幸福、为中华民族谋复兴。而且防范化解重大社会风险,归根结底也是为了人民幸福和民族复兴。不论哪一方面的风险,最终都会波及人民的福祉。重庆基于地理条件以及发展状况,还会有一些特殊的重大社会风险。除了可能会危及民生的重大社会风险外,其他重大社会风险和国家宏观战略层面的重大社会风险一样,均会涉及社会安全等民生问题。从局部层面看,重庆防范化解涉及民生问题的重大社会风险,是为重庆人民谋福利,能为重庆的发展和兴旺提供保障。而更直观的效果就是,重庆防范化解重大社会风险,能够使重庆人民群众免遭灾难,能提升人民群众的安全感和幸福感。

二、保护重庆人民的福祉和切身利益

重庆重视对人民利益的切身维护。时任重庆市委书记陈敏尔强调,要认真学习贯彻党的十九大精神,以习近平新时代中国特色社会主义思想为指引,坚持以人民为中心,抓住人民最关心、最直接、最现实的利益问题,扎实做好保障和改善民生工作,不断满足人民日益增长的美好生活需要。① 为此,重庆市委市政府为切实安排好、落实好、解决好人民群众反映的相关问题,展开了动员与工作部署。比如,重庆市大力督促各级党员干部下基层、接地气、摸实情,其目的在于办实事、解民困、暖民心。重庆市委市政府持续不断深入基层,听取吸收他们对当前防范化解重大社会风险工作的建议和意见,掌握基层群众的所思所想,从而真正地达到解民忧、解民怨、解民困的目的。除此之外,面对事关人民群众的重大社会风险,重庆市委市政府还开展了事关群众利益问题的专项治理,通过不断加大对教育收费、医疗服务、住房保障、征地拆迁、食品药品安全、安全生产、环境保护等方面突出问题的专项治理力度,加大对食品药品安全事故和环境违法问题的责任追究力度,进一步加强对住房公积金、社保基金、扶贫和救灾救济资金等专项资金的监督管理,继续强化对各级强农惠农政策执行落实情况的监督检查。

重庆还存在很多重大社会风险,需要防范化解以维护人民的切身利益。就目前看,威胁重庆人民切身利益的重大社会风险分为三类:第一类是危害日常安全型利益的风险。这种社会风险与重庆广大民众的日常生产生活息息相关,最为普遍和常见,往往导致民众生命和财产的重大损失。如社会黑恶势力违法犯罪、重大生产生活事故等风险。第二类是危害基本需求型利益的风险。这类风险源于社会治理、社会政策、社会服务等方面的低效果,以至于无法满足民众的基本需求。如民众对就业、医疗卫生、治安等方面不满而单独或联合采取的非常规表达或抗争行为,引起社会舆论混乱和冲击政府公信力等不稳定状况。第三类是危害重大利益型风险。这些风险致使重庆民众的利益被剥夺或相对被剥夺,在缺乏补偿的激化下演化成社会重大风险。如在征地拆迁或重大决策中对民众利益补偿不当或利益损害而导致的群体性事件等。② 当然,某些意识形态、党的建设等风险,也会引起重庆民众的民心浮动,甚至社会的骚乱等,也会危及重庆人民的生活利益。重庆继续对这些社会重大风险进行防范化解,能够有助于切实维护好重庆市民众多层次的切身利益。

---

① 《陈敏尔:坚持以人民为中心 不断满足人民日益增长的美好生活需要》,载中国共产党新闻网。

② 吴世坤、郭春甫:《社会重大风险起源、界定与防范化解》,载《社会治理》2019年第5期,第63页。

三、实现重庆治理能力和治理体系现代化

治理体系和治理能力现代化是具有重要战略意义的"两个现代化"。习近平在党的十九届四中全会上指出:"我们要打赢防范化解重大风险攻坚战,必须……推进国家治理体系和治理能力现代化"。[1] 国家的治理能力和治理体系现代化是由社会各个方面、各个层面、各个领域的治理能力和治理体系现代化组成的,其中,治理重大社会风险是治理能力和治理体系现代化的重要举措和重要内容。重庆作为西部重要的城市,是长江上游地区经济中心、国家重要的现代制造业基地和西南地区综合交通枢纽,是国家重要的中心城市之一。因此,其必须实现良好的治理,从而保持稳定和发展。但要达到此目的,就必须采取措施实现治理能力和治理体系的现代化。

重庆当前的严峻社会风险给重庆的治理能力和治理水平提出了挑战。当前,重大社会风险越来越复杂,呈现许多新趋势、新特征,主要表现为"合并效应""联动效应""放大效应",不同效应之间相互共现、协同交织,构成了错综复杂的现代社会重大风险新图景。[2] 重庆市的重大社会风险的"合并效应""放大效应"也极为突出。过往,重庆市重视对 GDP 增速的追求,经济发展质量和效益、社会建设、社会管理、环境资源、文化发展等只能退居角落,积累了众多矛盾。不仅如此,当前的重庆也处于深入转型期,转型速度之快、规模之广、强度之大前所未有。这也导致重庆社会的各个方面均涌现出诸多新矛盾。新旧矛盾因"合并效应"呈现交叉叠加的总体特征,提高了重大社会风险的爆发率并加强了重大社会风险的复杂程度,如征地风险、拆迁安置风险、干群风险、劳资风险、就业风险、医患风险、金融风险、公共卫生风险等风险竞相爆发。而且,在互联网和舆论旋涡的放大机制作用下,风险点可以迅速扩散,实现从点到面的多维度多向度的发展格局,形成舆论旋涡,放大风险的影响程度。因此,重庆市重大社会风险"合并效应""放大效应"给重庆的治理能力和治理水

---

[1] 《习近平谈治国理政》(第三卷),外文出版社 2020 年版,第 113 页。
[2] 吴世坤、郭春甫:《社会重大风险起源、界定与防范化解》,载《社会治理》2019 年第 5 期,第 64 页。

平带来了严峻的挑战。

重庆不断落实治理能力和治理体系现代化的政策,并不断推进治理能力和治理体系现代化建设。2021年9月18日,重庆市召开加强和创新基层治理工作推进会,时任重庆市委书记陈敏尔出席会议并讲话。陈敏尔在讲话中强调,要推进基层治理体系和治理能力现代化建设。陈敏尔指出,党的十八大以来以习近平同志为核心的党中央高度重视基层治理工作,并且提出了一系列新理念、新思想、新战略。这些国策、新思想和新战略,对于重庆治理具有重要的指导意义。重庆对于整个国家和宏观战略而言,是属于"基层"。基层治理是国家治理的基石,"基础不牢,地动山摇。近年来,我们牢固树立大抓基层、抓实基层的鲜明导向,深化'枫桥经验'重庆实践,基层治理体系和治理能力现代化水平不断提升"。①

四、维护重庆的发展安全和社会稳定

社会安全和稳定是重庆发展的基础和前提。正如前面所述,社会安全和稳定是国家持续发展的一个基本构成要素,维护社会安全和稳定是保障其发展环境的基础性工程,是一个民族和国家得以兴盛的前提。②不仅如此,国家高度重视维护社会安全和稳定工作,已经将其专章纳入《中华人民共和国国民经济和社会发展第十四个五年规划和二〇三五年远景目标纲要》,成为我国"十四五"规划的重要目标。对于重庆而言,也不例外。在《重庆市国民经济和社会发展第十四个五年规划和二〇三五年远景目标纲要》中,重庆市明确将"统筹发展与安全 守住安全发展底线"作为11项重点任务之一,并将"维护社会稳定和安全"作为其中重点的一方面。重庆市维护社会安全和稳定是重庆人民生活正常运行的必要条件,是重庆社会进步和发展的基础。尤其是"成渝双城经济圈"战略的落实,更需要稳定安全的环境。因此,必须保证重庆社会各个层面的安全和稳定。

重庆各个方面需要进一步采取措施维护稳定、保障安全。从民生领

---

① 《重庆:推进基层治理体系和治理能力现代化建设》,载中国新闻网。
② 李笃武:《政治发展与社会稳定——转型时期中国社会稳定问题研究》,学林出版社2006年版,第81页。

域看,重庆需要下大气力解决好人民群众的切身利益问题,全面做好就业、教育、社会保障、医药卫生、食品安全、安全生产、社会治安、住房市场调控等各方面工作,不断增强人民群众的获得感、幸福感、安全感。从犯罪领域看,重庆需要进一步治理犯罪以保障人民群众的合法权益。比如,涉众型经济案件依然严重,已经成为社会"毒瘤",严重扰乱了社会经济健康发展,也影响社会稳定;涉黑涉恶人员及其保护伞的行为严重危害社会公共安全秩序,侵害人民群众合法权益,对此,还要继续推进扫黑除恶专项斗争,以推动解决重庆社会治理的深层次问题;也需要重视社会治安防控体系,增强人民群众安全感。从居民日常生活看,需要日常的公正执法与严格管理,依靠公权力维护重庆人民的生活秩序。诸如此类的问题如果不得到解决,则会影响重庆各个层面的建设,最终影响重庆的发展和稳定。

防范化解重大社会风险才能维护重庆的社会安全和稳定。当前,重庆市社会发展的任务是顺利完成"十四五"规划,并逐步走向现代化社会。在"渐进型"社会转型过程中,安全与稳定为社会转型提供秩序,安全与稳定是社会转型行稳致远的关键。伴随着重庆市现代化社会转型过程,重庆面临的重大社会风险嵌入社会的各个领域,重大社会风险诱发的重大事故和危机也使重庆的安全和稳定受到严重威胁。前述论及的各种重大社会风险是"十四五"规划、重庆全面发展和实现治理现代化的重要障碍,也是最为严峻的挑战。夯实社会风险治理的基础性保障,防范化解重大社会风险,织密织牢社会安全之网,才能稳定减少冲突,促重庆社会长远发展。

第三节　防范化解重大社会风险的宏观根据

防范化解重大风险的战略地位逐渐被强化,防范化解重大社会风险的战略地位也就被逐渐强化。党和国家不仅提出和论述了要防范化解重大风险,而且从宏观层面对其进行了战略部署。除此之外,防范化解重大风险也是国家发展需要。因此,党和国家的发展战略和对防范化解重大风险的部署,是重庆防范化解重大社会风险的重要根据。

一、"发展新的历史方位"之需:防范化解重大社会风险以护发展

中国的发展已进入"发展新的历史方位"的阶段。习近平在党的十九大报告中指出,经过长期努力,中国特色社会主义进入了新时代,这是我国发展新的历史方位。"发展新的历史方位"这一政治判断,是对中国发展概况、发展方向和发展使命的高度总结和概括,其有着深刻的含义。从发展概况看,"新时代"是对党和国家发展历史方位的精准定位。① 从发展使命看,中国共产党要率领全体中华儿女勠力同心、奋力实现中华民族伟大复兴的中国梦。站在新的历史方位,要想沿着发展方向实现发展使命,我们必须坚守初心,坚持自己的发展战略,即以习近平新时代中国特色社会主义思想为核心,对经济、政治、法治、科技、文化、教育、民生、民族、宗教、社会、生态文明、国家安全、国防和军队、"一国两制"和祖国统一、统一战线、外交、党的建设等各方面进行全面谋划,全面发展。

"发展新的历史方位"的实现需要安全的发展环境,只有在安定的环境下才能保障各项事业的发展,才能实现民族复兴。党的十九届五中全会审议通过的《中共中央关于制定国民经济和社会发展第十四个五年规划和二〇三五年远景目标的建议》中,"发展"一词出现 195 次,"安全"一词出现 66 次,表明发展和安全将是贯穿新发展阶段的两件大事。② 因此,安定的环境需要稳定的社会秩序。从目前情况看,重大社会风险是威胁稳定社会秩序的隐患,因此,基于维护稳定的社会秩序就需要防范化解重大社会风险。国家也通过部署和安排来保护社会各个层面的安全,以维护社会秩序。比如,在《中华人民共和国国民经济和社会发展第十四个五年规划和二〇三五年远景目标纲要》的第 15 编专门规划了"统筹发展和安全 建设更高水平的平安中国",并通过 52 章"加强国家安全体系和能力建设"、第 53 章"强化国家经济安全保障"、第 54 章"全面提高公共安全保障能力"、第 55 章"维护社会稳定和安全"等,对"发展安全"和"建设平安中国"进行了详细规划。无论是国家安全体系和能力建设、国

---

① 时和兴:《深入理解国家发展新的历史方位》,载中国共产党新闻网。
② 中宏国研原创:《"发展"和"安全"将是"十四五"时期的两件大事》,载经济形势报告网。

家经济安全保障、公共安全保障能力,还是维护社会稳定和安全的号召等,都体现了对重大社会风险可能涉及的领域的重视,这更进一步喻示了防范化解这些领域重大社会风险的紧迫性和必要性。从目前的局势看,对国家和社会稳定最重要的挑战就是各种重大社会风险。前述已分析到,当前各种领域的重大社会风险均十分严峻,且无论是内部还是外部环境,均存在严重的社会风险。从外部维度看,外部环境深刻变化,世界体系和战略格局深刻演变,全球动荡源和风险点增多。在国际事务中,国际反华势力蓄意制造国土安全、经济、政治等风险挑战,我国若不能作出及时妥善的应对,将在国际体系的深刻变化以及国际战略格局深度调整中失去话语权;与部分国家之间的结构性矛盾、进程性冲突和观念性对立将被片面扩大,多边合作将受到严重阻碍,甚至被孤立。相对于外部风险,国内内部风险挑战更加复杂。就上层建筑层面看,近年来,不断有外部势力企图侵犯国家主权,破坏领土完整;刻意进行意识形态渗透,意图颠覆国家政权和社会主义制度。从社会领域看,经济下行压力增大,消费动能和潜能疲弱风险、就业风险、通胀风险、供应链紊乱风险接踵而至;社会结构深刻变动,人民群众利益要求多样,社会矛盾多发,出现了诸多风险,如安全生产与应急管理风险、食品安全风险、药品安全风险、贫富差距风险等。我国的内外部风险挑战存在于多领域、多层次、多方面,且面临风险挑战的整体态势呈现复杂严峻的局面。

因此,防范化解重大风险早已被列为"三大攻坚战之首"的战略高度,而且也是《中华人民共和国国民经济和社会发展第十四个五年规划和二〇三五年远景目标纲要》中的内容。习近平多次提及风险防范问题,并提出要把防范化解重大风险置于"三大攻坚战"之首。防范化解重大风险是持续推进精准脱贫和污染防治的前提条件,是预防可能发生的结构性困局的一道坚实屏障。有效防范化解重大风险,健全重大风险监管体系将为精准扶贫和污染防治工作的深入开展提供稳定的大后方。① 而如在前言中论及的,重大社会风险作为七种风险中的一种,其战略地位也进一步被强化。《中华人民共和国国民经济和社会发展第十四个五年规

---

① 许中波、戴康:《"三大攻坚战"的逻辑证成与治理结构》,载《山东行政学院学报》2021年第1期,第35页。

划和二〇三五年远景目标纲要》也极为重视各类风险的防控,并进行了详细的规划,如严密防控环境风险、改善环境质量、深入开展污染防治行动,强化经济安全风险预警,健全金融风险预防、预警、处置、问责制度体系,加强生物安全风险防控,完善国家应急管理体系和健全社会矛盾风险防控协同机制,等等。无论是作为"三大攻坚战"之首的战略地位,还是《中华人民共和国国民经济和社会发展第十四个五年规划和二〇三五年远景目标纲要》再次对前述风险防范化解的重点规划,均意味着防范化解重大社会风险的艰巨性和紧迫性。

二、"一隅"亦荷"天下":实现总体国家安全观之需

总体国家安全观是当代中国治国理政的重大原则。正如前所述,我国发展正处于全新的历史方位。在新的历史方位中,我国国家安全也呈现新特点、新趋势。故在此背景下,我国国家的安全需求更为多样,安全标准要求也更为严格。针对国家安全需求的现实状况,2014年4月15日,习近平在主持召开中央国家安全委员会第一次会议时提出坚持总体国家安全观,走出一条中国特色国家安全道路。习近平在党的十九大报告当中更是明确强调:"坚持总体国家安全观。统筹发展和安全,增强忧患意识,做到居安思危,是我们党治国理政的一个重大原则。"[①]总体国家安全观是中国共产党治国理政经验的总结和提升的表现,如有学者认为的那样:"总体国家安全观是中国共产党在数十年的执政过程中对治国理政、国家安全、社会稳定等重大政治问题探索和思考的结晶。"[②]还有学者认为,总体国家安全观"是我们党历史上第一个被确立为国家安全工作指导思想的重大战略思想,是以习近平同志为核心的党中央关于国家安全理论的重大创新,是习近平新时代中国特色社会主义思想的重要组成部分"。[③] 从这些论述中可以发现,总体国家安全观是基于国家、社会变化

[①] 中共中央党史和文献研究院编:《习近平关于总体国家安全观论述摘编》,中央文献出版社2018年版,第13页。
[②] 郑旭涛:《总体国家安全观:新时代中国国家治理的重要指导思想》,载《学习与探索》2020年第1期,第49页。
[③] 江锡华:《总体国家安全观大格局思维分析》,载《毛泽东邓小平理论研究》2020年第5期,第22页。

的新形势而对国家安全所作的新阐释,具有深刻的历史积淀和现实基础。

在当代,各种风险是国家安全的重大威胁。总体国家安全观的核心内容是"安全",且安全是发展的条件,是国家富强和人民幸福的根本保障。"安全"的基本含义通常指人没有受到威胁、危险、危害、损失,人类的整体与生存环境资源的和谐相处,互相不伤害,不存在危险的隐患,是免除了不可接受的损害风险的状态。① 故"安全"天然含有无风险的要求,保证安全需保证无风险。当"安全"的主体限于个人层面时,个人只需回避风险,实现无风险状态就可以保证个人安全。但是对于国家而言,其安全不仅要经受国内环境与国外环境双重影响,而且还要兼顾政治、经济、文化、科技、生态等各个方面的因素。只有各方都达到某种平衡稳定,国家层面的安全才能得到保证。

防范化解重大风险是实现总体国家安全观的方法和举措。只有做好重大风险的防范化解工作,才能切实保障总体国家安全观的实现。习近平强调防范风险挑战既要有先手,又要有高招;既要打好有准备之战,又要打好化险为夷、转危为机的战略主动战。所以,实现总体国家安全需要统筹各方,将提前防范与针对化解相结合,通过采取切实有效的措施和方法,保证国家安全。故防范化解重大风险是总体国家安全观的应有之义,甚至可以认为,防范化解重大风险是实现总体国家安全观的重要措施、方法、内容。总体国家安全观把国家安全应对处置关口前移,突出事前预防、防范化解的重要地位和作用,把国家安全提升到防范化解的全流程治理高度。因此,从总体国家安全观总要求到具体环节,从国家层面到地方层面,从国际层面到国内层面总体,均始终把着力防范化解重大风险贯穿维护总体国家安全的全过程。② 各个领域的安全都需要保障与实现,才能实现国家的总体安全。

重庆"一隅"亦涉"全局",重庆要防范化解重大社会风险,就应把总体国家安全观作为防范化解重大社会风险的指导原则。重庆的安全和稳定与全中国的安全和稳定是部分与整体的关系,但部分和整体的关系都

---

① 中国社会科学院语言研究所词典编辑室编:《现代汉语词典》(第7版),商务印书馆2016年版,第7页。
② 马宝成:《全面践行总体国家安全观 着力防范化解重大风险》,载《行政管理改革》2019年第4期,第18页。

是相互作用的关系。黑格尔认为部分和整体"之间是相互联系的,是彼此不可分割的"。即"整体是从部分组成的;以致没有部分,它便什么也不是"。同样,若"全体虽为部分所构成,但全体一经分割成部分,便失其为全体"。① 因此,重庆社会的安全稳定亦关乎全国的稳定和安全,即重庆"一隅"亦荷重"天下"。从这个层面看,"谋一隅"亦"谋全局"。重庆防范化解重大风险,谋求重庆的稳定和安全,也是谋全国的安全和稳定;全国性战略的总体国家安全观,也是重庆安全战略的重要内容,甚至是其指导原则。因此,重庆防范化解重大风险必须以总体国家安全观为指导原则。有学者认为:"坚持总体国家安全观,是习近平新时代中国特色社会主义思想的重要组成部分,不仅是我国国家安全的指导思想,也为其他方面工作提供了重要的理论和方法论支撑,是有效防范化解重大风险的科学指南和根本遵循。"②还有学者认为:"习近平新时代总体国家安全观是多风险社会下防范化解重大风险,完善国家治理体系和治理能力现代化的重要理论指导。"③重庆当然不能例外,在防范化解重大社会风险这一问题上,应当坚持以总体国家安全观为指导性原则。

三、坚持和巩固中国共产党执政地位的要求

防范化解重大风险事关党的领导地位的稳固。社会主义及其制度的优越性,主要是由党的领导体现和实现。防范化解重大风险事关社会和谐稳定,是衡量执政党领导力、检验政府执行力、评判国家动员力、体现民族凝聚力的一个重要方面。④ 防范化解重大风险是民生所需,而民生连着民心,民心关系国运。古今中外,因为防范化解重大风险不力,影响国运的先例不胜枚举。远有我国古代封建王朝崩溃于土地兼并,因土地兼并对农民持续地盘剥和压榨,加之天灾人祸或者苛捐杂税过重,导致爆发

---

① [德]黑格尔:《逻辑学》(下卷),商务印书馆1976年版,第158页。
② 孙东方:《坚持总体国家安全观 防范化解重大风险》,载《中国党政干部论坛》2020年第5期,第61页。
③ 温志强、李永俊:《国家重大安全风险化解的理论逻辑与实践路径》,载《江淮论坛》2020年第1期,第37页。
④ 闪淳昌:《坚持总体国家安全观 防范化解社会领域重大风险》,载《劳动保护》2019第4期,第11页。

大规模的农民起义,给中央集权制的封建社会带来了一种政治、经济综合性风险;近有经济不景气结合外国势力干预形成的"颜色革命",其对基层民众的政治性煽动,使得群体性矛盾直接上升为针对国家政治安全的重大威胁,引发了东欧剧变、苏联解体以及阿拉伯世界剧变。可见,重大风险的防范化解,与国家基本制度关系紧密,从而也与执政党的地位稳固紧密关联。所以,要想坚持和维护党的领导,就必须防控重大风险。

历史实践和现实成绩证明,中国共产党防范化解了无数风险,既巩固了执政地位,也带领人民过上了幸福的生活。近代中国史,是中华民族一次次攻坚克难,化解风险的奋斗史。从广义上来讲,历史上的中国,推翻帝制、抗击列强、改革建设都是化解重大风险,并实现复兴的典型。[①] 改革和建设是应对时代风险的治症良方,也是中华民族不断走向胜利的见证。这近百年的风云历程表明,只有在党的领导下,才能取得胜利,才能维持社会主义制度的稳定。习近平在2018年"1·5"重要讲话中,回溯了中华民族一百多年所遇到的灾难和风险。确实,社会主义道路,人民谋幸福的道路,绝非康庄大道或平稳坦途,而是一次又一次防范化解重大风险之路。而当下,如前述论及的,新时代中国人民面对的风险更是复杂多变的。同时,中国正处于由大向强、将强未强的关键时期。在这一关键时期,中国既要攻坚克难,也要闯关夺隘;既面临过去长期积累的各种风险,也面临着解决旧矛盾过程中新产生的风险。各种各样的风险,如发展不平衡的风险、经济新常态带来的风险、脱贫攻坚的风险、城乡区域发展和收入分配差距带来的风险、生态环境风险等,均是党及其所代表的社会主义制度面临的大考验。从战略上,共产党人把防范化解重大风险置于三大攻坚战之首,就彰显了党对重大社会风险的忧患意识。但根据积累的经验以及现实中的合理战略,中国共产党人能带领各族人民把握机遇,防范化解风险,实现中华民族伟大复兴,为人民谋取更大幸福。

四、实践层面践行"以人民为中心"

中国的基本国策均践行"以人民为中心"。人民立场是习近平新时

[①] 孙东方:《坚持总体国家安全观 防范化解重大风险》,载《中国党政干部论坛》2020年第5期,第59页。

代中国特色社会主义思想的根本立场,前述论及的总体国家安全观,也是把"人民安全"作为新时代中国特色国家安全的宗旨。① 在论述国家安全观时,习近平多次强调其是以人民为中心的。如 2016 年 4 月 15 日,习近平在首个全民国家安全教育日之际指出:"要坚持国家安全一切为了人民、一切依靠人民"。② 而在 2020 年 6 月 2 日,习近平主持召开专家学者座谈会时,进一步强调:"人民安全是国家安全的基石。"③确实,以总体国家安全观战略指导保护国家安全,归根结底是为了保障人民利益。

防范化解重大社会风险坚持的是人民性原则。前述已提及,社会风险是社会领域的风险,其涉及面广,关系到人民群众切身利益的风险样态:"社会领域的风险问题直接关系到人民群众的切身利益和获得感、幸福感、安全感,是落实以人民为中心思想和总体国家安全观的重要领域。"④仅从社会领域的风险看,现阶段我国安全建设还面临着很多困难需要及时解决。比如,我国的公共安全形势现状仍然不容乐观、形势严峻,一些地区接连发生重大、特大公共安全事件,对人民群众的生命健康和财产安全造成严重的破坏和影响。又比如,自然灾害等带来的风险,是一种突发性的不确定性因素,其严重影响社会安全和稳定。再比如,城镇化进程中出现的风险,包括城镇化过程中出现的环境污染、环境破坏和资源浪费等现象,以及农村人口大量进城带来的失业率升高、治安环境不稳定因素增加等。⑤ 这些因素严重影响了社会稳定和民心的向背。因此,防范化解这些重大社会风险,是在切实关注人民群众的安全、健康、幸福,是在切实践行"以人民为中心"的基本精神。

习近平在不同时期、不同场合多次作出明确指示,在防范化解重大风险时,在加强社会安全建设的过程中,要注重对人民群众根本利益的关怀和保护。比如,习近平指出:"提高预防化解社会矛盾水平,要从完善政

---

① 李建伟:《总体国家安全观的理论要义阐释》,载《政治与法律》2021 年第 10 期,第 69 页。
② 《习近平在首个全民国家安全教育日之际作出重要指示 强调汇聚起维护国家安全强大力量 不断提高人民群众安全感幸福感》,载《人民日报》2016 年 4 月 15 日,第 1 版。
③ 《习近平主持专家学者座谈会强调 构建起强大的公共卫生体系 为维护人民健康提供有力保障》,载《人民日报》2020 年 6 月 3 日,第 1 版。
④ 李雪峰:《防范化解社会领域重大风险的若干思考》,载《行政管理改革》2019 年第 4 期,第 30 页。
⑤ 侯娜、池志培:《总体国家安全观研究新探》,中国商务出版社 2020 年版,第 109-111 页。

策、健全体系、落实责任、创新机制等方面入手,及时反映和协调农民各方面利益诉求,处理好政府和群众利益关系"。① 在论及社会风险领域的公共安全时,习近平又强调:"各级党委和政府要充分认识维护公共安全的重要意义,牢记公共安全是最基本的民生的道理,自觉把维护公共安全放在维护最广大人民根本利益中来认识,放在贯彻落实总体国家安全观中来思考,放在推进国家治理体系和治理能力现代化中来把握,努力为人民安居乐业、社会安定有序、国家长治久安编织全方位、立体化的公共安全网。"②这些讲话、批示、指示反映了以习近平同志为核心的党中央,在防范化解社会领域重大风险过程中,对于人民群众切身利益的深切关怀。这些讲话或批示的内容更昭示防范化解风险是手段,在最根本上却是以保护人民利益为宗旨的。

第四节 防范化解重大社会风险的现实根据

重庆的稳定和发展遭遇的各种重大社会风险,是重庆防范化解重大社会风险的现实根据。重庆防范化解重大社会风险,除了要落实和贯彻中央的号召和部署外,还必须坚持唯物主义的立场,即必须立足重庆的具体情况。在重庆的发展和建设实践过程中,不断探索且取得了很大成绩,实现了重庆的稳定和发展。但重庆也遇到并还将要遇到许多复杂局面和重大社会风险的考验,比如,改革开放带来的社会风险,经济社会转型的社会风险,大量历史遗留的社会风险以及积累后出现的渐发性的社会风险等。重庆必须应对各种复杂局面和重大社会风险的挑战,不断化危为机。只有高度重视防范化解重大社会风险,做好重大社会风险防控工作,才能继续维持稳定和推进更进一步的发展。

---

① 中共中央文献研究室编:《十八大以来重要文献选编》(上),中央文献出版社2014年版,第683页。
② 中共中央党史和文献研究院编:《习近平关于总体国家安全观论述摘编》,中央文献出版社2018年版,第138页。

一、重庆特殊的地理位置、市情和战略地位分析

重庆市具有特殊的地理位置。重庆作为国内特大城市之一,地处祖国西南,集大城市、大农村、大山区、大库区为一体,有着独特的自然与社会构造。首先,大城市、大农村并存的现实格局。1997年3月,经全国人大八届五次会议批准,重庆设直辖市,万县、涪陵、黔江两市一地划入辖区,由此形成了一个大城市和38个区市县的格局。大城市以大工业为主,大农村以农业为主。这一格局不仅在全国,而且在世界上也是少见的。其次,大山区的地理特征。重庆北有大巴山,东有巫山,东南有武陵山,南有大娄山。重庆主城区海拔高度多在168—400米。因此,重庆市山地面积比重很大,已占76%,所以有"山城"之美称。重庆是少有的依山而建的大城市,在世界城市发展中也属罕见。最后,大库区的独特。重庆市所辖的巫山县、巫溪县、奉节县、云阳县、开县、万州区、忠县、涪陵区、丰都县、武隆县、石柱县、长寿区、渝北区、巴南区、江津区及重庆核心城区,都在三峡库区范围内。大库区的形成是自然和人力共同作用的结果,也给重庆市带来了极为特别的区位特征。

"大城市、大农村、大山区、大库区"是重庆的基本市情。因此,重庆市也具有特殊的社情。大城市与大农村并存的特有格局,重庆城乡之间经济二元结构颇为突出,大城市与大农村二元经济结构的反差性与矛盾性更为明显。[①] 所以,重庆市积极探索城市带动农村的发展模式,并积极实施"大城市带动大农村"的战略途径。大山区的特征使得交通基础设施建设颇为艰难,这也一度成为制约重庆发展的短板,重庆市变通发展方向,利用长江水运的便利性,发展堪比海运的长江港口,同时给下游配套企业各种优惠条件。由此,重庆市逐渐形成了与沿海地区优良海港城市相当的集群产业链。因为三峡库区覆盖了大部分地区,重庆市进行了三峡库区产业带布局,诸多重大项目相继落地,实现了三峡库区资源优势向经济优势的转换。因地制宜是重庆市发展的核心理念,故重庆社情是扎根于"大城市、大农村、大山区、大库区"自然条件下的极具地方特色的城

---

① 简仕明:《重庆实施"大城市带动大农村"战略途径初探》,载《重庆社会科学》1997年第3期,第64页。

市发展气象。

重庆是中国的四个直辖市之一,且在西部地区具有重要的战略地位。对于重庆市而言,其特殊的地理位置和自然条件,决定了其在发展政治、经济等方面有独特的优势;重庆作为全国城区人口超过1000万的7个城市之一[1],具有强有力的核心凝聚力;重庆市也是地域性的金融中心、交通枢纽、旅游中心,有力地推动了地区经济的发展;重庆市是西部高质量发展的重要增长极,是共建"一带一路"、长江经济带发展、新一轮西部大开发等国家战略交汇点;重庆市是"成渝地区双城经济圈建设"战略的重要支撑;等等。这些优越和极具前景的发展条件,需要从战略上高度重视。以习近平同志为核心的党中央,对重庆的发展高度重视和关心,并根据重庆的特点做出了战略性的重要指示,提出了明确的要求。2016年,习近平视察重庆,提出"两点"定位、"两地"目标和"四个扎实"要求;2018年,全国两会期间,习近平参加重庆代表团审议时,提出了"两高"目标和营造良好政治生活的要求。其中,"两点"定位是指重庆是"西部大开发的重要战略支点",是"一带一路"和长江经济带的"联结点";"两地"目标是要求把重庆建设成为"内陆开放高地"和"山清水秀美丽之地";"四个扎实"是要求扎实贯彻新的发展理念、扎实做好保障和改善民生工作、扎实做好深化改革工作、扎实落实"三严三实"要求。除此之外,在2019年,习近平还进一步提出重庆市应当发挥的作用,"努力在推进新时代西部大开发中发挥支撑作用、在推进共建'一带一路'中发挥带动作用、在推进长江经济带绿色发展中发挥示范作用",[2]即希望重庆发挥"三个作用":支撑作用、带动作用、示范作用。

重庆极为重视其自身的战略发展,并热切按照党中央和习近平的指示和战略定位推动重庆的发展。同时,在国家战略部署提供的契机下,尤其是国家在财政税收、简政放权、创新发展等多方面都给予了大力支持的前提下,重庆经济发展环境得到极大完善。因此,国家投资、民间投资、国外投资不断注入重庆,对于带动重庆相关产业发展、增加就业、促进经济

---

[1] 数据来源于第七次全国人口普查。
[2] 《发挥"三个作用"重庆要有新作为》,载华龙网。

增长产生了巨大的综合效应。① 在国家重大历史机遇期,重庆市整合发挥自身优势,完善地方重要产业布局,促进产业结构升级,发挥自身巨大潜能,转变为经济发展的持续动力。同时,重庆市积极探索构建和成都两个核心城市协调发展的新模式,处理好"两核"带动与区域协调联动,统筹规划协调布局,从而形成优势互补的高质量可持续发展格局。党和国家先后推出的包括成渝经济区建设、成渝地区城市群建设等在内的一系列区域发展战略,为重庆市经济社会提供了强劲的发展动力,进一步促进重庆的发展,使其具有更广阔的发展前景。

二、重庆的稳定和发展面临重大社会风险的挑战

重庆的重大社会风险中既有与其他省市相类似的风险"通病",也有本土性的"地方病"。重庆市具有与其他特(超)大城市一样的风险"通病",表现在:公共安全风险有进一步更新与升级的趋势,但风险预防机制流于形式、缺乏实效,普遍存在风险管理体制的碎片化与缺乏协调问题。基层人力资源缺乏、专业化程度不高、技术能力储备不足、过度依赖运动式治理、政府与公众的风险交流与教育不足等,成为制约城市风险治理能力的关键因素。另外,长期以来缺少合理的利益分配与协调机制,加剧了利益分配型重大社会风险的产生,此类风险直接动摇了社会的"公平性"与"平等性",造成社会秩序混乱,社会矛盾丛生。

同时,重庆各个领域的不规范发展、外界的影响、社会治理和管理方式的不妥等,均蕴含着诱发本土性重大社会风险的可能。首先,不规范的发展。在重庆市产业结构中,地方发展以重工业为主。虽然重工业比重较大,但实际上根据偏离分析,其经济效益在逐年降低。② 由此,产业结构的适应性调整在所难免,产业结构重新布局的连锁效应带来了大量企业重组和产业转移,在这个过程中,资本盲目输入以及投机行为易引起产业动荡;产业工人安置不到位易引起"失业潮"。这些产业结构调整带来的经济和就业层面的影响往往诱发重大社会风险。其次,外界的影响。

---

① 朱元佳:《成渝地区双城经济圈建设的思考》,载《四川省社会主义学院学报》2021 年第 4 期,第 82 页。

② 吴文丽:《重庆产业结构与经济增长》,载《重庆工学院学报》2002 年第 6 期,第 52 页。

重庆是西部重要的经济中心、交通枢纽,往来贸易以及人员数量巨大。因此,重庆市许多本土性风险并非原生,而是外界转嫁而来的。此类风险多存在于货物贸易领域以及人口流动方面,是造成社会基本不安定因素的重要来源,对于社会基本的"稳定性"和"安全性"造成直接的危害。最后,"大城市、大农村、大山区、大库区"的各个层面均会诱发"本土性"风险,重庆的"大城市"特征使得风险治理下沉不足,基层风险治理短板明显,最常见的社会治安风险、安全生产风险、道路交通风险层出不穷,小问题成大"顽疾"。"大农村"状附带的粮食安全问题、农业土地安全问题、"去农业化"问题以及农民利益受损问题等重大社会风险。[①]"大山区"环境具有脆弱性和封闭性,自然灾害易发以及后续的次生灾害给人民的人身财产安全都带来极大的威胁,其本身的风险以及次生的社会风险难以预估。大库区长期的资源消耗透支了可持续发展,带来了未来的发展隐忧。

重庆的不断发展和实现新的发展战略也会诱发各种重大社会风险。贝克的"风险社会论"不仅描述了当代社会的主要特征,而且深刻地指出人类社会的发展和现代化是与风险的产生相伴随的。一个国家、一个社会和一个城市的发展和现代化,会不断涌现和创造出各种各样的风险。重庆将继续发展和走在实现现代化的路上,同时正如前述,重庆市还将实现新的地方性战略和国家战略,这还将不可避免地引发更多的风险。从地方性战略来看,重庆因地制宜地制定的符合市情的地方发展战略,会诱发新的重大社会风险。首先,"大城市带动大农村"战略。在"大城市带动大农村"战略中,要实现农业产业化,农业产业化推动了"三农"问题的解决,必然会诱发新的问题和矛盾。其次,长江港口发展战略。重庆长江港口战略是应"大山区"的特点,其发展有两大支柱优势,一是政府补贴,二是低廉的劳动力。如今重庆长江港口发展规模已经可以与海港相当,但不能及时反哺劳动力等问题随之出现,这就容易引起极大的劳资纠纷等重大社会风险。最后,大库区产业带发展战略。大库区发展战略带来了第一、二、三产业强大的发展索引力,产业开始扩散,服务性诸如餐

---

① 毛哲山、刘珍玉:《对我国农业产业化现状的分析与反思》,载《长春师范学院学报(人文社会科学版)》2008年第11期,第17—18页。

饮、娱乐之类产业迅速发展,但是也给周边环境带来巨大压力。同时,大库区发展战略的核心是将优质自然资源转化为经济优势,长期的资源消耗透支了可持续发展,带来了未来的发展隐忧。从国家战略来看,"成渝地区双城经济圈建设"战略以成都、重庆两座中心城市展开,国家和地方资源大量向其倾斜,城镇化与工业化进一步发展。城镇化发展,使得城乡混合区域更加辽阔,人口流动性加快,人口管理变得更为困难,治安防控的难度较大。工业化发展,使得长江两岸的工业废水、城市污水的排放增多,重庆地处三峡库区腹心和生态敏感区,其环境风险治理压力增大。

重庆发展中也遗留有未被解决的风险问题。重庆市于世纪之交成立,彼时正是改革开放以来,国家高速发展的时期。重庆成为直辖市以来,一直紧随国家发展步调。重庆发展模式的动力是以科技创新为支撑,加快经济结构战略性调整,解决社会发展动力。但此方式以调整经济结构,加快经济发展方式转变为主轴,缺少社会转型时期中成熟的社会弥合机制,由此产生了许多重大社会风险问题。重庆长期发展中遗留的未被解决的风险问题属于"区域性现代化转型引起的差异性变迁导致了社会客体体系结构的疏离"。[①] 此种疏离导致了以贫富差距严重、城乡差距拉大为主的重大社会风险群。从本质上看,这是社会转型中社会断裂未被及时弥合造成的,由此产生了群体、阶层之间的疏离、隔阂乃至分化,衍生出众多重大社会风险。如果重庆市不重视社会弥合机制的构建,那么此类风险将长期伴随重庆市的发展。重庆长期发展中遗留的未被解决的风险,也是一种会造成社会分化的积累型风险,时间越久,发展越快,风险危害就越大,更需要引起重视。

三、防范化解重大社会风险有利于重庆的稳定和发展

重庆防范化解重大社会风险,事关重庆人民的根本利益。前述已提及在 2019 年 2 月 25 日,时任重庆市委书记陈敏尔在市管主要领导干部专题研讨班上指出:防范化解重大风险是坚持以人民为中心的发展思

---

① 漆彦忠:《弥合:社会结构转型中的内生规则》,载《甘肃社会科学》2006 年第 2 期,第 182 页。

想,增强人民群众获得感、幸福感、安全感的重要保障。① 进入新时代,我国社会的主要矛盾已经转变为人民日益增长的美好生活需要和不平衡,不充分的发展之间的矛盾。这一矛盾折射到风险治理领域,就表现为人民群众对风险治理的更高要求、更高期待与风险治理不充分,不平衡的矛盾。因此,就必须治理风险,化解社会主要矛盾,帮人民群众谋取新发展、新利益,以确保其切实利益免遭风险、免受侵害。前述论及,会危及人民群众利益的风险多种多样。人民群众在面对这些风险的时候,如以个体形式面对,即以单独个体的力量面对风险挑战,则根本无法抵御这些风险。人类社会历次的经济危机和当下世界面临的新冠疫情,就是佐证。因此,只有党和国家领导团结人民、共同应对,才能在社会风险的威胁下保障好人民群众的利益。

衡量一个国家或地区"社会安全"的四个综合性指数包括社会治安、交通安全、生活安全、生产安全,而"社会稳定"是指包括国家的经济系统、政治系统、文化系统等在内的整个社会大系统,处于协调有序、动态平衡的连续运行状态。社会安全与稳定即是在社会治安、交通安全、生活安全和生产安全的基础上,社会大系统整体处于协调有序、动态平衡的连续运行状态。凭此判之,重庆社会大系统也受到诸多风险的威胁。社会领域的意识形态领域风险,会给重庆社会秩序造成混乱,会使重庆的民心浮动;经济全球化、文化多元化、全球信息化的客观趋势会影响重庆的经济体系、文化体系等;重庆的党群干群之间的管理风险,会使重庆党群之间的信任危机加剧,公权力腐败会降低重庆人民对政府的信任;重庆的突发公共事件风险、公共道路交通安全风险、环境污染风险等直接或者间接地影响着人们的日常生活、生产活动;危及个体生命和财产的重大社会风险,比如,由经济关系失衡所引发的侵害财产风险以及违法乱纪和犯罪诱发的侵害人身和财产风险等。由此可以看出,重庆社会距离平安重庆的建成还有一段距离。

前述这些重大社会风险会使重庆的社会不稳定,必须予以防范化解。重大社会风险会借助各种机会、各种可能侵蚀社会的稳定,从而影响社会

---

① 《重庆:坚决打好防范化解重大风险攻坚战》,载百家号"闪电新闻"。

的发展,其对社会安全和稳定带来的挑战在于社会组织化的偏离,其能再度分化为零散的个体、个体不服从各级组织管理,对社会的仇视报复行为增多,从而影响社会基本的安全和稳定;社会主流价值观、社会规范、法律法规等被漠视,极易产生越轨行为风险、犯罪风险,其对社会安全和稳定带来的挑战在于社会无法运用主流价值观凝聚共识,社会离心离德,越轨行为增多以及犯罪率上升,危害社会安全和稳定赖以存在的规范基础;社会信任的缺失,各个阶层和群体之间的猜忌与隔阂无法消解,阶层流动可能性降低,贫富分化风险、阶层固化风险等,其对社会安全和稳定带来的挑战在于社会各阶层、各群体之间交流和流通渠道的闭塞,使得社会纠葛、摩擦、矛盾无法得到及时化解,影响风险的源头治理和层层过滤,积累到一定程度就会集中爆发,往往导致社会的分化甚至分裂;社会转型太快,道德约束力越低,失信风险加剧,特殊群体监护不力等,会导致社会行为失范,社会整体约束力走向两极分化,极易使得社会动荡。因此,重庆必须防微杜渐,为重庆市的发展创设良好的发展条件。

第二章 "重大社会风险"的划定与防范化解重大社会风险的挑战

第一节 "重大社会风险"的界定和特征

当今社会已经进入了高风险社会,风险存在于各个领域。很多重大社会风险也引发了诸多重大事故,导致的损失不可估量。重大风险是风险社会必须面对的严重问题,但要解决这一问题,必须首先弄清楚什么是风险、社会风险和重大社会风险。

一、"风险"概念的提出和界定

(一)"风险"概念的起源及延伸

当前关于"风险"概念的起源,主要有两种说法。一种说法是以捕捞为生的渔民在出海前向神灵祈祷,以祈求规避危害。如有学者认为在漫长而又艰辛的捕捞生活中,中国渔民"深深体会到了'风险'给他们带来的无法预测、无法确定的危险,'风'即意味着'险',因此,便有了'风险'一词"。[①] 另一种观点认为"风险"一词是一个舶来语,是从英文的"risk"翻译而来的,而"risk"在希腊文中的意思是航海中遇到的危险。德国社会学家乌尔里

---

① 尹建军:《社会风险及其治理研究》,中共中央党校 2008 年博士学位论文,第 8 页。

希·贝克认为:"风险概念诞生的时刻,追溯到洲际航船航行时期,那时风险概念被理解为冒险,并且与保险概念紧密相关。"①英国社会学者安东尼·吉登斯也认为:"在16和17世纪,风险这个概念似乎已经有了,西方探险家们在开始他们全世界的航海时,第一次创造了这个概念。风险这个词好像是通过西班牙或葡萄牙人传入英语中的,他们用风险这个词来指代航行到未知的水域。"②两种起源说法虽不尽一致,但风险的词义基本上都是指海上来的危险。从这个意义上来看,风险一词来源于早期的航海业,这点是确凿无疑的。

随后,风险一词被广泛运用于各个领域。风险首先被经常使用在银行和投资方面,主要用来计算投资决策对借贷者可能带来的后果。这种风险是可以量化计算的,因而其逐渐成为商业和金融投资领域的一个日常性概念。因此,随着风险的概念化,其用法早已超出航海业的范围,也不再囿于自然界的客观风险。即随着经济的发展,各种污染、核泄漏等对自然界造成了不可估量的损害,到20世纪70年代,又将风险纳入社会科学领域,把与现代技术和社会发展的危险性后果视为风险。随后,生态危机等问题加剧,风险被扩展运用到社会学领域,成为社会学理论中的一个范畴,并在社会科学研究中被逐渐广泛采用。逐渐地,风险被使用于哲学、经济学、社会学、统计学、心理学、保险学,甚至在文化艺术等领域,也能发现风险的身影,并在这些领域被赋予了更广泛更深层的含义。

(二)"风险"的含义及拓展

诚如前面论及的,风险在英文中也有注解。在《牛津大学英语词典》中,"risk"是指"a situation involving exposure to danger"③,即暴露于危险之中的意思。风险一词因起源于航海业,故而在早期的用法中,主要是指自然现象或自然灾害等造成的客观危险或者冒险进入新的领域,并且与保险概念紧密相连。安东尼·吉斯登认为,风险是指"来源于外部、传统

---

① [德]乌尔里希·贝克、约翰内斯·威尔姆斯:《自由与资本主义——与著名社会学家乌尔里希·贝克对话》,路国林译,浙江人民出版社2001年版,第119页。
② [英]安东尼·吉登斯:《失控的世界》,周红云译,江西人民出版社2001版,第18页。
③ 牛津大学出版社编:《牛津大学英语词典》(第1版),上海译文出版社2005年版,第1445页。

或者自然的不变性和固定性所带来的外部风险"。① 尽管风险经常发生,但有规律可循,因而具有可预测性,且可以通过计算进行保险。从吉登斯的界定看,这个时期的风险概念更多强调危险性。

随着风险使用范围的扩大,风险的内涵也发生了改变。美国学者海恩斯认为:"风险一词在经济学中和其他学术领域中并无任何技术上的内容,它意味着损害的可能性。"②安东尼·吉登斯也说:"我要指出,风险这个概念与可能性和不确定性概念是分不开的,当某种结果是百分之百的确定时,我们不能说这个人在冒风险。"③与上面他更多强调风险概念中的危险性不同,此处他的界定则指的是风险具备的不确定性。同时,罗森布鲁姆将风险定义为损失的不确定性。④ 克雷恩认为风险意味着未来损失的不确定性。⑤ 从"风险"一词的字面意义来理解,"风险"是风带来的危险,而风的出现具有非常大的不确定性,故而"风险"可以理解为具有一定危险的可能性,或者说是有可能发生的危险。从这几个学者的观点看,其内涵与安东尼·吉登斯开始的论述相比,增加了一些内涵,即这些"风险"概念与过去的"风险"概念不同,不仅是一种危险性,更强调危险的不确定性。

随着社会以及科技的发展,人不再被"命运"主宰,人的主体性意识得到肯定。在哲学上这一趋势使人们不再消极对抗风险,而是以"主体"身份积极主动面对风险。人类对风险进行探索与认知,将对风险的判断应用到对抗风险的实践中。人们往往会根据风险的不同而采取不同的决策与行为。风险逐渐与人们的决策和行为结果联系起来,被看作影响个人和群体的具体决策模式。⑥ 基于这样的实践和认知,现代风险概念诞生了。"现代风险"可以界定为系统地处理现代化自身引致的危险和不安全感的方式。⑦ 从这个界定看,现代风险之概念不再是指危险的不确

---

① [英]安东尼·吉登斯:《失控的世界》,周红云译,江西人民出版社2001年版,第22页。
② 顾镜清等:《风险管理——理论与实务》,中国国际广播出版社1993年版,第21页。
③ [英]安东尼·吉登斯:《失控的世界》,周红云译,江西人民出版社2001年版,第18页。
④ J. S. Rosenbloom, *A Case Study in Risk Management*, Prentice Hall, 1972.
⑤ F. G. Crane, *Insurance Principles and Practices*. 2nd ed, New York: Wiley, 1984.
⑥ 马步云:《现代化风险初探》,复旦大学2006年博士学位论文,第24页。
⑦ [德]乌尔里希·贝克:《风险社会——新的现代性之路》(全新修订版),张文杰、何博闻译,译林出版社2018年,第19页。

定性,其已突破传统与自然而加入了人的认知与判断,加入了人的决定因素。从某种程度上来说,现代风险概念强调"人决定"的才是风险。这种风险概念具有积极意义,因为其反映了人类对自然和社会等的认知加深,且人类在逐渐认知不可控之事:"风险概念表明人们创造了一种文明,以便使自己的决定将会造成的不可预见的后果具备可预见性,从而控制不可控制的事情。"[①]还有学者将风险定义为:风险是在一定时间内,以相应的风险因素为必要条件,以相应的风险事件为充分条件,有关行为主体承受相应的风险结果的可能性。[②] 概言之,现代的风险概念则是在传统风险概念的基础之上加入了人的决定性因素,现在风险的核心要素也在于人的决定性。

二、社会风险的界定和特征

如前述论及的,风险存在于不同的领域,且我国根据领域的不同把风险划分成了七类。尽管各种风险之间存在差别,要治理社会风险,应先厘清社会风险的概念和特征。

（一）社会风险的界定

从概念上来看,社会风险是风险中的一类。然而,因"社会"有广义和狭义之分,从而使社会风险也有广义的社会风险和狭义的社会风险之分。广义的社会是指一个包括政治、经济、文化等子系统的巨型系统,狭义的社会则是指与政治、经济、文化等相并列的系统。[③] 广义的社会风险包括政治风险、经济风险、科技风险和生态风险等;狭义的社会风险是与经济风险、政治风险和生态风险等相并列的一种风险。广义的社会风险更强调对社会整体性的理解与把握,从整个社会的高度看待各个领域的危险。狭义的社会风险则更能准确地反映社会生活领域或者说是民生领域的问题。但从社会风险的影响、存在的领域、发生事故后波及的范围看,广义的社会风险概念更值得被提倡。

[①] [德]乌尔里希·贝克、约翰内斯·威尔姆斯:《自由与资本主义——与著名社会学家乌尔里希·贝克对话》,路国林译,浙江人民出版社2001年版,第118页。
[②] 郭晓亭、蒲勇健、林略:《风险概念及其数量刻画》,载《数量经济技术经济研究》2004年第2期,第112页。
[③] 尹建军:《社会风险及其治理研究》,中共中央党校2008年博士学位论文,第14页。

对于社会风险的内涵,理论界有两种不同的观点:一种观点认为,社会风险是指由于社会矛盾、文化冲突和社会竞争而导致的。群体事件、焦虑心理、不良情绪,都是引起社会失衡乃至动荡的诱因,进而影响社会的稳定与和谐。① 另一种观点认为,社会风险就是指个人和群体对未来遇到的伤害或损失的可能性以及对这种可能性的判断与认知。② 实际上,社会风险在本质上是现实的,但是一旦嵌入社会结构中就具有被构建的可能性。随着社会结构的日益复杂,只有将这二者有效结合,从现实主义走向建构主义,再从建构主义回到现实主义,才能对社会风险做出有效的解读和说明。③ 故而,社会风险是一个地区或一个国家的社会系统中发生的社会冲突与危机、破坏社会秩序与稳定的不确定性,且会对一个地区或国家的人群造成严重威胁的风险。

"七类重大风险"中有些风险可互相转化,如政治风险、科技风险等与社会风险就存在相互交叉的地方。但是从定义看,社会风险与其他几类风险还是有区别的:一是从根源上来讲,社会风险是通过社会形成的。④ 一般而言,社会风险通常与人的决策及行为,与人所组成的社会的整体结构、社会的各种制度等相伴而生。社会风险主要是一种"人化"风险,尽管自然界也会衍生社会风险的刺激物,但最终还是必须由人引起的风险才是社会风险。二是从影响上来讲,社会风险一定是对社会中的人群造成了影响的风险。因此,没有影响到人的风险就不属于社会风险。换言之,对社会的危害体现为对社会中具体的个体或群体的危害。正因为如此,即使某些风险来源于自然,与社会的演变发展关联不大,但对社会中的人群、对整体的社会造成了威胁,仍然属于社会风险的范畴。但这并非意味着,这种危害影响是无关乎大局的个别影响,对个体的危害只有

---

① 刘崇顺:《构建和谐社会的制约因素和主要途径》,载《武汉学刊》2005年第3期,第19页。
② 龚维斌:《当代中国社会风险的产生、演变及其特点——以抗击新冠肺炎疫情为例》,载《中国特色社会主义研究》2020年第1期,第17页。
③ 张海波:《社会风险研究的范式》,载《南京大学学报(哲学·人文学科·社会科学)》2007年第2期,第139页。
④ M. Thompson & A. Wildavsky, *A Proposal to Create a Cultural Theory of Risk*, in H. C. Kunreuther and E. V. Ley, eds., The Risks Analysis Controversy: An Institutional Perspective, New York: Springer-Verlag, 1982: 148. 转引自张海波:《社会风险研究的范式》,载《南京大学学报》(哲学·人文科学·社会科学)2007年第2期,第139页。

牵涉一定数量或区域的相似个体时,才会被归为社会风险。例如,当某种食品添加剂可能对极罕见的特异体质的个人造成危害,这种危害可能很难被作为一种社会风险来加以防范。三是社会风险可能对社会中的人群造成损害,即对人的生命、健康、财产等利益的威胁或损害。即使是制度性的风险,也是通过调整和维护利益的社会制度的缺陷,反映社会中的个体或群体的正当利益可能受到的威胁或损害。

(二)社会风险的特征

社会风险扩散范围广泛。当代风险是在当代社会传播,并基于风险和当代社会的以下特征,导致社会风险的扩散范围很广。一是当代社会人数众多且流动大。与传统社会相比,当代社会的人数明显更多且现代交通发达,人口流动和社会交往十分频繁。因而社会风险一旦发生,会随众多且流动较大的人群传播。二是社会风险的致灾因子更加多样化。与传统社会相比,当代社会不仅有传统的致灾因子,而且还增加了许多新元素,比如现代科技等。社会新元素一方面代表着人类进步,但另一方面也会成为新致灾因子,核泄漏以及网络犯罪等就是例证。致灾因子增多,导致风险波及范围更广,风险扩散的领域也会扩大。三是社会风险涉及领域很广。社会风险涉及的领域广泛,涉及人身安全、思想意识、社会秩序、社会规范、社会结构、经济关系、财产关系等。因此,这也使社会风险能扩散到社会关系的各个领域。四是现代社会的开放性、流动性、连通性增强。现代社会的前述特征,使社会风险往往能跨界传播(如动物界的风险能传播到人类社会),且能突破空间限制(如从美国传播到中国),且以很快的速度跨越一国之内不同行政区域的边界。

社会风险容易转化为综合性风险。随着数字化信息的到来,经济、文化等各方面的纵深发展,整个社会之间沟通、交往、联系也越来越紧密。不仅如此,社会各个组成部分越来越相互依赖,从而使社会安全、秩序等方面形成了社会整体。然而,这种社会整体也最脆弱,只要社会中相互关联或者支撑的链条中任何一个小的环节出现问题,都可能会影响整个社会。从风险角度看,各类社会风险常常不是单一的,而是连带的或者并发的,且风险多变,容易衍生出新的风险。同时,任何类型的风险也都有可能演变为社会风险,例如,金融危机风险,一旦影响社会生活、社会秩序的稳定,则其就不仅是金融领域内的风险,而会转化为社会领域的风险。这些并发的、不同的风险之间相互加强,加之社会之间的紧密结合,数字信息的帮助以及其他原因,常常容易演变为综合性社会风险。

社会风险的隐匿性与突发性。在全球化背景下,社会风险的冲突点与始发点往往并没有明显的联系,有时人们生活在远离风险始发地点的位置,但却因为处于社会风险的冲突点,而最终未能幸免于难。同时风险的传递与运动经常是潜在的、内在的,往往在不知不觉中,风险已经悄悄地逼近,这表明当代的社会风险具备隐匿性特征。前面说的这种现象,就是通常所说的"蝴蝶翅膀效应"。① 与此同时,由于数字化信息的发展,当今社会就像一个高速运转的大机器,更加注重时间成本,更加追求发展速度,人们的生活节奏明显加快,整个社会呈现加速发展的状态。在这种高速运转的系统中,人们无暇顾及,甚至直接忽略社会风险的累积以及损害性。同时,风险的累积虽然有一个从量变到质变的过程,但风险的积累速度也在大大加快,一旦越过临界点或者既定的阈值,社会风险就会突然降临,导致正在高速运转的大系统瞬间急速刹车,使人措手不及。即当代社会风险因为运动与传递的过程是潜在的,导致其具备一定的隐匿性,并基于此,使得人们无法第一时间察觉到。但其又具备一定的突发性,等到被人察觉时,就可能已经造成了重大的危害后果。

社会风险隐藏于各种社会系统的运作过程之中。由于系统的内部关系难以被查明,风险的合并途径也很难被明确揭示出来。加之各种风险因子具有不确定性、普遍性、传导性、隐蔽性、突发性等特征,决定了社会风险发展过程中的不断增势,且呈现明显的混沌现象。② 这就大大增加了社会风险的辨识与处置的难度,因此,对于社会风险的查找与应对,无法像对待一般客观事物那般,通过观察分析得出可以被检验和证明的结论。除了从以往的经验中总结规律外,更多地要从人的利益以及人的价值入手,查询不同领域、不同人群中的风险与风险源。除此之外还必须理性认识到的是,基于前述社会风险的特征,对社会风险穷尽罗列的可能性

---

① 尹建军:《社会风险及其治理研究》,中共中央党校 2008 年博士学位论文,第 43 页。
② 翟运开:《基于知识转移的合作创新风险传导研究》,载《武汉理工大学学报(社会科学版)》2007 年第 6 期,第 749 页。

很小,同样也无法期待对社会风险的全面消除。因此,这也决定了下面论及的,在重大社会风险的防范化解中,必须坚持"重点论和两点论"的统一。同样,在设置风险指标时,也必须根据人类的重要利益和价值取向,选取最为重要的指标作为参照。除此之外,社会风险的"广袤无边性"需要在社会风险的防范化解中,发动不同的主体,即必须"依靠一切力量"迎接风险防范化解的挑战。

三、"重大社会风险"的界定和判断

(一) 重大社会风险的界定

当前,对所有领域的重大风险和一般意义上的社会风险的研究较多,围绕社会领域重大风险问题进行研究的则较少。而要研究社会领域的重大风险,就应首先界定重大社会风险的内涵和外延。

从字面上来看,重大社会风险是由风险、社会、重大三个词组成的。"风险"是核心词,是内核。从前面对风险的界定看,其核心内容是损害的不确定性。"社会"是风险所涉及的领域,在《现代汉语词典》中,社会是指"由于共同物质条件而互相联系起来的人"①。换言之,"社会"是以一定的物质生产活动为基础而相互联系的人类生活共同体。即"社会"是个体为了生活或生存,在一定的物质基础上建立起来的共同体。从细微方面看,"社会"是关乎民众生存的领域,这包括就业、教育、医疗、社会保障、公共安全等。因此,社会风险也和这些领域紧密相关。同时,根据习近平在省部级主要领导干部坚持底线思维着力防范化解重大风险专题研讨班上的讲话,其也指出社会风险的所涉范围。"重大"则是指社会风险的规模大、范围广、程度重、影响深等,下面将对此详细分析。根据前述分析,我们可以把重大社会风险的内涵界定为:由社会不稳定因素和人的不稳定因素引起的、影响范围广、波及人数多、损失较为严重的、削弱人民群众获得感、幸福感、安全感的风险。② 在这个界定中,"社会不稳定因素和人的不稳定因素"体现了重大社会风险的"社会性"以及重大社会风险

---

① 中国社会科学院语言研究所词典编辑室编:《现代汉语词典》(第7版),商务印书馆2016年版,第787页。

② 吴世坤、郭春甫:《社会重大风险起源、界定与防范化解》,载《社会治理》2019年第5期,第63页。

发生的原因;"影响范围广、波及人数多、损失较为严重"体现了"重大社会风险"的"重大性"以及所引起的直接后果;"削弱人民群众获得感、幸福感、安全感"则体现了"重大社会风险"所引起的深远性后果。

当前比较普遍的观点也认为,重大社会风险是指规模大、作用范围广、潜在危害后果严重,对社会领域具有根本性、全局性、颠覆性影响的社会风险。其中,比较有代表性的观点认为社会领域重大风险是指由于自然灾害、经济因素、技术因素以及社会因素等方面的原因而可能引发失序或社会动荡。① 此时的重大社会风险,已经由某一领域扩大到整个社会领域。还有学者认为重大社会风险是指可能造成重大公共安全事件的风险,既包括可能造成公共安全突发事件的潜在危险因素,也包括风险演变为突发事件之后对突发事件的处置。② 这是一种更为宏观的界定,将重大社会风险的外延又延伸了,即不仅把整个社会领域的重大风险纳入考虑,还把对风险发生后对突发事件的处置纳入其中,即将对风险的处断、决策、应对机制纳入概念中来。这一延展,对防范化解重大社会风险提供了理论基础。

(二)"重大社会风险"的判断

从字面意思看,重大社会风险与一般社会风险之间的区别在于:重大社会风险具备重大性。何为"重大"? 前述在界定"重大社会风险"的内涵时已提及,"重大"是指风险范围、程度和后果大。不仅如此,还需要认识到的是:重大社会风险是国家风险防范化解战略中的一种风险,除了依靠前述的指标予以判断外,还应重视"重大"所蕴含的战略意义。综合而言,"重大"的判断可从以下三个维度进行:

一是从战略层面看,重大社会风险是国家拟定的重大风险体系中的一种,也是践行总体国家观的战略部署。因此,重大社会风险之"重大"不仅要从"量"上进行判断,而且还应从战略层面进行判断。换言之,有些社会风险从量上看并不"重大",但其政治意义、宣示意义却很大,比

---

① 吴忠民:《现阶段中国的社会风险与社会安全运行——当前中国重大问题研究报告之一》,载《科学社会主义》2004年第5期,第20页。
② 李雪峰:《防范化解社会领域重大风险的若干思考》,载《行政管理改革》2019年第4期,第32页。

如,教育不公平会剥夺宪法赋予公民的受教育权,进而也就侵蚀了公民的发展权;又比如,领导干部的贪污腐化,尽管有些数额不大,但这类行为不仅会侵蚀中国共产党的机体,而且还会导致整个社会对政府的不信任。甚至有些"风吹草动"的风险借助现代媒体和互联网的助力,能起到"无限放大"的作用,最终引发国家或社会动荡。这也是中国把防范化解重大风险上升到国家战略高度的重要原因,以及为什么从"总体国家安全观"的角度号召防范化解重大风险。

二是从范围上看,"重大"意味着其后果所能影响的领域和区域广。社会风险本就涉及多个民生领域,事关国民的切身利益。其中任何一个领域发生重大社会风险,其他领域也可能会因此而受到影响。并且由于全球一体化趋势的不断加强,一个区域发生重大社会风险,很快就会蔓延至周围区域,甚至蔓延至全国及全世界,导致严重的后果。即重大社会风险中的"重大",首先表明的是其后果所能影响的领域和区域十分广阔。

三是从程度上看,重大社会风险是指一旦发生就会产生损害大、涉及人数多、影响深远,甚至对整个社会都可能造成根本性或颠覆性影响的社会风险。人们通常依据风险发生的概率及可能造成的损害等综合性因素,对各类风险进行等级划分。有学者主张,对各类公共安全风险等级的判定,要综合考虑其发生的概率和可能的危害,并基于此,将风险在风险矩阵图中分为低级风险、中等风险、较高风险和最高风险四级。[①] 也有学者提出建立综合类评估体系,且一般将风险等级划分为低风险、一般风险、中等风险、重大风险、特别重大风险五个等级。[②] 不论是四个等级还是五个等级的划分方式,其实都是把中等风险以下的风险视为一般风险,中等以上的风险视为重大风险或特别重大风险。社会风险的等级划分,也是依据此标准。因此,从等级标准来看,重大社会风险应该主要是指较高风险(重大风险)和最高级的社会风险。

[①] 李雪峰:《防范化解社会领域重大风险的若干思考》,载《行政管理改革》2019年第4期,第32页。

[②] 李琼:《特大城市社会稳定风险识别与治理——基于上海市Z"城中村"动迁事件的调查分析》,载《同济大学学报(社会科学版)》2018年第6期,第91页。

第二节　确定"重大社会风险"的原则

要想防范化解重大社会风险,首先应当从战略层面制定原则,确定重大社会风险,只有这样才能认识并把握重大社会风险、探寻重大社会风险发生的规律,从而思考、制定防范化解重大社会风险的针对性措施。

一、范畴划定的基点:两点论和重点论的统一

矛盾论是唯物辩证法的核心内容,其认为事事有矛盾、时时有矛盾。依据矛盾论,可把矛盾分为主要矛盾和次要矛盾。其中,居于支配地位,对事物的发展起决定作用的是主要矛盾;居于从属地位,不起决定作用的是次要矛盾。主要矛盾与次要矛盾,主要方面与次要方面相互依赖、相互影响,并在一定条件下相互转化。主次方面转化后,事物的性质也就发生了变化,这种转化规律就是对立统一规律。根据对立统一规律原理,我们在处理矛盾时既要坚持"两点论",又要坚持"重点论",坚持两者相统一。

(一)"重大社会风险"的确定应坚持两点论

"两点论"又称"全面论",是矛盾分析法中最基本的方法。"两点论"的具体内容是指在认识某些复杂事物的发展时,既要看到主要矛盾,又不能忽略次要矛盾;在认识某一事物时,既要看到矛盾的主要方面,又不能忽视矛盾的次要方面。"两点论"要求在认识事物时,要全面客观地反映事物,反对片面看待事物,要防止片面性。如果只看到主要矛盾和矛盾的主要方面,忽视了次要矛盾和矛盾的次要方面,就会犯"一点论"的认识错误,并因此无法全面认识事物,也无法做出合理的判断。

社会风险形形色色、各种各样,依据不同的标准可以将其划分为不同的类型。如根据其来源,可以将社会风险划分为自然风险和人为制造的风险;根据其承受主体,可以将社会风险划分为群体性风险和非群体性风险;依据其发生频率,可以将社会风险划分为常发性风险与偶发性风险;依据其涉及的领域,可以将社会风险划分为社会治安、生产安全、医疗卫

生安全、食品安全和生态风险等。上述无论哪种分类,依据其影响,均可将社会风险划分为一般性社会风险和重大社会风险两大类。前述对两类风险的定义和特征进行了分析,由其分析可以看出,在两类风险中,"重大社会风险"因其规模、程度、影响区域、范围和所在领域等"重大",一旦转变为危险甚至重大事故,其危害性远远超过一般的社会风险。因此,重大社会风险在社会风险中居于主要的地位。与之相对,一般社会风险则处于次要地位。当然,一般社会风险与重大社会风险,往往相互影响,随着风险因子的减弱或累积,一般社会风险和重大社会风险之间也会互相转化。根据"两点论"的分析方法,我们应全面认识各种类型的社会风险,重大社会风险和一般风险都要防范化解。换言之,风险无论大小,无论程度严重与否,都要统筹兼顾、全面认识,切忌"顾此失彼"而导致严重后果发生。

另外,致灾因素是影响重大社会风险的重要因素。根据致灾因素影响风险程度的作用,可以将致灾因素划分为主要致灾因素和次要致灾因素。重大社会风险的主要致灾因素与次要致灾因素之间的划分是相对的,二者之间还可能相互影响,随着相关条件的变化二者会在一定条件下互相转化。这也要求我们全面认识重大社会风险的性质以及致灾因素,不能只看主要方面而忽视次要方面,以点代面,陷入形而上学,从而对重大社会风险做出错误的判断。

(二)"重大社会风险"的确定应坚持重点论

"重点论"是矛盾分析法中最重要的方法,是指事物的性质是由取得支配地位的主要矛盾和主要方面决定的,即在认识某些复杂事物发展过程时,要着重抓住它的主要矛盾;在认识某一矛盾时,要着重把握矛盾的主要方面。如果不分主次轻重、不抓重点,就会犯"均衡论"的错误。"重点论"要求在认识事物时,要把握主要矛盾和矛盾的主要方面,突出重点,抓住关键。甚至可以说,"七类重大风险论",就是坚持"重点论"的体现。

防范化解社会风险,需要投入众多的公共资源。然而,相较于众多的社会风险,公共资源是十分有限的。根据"重点论"的要求,我们在应对社会风险时不能草木皆兵,眉毛胡子一把抓。首先,必须对社会风险进行区分,"抓大放小",要着重分析解决社会风险中的重点与关键点,以此来带动其他社会风险的应对。在社会风险中,重大社会风险的危险性、不确定性是巨大的,因此其在社会风险中处于支配地位。尽管如此,重大社会风险还是在范围上存在差异。防范化解的紧迫性、投入的资源等均会因为范围的不同而所有不同。如前述提及的,重大社会风险涉及就业、教育、社会保障、医药卫生、食品安全、安全生产、社会治安和住房市场调控等领域,因此必须抓好这些领域的社会风险的防范化解。在这些领域内产生的重大社会风险,均关涉民众的切身利益。因此,这些社会风险对社会治安、社会稳定甚至国家安全等都有重要影响需要重点对待和解决。其次,还要分析重大社会风险的主要方面,即影响重大社会风险出现、发生、程度变化的主要因素,对这些主要因素着重进行研究分析,并制定措施干预这些主要因素,以改变或者化解重大社会风险。如此有的放矢地坚持"重点论",我们才能取得事半功倍的效果。

(三)"重大社会风险"的确定应坚持两点论和重点论相统一

认识事物发展过程的科学方法之一,是坚持"两点论"和"重点论"的统一。从二者的关系看,没有"重点论"的"两点论"是"均衡论",是不分主次矛盾和矛盾的主次方面。由此就会导致分不清事情的轻重缓急,无法辨别事物的本质与现象,导致用同样的力度和步伐去解决问题,手忙脚乱,无所适从,甚至可能导致矛盾加剧和叠加。而脱离"两点论"的"重点论",是以偏概全,是"一点论"的形而上学,由此导致忽略事物主次矛盾以及矛盾主次方面之间的密切联系,以及在特定条件下的相互转化,并且无法全面认识事物的发展过程,对已经变化了的事物更是无从认知。

重庆防范化解重大社会风险,必须把握好"两点论"与"重点论"的统一。比如,前述提及的,一般社会风险如果应对不当,可能就会演化为重大社会风险。重大社会风险如果应对不当,很可能就会引发重大社会危机,使社会系统的运行濒临崩溃的临界点。因此,既要关注一般社会风险,又要着重关注重大社会风险,统筹全局,协调各方力量应对社会风险。关注一般社会风险,是指关注局限于某一区域或者某些领域之中,且规模、程度、影响力等相对较小,其危害性或者不确定性相对较弱的风险。这些风险相对简单,容易认知和防范化解,所需公共资源也较少。因此,通过对这些可认知、可控制的社会风险进行研究、采取措施进行防范化解,从中积累经验,总结社会风险发生、发展、变化的规律,形成传统的一般应对风险模式。这种应对模式,一方面有助于对一般社会风险进行防范,防止其演变为重大社会风险,避免出现重大危机;另一方面,又为进一步研究防范化解重大社会风险提供先验和基础。关注重大社会风险,就是要善于以重大社会风险作为关键点,进而带动全社会对风险进行研究并积极应对。而从实践路径看,就必须针对事实情况采取对策。尤其是对于重大社会风险,尽管其本身是看不见、摸不着的,但却隐藏在社会的各个要素中;同时,社会风险的大小、危害程度、"生长"的速度、诱发重大事故可能性大小等,均有差异。因此,在实践路径上很难全方位地防范化解所有的风险。这就要结合下面论及的重庆的实际情况,通过风险指标体系和实践经验等,选择重要的、紧迫的、风险高的、所在领域重要的风险予以优先防范化解。

二、践行唯物论:从重庆的实际出发制定防范化解策略

(一)坚持唯物论的重要实践意义

众所周知,唯物论是马克思主义哲学的基本原理之一。唯物论又被称为辩证唯物主义,其与唯物论、唯心论是相对的。唯物论最基本的观点认为世界统一于物质,物质决定意识;物质生活的生产方式制约着整个社会生活、政治生活、精神生活的过程。根据唯物论,不是人们的意识决定人们的存在,相反,是人们的社会存在决定人们的意识。唯心论又被称为唯心主义,其主张精神或意识理念是世界的第一性质,物质世界是第二性质,意识决定物质,物质是意识的产物。

唯心主义和唯物主义有很大差别。唯心主义否定人类社会历史发展存在规律,或者认为人类历史发展是由神、理性、英雄人物的意志等因素决定的。而唯物主义则从客观实在出发对社会现象做出解释,进而把握人类社会发展的规律,在此基础上通过人的实践的力量在客观性的层面上改造世界。[1] 这里的客观实在,是指物质生产或物质财富的生产,具体

---

[1] 张国伟:《时代变迁与历史唯物主义的新阐释》,载《湖北经济学院学报(人文社会科学版)》2020年第12期,第8页。

包括以前各代遗留下来的生产条件。在这个意义上,社会的生产有一种客观实在性。人的实践就是社会的生产,其一方面改变了人活动的自然环境;另一方面,人在改变自然的同时,也在不断改变着自身。所以人类的社会生产活动,既能创造社会生产力,也能形成生产关系,社会的性质和人类的历史受制于人的社会生产。唯物主义把社会的生产作为观察和理解社会的钥匙,肯定人们能把握社会发展的规律性,人类能自己创造历史。

坚持唯物论就要坚持一切从客观实际出发,按照世界的本来面貌去认识世界,实事求是地尊重客观事实而不是从主观愿望出发。历史也证明,坚持唯物主义是我们取得胜利的法宝。在革命、建设、改革各个历史时期,我们都坚持唯物主义,坚持系统、具体地分析中国社会现实及其发展规律。并且在认识和改造世界的过程中,不断把握其中的规律,积极运用这些规律,从而推动我们战胜困难,取得胜利。

(二)防范化解重大社会风险应重视重庆的实际情况

根据唯物主义的要求,重庆要防范化解重大社会风险,应根据重庆的实际状况,重视重庆发生重大社会风险的成因以及重庆的特征。前述对重庆的地理特征、市情等情况进行了总结,重庆防范化解重大社会风险,就必须重视这些因素的影响。重庆是"组团型"城市结构,因此,导致社会矛盾丛生。重庆市山地明显并且山水相间,没有广阔的平坦用地条件,尤其是"大城市、大农村、大山区和大库区",这就决定了重庆的社会治理具有特殊性。比如,长期以来,农村因产业、人口、体制、财力等制约,农村地区配套的教育、医疗、道路交通资源等公共服务较为落后,文教、卫生、体育等社会事业发展滞后,社会事业设施不全、等级低,难以满足民众就业、上学、看病、参加文化体育活动等需求。因此,出现了诸多教育、医疗、就业、社会保障、医疗卫生、食品卫生等方面的社会问题。又比如,重庆的山水相间,农村地区较多,城乡混合区域辽阔,居住分散,治安防控的难度较大。并且随着城镇化的进一步推进,人口流动性加快,也使得对人口进行管理变得更为困难。并且城镇化过程中,贫富差距进一步扩大,居民实施违法犯罪活动的数量也进一步增多,导致重庆市的治安防控难度增大。

重庆的另一个现实情况是重庆的基础设施建设较为落后。在城市的经济发展过程中,基础设施建设一直受到政府与民众的重视。基础设施建设是城市发展与繁荣的前提,也是城市居民进行各种经济活动和社会活动的保障。同时,基础设施具有投资大、回收期长的特征。而重庆地区拥有众多的城乡接合部、农村地区和库区,其所在政府自身财力有限,无法建设足够的基础设施。与此同时,因为基础设施的投资较大,并且回收周期过长,所以其他公共资源投入渠道也比较少,导致重庆市各区尤其是城乡接合部和农村地区的基础设施不足,并且现有的基础设施建设老化严重。新的基础设施投入较少以及现有基础设施维修不足,难以满足当地民众日益增长的对基础设施的需求。

因此,重庆应在防范化解重大社会风险时,必须通过一定的路径,把这些情况纳入考量之中。比如,在重大社会风险指标中,把前述涉及的治安情况、失业率、环境污染、交通事故等作为重要的指标。前述论及要坚持"重点论"和"两点论"以及二者之间互相统一的原则,也需要从重庆社会的各个领域、各个层面中,找出重要的、具有严重影响的、具有代表性的"要素",从而使看不见的"风险"有可度量的"物化"的表征。换言之,在下面论及的"重庆重大社会风险指标体系"中,在筛选"风险指标"时,就必须"因地制宜",关照重庆的风险情况、风险类型等因素。

三、坚持发展论:以量变质变规律指导防范化解机制建构

唯物辩证法认为,事物是由于自己内部的矛盾运动而发生量变和质变的。量变是质变的必要准备,质变是量变的必然结果。量变只有保持在一定的范围和限度之内,事物才能保持其原有的性质,如果量变超过了这个范围和限制,事物的性质就会发生变化。所以,当需要保持某种事物的性质稳定时,就必须把量变控制在一定的限度之内。做事情要注意分寸,掌握火候,坚持适度的原则。

由量变到质变的方式,有渐进式和突变式两种。任何一种运动状态,都有稳定态和非稳定态之分。在微小、偶然因素作用下,能够保持原本状态的就是稳定态。而受到微小干扰就改变原来状态,则就出现了非稳定态。事物的运动状态的不同,质变的方式也不同,稳定事物的质

变,一般是以渐进的方式进行。换言之,渐进方式是指事物发生了根本性质的变化,但过程却是渐进的、相对稳定的,没有突变。① 在渐进方式的质变中,虽然事物的性质已经发生了改变,但是事物发生量变过程还在进行之中,而没有停滞不前。而质变的突变方式,则是指事物运动的过程及其性质都突然发生了变化。承认质变存在渐进方式和突变方式这两种,即承认事物发展途径存在多样性。换句话说,就是肯定事物有多种多样的质变,并且从方式上讲,分为渐进式质变和突变式质变。

一般社会风险要演变为重大社会风险,都要经过大量的量的累积。因此,要注意一般社会风险累积达到一定的"度",即此时"重大"风险呈现,就表明一般社会风险出现了质的飞跃。在当前,许多重大社会风险问题,在早期都只是一般社会风险。但是,随着时间的递进,以及其他风险的叠加使得这些风险发生了质变,转变成了重大社会风险,最终演化成了严重事故。由于对重大社会风险的防范化解,需要坚持量变质变规律。即为防止重大社会风险产生并引发一定的后果,就要在"重大"风险出现以前,提前防范或干预。同时,也正是因为量变质变规律,使某些事物的发展能被控制,使其不能"发展"或被控制而处于某种稳定状态。

量变质量规律对防范化解重大社会风险具有重要的实践意义。首先,可从复杂、多样的重大社会风险的"指标"中,提取出对保持社会稳定至关重要的变量,如物价、就业率、社会安全度等;然后,对这些变量进行控制和防范,将其予以稳定化,使其不易发生突变,以防范化解重大社会风险的突然发生。其次,要根据风险"生长"的时间段,采取不同的措施。比如,在风险出现前、风险出现后、风险不断发展到临界点与风险演化为重大事故后,就应采取不同的应对方式。更重要的是,根据量变质量规律,要对风险提高警惕,要从"风平浪静"的表象,认识到其可能隐藏的危机;要理性认识到,"黑天鹅"并不是没有理由出现的,只是因为人类的认识能力有限导致没有认识到而已。这也喻示不要等到某些重大事故出现时,或者某些重大危机显现时,才采取措施。概言之,在对待风险治理时,要把量变质变原则作为指导原则,从而探寻对付"黑天鹅"的高招和预防"灰犀牛"的先手。

---

① 张彦:《论质变的渐进方式与高级方式》,载《江苏社会科学》1997年第3期,第67页。

第三节　防范化解重大社会风险的挑战

重大社会风险虽然具有重大的危险性和不确定性,但是风险还是可以为人所认知的,因而可以通过制定预案来干预风险,最终达到防范化解的目的。党中央面对当前的国际形势、周边环境以及艰巨繁重的改革发展任务,进行了战略部署和动员。同样,重庆市采取了积极行动进行社会风险防范化解,且取得了一些成绩。但是,在不断发展中,风险社会和转型社会依然是重庆所处社会的基本特征。因此,各种风险并没有消灭,而且也不能消灭,其依然存在于重庆社会的各个领域。不仅如此,旧的社会风险也没有被完全治理,甚至还新生出更多的社会风险。因此,重庆重大社会风险的防范化解依然面临各种挑战。

一、危及生命与健康的事件波及广泛

生命与健康是人类社会存在、延续的前提与基础,是建立社会秩序的最初动力。危及生命与健康的事件一旦发生就会造成严重的后果,并且影响的范围也会较为广泛。从实践看,危及生命和健康的事件,可以划分为两类:一类是日常生活中发生的危及生命及健康的事件,主要体现在交通安全领域、食品药品领域等;另一类则主要是在生产领域,主要体现在工厂、矿山等安全生产领域。无论是哪一类型,均会侵害生命和健康。因此,应当重视对危及生命和健康风险的防范。习近平也强调要坚持以人为本的发展理念,牢固树立生命至上、安全第一的理念,把涉及生命和健康的风险放在首位。

近年来,重庆市危及生命与健康安全的恶性事件时常发生。据 2018 年重庆市人民检察院工作报告,重庆市人民检察院针对故意杀人、强奸、抢劫等严重暴力犯罪,起诉 1071 人,法院最终审结杀人、绑架等严重暴力犯罪案件 852 件 1069 人;针对性侵、暴力伤害未成年人等犯罪,起诉 1141 人。2019 年,重庆市人民检察院针对故意杀人、绑架、强奸、抢劫等严重暴力犯罪,起诉了 960 人,法院最终判处 10 年以上有期徒刑刑罚的有 817

人。① 从数据中可以看出,重庆市故意杀人等严重暴力犯罪案件数量众多,严重危及了群众的生命以及健康安全,不利于重庆市治安的维护。并且,如此众多的暴力犯罪也表明重庆市危及生命健康安全的重大社会风险的形势仍然十分严峻。同时,近年来,重庆市还发生了多起引起全国关注的重大危及生命和健康安全的事件。例如,2018 年 10 月 28 日重庆市万州区一辆公交车因乘客与司机吵架,与一辆小轿车在万州区长江二桥相撞后,坠入江中,事故造成车内司机及乘客 13 人死亡,2 人失联。这些各类重大安全事件给重庆人民群众的生命与健康带来了极大威胁,也对整个社会秩序造成了巨大的影响。

二、侵害财产权益的严重事件屡发不止

财产是人们在社会中赖以生存的物质财富,属于生活资料的范畴。然而,在实践中,侵害财产安全的事件却高发频发。这些事件对国家财产和人民群众的私有财产带来极大的风险。尤其是一些涉众突发事件直接对人民群众财产安全造成威胁,严重影响人民群众的安全感。

侵害财产安全的行为目前大致有两种:一种是传统的侵犯财产的行为,例如,一般的盗窃、诈骗、敲诈勒索、开设赌场、发放高利贷等侵犯财产的行为;另一种则是跟网络紧密联系的侵犯财产的犯罪,这些行为往往又与金融、经济等领域融合在一起,形成社会领域与金融领域交织、线上与线下叠加的远程非接触式侵害财产的违法犯罪行为。具体表现为非法集资、网络传销、网络借贷、投资理财、私募股权、虚拟货币、电子商务、消费返利、慈善互助、养老等领域实施的各种侵犯财产的行为,涉及人员多、地区广,危害极大。② 从全国的情况看,形势非常严重,比如根据 2019 年最高人民法院发布《网络犯罪司法大数据专题报告》,2017 年网络诈骗案件占全部诈骗案件的 7.67%,2018 年占比猛增至 17.61%;2018 年,微信超过 QQ 成为网络诈骗犯罪中使用最为频繁的犯罪工具,冒充他人身份实施诈骗的案件占比达 31.52%,以招聘为诱饵实施诈骗的案件占比在

---

① 此数据来源于重庆市高级人民法院和重庆市人民检察院 2018 年、2019 年工作报告。
② 李雪峰:《防范化解社会领域重大风险的若干思考》,载《行政管理改革》2019 第 4 期,第 34 页。

2018年大幅上升;近20%的网络诈骗案件是在获取公民个人信息后进行的诈骗。① 从这些犯罪所占的比例以及逐年上涨的情况来看,这些行为严重侵害了我国人民群众的财产安全,尤其是网络犯罪,对财产安全造成了极大的威胁,严重影响了人民的安全感。

重庆的情况也不例外,且重庆市侵犯财产安全的情况可从重庆市人民检察院和重庆市高级人民法院的相关数据得到佐证。根据重庆市人民检察院2018年和2019年的工作报告显示,在2018年,重庆严惩利用电信网络诈骗老百姓"血汗钱""救命钱""养老钱"等犯罪,起诉2666人;2019年仅就电信网络诈骗犯罪,就起诉2602人。其中包括武隆区人民检察院对一起特大跨国电信网络诈骗案的143名被告人提起公诉和赵某等88名被告人打电话恐吓、诱骗60000多人购买保健品,诈骗5600多万元的案件。根据重庆市高级人民法院2018年和2019年的工作报告显示,2018年就审结黄赌毒、盗抢骗、传销和电信网络等犯罪案件14550件;2019年重庆市就审结电信网络诈骗、非法集资、内幕交易等案件689件,涉案金额195.6亿元,审结涉P2P平台、非法集资、金融诈骗等犯罪案件403件。② 从上述数据可以看出,一方面,重庆市侵犯财产安全的案件众多;另一方面涉案金额也十分巨大,给人民群众的财产安全造成了极大的威胁。

前述列举的情况和现象,不仅给人民群众造成直接经济损失,还有可能使被骗走了"养老钱""救命钱"的人民群众的生活陷入困境,甚至使得被骗走巨额资金的企业因资金链截断而停工破产。从这个意义上看,侵犯财产的行为不仅危及民众的财产安全,还危及整个社会经济的运行。对这类侵犯财产行为的打击过于滞后,从而导致造成的损失和危害也极难挽回。因此,应将其纳入重大社会风险中进行防范化解,才是从根本上解决这些行为的方式。

三、危及社会秩序的严重事件呈上升趋势

公共安全是社会运行的基础和前提,是人民安居乐业的重要保障,是

---

① 《最高法发布网络犯罪大数据报告及电信网络诈骗犯罪典型案例》,载中国法院网。
② 此数据来源于重庆市高级人民法院和重庆市人民检察院2019年工作报告。

社会安定、社会秩序良好的体现。党的十八大已经提出要加强公共安全体系建设,并在党的十八届三中全会上专题研究了公共安全问题,对公共安全体系的框架进行了论证。从十八届三中全会的专题研讨看,公共安全包括食品药品安全、安全生产、防灾减灾救灾、社会治安防控等方面的安全。从公共安全呈现的样式来看,公共安全可以区分为传统公共安全问题和非传统公共安全问题两大类,二者相互交织构成了当今的公共安全。

传统的公共安全问题,是指上述领域的一些重大事件或者重要基础设施事故安全问题。对这些传统公共安全问题,重庆市采取了很多措施,主要包括形成了制度性文件、专项整治行动和司法惩处的机制:

一是制定各种条例、细则等形成日常管理秩序。这是防范事故灾难发生的最重要的途径之一。在生产方面,重庆市仅 2020 年就制定了《重庆市生产安全事故应急预案管理办法实施细则》《重庆市煤矿安全生产标准化管理体系考核定级办法实施细则(试行)》《重庆市危险化学品事故应急预案(暂行版)》《重庆市药品监督管理局行政处罚裁量适用规则(试行)》《重庆市危险化学品从业单位安全生产标准化及监督检查一体化工作指南(试行)》《重庆市危险化学品从业单位安全生产标准化》《重庆市烟花爆竹经营(批发)企业安全生产标准化及监督检查"一体化"工作指南》《重庆市烟花爆竹经营(批发)企业安全生产标准化等级评定细则及监督检查清单》《全市煤矿关停安全管理十条措施》等安全条例、细则。在交通管理方面,制定了《重庆市道路运输管理条例》《重庆市道路交通安全条例》《重庆市城市道路交通安全设施管理办法》等。

二是建立安全生产和生态环境常态化暗访机制。围绕风险高、隐患多、事故易发多发的领域,集中在煤矿、非煤矿山、危险化学品、消防、道路运输、民航铁路等交通运输、工业园区、城市建设、危险废物等九个行业领域,进行了从 2020 年 4 月开始至 2022 年 12 月结束的安全生产专项整治 3 年行动等专项行动;梁平区开展道路交通突发事故综合应急救援演练等专项行动、专项工作。同时,还要提高应急处置能力和救援抢险水平并配合相关的执法监督检查活动和司法惩处。

三是司法机关针对违反公共安全的刑事司法处理。根据重庆市高级人民法院2018年、2019年的工作报告显示,2018年审结危害食品药品和公共安全犯罪案件4615件。① 2019年仅就涉黑涉恶案件审结了204件1276人,打击"地下执法队"彭军、"车霸"邓强等一批破坏稳定、欺压良善的黑恶势力犯罪分子。②

重庆针对非传统公共安全风险也进行了治理。比如,针对网络犯罪进行治理和打击。重庆市公安局2018年2月开展"净网"行动,历时3个月就破获了涉网案件299起,清理网上违法有害信息8751条,采取刑事强制措施401人,暂扣冻结涉案资金3000余万元,缴获作案电脑680余台,手机1040余部。在2018年11月,丰都公安机关就破获了涉案金额达3亿元,犯罪嫌疑人达75人的以非法彩票网站为掩护、组织实施网络赌博的案件。在2019年的"净网"行动中,重庆就侦破各类涉网络案件1789起,抓获犯罪嫌疑人3865名,包括涪陵区陈某某等人特大跨境网络开设赌场案,渝北区王某某"网络水军"团伙非法利用信息网络案和荣昌区许某等人非法控制计算机信息系统案。2020年重庆公安机关破获了"5·29非法控制计算机信息系统案",打击了相互勾连的4个网络犯罪团伙,抓获犯罪嫌疑人20人,瓦解了一条通过非法控制用户手机,进行暗刷广告变现的特大黑产链条,非法牟利高达6000余万元。

据此可以看出,尽管重庆市针对传统安全和非传统安全均进行了治理,取得了成绩。但是,犯罪形势仍然严峻,传统的危及社会公共安全的问题依然存在。同样,重庆非传统公共安全案件对公共安全的威胁越来越大,造成的危害性也越来越大。习近平指出:"没有网络安全就没有国家安全,就没有经济社会稳定运行,广大人民群众利益也难以得到保障。"③习近平的论述也说明了非传统的网络安全风险必须防范化解,以保障社会稳定和人民群众利益。并且,针对当前传统安全威胁与非传统安全威胁相互交织的现状,增强国家安全意识,完善国家安全战略,有效防范和应对各种安全威胁也显得尤为重要。

---

① 此数据来源于《2018年重庆市高级人民法院工作报告》。
② 此数据来源于《2019年重庆市高级人民法院工作报告》。
③ 《习近平出席全国网络安全和信息化工作会议并发表重要讲话》,载央广网。

四、污染生态环境的重大事件时常发生

习近平指出:"我国是世界上自然灾害最为严重的国家之一,灾害种类多,分布地域广,发生频率高,造成损失重,这是一个基本国情。新中国成立以来特别是改革开放以来,我们不断探索,确立了以防为主、防抗救相结合的工作方针,国家综合防灾减灾救灾能力得到全面提升。要总结经验,进一步增强忧患意识、责任意识,坚持以防为主、防抗救相结合,坚持常态减灾和非常态救灾相统一,努力实现从注重灾后救助向注重灾前预防转变,从应对单一灾种向综合减灾转变,从减少灾害损失向减轻灾害风险转变,全面提升全社会抵御自然灾害的综合防范能力。"[1]但同时,习近平又强调:"当前,重污染天气、黑臭水体、垃圾围城、农村环境已成为民心之痛、民生之患,严重影响人民群众生产生活,老百姓意见大、怨言多,甚至成为诱发社会不稳定的重要因素,必须下大气力解决好这些问题。要集中优势兵力,动员各方力量,群策群力,群防群治,一个战役一个战役打,打一场污染防治攻坚的人民战争。"[2]

重庆市一直致力于改善人居环境,并且也已经取得了一定的成果。但是仍然存在诸多不足,还存在很多问题需要进一步改善。具体表现在以下几个方面:第一,重庆市人居环境规划管理存在问题。规划管理本应该是改善人居环境的第一个步骤,但是有些区域,尤其是老城区建设过早,规划与现实存在冲突。而农村地区的规划也是各行其是,村庄功能布局等存在不足,需要予以整顿。第二,重庆市人居自然环境存在问题,重庆市农村垃圾大多是随处可见,没有得到很好的治理,并且生活污水的排放也没有得到妥善的解决。第三,重庆市内的旧城区容貌十分破旧,城中村环境问题仍然十分严峻。第四,农村地区的农业生产废弃物等资源化的问题,也急需解决。

目前,重庆市针对这些问题已开始进行治理,主要采取的措施有:

一是制定相关的预案及管理办法等。自2010年以来,重庆市政府先后发布了《重庆市环境保护条例》《重庆市环境保护系统突发环境事

---

[1] 《习近平在河北唐山市考察》,载新华网。
[2] 《习近平谈治国理政》(第三卷),外文出版社2020年版,第368页。

件应急处理暂行办法》《重庆市重特大环境污染和生态破坏事故灾难应急专项预案》《重庆市三峡库区流域水环境突发公共事件应急预案》《长江三峡库区重庆流域突发水环境污染事件应急预案》《重庆市安全生产与自然灾害防治工作考核办法(暂行)》,重庆市人民政府在2016年重新修订发布了新的《重庆市突发环境事件应急预案》和《重庆市重特大环境污染和生态破坏事故灾难应急预案》。除此之外,原重庆市生态环保局还发布了《重庆市突发环境事件应急预案》,重庆两江新区管理委员会也根据自身特点制定了《重庆两江新区突发环境事件应急预案》。

二是在环境执法方面开展专项行动。重庆市为保护环境开展了一系列的专项行动,如2017年开展了重庆市纳污坑塘排查整治专项行动,重庆启动2018年环境监管利剑执法专项行动,重庆市"2018清废行动",重庆市2019年整治污水偷排偷放行为专项行动和长江入河排污口排查整治试点行动,重庆市2019年打击固体废物环境违法行为专项行动,2020年整治污水偷排直排乱排专项行动以及重庆市各区县持续推进整治污水偷排直排乱排专项行动。这些专项行动的开展,一方面有利于重庆市的水污染、固体废物的污染等环境治理,例如,截至2020年11月底,重庆市整治污水偷排直排乱排专项行动排查点位12万余个,排查点位数相比2019年增加40%,新发现问题1434个,与2019年相比减少61.8%。截至2020年11月底,已完成问题整改1411个,整改率98.4%,其余23个问题加快整治;①另一方面,有利于防范重庆重大、特大环境污染的发生。根据原重庆市生态环保局的统计信息,重庆市自2015年以来没有发生重大、特大环境污染事故。②

三是在司法方面进行打击与恢复性司法处理。《重庆市安全生产与自然灾害防治工作考核办法(暂行)》的11条意见,为重庆市打击环境污染提供了有力的司法保障。重庆市人民检察院2018年在司法方面的作为主要是:一是持续开展立案监督,建议行政执法机关向公安机关移送涉嫌犯罪273人,提出诉前检察建议1101件;二是直接起诉偷排偷放污染

---

① 数据来源于重庆市生态环境局网。
② 数据来源于重庆市生态环境局网。

物、盗伐滥伐林木、非法采矿等破坏环境资源犯罪1117人,同比上升16%;三是开展专项行动、专项工作,2018年开展了"保护长江母亲河"公益诉讼专项行动和"非法码头治理""饮用水源地生态环境保护"等专项工作;四是与川、滇、黔检察院建立长江上游生态环境保护跨区域检察协作机制,共筑长江上游重要生态屏障;五是在生态环境和资源保护领域实施公益诉讼,2018年公益诉讼立案1172件,督促治理被污染的饮用水源地2.8万余亩、河道48.9公里,清除违法堆放的垃圾和固体废物3万余吨,恢复被破坏的耕地林地2500余亩。①

在以习近平同志为核心的党中央的领导下,全国的环境治理取得了一定成效:"生态文明建设正处于压力叠加、负重前行的关键期,已进入提供更多优质生态产品以满足人民日益增长的优美生态环境需要的攻坚期,也到了有条件有能力解决生态环境突出问题的窗口期。"②同样,重庆以上述方式解决了一部分人居环境问题。然而,环境污染问题一直是困扰重庆市社会发展的重大问题。根据重庆市人民检察院2019年工作报告显示,2019年检察院提出诉前检察建议1363件,起诉1183人,同比上升5.9%。立案生态环境公益诉讼1588件,同比上升35.4%,提起公益诉讼52件。③ 这些数据与2018年相比,没有下降反而上升。这说明重庆市当前的环境安全问题不容乐观,仍属于多发态势。再加上不论是大气污染、水污染、噪声污染、土壤污染,还是核辐射、固体废物、危险废物等污染,其防治难度均很大,影响范围又广,治理时间跨度大。因此,还必须进一步想办法,解决此类问题,防范诱发此类事件的风险。

五、各类突发事件和意外事件频发不断

(一)重庆市自然灾害突发事件频发

重庆的地质位置没有在大陆板块分裂带上,因而地震(或火山)发生的可能性很小。但因为重庆位于四川盆地边缘地带,淡水储备不是很足,旱灾时有发生。比如2006年的旱情,就最为严重。又因为重庆位于

---

① 数据来源于《2018年重庆市人民检察院工作报告》。
② 中共中央党史和文献研究院编:《十九大以来重要文献选编》(上),中央文献出版社2019年版,第448页。
③ 数据来源于《2019年重庆市人民检察院工作报告》。

嘉陵江和长江的交叉汇集处,又是三峡大坝库区,洪灾几乎每年都有。旱灾和水灾又往往会引起各种地质灾害,给人们的居住、生活等带来毁灭性影响。

重庆市在2008年制定了《重庆市防汛抗旱条例》,2011年颁发《重庆市森林防火条例》,2017年颁发了《重庆市自然灾害救助指导标准》,2019年发布《重庆市因灾倒塌住房恢复重建补助资金管理工作规程》和《重庆市受灾人员冬春生活救助工作规程》,2020年根据条例制定了《重庆市防汛抗旱应急预案》《重庆市突发性地质灾害应急专项预案(暂行)》《重庆市森林草原火灾应急预案(暂行)》等。通过这些条例、指导标准、预案、工作规程等,重庆市成立了防汛抗旱指挥部为指导机构,建立预防、预警、应急响应、应急保障、培训与训练等全方位的应急管理体系。这些措施具有重要的作用,一方面,预防、预警体系可以提前防范自然灾害对人民群众生命、财产安全的危害;另一方面又可以通过应急响应、应急保障等措施去化解自然灾害给人们带来的危害。

然而,重庆还是存在一些环境保护问题,还需要进一步寻找对策来保护环境。随着社会的发展,人类对环境的影响,还会衍生新的环境问题。加之自然灾害的发生不以人的意志为转移,其不仅对人们的财产安全造成巨大的损害,还会直接危及人们的生活居住安全。对洪灾、旱灾等的发生、发展等还需要继续研究,继续探索新的预防和防范机制。

(二)重庆市事故灾难频繁发生

事故灾害的发生在一定程度上来讲是不可避免的。重庆市在2020年就发生了多起事故灾害,造成了严重的后果,给人民群众的生命和财产安全造成了巨大的损失。比如,2020年11月G65包茂高速公路渝北区大湾路段道路交通事故(造成4人死亡、4人受伤)[①];2022年1月7日中午,重庆武隆区凤山街道办食堂疑似燃气泄漏发生爆炸,导致房屋垮塌,共造成16人死亡,10人受伤。[②] 事故灾害频繁发生,对人们的生命、健康和财产安全造成了极大的危害,还给人们的生产、生活造成了巨大的

---

① 《市应急管理局牵头调查G65包茂高速公路渝邻段"11·9"较大道路交通事故》,载重庆市应急管理局网。
② 《重庆武隆机关食堂爆炸16死10伤》,载搜狐网。

损害。尽管事故发生不能完全消除或避免,但还是可以采取措施减少发生的概率,或者化解发生的可能性。这就要求我们继续研究这些领域的事故灾害,以达到防范化解之效果。

(三)重庆市公共卫生现状严峻

重庆市公共卫生事业在近年来取得了较大的发展,但是重庆市公共卫生的现状仍然严峻。具体原因如下:首先,重庆市的城乡经济发展呈现二元经济结构,导致了城乡卫生保健和保障出现分治,并进一步导致了城乡医疗卫生发展不协调,比如在医疗保障制度的设计中,城市明显重于农村,并且城乡医疗保险的筹资水平等方面也不均衡。其次,重庆市基层公共卫生人员职业倦怠感总体处于中度水平,[①]也在一定程度上使重庆市公共卫生的现状变得更为严峻。并且重庆市政府在购买公共卫生服务的实践中存在诸如医疗卫生服务投入不足等问题,[②]这难以适应城乡居民的客观需要,影响城乡居民利用医疗卫生服务的积极性,并且也制约了医疗卫生服务提供者的积极性。这些诸多因素的共同作用,致使重庆市公共卫生现状严峻。

为应对严峻的医患纠纷现状,重庆市政府积极采取措施应对。比如,重庆市高级人民法院与重庆市司法局、重庆市卫生局和计划生育委员会等部门,联合出台《关于健全医疗纠纷诉讼与非诉讼衔接机制的意见》,明确将人民调解、行政调解等纳入医疗纠纷的解决中,以健全医疗纠纷诉讼与非诉讼衔接机制。使用调解的方式有助于在一定程度上遏制医患纠纷演变为恶性事件。又比如,为改善因医疗卫生事业的公益性质而导致的政府投入不足问题,重庆市政府坚持公益创新机制,维护和保障基本医疗卫生事业的公益性;坚持医疗、医保、医药联动改革,创新机制,破除行政区划、财政投入、医保支付、人事管理等方面的壁垒和障碍,优化资源结构布局,结合医保支付方式等改革的推进,建立完善医疗机构间分工

---

① 黄庆华、李亚美、周密:《重庆市基层公共卫生人员职业倦怠现状及影响因素分析》,《重庆理工大学学报(社会科学)》2020年第6期,第57页。

② 文茂伟、倪冰校:《政府购买公共卫生服务的实践探索与优化建议——以重庆市为例》,《重庆行政(公共论坛)》2015年5期,第39页。

协作机制。① 再比如,为从整体上改善当前重庆市公共卫生事件的严峻现状,重庆市卫生健康委、重庆市人社局、重庆市财政局三部门发布《关于印发建立保护关心爱护医务人员长效机制若干措施的通知》,从保障工作条件、维护身心健康、落实待遇职称政策、加强人文关怀、创造安全执业环境、弘扬职业精神六方面,建立了20条举措,切实保障医务人员权益。这些措施对于缓解和消除医患纠纷风险,具有重要的作用。

通过上述措施,重庆市公共卫生的严峻现状一定程度上得到改善,暂时能保持较为良好的状态。在此情况下,除了上述措施外,还要进一步对此采取措施,以改善现状。

(四)个人极端事件频发且后果严重

个人极端事件与其他公共安全事故相比出现较晚,是公共安全事故或突发事件中的一个新问题。个人极端事件具有后果的极端性、行为主体的失意化、事件发生的突然性、选择目标的随意性等特征。② 重庆屡次发生个人极端事件,已经成为重庆公共安全领域的重大隐患。比如,2018年10月28日发生的万州公交车坠江事件,导致车上15人全部遇难。又比如,2018年10月26日重庆南岸区发生幼儿园砍杀事件,导致14名儿童受伤,其中7人轻伤、6人重伤、1人危重。"个人极端事件"与其他突发公共安全事件相比,其还具有"个人性"的特征,即从事件的萌芽到严重事故的完成,是由个人完成。但其还是属于"极端"事件,所以其严重性、影响性和危害性远大于一般的公共安全事件。因此,必须重视对"个人极端事件"风险的防范和控制。

六、各类群体性事件多发且形势严峻

社会治安是指社会在一定的法律、法规及制度的约束下而呈现的一种安定、有秩序的状态或状况。群体性事件是影响社会治安问题的重要因素,因此,必须重视对这些风险因素的治理。群体性事件具有严重社会

---

① 《重庆市人民政府办公厅关于推进医疗联合体建设和发展的实施意见》,载重庆市卫生健康委员会网。

② 石玮:《我国个人极端事件风险公安防控对策研究》,南京师范大学2020年硕士学位论文,第13-14页。

危害性,对政府管理和社会造成极大影响,甚至引起公众和社会的恐慌和不满。2000年至2019年的20年时间内,我国发生的群体性事件数量呈现急剧增长态势,从2000年的1.02万起猛增至2019年的21.07万起,增长了20.66倍。与此同时,参与群体性事件的人数也迅速增加,2000年参与群体性事件的人数约为80.5万人,2019年参与群体性事件的人数则达到了1151万人,增长了14.30倍。[①] 由这些数据可以看出,当前我国的群体性事件的数量和参与人数都有了大幅度的提升,严重影响了人民群众的生活质量和社会的稳定,是社会不稳定的重要风险源。

根据调查,在2014年1月至2016年5月期间,重庆市共发生百人以上的群体性突发事件有124起。[②] 可见,重庆市当前群体性事件的发生率依然较高,表明重庆市群体性事件的预防机制仍然存在一些问题,急需进一步完善。对于群体性事件,不能仅仅采用打击的手段,更多应是防范化解的措施。重庆市也采取了措施来防范化解群体性事件,比如,在群体性事件爆发之前建立应急预案,进行预防、预警。为此,重庆市制定了《重庆市群体性上访事件应急预案》,为群体性事件预防机制的完善提供了基本制度保障。

第四节 重大社会风险防范化解中的法治风险

在防范化解重大社会风险的过程中,存在严重的法治风险。这些法治风险包括以公众利益优先为由严重侵害公民个人正当权利,不当行使公权力或者无法律依据行使权力等风险;同时,也存在个别公民不遵守法律、规则,给防范化解工作带来严重阻碍的违法行为。这些法治风险,一方面对公民个人的基本权利造成了严重影响;另一方面也对国家治理权的公信力产生了侵蚀,或对国家治理风险带来严重障碍。综合看,重大社会风险防范化解过程中的法治风险,主要体现在四个维度,即相关的立法

---

① 吴心怡、王林生、吴程程:《群体心理理论视角下群体性事件应对研究》,载《南方论刊》2021年第7期,第55页。

② 贾焕银:《群体性事件特点及其预防机制的完善——基于重庆市124起事件的实证研究》,载《中国人民公安大学学报(社会科学版)》2018年第6期,第135页。

缺乏或不妥,执法粗陋或不科学,司法不当或越权,公民不遵纪守法。详言之,在立法方面,防范化解重大社会风险有无法可依的情况。同时,尽管某些领域的风险防范化解有立法,但存在立法不妥的情况。在司法方面,存在司法标准不一、程序不当等问题。在执法层面,传统粗糙的执法模式仍大有空间。在守法层面,某些公民只顾自己,违法现象也比较突出。更需要提及的是,随着新兴技术的蓬勃发展,这些法治风险还在不断升级,造成了新型法治危机与传统法治危机相混合的局面。因此,除了要采取措施防范化解重大社会风险外,"法治"防线更需要围绕前述法治风险给出解忧方案。

一、防范化解重大社会风险中的立法不完善

立法不完善的危机层出不穷,严重影响了重大社会风险的防范化解。

防范化解重大社会风险缺乏立法依据。缺乏立法依据导致立法空白,这使国家和公民的行为缺乏指引。法律的指引作用是重要的法律目的之一,而法律的指引作用主要通过以下两个途径生效:第一,确定性指引,即通过命令性规范或禁止性规范,指明国家与公民应当作出什么行为和不得作出什么行为;第二,选择性指引,即通过授权性规范,授予国家和公民作出一定行为的权力或权利。两种指引方式相互结合,缺一不可,共同实现法律目的。有了立法才能有法律制度,从而达至对国家和公民行为的指引。正如富勒所言:"法律制度的目的是一种很有分寸、理智的目的,那就是:使人类行为服从于一般规则的指导和控制。"①然而,我国在防范化解重大社会风险的过程中,经常出现缺乏确定性指引与选择性指引的情况,导致国家和公民的行为无法律可依。在现代法治国家,国家的行为必然需要法律的明确规定,只有这样才能使公民信服。因此,必须完善防范化解风险的立法,比如,有关应急管理或者紧急事件管理的立法。

有些防范化解重大社会风险立法的内容并不完全合理。简言之,此种情况的法治风险是由不合理的立法引起的。特别是在防范化解重大社会风险这种特殊的时期,立法的不断扩张与公民基本权利之间产生了抵触,这就势必会产生不妥当的立法。如下面论及的,重庆市在法治政府建

---

① [美]富勒:《法律的道德性》,郑戈译,商务印书馆2005年版,第171页。

设等战略的影响下,不断完善包括防范化解重大社会风险的立法,如生态灾害防治、新兴技术使用规制、社会保障体系等领域的立法,但也会隐藏有类似的立法粗疏、不妥当的问题。因此,针对风险防控不仅需要立法,而且需要正当的立法。

二、防范化解重大社会风险中的司法风险

在防范化解重大社会风险的过程中,也存在诸多司法风险。司法困境主要表现在以下三个方面:

其一,在防范化解重大社会风险的过程中,存在法律适用不当的问题。法律适用不当的问题,主要源于立法不完善与不明确,使法律的标准不明晰,导致不妥当的司法行为。比如,如何处理违规售卖不符合安全标准卫生用品的行为等。又比如,《刑法》第330条规定了妨害传染病防治罪,但"传染病"的类型仅限于"甲类传染病"。依照《传染病防治法》和国务院有关规定确定,甲类传染病仅包括鼠疫和霍乱两种。但2008年6月,最高人民检察院、公安部出台《关于公安机关管辖的刑事案件立案追诉标准的规定(一)》,把乙类传染病中传染性非典型肺炎、炭疽中的肺炭疽、感染高致病性禽流感等视为按照甲类管理的乙类传染病,从而使其进入妨害传染病防治罪的规制范畴。这就违背了罪刑法定原则,是值得商榷的。

其二,在防范化解重大社会风险的过程中,存在处罚尺度不当的问题。同样以刑事法领域的问题为例,在防范化解重大社会风险的过程中,针对一些违法行为本身就存在着从重、从快处罚倾向,以严厉制止严重事态的进一步恶化。但在很多情况下,处罚尺度却没有把握好,从而引起民众对司法的不满和怀疑。定罪量刑是最直观的后果,当事人和公众极容易从不统一中看出司法的不公正或不妥当,由此诱发人心不满和社会不安之风险。

其三,在防范化解重大社会风险过程中,存在程序不当的问题。特别是在环境风险等新型风险领域,存在诸多程序问题,如举证责任的归属、证明标准的设置、诉讼流程的优化等。解决这些程序问题对这些领域的重大风险防控中的诉讼问题至关重要。而如果程序不当,则可能导致相应的重大风险防控措施减效,甚至造成防控措施无效。例如,《最高人民法院关于审理环境民事公益诉讼案件适用法律若干问题的解释》中,将具有损害社会公共利益的重大风险的污染环境、破坏生态的违法行为,认定为环境民事公益诉讼的可诉行为。在此,"具有损害社会公共利益的重大风险"是指现实的损害尚未实际发生,但可能造成损害的重大风险。然而,对于尚未造成现实损害或者现实损害处于无法明确断定的情形,现行立法及相关司法解释对于如何判定环境污染,或生态破坏行为是否具有对社会公共利益造成损害的风险,缺乏明确而统一的标准,由此导致当前环境司法实践中存在着认定困难的情形。究其原因,主要在于关于重大风险的证明标准模糊、举证责任分配不明确。[1] "风险"一词本身就指的是一种事件发生的概率,那么对于风险发生可能性的举证本身不宜笼统适用举证责任倒置。且由于风险本身是未然之事,对于何种程度的风险是社会公众所不能接受的,也属于法官的个人判断。这就可能导致相类似的环境案件,判决结果却差距较大的问题。

三、防范化解重大社会风险中的执法风险

在解决防范化解重大社会风险的活动中,涉及执法层面的问题也很严重。政府在防范与处理重大社会风险时,往往偏好使用"运动式"执法。在应对如交通安全事故、校园安全事故、黑恶势力违法乱纪现象、社会治安事故等重大社会事故时,政府本身就更加偏向"运动式"执法,并迅速出台相应规范为这种治理方式背书。"运动式"执法的效果在于可以使短时间内的某一具体违法乱象得到遏制,却疏于对相关乱象的长久治理及治理合理性的思考。

除了"运动式"执法的问题以外,在防范化解重大社会风险的过程中,还存在逐利执法、过度执法、粗暴执法的现象。这些不当执法的行为更是直接地侵害了公民的合法权益,既未治理相关风险,也导致了诸多不良影响。特别是在民生矛盾衍生的领域,这样的情况更是层出不穷。这些乱执法的情况,会造成更为恶劣的社会影响,诱发更为严重的

---

[1] 于文轩、牟桐:《论环境民事诉讼中"重大风险"的司法认定》,载《法律适用》2019年第14期,第28页。

重大社会风险。

四、防范化解重大社会风险中的公民守法问题

在防范化解重大社会风险的过程中,公民的个人违法行为会直接影响与该行为直接相关的其他个体,造成重大的危害结果,更会使风险扩散。由此可见,在防范化解重大社会风险过程中,公民个体的守法至关重要。

在防范化解重大社会风险过程中,已出现不少公民拒不守法的事件。甚至在这些违法事件中,还包括一些"极端个体"造成的轰动性事件以及一些群体性违法事件。前者如重庆万州的"10·28"公交车坠江事故,乘车人刘某因坐过站便与驾驶员冉某发生争执,继而使用手机击打驾驶员冉某的头部,冉某置公共汽车于不顾的还击行为,就是完全无视《重庆市公共汽车客运条例》第38条第5款明文规定:"不得危害客运驾驶员等从业人员人身安全或者影响公共汽车客运车辆正常运行。"同时,公共交通驾驶员冉某在遇到突发袭击时,没有尽量避让袭击并将车迅速停靠报警,这也是违反交通法规的行为。后者如重庆发生的綦江松藻煤矿事故,即2020年9月27日,重庆能投渝新能源公司下属松藻煤矿发生一氧化碳超限事故,造成17人被困井下,其中16个人被搜救出来时已无生命体征,42个相关人员中毒受伤;①同样的事件还有同年12月4日,永川吊水洞煤矿发生的重大安全事故,其造成23人死亡。②两起骇人听闻的重大矿难事故背后,是相关井下作业的生产企业长期以来对安全生产法律法规的漠视,甚至是无视造成的。而这种对法律秩序的无视直接导致了这些重大安全事故的发生。在松藻煤矿事故发生后,相关方面对事故原因进行了调查,调查发现重庆能投集团自2018年以来,曾多次发生较大事故与涉险事故,然而,重庆能投集团却一直未采取妥善的措施进行事故的排查与预防,而是一直忽视井下作业安全生产的法规要求,对老旧设备、工人井下自救设备的更新几经忽视,才最终酝酿成了重大生产事故。

---

① 《重庆松藻煤矿事故已致16人遇难"矿区在山区,救援人员需徒步入山,耗时长"》,载百家号"红星新闻"。

② 《刚刚!重庆市政府被约谈,两起重大煤矿事故致39人遇难》,载百家号"证券时报"。

一般而言，在防范化解重大社会风险中，公民守法层面出现问题的原因有：其一，政府的普法宣传力度不够或者未有力督促落实，普法宣传流于形式化。重庆市各区政府，每年都联合各部门进行法治宣传，但是宣传活动开展的次数虽多，法治宣传的质量却没有提高。其二，在目前总体社会发展阶段中，尚未形成一种全民守法的法治文化，而这种全民守法文化的欠缺正是公民不断违法的根源。社会存在决定社会意识，但是在重庆市一些经济欠发达的地区，公民对于法律规则的违反更是熟视无睹；这样的社会背景更是滋长违法行为乃至犯罪行为的沃土。其三，政府执法部门的监控、督查措施缺位，导致公民的违法行为缺乏及时管控，并最终导致违法行为演化为犯罪行为，社会潜在风险也随之扩大。公民守法外部环境的形成，不仅要依赖于政府的法治宣传、社会的文化营造，还有赖于政府对违法行为的及时引导、纠正，对违法行为防微杜渐，以有效防止社会风险面的进一步延展。

五、防范化解重大社会风险中新兴技术引发的法治风险

诸如大数据、人工智能等新兴技术的蓬勃发展，促进了科技进步并为重大社会风险的治理提供了更多的方式。但治理权行使者——各个方面的重大社会风险防控主体，在利用新兴技术防范化解重大社会风险时，滥用新兴技术或者利用新兴技术不当，也会侵害甚至严重侵害公民的合法权益，比如公民个人的隐私权等。同时，也会影响甚至损害治理权本身的合法性。重庆各个层面的重大社会风险防范化解，也使用了各种各样的新兴技术。某些新兴技术的使用不当，已激起了公众的反感和抵触，并造成了其对防范化解行为的反抗。从整个国家的情况看，前述这种情况出现的原因包括新兴技术使用无法可依、所依之法不当等。

(一)新兴技术迅猛发展，立法滞后引起的法治风险

随着科学技术的发展，各个层面或者各个地方的政府均会利用这些新兴技术进行风险治理。但是，新兴技术的立法却没有赶上，导致新兴技术的使用以及如何使用缺乏法律依据。在利用新兴技术进行治理时，就缺乏明确的法律对其进行约束。这会为滥用或者不当使用新兴技术埋下隐患，因此可能危及风险治理的合理性。

人脸识别技术的适用就诱发了法治风险。随着人脸识别技术的红利不断显现，当前包括政府在内的各方主体都在积极使用人脸识别技术进行风险治理。然而，人脸识别技术在我国尚无专门的法律进行规制，无论是政府、社区还是事业单位，都可以任意地装卸人脸识别软件，强制公民进行"刷脸"。可以说，目前人脸识别技术尚处于"野蛮生长"的状态。洪延青教授直言："无处不在的摄像头与强大计算能力和云存储相结合时，人脸识别技术能够帮助政府实现对每个地方的每一个人24小时不间断地监视，程度之深之广均为前所未有。"① 确实，人脸识别技术在防范化解重大风险、实现治理的过程中发挥了举足轻重的功能，如抓捕犯罪嫌疑人、解救被拐卖妇女儿童、追踪治安情况等。但人脸识别涉及公民个人的"人脸"这一重要的器官，因此，对人脸的识别并不是没有边界的。

人脸识别技术的使用应具有边界，一般应遵循同意原则和合理期待原则。所谓同意原则，即"无论哪种人脸识别应用，都建立于以'同意'原则为核心的平台——用户协议之上"。② 这是收集公民人脸识别信息的前提条件。而现实是，各地政府在许多公共场所诸如车站、地铁、甚至商场都设置了人脸识别系统，公民如拒绝人脸识别则根本无法使用这些公共设施，政府强制运用人脸识别系统仿佛成为"格式条款"——接受或走开。合理期待原则是指在运用新兴技术实现重大社会风险防控时，应当合理满足公民对于隐私、保密、匿名等方面的期待。如政府的防控措施不能合理满足这些期待，就会越过了合理的边界，对公民的正当权益产生严重侵害。在现实中，关于是否能随意使用人脸识别技术、在哪些区域能使用以及如何使用等问题的规制，甚至没达到弱风险预防理论的要求，③ 更遑论决策者对公民的合理期待的满足。这就加深了人的尊严需求与政府对重大社会风险防控需求之间的矛盾，即政府在通过人脸识别技术获取

---

① 洪延青：《人脸识别技术的法律规制研究初探》，载《中国信息安全》2019年第8期，第86页。
② 林凌、贺小石：《人脸识别的法律规制路径》，载《法学杂志》2020年第7期，第70页。
③ 强风险预防理论认为一项行动只有被确认为没有任何危害的情况下方可进行，弱风险预防理论认为缺乏充分的确定性不能作为延迟采取预防危害的措施之理由。参见彭峰：《环境法中"风险预防"原则之再探讨》，载《北京理工大学学报（社会科学版）》2012年第2期，第132页。

公民的个人信息时,因为没有规范制约而不符合同意原则或合理期待原则,从而给技术治理的合理性埋下了巨大隐患。

(二)利用新兴技术解决治理问题的现有立法存在局限或弊端

在运用新兴技术解决治理中产生的风险问题时,即使存在可以参考的法律法规,目前也基本上处于层级混乱、效力较低的状态。同时,某些防范化解风险的工作人员的法治意识薄弱,依法治理的理念欠缺。二者结合还会导致这些条款的规范作用不足,造成对新兴技术的滥用。在具体的治理过程中,甚至囿于庞杂的技术治理规制条款层级不一、效力不明,新兴技术的使用实质上处于无监管状态。这就极容易导致对公民合法权益的侵犯。李笑语教授就指出:"目前现存的关于个人信息数据保护的标准规范,存在数量庞杂、内容交织、效力层级不一致等问题,还需要在立法的过程中进行整合,力争出台内容全面、规范合理、效力层级较高的国家强制性标准,以便在实际运用中能够更好地对照实施。"[①]尽管我国于2021年相继出台了《数据安全法》《个人信息保护法》等相关保护性法律,但其给予公民的保护尚不足以实现重大社会风险的化解与防范,其本质上不应是单纯的技术之治,而应当是以公民合法权益的保护为核心的技术之治。诚然,运用新兴技术实现人口管理、治安控制、解决社会风险是必要的,但如不加强对运用新兴技术的规范力度,那么对新兴技术的滥用必将适得其反,造成对治理权合理性的损害。

---

① 李笑语:《当前公民个人信息安全问题及防范措施》,载《网络安全技术与应用》2021年第9期,第152页。

第三章 重大社会风险的主要类型及分析

第一节 危及社会安全的重大社会风险

一、突发公共事件风险

在我国,典型的突发公共事件包括自然灾害、事故灾难和公共卫生事件风险等,且近些年来这些突发公共事件引起了公众的担忧。重庆也不例外,且因重庆特殊的情况影响,呈现一些不同"面相"。

(一)自然灾害风险及分析

重庆市因其地理位置和其气候的特殊性,长期以来都有较高的自然灾害风险。前述已论及,重庆有特殊的地理位置,因此,其也有特殊的自然环境。重庆市是嘉陵江和长江的交叉汇集城市,地处亚热带季风性湿润气候区。重庆市独特的气候条件加之特殊的地质地貌类型的影响,使之成为我国气象灾害发生严重的地区之一,常见的气象灾害有高温、干旱、暴雨、连阴雨等,其中暴雨是影响最为严重的灾害类型。重庆市夏季受东南季风和西南季风影响,雨量充沛,暴雨频发。重庆市区域性暴雨引发的灾害主要有:洪灾、水土流失、滑坡、崩塌、泥石流、堰塞湖、环境污染、疾病等。暴雨频发气象灾害灾情普查数据显示,暴雨洪涝带来的直接经济损失居重庆市气象灾害之首。① 这些因素必须得到足够的重视,否则就会导致自然灾害频繁发生。

从目前的情况看,重庆的自然灾害事件经常发生。比如,2020年受连续降雨影响,重庆市先后发生多起洪涝灾害,其中以"6·20"洪涝灾害最为严重,此次洪涝灾害共造成涪陵、黔江、长寿、江津、南川、万盛、綦江、璧山、武隆、忠县、开州、巫溪、石柱、秀山、酉阳等15个区县(经开区)155828人受灾,紧急转移安置30915人,需紧急救助1884人;农作物受灾面积4423公顷,其中绝收763公顷;倒塌房屋165间,不同程度损坏房屋929间;直接经济损失20984万元。② 又比如,在2020年7月16日,万州区遭遇最强暴雨袭击,五桥河沿岸低洼处工贸企业厂房、设备设施、电力线路、氨储罐、压力容器被淹,企业被迫停产,给企业造成了严重的经济损失。江津区受强降雨天气影响,导致全区局部地区遭受洪涝灾害。其中,双福、支坪、圣泉、广兴、四面山等24个镇街受灾。据统计,受灾14060人,因灾死亡1人,紧急转移安置789人,需紧急生活救助91人,农作物受灾近327.98公顷。永川区遭受风雹及洪涝等8次自然灾害。造成全区23个镇街132168人受灾,无死亡和失踪人员,紧急转移安置1158人,严重损坏房屋1336间,农作物、工矿企业、基础设施等都有不同程度的损失。③ 因长期洪涝灾害,重庆市陆续发生开州区泥石流灾害、武隆堰塞湖险情。未来,随着全球气候变暖所带来的极端天气的出现,防范化解自然灾害风险必然是重庆市各项工作中的重点之一。

(二)突发公共卫生事件风险及分析

重庆面临公共卫生事件风险的挑战,目前重庆公共卫生领域需要完善的地方包括:首先,公立医院公益性的日常运行机制还需要进一步巩固完善。一方面,医疗保险资金面临着不小的压力,不能完全满足正常发展的需求;另一方面,各级财政收入增速放缓,医疗保险基金减费减收,资金压力不断加重,公立医院的日常运行压力不断加大。其次,医疗资源分布不均衡,优质的医疗资源总量不足并且配置不均衡。比如,高水平医院和

---

① 黄会杰:《重庆市区域性暴雨危险度与灾情综合评估研究》,西南大学2018年硕士学位论文,第15页。
② 数据来自重庆市应急管理局网站。
③ 数据来自重庆市应急管理局网站。

医学学科与发达地区和周边强省存在着不小的差距。除此之外，基层医疗卫生服务能力薄弱、难以有效满足需求、群众信任度不高，大医院人满为患，基层医疗机构业务不饱和的现状尚未有效解决。最后，公立医院的治理问题还需要进一步加强。基层医务人员引进难、留住难、活力不足的问题依然存在。而且，公立医院内部管理水平有待提升。医院财务管理、价格收费、成本控制、绩效管理等需要进一步加强，规范化、精细化、科学化管理能力与发达地区尚有差距。传统的治理模式较为强调稳定，强调上下级观念和相关的内部程序，存在信息不公开透明，办事效率不高等弊端，使公共卫生领域在面对重大风险的时候，难以及时、科学、有效应对，从而造成诸多不必要的损失。

（三）突发公共安全事故风险及相关分析

针对公共安全风险，习近平论述并号召："当前，公共安全事件易发多发，维护公共安全任务繁重。政法综治战线要主动适应新形势，增强风险意识，坚持多方参与、合作共享、风险共担，坚持科技引领、法治保障、文化支撑，创新理念思路、体制机制、方法手段，推进公共安全工作精细化、信息化、法治化，不断提高维护公共安全能力水平，有效防范、化解、管控各类风险，努力建设平安中国。"[①]从现状看，突发公共安全事故主要包括生产安全事故、交通运输事故、公共设施和设备事故等，且这些均与社会普通民众的关系最为紧密。现阶段，重庆市也时常出现一些突发公共安全事故。比如，在 2020 年 9 月 27 日，重庆市綦江区松藻煤矿发生一起重大火灾事故，造成 16 名矿工遇难、38 名矿工受伤，伤亡惨重、影响恶劣。国务院安委办约谈重庆市能源投资集团有限公司、重庆能投渝新能源有限公司、松藻煤矿主要负责人。同年 9 月 29 日，全国煤矿安全生产专题视频会召开。原国家煤矿安全监察局局长黄玉治在会上表示："这是今年全国第 1 起重大煤矿事故，伤亡惨重、性质恶劣"。事故暴露出重庆能投集团煤矿安全生产存在安全发展理念不牢，安全风险意识淡漠；安全管理层级多，责任层层下放、逐级弱化，官僚主义、形式主义严重；煤矿灾害严重，井下系统复杂，采掘头面多，安全管理严重滑坡；吸取事故教训不深

---

① 《习近平就公共安全工作作出重要指示》，载新华网。

刻,安全防范措施不落实;当地政府煤矿安全监管检查不严不实,监管监察执法效能不高等问题。① "9.27"事故详情披露,由于井下 2 号大倾角运煤上山皮带磨损严重,皮带温度升高后,因胶带输送机装设的温度保护装置和烟雾探测器失效,没有预警并停止皮带运行,导致皮带着火,并引发皮带上面的煤炭燃烧,产生有毒有害气体逆流至工作面,造成人员中毒。工人在逃生过程中,发现部分压缩氧自救器气压为零,严重失效。这些事故的发生不但会给社会普通民众的生命、身体健康等带来巨大的伤害,而且还会对社会秩序、社会经济运行等产生诸多不利影响。② 因此,必须引起高度重视。

二、公共道路交通安全风险

道路交通安全风险是指在道路交通过程中产生的各种危险情况发生的可能性。道路交通安全风险是客观存在的,是由"在特定情况下、特定时间内,人在交通过程中的主观因素与影响道路交通的各风险因素的复杂互动关系"③引起的,其会进一步引起不可控的损害后果。因此,必须予以重视重庆时常发生交通安全事故,比如,秀山县雅江镇"5·20"较大车辆翻坠事故调查组发布的调查报告称,2020 年 5 月 20 日 9 时 15 分许,秀山县雅江镇响鼓村发生一起较大车辆翻坠事故,造成 4 人死亡,15 人受伤住院治疗。截至 2020 年 9 月 16 日,已核定直接经济损失约 109 万元,其他损失尚需最终核定。事故调查报告显示,严某驾驶车辆操作不当,未能有效控制车辆行驶动态的行为,是发生此次事故的直接原因;其违规搭载人员且严重超员加大了事故损害后果。道路交通安全风险是现代社会普遍存在的一种风险类型,这一风险直接或者间接地影响着人们的日常生活、生产活动,也对每个国家的社会、经济、文化等发展产生了一些阻碍。

从前面的定义可以看出,道路交通安全事故是很多因素作用的结果。

---

① 数据来自国务院安委办约谈重庆市能源投资集团有限公司。
② 孙爱军、刘茂:《公共安全事故风险控制理论研究与实践中的两条线索》,载《中国公共安全(学术版)》2010 年第 1 期,第 29 页。
③ 宋效红:《基于信息技术应用创新的驾驶者交通风险实时预警研究》,载《物流技术》2014 年第 5 期,第 39 页。

一般而言,"道路交通的安全状况取决于交通过程中人、车、道路环境之间是否保持协调",[1]即道路交通安全风险主要包括人的因素、车辆因素、道路因素。这三项因素对于一个城市的公共道路交通安全具有重要影响,如果这三项因素能够相互契合、运转顺利,那么会大大减少公共道路交通安全风险的发生;反之,则会使得公共道路交通事故频发,大大增加公共道路交通安全风险。首先,人的因素主要包括驾驶人员和行人等。人是道路交通安全的主体性因素,主要表现在人既可以导致道路交通安全风险,如驾驶人员疏忽、醉驾等情形都可能造成交通事故,增加公共道路交通风险。因此,人的因素可以通过制定制度规范、采取措施防范化解道路公共交通安全风险。而且一个地区人们的文明素养、遵守交通意识等因素,对于公共道路交通安全也有重要的影响。如果行人、驾驶员等主体能够按照要求严格遵守交通规则,恪尽职守,那么公共道路交通事故的案例就会相应地减少。其次,车辆是公共道路交通安全风险的主要参与者和制造者。一方面,如果公共道路上承载的车辆数量过多的话,就会使得公共道路交通的压力过重,容易出现公共道路交通事故,使得车辆因素成为增加公共道路交通安全风险的"罪魁祸首"。另一方面,车辆如果由于生产技术落后或者车辆的年检制度存在漏洞,那么就可能使得车辆变成移动的危险物,大大增加了公共道路交通安全风险的可能性。除此之外,道路、环境状况等因素也是构成道路交通安全的基础性构成要素,对道路交通安全风险的产生与发展作用不可忽视。尤其是对于一些地形地势环境比较复杂的城市而言,如果不重视公共道路交通规划、设计、施工等事项的科学性、合理性,就容易出现公共道路交通安全事故风险。

(一)从人的因素分析重庆市道路交通安全风险

首先,重庆市人口基数较大,数量较多。重庆市作为西部地区唯一的直辖市,是西南地区重要的中心城市,也是"长江经济带"的中心城市,区位优势明显,与其他城市的人员、货物往来密切。从行政区划而言,重庆市总面积约为8.24万平方千米,其中下辖26个区、8个县、4个自治县;常住人口达到3124.32万人,其中城镇人口2086.99万人,常住外来人口

---

[1] 杨耀武:《我国道路交通安全风险管理中的政府职责》,载《哈尔滨学院学报》2009年第10期,第94页。

达到167.65万人。庞大的人口数量对于公共道路交通的需求强烈,也会加大公共道路交通的压力。巨大的人口基数和游客人数,繁忙的人口货物等交流,使得重庆市的公共道路交通运输面临着严峻的形势和沉重的压力,也使得重庆市日常的公共道路交通经常处于一种相对饱和的状态。不仅如此,重庆市的常住人口还呈现逐年上升趋势(如图3-1所示),这会给重庆市的交通增加更高的风险。

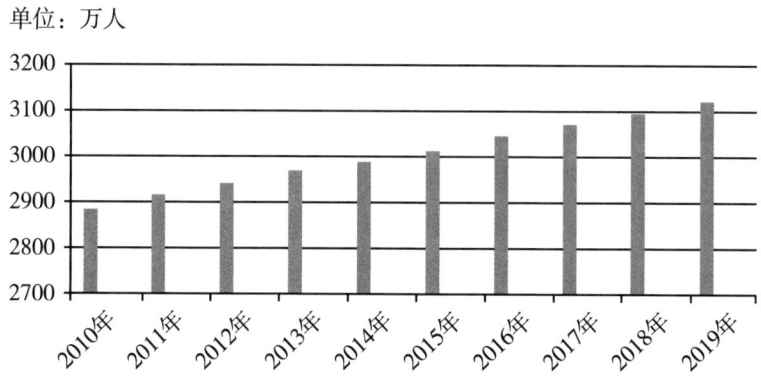

图3-1 重庆市2010—2019年度常住人口数量①

其次,重庆市节假日期间都会有大量的游客。在特定时间或者地点,人的因素在公共道路交通安全风险中的作用会更加显著。重庆市作为全国著名的"旅游城市""网红城市",在寒暑假、国家法定节假日期间,通常会有大量的游客蜂拥而来,也会有很多的自驾游游客。根据重庆市文化与旅游发展委员会发布的《2019年重庆市旅游业统计公报》显示,在2019年重庆市节假日期间共计接待游客人数15907.95万次,比上年同比增长11.2%,占全年接待游客数量的24.2%。② 各个节假日的增长情况如表3-1所示:

---

① 数据来自2010—2019年度《重庆市国民经济和社会发展统计公报》。
② 数据来自重庆市文化和旅游发展委员会网站。

表 3-1 重庆市 2019 年节假日旅游接待及收入情况

项目	接待人数		旅游收入	
	人数(万人次)	比上年增长(%)	金额(亿元)	比上年增长(%)
合计	15907.95	11.2	880.62	33.2
长假小计	8585.59	10.4	367.91	33.8
春节	4725.98	10.3	180.29	34.8
国庆	3859.61	10.6	187.62	32.8
小长假小计	7322.36	12.3	512.71	32.7
元旦	1184.26	16.8	78.16	28.7
清明	1361.71	12.8	100.89	35.2
五一	2559.65	10.6	200.16	33.5
端午	1046.58	10.8	64.11	32.6
中秋	1170.16	11.3	69.39	32.1

注：比上年增长按同口径统计测算。

大量的游客涌入是对一个城市公共道路交通安全的严峻挑战。在城市当中人流、车辆等都较为集中，一旦发生道路交通事故都会造成较大的社会影响。在寒暑假、国家法定节假日等期间，重庆市的公共道路交通经常面临着严峻的形势，各类交通违法事件、道路交通事故等常常发生，给公共道路交通带来了很大的压力，也大大增加了公共道路交通安全风险。例如，2020 年端午节期间，重庆市高速公路查处各类违法案件 22268 件，同比上涨 126.44%。其中，超速行驶 11815 件，所占比例为 53.06%；车辆没有按照交通信号通行的 7165 件，所占比例为 32.18%；没有系安全带的 556 件，所占比例为 2.5%；占用应急车道的为 413 件，所占比例为 1.85 件；查处酒驾车辆 3 起。①

最后，某些个人因素可能会给公共道路交通安全带来不确定性的风险。除了庞大的人口数量会对公共道路交通安全造成的风险以外，司机、乘客等个人因素也会对公共道路交通安全产生不确定性的风险。在

---

① 数据来自重庆市交通局网站。

2018年10月28日,重庆市万州区发生的公交车坠江事件,就是典型的由人为因素产生的公共道路交通安全事故。一般认为,个人因素最大的特点就是难以预测、难以确定、难以控制,并不像车辆和道路、环境等因素可以做到及时、有效的预测或者监控。梳理近些年来一些突发的公共道路交通安全事故案例,我们可以发现这些道路交通事故发生的主要原因就是对司机、乘客等个人因素还缺少科学有效的监管举措。近年来多起事故产生的原因多为驾驶员突发性疾病,例如心梗、脑出血等。还有很多驾驶员对于紧急情况的处置主要是依靠自身多年来的从业经验,如果缺乏系统的培训,驾驶员的情绪、主观判断等因素很容易导致紧急状况处置不好。如果没有对风险产生的源头进行有效的跟踪或者加以防范,从而使得公共道路交通安全事故频繁发生,隐忧不断,隐藏着很多不确定性的风险。事实上绝大多数的道路交通安全风险是由人为因素产生的,或者是由人为因素综合作用的结果,这就使得人为因素对公共道路交通安全的影响更加隐蔽、多样,潜藏着不可预测的风险。

(二)从车辆因素角度分析重庆市道路交通安全风险

首先,重庆市内的车辆数量多,公共道路交通发展迅速。重庆市是我们国家重要的现代化制造业基地,形成了全球最大的电子信息产业集群和中国国内最大的汽车产业集群,每年都生产数百万辆汽车,比如,2019年生产汽车就达到138.3万辆,使得重庆市成为重要的汽车城市。根据重庆市交通规划研究院发布的2019年度《重庆市中心城区交通发展年度报告》相关数据,重庆市中心城区机动车拥有量就达到191.5万辆,汽车工作日日均行驶总里程4819.5万车公里。[①] 根据重庆市交通规划研究院发布的2019年度《重庆市中心城区交通发展年度报告》相关数据,在2019年重庆市公共交通年日均客运量为772.4万乘次,同比增长达到5.5%。轨道年日均客运量为285.4万乘次,同比增长达到21.4%,公共汽车年日均客运量为483万人次。[②] 数量庞大的汽车和迅猛发展的公共道路交通,一方面给重庆市带来出行便利的同时,另一方面也蕴藏着公共道路交通安全的风险。

---

① 数据来自重庆市规划和自然资源局网站。
② 数据来自重庆市规划和自然资源局网站。

其次,节假日期间有大量的车辆进入重庆。前述提及重庆市是著名的旅游城市,景点众多、风景优美,每年节假日期间都会吸引大量的游客来重庆观光。不过,由于重庆市的不少景点之间距离较长、加上路况复杂,因此不少游客都会选择以自驾游的方式进行。2020年9月16日,由重庆市文化和旅游发展委员会主办、中国移动重庆公司受邀联合发布了《2020年重庆暑期旅游大数据报告》,该报告对于暑假期间到重庆的游客的来源、交通方式、出行住宿行为偏好等数据进行了统计、分析,其中自驾出行的游客所占比例为31%,乘坐火车、汽车、飞机等交通工具的游客所占比例基本为两成左右(如图3-2所示)。自驾游出行是一种旅游业的发展趋势,也是对重庆市公共道路交通安全的重要考验。

▶▶▶ 外地游客来源地排名及入渝方式颁布

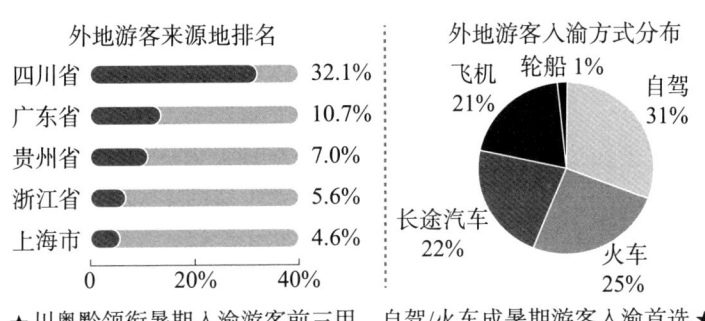

★ 川粤黔领衔暑期入渝游客前三甲,自驾/火车成暑期游客入渝首选 ★

图3-2 外地游客来源地排名及入渝方式分布

(图来自《2020年重庆市暑期旅游大数据报告》)

综合前述可以看出,一个城市公共道路交通的承载能力是有限的。从整体上来看,重庆市的公共道路交通运行相对流畅,不过在上下班的早晚高峰时段以及部分重点地段,如中心城区仍然存在大量的堵车等现象。如果由于生产技术更新换代缓慢或者车辆年检制度的不完善,那么车辆就可能成为行走的危险物,随时可能发生公共道路交通事故,大大增加了道路交通安全风险的可能性。比如,重庆市公安局交通巡逻警察总队会定期曝光一批"高风险运输企业",这些运输企业被曝光主要是因为事故率高、违法率高、处理率较低等,督促相关运输企业落实交通安全主体责任。不过,重庆市虽然车辆基数较大,但目前单纯地因为车辆本身的因素导致的道路交通安全风险并没有很多,也没有引起较为严重的公共道路交通安全事故等风险。但是总体而言,车辆的因素虽然可以控制,却是较为隐蔽的风险因素,所以对于车辆因素的常态化防范措施仍然不可松懈。

(三)从道路、环境等因素分析重庆市道路交通安全风险

重庆市是长江上游地区唯一汇集水、路、空等交通资源的城市,也是西南地区综合的交通枢纽。近些年来,重庆市道路交通发展迅速,现阶段已经形成四通八达的公路网和铁路网,比如,公路通车里程17.4万公里,铁路营业总里程2394公里,加上长江、嘉陵江等航运通道,江北国际机场等航空通道,重庆市已经构建起航空、公路铁路、水运航道三位一体的道路交通运输体系,大大促进了道路交通行业的发展。

但是,重庆市相对独特的道路、环境等因素使得其公共道路交通安全风险不可忽视。第一,重庆道路普遍狭窄,合道、并道路段多,路况比较复杂,为提高道路资源利用效率,保证道路运行通畅,应当从划设条件、程序等方面对公共汽车专用车道设置相应的限定。重庆市地处我国中西部的结合地带,处于长江和嘉陵江的交汇地带,整体地形地势条件较为复杂,行政区域内是以山地、丘陵为主,平原面积较少,不仅江河湖泊较多,而且高低起伏较大。重庆市的整体构造是依山而建,使得城市的公共交通较为立体、盘旋,与其他城市相比更加险峻,更为复杂,为公共道路交通安全增加了潜在的风险。第二,重庆市是著名的"雾都",每年有雾的天气可以达到100多天,而且重庆市降水较多,这些也容易导致公共道路交通事故出现。因此,如果公共道路交通设计欠缺合理性,或者是极端天气的影响,那么就会使得公共道路交通事故发生的概率大大增加。第三,如果道路设计施工验收等程序存在瑕疵,就会使得公共道路交通的质量难以有效保障,从而导致道路交通安全风险的发生。虽然目前公共道路规划不断科学合理,建设质量也不断提高,道路、环境等因素引发的公共道路交通安全风险近年来容易被忽视,但实际上道路、环境等因素依然是公共道路交通安全风险的重要来源,必须加以重视。

三、环境污染风险

重庆的环境污染风险呈现不断增长的趋势,成为阻碍社会、经济、文

化等发展的一大难题。因此,必须对环境污染问题引起足够的重视,积极防范化解环境污染风险。党的十九大报告也指出:"必须树立和践行绿水青山就是金山银山的理念,坚持节约资源和保护环境的基本国策,像对待生命一样对待生态环境,统筹山水林田湖草系统治理,实行最严格的生态环境保护制度,形成绿色发展方式和生活方式,坚定走生产发展、生活富裕、生态良好的文明发展道路,建设美丽中国,为人民创造良好生产生活环境。"[1]为了实现目标,重庆也应在分析环境污染风险的情况下,加强对环境污染风险的治理。

(一)环境污染风险原因分析

重庆市环境污染风险是多种原因引起的。有学者认为:"由于历史、人口、资源和生产方式等多方面因素的影响,长期以来,重庆城市环境污染严重,库区生态环境脆弱,是全国环境保护和生态建设的重点地区。"[2]首先,地缘因素对重庆的环境污染风险有影响,重庆市特别突出的地缘特征是典型的二元结构,即大城市与大农村、大工业与大农业并存的结构。重庆市拥有面积广阔的农村地区和偏远地区,这些地区由于没有足够的环保意识、没有足够的资金和人员等条件,因而并不重视生态环境保护,使得这些地区的生态环境污染事故不断发生。城乡发展呈现的二元结构使城市的发展处处走在乡村的前面,当城市的发展达到一定的规模、满足城市产业升级的发展需要等之后,就会有次序地把环境污染产业向城郊、乡村地区转移,这是大城市崛起发展的必经阶段。但是,由于农村地区相对于城市没有完善的环境污染处理机制,或者城市转移的环境污染远远超过农村的承受能力,再加上农村地区生态环境保护意识存在一些不足,"因此导致农村对污染的零抵抗力,最终造成农村垃圾的扩散,水质的恶化,空气质量的污染,农业源污染以及生态的退化等环境风险的扩张"。[3] 其次,从历史因素看,在重庆市成为直辖市之前,就是中国重要的

---

[1] 《决胜全面建成小康社会 夺取新时代中国特色社会主义伟大胜利——在中国共产党第十九次全国代表大会上的报告》,载《光明日报》2017年10月28日,第1版。

[2] 童小平、肖鼎光、张巍、孟东方等:《"一带一路"和长江经济带建设中的重庆思考》,西南师范大学出版社2018年版,第187页。

[3] 董正爱、王璐璐:《迈向回应型环境风险法律规制的变革路径——环境治理多元规范体系的法治重构》,载《社会科学研究》2015年第4期,第30页。

老工业基地之一,所以其工业的发展也带来了很大的环境污染。而现阶段,重庆市依然是我国重要的现代制造业基地,尽管重庆市工业平稳较快发展,但环境污染风险一直是重庆市社会发展过程中的隐忧,尤其是"后工业时代的城市环境污染等环境风险既存在继续扩张的可能,也开始逐渐向乡村过渡和转移,环境风险成为城乡不得不共同面对的新困局和难题"。① 最后,与北京、天津、上海等直辖市相比,重庆无论是经济基础还是发展条件并不优越。这也导致环保基础设施建设、养护等存在不足的问题。环保基础设施是城市建设和管理的重要组成部分,也是环境污染防治,提高环境保障质量的不可或缺的重要支撑。概言之,生态环境问题归根到底是经济发展方式问题,重庆市生态环境质量持续改善受经济下行压力大、经济结构调整缓慢、历史遗留问题较多、体制机制不健全等多种因素交织影响。这些因素导致现阶段重庆市的生态环境保护工作仍然面临着严峻的挑战。

(二)环境污染风险的现实状况

重庆市针对既有的环境污染事故问题,把防范化解环境污染风险当作是重庆市政府日常工作中的重点之一。而且针对具体情况和不同时间出现的不同问题,采取了不同的思路和对策。从2017—2020年《重庆市人民政府工作报告》的内容可以看出这些措施和思路,而且也可看出重庆市高度重视环境污染治理(如表3-2所示)。不仅有《重庆市人民政府工作报告》对环境污染事故的宏观指导,重庆市的具体职能部门还针对具体的环境污染问题,采取了较有针对性的措施治理环境污染。一般认为,城市地区环境污染风险的来源主要包括水污染风险、空气污染风险、噪声污染风险、固体废弃物污染风险等,这些污染风险伴随着城市化和工业化的进程,一直影响着城市的成长与发展。自从2010年开始,重庆市生态环境局每年都定期发布《重庆市生态环境状况公报》,公布涉及生态环境各个方面的具体指标,这些因素主要包括水环境、大气环境、声环境、固体及危险废物、辐射环境,以及其他与生态环境保护相关的园林绿化、森林与草地、耕地与农业生态、自然生态保护、气象与自然灾害等。通过对这些

---

① 董正爱:《风险与回应:城乡环境风险协同共治法律研究》,中国社会科学出版社2018年版,第3页。

统计数据、综述介绍等的整理与分析,可以对重庆市的生态环境有整体性的概览。通过梳理这些报告可以发现,重庆市近些年的环境质量处于相对平稳的状态,除了个别年份存在特殊情况(如2014年湖北省恩施自治州建始磺厂坪矿业有限责任公司跨省界违法排污引发的重大水污染),大气环境质量、水环境质量、声环境质量等都处于基本稳定的良好状况。

表3-2　2017—2020年《重庆市人民政府工作报告》中加强生态环境保护的内容

年份	事项内容
2017年	**总体思路**:加大生态环境保护力度。坚持生态优先、绿色发展,严守"五个决不能"底线,筑牢长江上游重要生态屏障,努力使重庆成为山清水秀美丽之地。 **具体事项**:推进绿色循环低碳发展。加强生态建设和环境治理。加快生态文明体制改革
2018年	**总体思路**:倡导绿色,建成山清水秀美丽之地。严格落实习近平对长江经济带"共抓大保护、不搞大开发"的要求,践行"绿水青山就是金山银山"理念,形成节约资源和保护环境的空间格局、产业结构和生产生活方式,筑牢长江上游重要生态屏障,彰显浑然天成的自然之美和悠久厚重的人文之美 **具体事项**:实施生态优先绿色发展行动计划:优化生态空间布局,严守生态保护红线;把修复长江生态环境摆在压倒性位置,开展国土绿化提升行动;保护好三峡库区和长江母亲河;改革生态环境监管体制,完善生态文明制度体系等
2019年	**总体思路**:持续实施生态优先绿色发展行动计划,加快建设山清水秀美丽之地。学好用好绿水青山就是金山银山"两山论",走深走实产业生态化、生态产业化"两化路" **具体事项**:加强生态保护修复。推进产业生态化、生态产业化,深化生态监管体制改革
2020年	**总体思路**:加快建设山清水秀美丽之地,努力探索生态优先、绿色发展新路子。坚持"共抓大保护、不搞大开发",学好用好"两山论",走深走实"两化路",深入实施生态优先绿色发展行动计划,努力实现百姓富、生态美有机统一 **具体事项**:筑牢长江上游重要生态屏障。倡导绿色生产生活方式。完善生态文明体制机制

然而，虽然从整体来看，近些年重庆市的生态环境保护取得了很多成果，环境污染风险没有以前显著，但仍然存在一些不足需要加以改善。这主要在于以下两个方面：

一方面，存在水环境污染。重庆市有 15 个区县位于生态脆弱的三峡库区腹心，面积占全市总面积的 54%，人口超过全市的 40%，部分地区工程性缺水问题仍然比较严重。水域污染存在一些问题需要及时解决。三峡水库是渝东北的重要生态环境屏障，具有重要的涵养水资源的作用。在三峡库区正式蓄水之后，水流速度减缓，因此，使得水体自然净化能力直线下降；与此同时，"周边的工业三废和城镇化生活垃圾的污染，泥石流、滑坡等地质灾害时有发生，这已日益影响库区水质安全和沿岸居民的用水安全，生态环境面临巨大挑战"。① 水环境质量"大河好，小河差"的不平衡局面仍然没有得到根本性的扭转，流经城镇的部分河流黑臭问题仍然没有彻底根治，人民群众日益高涨的环境诉求和城市精细化管理水平之间的矛盾比较尖锐。② 重庆市能源资源对外依赖程度比较高，在国家实施严格的能源、资源、排放总量与轻度双调控的大背景下，控制能源消费总量、碳排放总量形势严峻，输入性污染不容忽视，污染物排放总量仍然高于环境容量。

另一方面，突发性环境污染事故偶发。近些年来，重庆市出现了一些突发性环境事件，造成了一些经济损失和不利的社会影响，对环境污染风险防范化解工作产生了一些不利后果。根据统计数据，即便是在总体情况良好的情况下，重庆市每年依旧要面对几起突发环境污染事件（如表 3-3 所示）。重庆市引起突发环境污染事件的因素主要包括生产安全事故、交通事故、企业排污、自然灾害和其他类型，这些因素不仅自身导致严重的后果，还引发次生环境事件，使得社会问题、经济发展、自然灾害等与环境事件相互影响，进一步增强了环境污染风险，加大了防范化解环境污染风险的难度。据统计，从 2010—2018 年突发环境事件诱因分析，安全生产、交通运输事故造成的次生突发环境事件分别占突发环境事件总数

---

① 重庆社会科学院、重庆市人民政府发展研究中心编：《重庆蓝皮书——2019 年中国重庆发展报告》，重庆出版社 2019 年版，第 247 页。

② 童小平、肖鼎光、张巍、孟东方等：《"一带一路"和长江经济带建设中的重庆思考》，西南师范大学出版社 2018 年版，第 91 页。

的35%、34%,位居前列。有些区县、部门在应急处置中往往更注重"救人",容易忽视采取措施并监督事故责任单位防止、减轻和消除污染环境危害。①

表3-3　2015—2019年重庆市突发环境污染事件

年份 类型	生产安全事故次生突发环境事件	交通事故次生突发环境事件	企业排污引发突发环境事件	自然灾害引发突发环境事件	其他突发环境事件	总计
2015	2	3	2	1	2	8
2016	3	4	3	1	0	11
2017	5	3	3	0	1	12
2018	2	1	2	0	2	7
2019	3	1	0	0	1	5
总计	15	12	10	2	6	45

(数据来源于重庆市生态环境局官方网站)

必须重视环境污染风险的治理。习近平高度重视环境风险治理并指出:"我之所以反复强调要高度重视和正确处理生态文明建设问题,就是因为我国环境容量有限,生态系统脆弱,污染重、损失大、风险高的生态环境状况还没有根本扭转,并且独特的地理环境加剧了地区间的不平衡。"②因此,必须把环境风险治理放在重要的位置。中国环境治理和世界环境治理紧密关联,甚至从人类命运共同体的角度看,中国环境风险治理也是为世界环境治理贡献中国力量。习近平就指出:"人类是命运共同体,保护生态环境是全球面临的共同挑战和共同责任。生态文明建设做好了,对中国特色社会主义是加分项,反之就会成为别有用心的势力攻击我们的借口。人类进入工业文明时代以来,传统工业迅猛发展,在创造巨大物质财富的同时也加速了自然资源的攫取,打破了地球生态系统原有的循环和平衡,造成人与自然关系紧张。……在我们这个13亿多人口的

---

① 《重庆市人民代表大会常务委员会公报》2019年第2期。
② 中共中央党史和文献研究院编:《十九大以来重要文献选编》(上),中央文献出版社2019年版,第445页。

最大发展中国家推进生态文明建设,建成富强民主文明和谐美丽的社会主义现代化强国,其影响将是世界性的。"①不仅如此,环境风险在实质上并不是只关系到环境本身,它还有可能引发其他的风险类型,比如自然灾害风险、社会发展风险、经济崩溃风险等。因此,必须从国家战略高度重视环境污染风险,在分析现状和原因的基础上,寻找路径防范化解重大环境污染风险。

四、粮食领域的风险

习近平指出:"食品安全社会关注度高,舆论燃点低,一旦出问题,很容易引起公众恐慌,甚至酿成群体性事件。……能不能在食品安全上给老百姓一个满意的交代,是对我们执政能力的重大考验。我们党在中国执政,要是连个食品安全都做不好,还长期做不好的话,有人就会提出够不够格的问题。所以,食品安全问题必须引起高度关注,下最大气力抓好。"②但就目前的情况看,习近平认为:"总体看,我国粮食安全基础仍不稳固,粮食安全形势依然严峻,什么时候都不能轻言粮食过关了。在粮食问题上不能侥幸、不能折腾,一旦出了大问题,多少年都会被动,到那时谁也救不了我们。我们的饭碗必须牢牢端在自己手里,粮食安全的主动权必须牢牢掌控在自己手中。"③确实,粮食问题是主要的民生问题,关乎社会成员的基本生存问题。因此,粮食风险是最为重要的社会风险之一,必须防范化解。

粮食风险是"非传统性"风险之一,且已成为全球共同关注的问题和重要风险之一。随着历史车轮的滚动,在长期的社会发展进程中,我国早已形成了涵盖"国以民为本,民以食为天,食以安为先""洪范八政,食为政首"和"积谷备荒,粮安天下"等治国理念与方针。④ 粮食作为最基本的

---

① 《习近平谈治国理政》(第三卷),外文出版社2020年版,第360页。
② 中共中央文献研究室编:《十八大以来重要文献选编》(上),中央文献出版社2014年版,第672页。
③ 中共中央文献研究室:《十八大以来重要文献选编》(上),中央文献出版社2014年版,第661页。
④ 吴成福:《中国粮食文化观之粮食政治文化观论》,载《河南工业大学学报(社会科学版)》2015年第4期,第7页。

生活资料,其是否安全关系我国经济发展、社会稳定等全局性重大战略问题。诚然,我国的粮食形势目前整体上比较良好,但是仍存在着严重风险。比如,气候变化、农业资源环境恶化以及全球粮食市场形势严峻等风险,严重威胁着粮食安全。因此,为全力保障国计民生,为实现中华民族伟大复兴提供基础支撑,潜在的粮食风险应引起高度重视。

(一)中央高度重视粮食风险问题民生

2022 年 2 月 22 日,中共中央、国务院正式发布 21 世纪以来第 19 个指导"三农"工作的"中央一号文件",即《中共中央　国务院关于做好 2022 年全面推进乡村振兴重点工作的意见》(以下简称《意见》)。《意见》要求牢牢守住保障国家粮食安全这条底线,把全力抓好粮食生产和重要农产品供给摆在首要位置,并对此提出了五个方面的要求,即稳定全年粮食播种面积和产量,大力实施大豆和油料产能提升工程,保障"菜篮子"产品供给,合理保障农民种粮收益,统筹做好重要农产品调控。据中央农办主任、农业农村部部长唐仁健介绍,该《意见》的主要目的就是让 14 亿多中国人的饭碗端得更稳更牢固,让中国人的饭碗主要装中国粮。《意见》还对农村工作任务明确提出三个方面要求:一是稳产量,粮食安全要共担责任,饭碗一起端,责任一起扛,主产区不断提高粮食综合生产能力,主销区切实稳定和提高粮食自给率,产销平衡区确保粮食基本自给,全面落实粮食安全党政同责,严格粮食安全责任制考核;二是调结构,通过多油并举、多途并进,确保大豆和油料扩种取得可考核的成效;三是保耕地,严格落实耕地利用优先序,完成高标准农田建设阶段性任务,抓好黑土地保护,不断提升耕地质量,真正做到农田就是农田,而且必须是良田。① 除此之外,在 2022 年 3 月 6 日,习近平在看望参加全国政协会议的农业界、社会福利和社会保障界的委员时再次强调:"粮食安全是'国之大者'。"这充分证明党中央非常重视粮食安全。

(二)重庆市委市政府高度重视重庆粮食风险问题且取得阶段性成效

为切实保障粮食安全,重庆市人民政府于 2015 年发布《重庆市人民

---

① 《推动全面推进乡村振兴取得新进展——中央农办主任、农业农村部部长唐仁健解读 2022 年中央一号文件》,载中华人民共和国中央人民政府网。

政府关于贯彻落实粮食安全行政首长责任制的实施意见》,通过规范性文件的形式将具体的工作内容和方式予以明确,这是重庆市政府治理粮食安全问题的重大举措。此后,重庆市政府办公厅分别于2018年、2019年和2020年陆续发布相关通知,贯彻落实重庆市粮食安全行政首长责任制考核工作方案,重庆市发改委也于2021年发布了关于落实该方案的具体通知。根据相关要求,行政首长责任制考核评分表详细规定了考核内容、重点考核事项、考核指标、考核分值、评分标准、牵头部门、配合部门等相关事项。在考核内容上,高度关注耕地面积和粮食生产、加强粮食流通管理、增强地方粮食储备、维护粮食流通秩序、抓好粮食保供稳价、加强粮食质量安全监管、落实粮食主体责任七项内容。[1] 这七项内容,对从宏观方面维护粮食安全具有重要的保障意义。

  回顾重庆市近年来对于该工作方案的具体落实情况,成效较为显著。从《重庆市人民政府工作报告(2018年)》的内容看,重庆市2017年重视"三农"问题,且取得成效,即全年粮食、生猪、蔬菜产量稳中有升,特色效益农业持续发展,乡村休闲旅游、农产品网上交易活跃,并强调要继续深入贯彻落实粮食安全行政首长责任制。从《重庆市人民政府工作报告(2020年)》中可知,在2021年,荣昌、潼南入选全国农业科技现代化先行县,全市粮食总产量达到1092.8万吨、创近13年新高。《重庆市人民政府工作报告(2019年)》《重庆市人民政府工作报告(2020年)》《重庆市人民政府工作报告(2021年)》也显示,重庆在稳定粮食产能方面取得成效。在既有的成绩上,重庆市结合城乡接合的特征,继续重视粮食生产。在《重庆市人民政府工作报告(2021年)》中强调:"十四五"时期要重点推进统筹乡村振兴和城市提升,推动城乡融合发展的工作,全面推进乡村振兴,把保障粮食安全作为首要任务;深入贯彻中央农村工作会议精神,牢牢把住粮食安全主动权,巩固拓展脱贫攻坚成果,以更大力度推动乡村振兴落地见效,保障粮食安全,严格落实"米袋子"责任制和耕地保护制度,稳定粮食种植面积和产量,确保只增不减。从这些政府工作报告可以看出,重庆市高度重视粮食安全问题。

---

[1] 《关于印发重庆市2021年度粮食安全行政首长责任制考核工作方案的通知》,载重庆市发展和改革委员会网。

重庆在维护粮食安全方面取得了较好的成绩,并将继续采取措施维护粮食安全。2021年5月25日至26日,国家发改委党组成员、国家粮食和物资储备局党组书记、局长张务锋就保障区域粮食安全、深入推进优质粮食工程、加强粮食储备安全管理、中央物资储备等方面在重庆调研时,对重庆市的相关工作成效予以了充分肯定。2021年7月27日,重庆市委常委、常务副市长王赋也在调研全市粮食安全保障工作中听取了全市粮食安全工作汇报,同样充分肯定了过去一年以来重庆市在"保粮食安全"成效以及在粮油市场保供稳市方面所作的工作。① 依据既有的成绩,在《重庆市人民政府工作报告(2022年)》的总体规划中,重庆市政府继续重视粮食生产,并强调要牢牢把握稳住农业基本盘的总要求,围绕"五个振兴",突出抓好粮食安全、耕地保护和巩固拓展脱贫攻坚成果等重点任务,并提出着重从严抓紧抓实粮食和重要农产品供给,严格落实"米袋子""菜篮子"责任制等多方面的举措提升农业综合效益和竞争力。由此看来,重庆市委市政府一直将保障粮食安全作为工作的重点,并采取各项有力措施积极应对粮食风险问题,成效明显。

(三)从长远看,重庆市粮食安全仍存在一定的风险

如前述论及,重庆是一个大城市与大农村并存的特殊直辖市。因此,重庆的二元经济结构特征显著、城乡收入差距较大,并存在大量农业劳动力外流、农业耕地抛荒的不良现象,这在一定程度上制约了重庆地区粮食生产的稳定有序发展。此外,重庆特殊的地貌、气候等条件也使得重庆市粮食生产和产量存在安全隐患。就目前看,重庆市粮食生产的主要风险是:一方面,重庆的粮食缺口越来越大。从2000年的低粮食安全风险,转变为2016年的小风险,预计在2020年至2030年达到中、高风险等级,粮食安全形势越发严峻。另一方面,由于农业分区的不同,重庆市内部的区域粮食安全风险存在较大差异,主城区县的粮食安全风险等级最高,渝东南、渝东北等则处于相对稳定于低风险的等级。② 此外,重庆市

---

① 《重庆市委常委、常务副市长王赋调研粮食安全保障工作》,载国家粮食和物资储备局网。

② 赵智:《重庆市粮食安全风险评估——基于产销平衡的视角》,载《重庆理工大学学报(社会科学)》2020年第5期,第77页。

特殊的地貌、气候等条件使得水旱灾害时常发生,水旱灾害集发生频率高、影响范围广、损失结果严重等特征为一体,同样给重庆市的粮食生产和产量造成了巨大影响和损失。况且,随着工业化、城镇化的进一步推进,重庆市现有的耕地面积会不断减少,这势必使得这种安全风险更为突出。例如,在重庆直辖初期,重庆市耕地面积减少比较缓慢,随着退耕还林的实施和三峡工程的竣工,以及重庆市基础设施建设和城镇化建设的快速推进,耕地面积急剧减少。① 正是基于这种严峻的粮食安全风险形势,时任重庆市委常委、常务副市长王赋在调研粮食安全保障工作中特别强调,粮食安全事关经济社会发展大局,粮食系统要在市委、市政府的领导下,全面贯彻落实习近平关于粮食安全的重要论述,认真落实党政同责要求,坚决扛稳粮食安全重任。② 因此,重庆应进一步重视粮食风险的防范化解。

五、教育领域的风险与举措

现代社会风险通过各种途径侵袭着教育行业。对于教职工而言,教职工的权利缺少合理的保障;对于学生而言,连年的"就业难"问题日益成为毕业生群体消极情绪高涨的原因;这对家长而言,学区房、学位房过热和溢价现象等非必要教育支出加重了家长的负担。"教育兴则国家兴,教育强则国家强。"以上这些问题都是重大社会风险事故的隐患,所以必须高度重视。重庆市政府和重庆市教委总结经验汲取教训,合理制定目标,并积极采取措施防微杜渐,避免风险演化为重大事故。

(一)重庆市政府防控教育领域重大风险的主要举措

1. 2017 年重庆市政府防控教育领域风险的主要举措③

2017 年,重庆市依法防范化解教育领域重大风险的举措主要有:一是采取积极的就业政策。加强技能培训、创业扶持和就业援助,推动重点群体充分就业和自主创业。二是完善重庆市教育体系。优化教育经费支

---

① 潘大平、刘君红、唐光泽、汪三奎:《重庆粮食生产安全面临的问题及解决路径探析》,载《南方农业》2012 年第 9 期,第 86 页。
② 《重庆市委常委、常务副市长王赋调研粮食安全保障工作》,载国家粮食和物资储备局网。
③ 《重庆市人民政府工作报告(2017 年)》。

出结构,稳步提高生均拨款标准;加强普惠性幼儿园建设;推动义务教育均衡发展,扩大优质教育资源覆盖面;鼓励普通高中特色办学;加快构建现代职业教育体系,强化中职与高职、应用技术本科衔接,深化产教融合、校企合作;推动一流大学、一流学科建设,培育重点学科和特色学科群,加大科技创新投入,推进市属高校转型发展;加强特殊教育;支持和规范民办教育发展;通过完善,重庆市义务教育基本均衡区县达到35个。三是深化重庆市教育综合改革。加强教师队伍建设;加快教育信息化;做好流动人口随迁子女入学工作,等等。

2. 2018年重庆市政府在防控教育领域风险的主要举措

2018年,重庆市依法防范化解教育领域重大风险的举措主要有:一是积极完善就业政策。健全就业创业政策扶持体系,鼓励高校毕业生等群体多渠道就业。二是着力改革基础教育。新增一批公办幼儿园和普惠性幼儿园。完成义务教育薄弱学校改造,优化新建小区中小学布局,着力解决中小学生课外负担重、"择校热""大班额"等突出问题。实施高中阶段教育普及攻坚计划,拓宽职业学历教育上升通道。三是支持市内高校的高水平发展。做实"双一流"建设各项工作,增强源头创新能力。优化高校专业结构,增设人工智能、大数据、智能制造、生物医药等学院和专业。

3. 2019年重庆市政府防控教育领域风险的主要举措

2019年,重庆市依法防范化解教育领域重大风险的举措主要有:一是着力稳定就业,落实援企稳岗改善,多渠道开发就业岗位。二是促进基础教育规范发展,推动高等教育内涵式发展,职业教育应用式发展;提高幼儿园普惠率,推进义务教育发展基本均衡区县全覆盖,积极消除城镇学校大班额,清理规范校外培训机构;鼓励普通高中多样化特色化发展,稳妥推进考试招生改革工作;强化职业教育"双师型""双证制""双基地"人才培养;分类发展民办教育。三是健全教育评价评估体系。开展教师"县管校聘"和校长职级制试点,实施名校长名教师工程,建设高素质专业化教师队伍。

4. 2020年重庆市政府在防控教育领域风险的主要举措

2020年,重庆市依法防范化解教育领域重大风险的举措主要有:一是实施就业优先政策。开展职业技能提升行动;抓好高校毕业生、农民工等重点群体就业;建立促进创业带动就业、多渠道灵活就业机制。二是促进基础教育阶段的公平性和安全性发展。普及普惠安全优质学前教育,公办园在园幼儿占比达到50%;推进义务教育优质均衡发展,基本消除城镇大班额,规范校外培训机构,完善考试招生制度;统筹推进普通高中新课程改革和高考综合改革;实施职业教育"双高"计划。三是促进高等教育专业化发展。深化"四新"专业建设,推进一流本科专业和一流课程"双万"计划,实施研究生教育创新计划,提升高等教育整体实力;加快构建服务全民终身学习的教育体系。四是保护教师合法权益,加强师德师风建设;打造高素质专业化创新型教师队伍,营造"教师节一年只有一天,尊师重教必须365天"的良好社会风尚。

5. 2021年重庆市政府在防控教育领域风险的主要举措

2021年,重庆市依法防范化解教育领域重大风险的举措主要有:一是提升学前教育普惠率,推动义务教育"双减"工作,制止教育乱收费。二是完善重点群体就业支持体系,拓展市场化就业渠道。三是继续办好职业教育和特殊教育。推进高校"双一流"建设,办好特殊教育。四是深化教育评价综合改革。加强体育美育劳动教育,关注学生心理健康;深化教师"县管校聘"改革,建设高素质专业化教师队伍。

6. 2022年重庆市政府在防控教育领域风险的主要举措

2022年,重庆市依法防范化解教育领域重大风险的举措主要有:一是促进高质量就业。实施"就在山城·渝创渝新"就业创业计划,全年城镇新增就业70.7万人;落实就业优先政策,解决高校毕业生等重点群体就业问题,健全灵活就业劳动用工和社会保障政策。二是调节学区房、学位房生态环境。坚持房子是用来住的、不是用来炒的定位,全面落实稳地价、稳房价、稳预期长效管理调控机制。三是教育体系全方位、高质量、高水平发展。义务教育基本均衡发展区县实现全覆盖,义务教育"双减"政策落地见效,实施教育数字化战略行动,职业教育不断壮大,高校"双一流"建设取得新进展。

(二)重庆市教委在防控教育风险中的主要举措

1. 全方位、法治化保护校园安全。在校园食品安全方面,重庆市教委制定了《重庆市农村义务教育学生营养改善计划试点区县学校食堂日常管理规范》《重庆市托幼机构卫生保健与食品安全日常管理规范》，这些文件要求各学校建立食品安全责任制和责任追究制、食品安全突发事件应急处置机制和可追溯的食品安全管理体系及信息系统，从而实现了学校食品卫生安全的透明化、责任化、信息化。在学校公共卫生方面，重庆市教委制定了《重庆市中小学校及托幼机构传染病防控学校日常管理规范》，这一文件将传染疾病防控作为学校公共卫生维护的日常工作。在学校安全保障方面，重庆市教委发布了《关于进一步加强中小学生学校保护工作的意见》《关于将消防知识技能纳入军训课程的通知》，进一步加强和规范全市学校的消防安全工作，增强学校抵御火灾的综合能力，也强化了学生的消防安全意识，提高了学生自我应对灾害事件的能力。在校园欺凌霸凌方面，重庆市教委制定的《重庆市加强中小学生欺凌综合治理实施方案》，与其他多个涉未成年部门形成通力合作，将中小学生欺凌防治工作落到实处，把校园建设成最安全、最阳光的地方。

2. 维护民办学校学生的合法权益。重庆市教委发布了《重庆市民办学校分类登记实施细则》，这一细则规范了民办学校的登记、设立和变更注销制度。之后又制定了《重庆市民办学校财务管理办法》《关于进一步加强民办高校举办方投入管理的通知》，其中建立了民办高校举办方投入年度核实制度，这一制度形成了对民办学校的有力监督，包括对民办学校财产的监督、对举办方变动的监督、对产权关系的监督。这些制度可以防止出现其他省份民办学校缺少监管、最终导致学校无法自负盈亏、学生和教师合法权益无法保障的情况，也规范了民办学校经营运行。

3. 保障教职工的晋升和待遇提升。重庆市教委制定了《重庆市特级教师管理办法(试行)》，其中明确了特级教师的评选范围、评选条件、评选程序，从程序上保障了教师的正常晋升条件和程序，在一定程度上保障了教师晋升的公平性，避免出现其他省份教师因晋升不公引发的群体性舆情。此外，为保障高校教师有充分的晋升途径，进而实现高校教师的自我价值，重庆市教委制定了《重庆市高校教师职称评审监管实施细则》《关于进一步完善市属高校绩效考核及分配的指导意见》，明确了对市内各高校职称评审程序采取抽查、核查、巡查的监管方式，实现了高校教职工职称评审的公平性。

4. 严格贯彻落实"双减"政策。为进一步规范校外培训机构,重庆市教委发布《重庆市人民政府办公厅关于进一步规范校外培训机构发展的实施意见》《重庆市民办非学历文化教育培训机构设置标准》,其中明确要求民办非学历文化教育培训机构在办学经费、办学师资、办学范围上的硬性条件,进一步规范了培训机构的准入条件,严格贯彻落实国家的"双减"政策;为实现教育评价体系的改革,重庆市教委下发了《重庆市进一步推进中小学生减负工作实施方案》《重庆市普通高中学生综合素质评价实施方案》,其中改变了以考试成绩作为唯一标准评价学生的做法,为高等学校招生录取提供重要参考,为学生的身心健康成长起到了较为积极的作用,有利于形成中小学发展素质教育的制度环境。

5. 严防学位房学区房溢价现象。重庆市教委制定的《关于禁止普通中小学盲目撤并的通知》,在一定程度上可以减少学位房学区房溢价情况。同时,也可以防止家长因购买学区房却入较差学校的心理落差和防止上述提及的家长群体性事件。同时,重庆市教委还下发了《关于贯彻落实入学资格不得与商品房销售挂钩规定的通知》,遏制了学位房、学区房的肆意涨价趋势,稳定了家长群体的预期,打击了校方与房地产开发商的灰色交易。

6. 着力解决毕业生就业难。重庆市教委以加强队伍建设为突破口,探索了"专业化、专家化、职业化、规范化"的新模式,取得了积极成效。同时制定了《重庆市高校就业创业指导专家库专家管理实施办法》,明确了专家的职责范围,通过巡回演讲,带动学生的就业意愿,提高学生的就业能力;每年投入专家费50余万,开展巡讲200余场次,覆盖全市50余所高校近5万毕业生;重庆市教委以毕业生数据追踪分析,实现推动毕业生就业的精准化和规范化。这些措施具有积极的作用,使近年来全市高校毕业生的毕业去向落实率连续保持在85%以上,为维护就业大局稳定作出了积极贡献。[①]

尽管重庆市政府和重庆市教委积极采取措施防范化解教育风险,但

---

① 《构建队伍建设"四化"新模式全面提升就业指导服务水平》,载中华人民共和国教育部网站。

仍然存在困境,这包括:校园安全管理方面仍然有严重事故发生;学生就业难问题虽有向好趋势,但风险不容小觑,教职工维权事件造成了一些负面影响;重庆市学区房、学位房成灰色产业。这些教育风险困境,需要采取措施防范化解。

第二节 危及个体生命和财产的重大社会风险

除了前述论及的危及意识形态和社会的重大风险外,还有危及个体生命和财产的重大社会风险。当然,前述两类风险在某些情况下也可能危及个体的生命或财产利益,但不是直接针对个体的利益,此处论及的是直接危及个体生命和财产的风险。该类重大社会风险是由多种原因造成的,包括人、科技、自然等多类因素。其中的一些原因,比如自然环境的原因等已在前面论及。根据现实情况而言,并不能穷尽所有人对生命或财产的影响或者所有人类行为对个体生命或财产的影响。在此,仅阐述某些特殊人群、人类的某些已违法或触犯刑法的行为对个体生命或财产带来的风险。

一、特殊人群引发的社会风险

一般而言,重病患者、精神病患者、未成年人、社区矫正人员、留守群体、吸毒群体等是社会的特殊人群。对于这类人群,一方面其重要的权益需要保护,另一方面也应看到,其可能危害社会安宁。换言之,特殊人群会危害社会安宁,应防范特殊人群危害安定风险,以更好地保护人民的生命健康和财产安全。

(一)特殊人群及其指向的受害人特征

特殊人群主体具有开放性。特殊人群的范围不易界定以及难以进行有效管理的主要原因就在于特殊人群具有开放性特征。特别是随着城市化的深化推进以及城市间人员、物品流动的频繁加剧,特殊人群的范围必定会呈现开放性的特征,这就需要相应的社会管理和社会治安工作建立一种动态化、立体化的思路体系。特殊人群指向的受害者具有不特定性和涉众性。特定人群在侵犯他人的人身或者财产的时候,往往基于不受意志控制的行为或者心理陋习。因此,在特定人群的对面,即受害者一方,往往表现为不特定性和涉众性。

(二)特殊人群引发的社会风险类型

1. 重症病、精神病患者肇事肇祸风险

随着重庆市城市开放程度的提高,人员流动频繁,但并未设置严格的过筛机制,这就很容易出现重症病患者、精神病患者肇事肇祸事件。根据《重庆市精神卫生工作规划(2015—2020年)》的统计,截至2014年底,全市已登记在册严重精神障碍患者10万人。在精神病患者群体中,肇事肇祸者人数不少,且发生频率较高。有学者对重庆涪陵区的情况作过统计,仅仅在2013年1—7月,全区共发生的精神病患者肇事肇祸就达291人次。有些事件已触犯法律,甚至触犯了刑法且数量不少。比如,2009—2014年,涪陵区肇事肇祸精神病患者发案数据显示,治安案件116件,刑事案件11件。[①] 又比如,2017年12月27日,发生了一起精神病患者躁狂发作在公交车上将9名乘客划伤的事件。这一事件一出,公安机关就迅速采取措施,虽然最后无人死亡,但是反映出对精神病患者的管理仍然存在一些不足之处,需要改进。同时,案件中的男子是外省户籍,所以省际人员流动增大了精神病患者对社会公众人身和财产的威胁。此外,某些重症病患者由于长时间患病难以有效医治,心理上扭曲进而引发恶意伤人杀人等事件。此种情况诱发的案件的共同之处就在于病患都患有不治之症,心理都面临着巨大的压力,属于随时都有可能陷入精神崩溃的人群。

2. 未成年人的越轨、违法、犯罪风险

未成年人越轨、违法、犯罪也是社会风险之一。未成年人所处年龄的生理和心理特点,极易导致其实施诸多种类的越轨行为,甚至是犯罪行为。同时,对未成年人越轨、违法、犯罪如果处置不当,那么就很容易导致其继续实施犯罪,进而成为惯犯、累犯,严重影响社会稳定和安定。值得注意的是,根据相关研究资料显示,未成年人犯罪初犯年龄有继续降低的

[①] 石佳佳:《涪陵区肇事肇祸精神病人行政管控问题调研报告》,西南政法大学2014年硕士学位论文,第13页。

趋势。① 不仅如此,某些犯罪领域的青少年犯罪数量还很大。比如,有学者对重庆涉黑犯罪进行过实证调查研究,研究显示从2006—2009年的重庆市"涉黑"青少年相关数据看,39个案件的涉黑总人数为584人,涉黑青少年总人数为225人,占涉黑总人数的39%。其中,2006年8个案件中涉黑青少年人数为49人,占涉黑总人数92人的53%。② 这些数据充分显示,该类人群的越轨、违法、犯罪风险还很严峻,应采取措施避免这些情况的出现。

3.社区矫正人员再犯罪风险

我国的社区矫正是指针对被判处管制、宣告缓刑、裁定假释、暂予监外执行的这四类犯罪行为较轻的对象所实施的非监禁性矫正刑罚或考验,其目的是通过政府、社会以及爱心人士的帮助,使矫正对象改正恶习,并重新回归社会,实现再社会化。重庆实施社区矫正取得了一定的成效,比如根据调查,在2017年,重庆的社区矫正人员重新犯罪率(0.19%)低于全国水平。③ 尽管取得了一些成绩,但就整体而言,重庆市社区矫正仍然存在很多问题:社区矫正工作人员数量不足,比如一名社会矫正工作人员需要负责对4名以及更多的社区矫正人员进行日常矫正工作;社区矫正对象或多或少地会出现工作和生活的双重压力,由于工作人员的疏漏,社区矫正人员极易产生心理问题,进而走上再犯罪之路;社区矫正相关活动的连续性比较差,对社区矫正人员的心理影响也只是暂时性的;社区矫正是一种潜移默化的工作,在短时间内比较难见到具体成效;社区矫正制度具有非监禁性的特点,会不可避免地使接触到被矫正人员的社会人群感到很大威胁;社区矫正基层管理信息化建设不足,不能够很好地满足实际工作的要求;社会矫正队伍建设专业化程度不足,急需完善;社区矫正工作的制度规范化存在不足,具有一些非规范化的操作;社区矫正方

---

① 刘长坤、陈田、夏以群:《四川、重庆两地未成年人犯罪调研和思考》,载《青少年犯罪研究》2006年第3期,第10页。

② 陈世伟:《变色的青春:青少年"涉黑"犯罪实证研究——基于重庆市的调查》,载《中国青年研究》2010年第12期,第28页。

③ 林育均:《重庆市人民政府关于我市社区矫正工作情况的报告》,载《重庆市人民代表大会常务委员会公报》2017年第4期,第1页。

法存在不足,难以有效发挥作用;等等。① 以上种种困境都可能导致社区矫正工作并不能有效改造社区矫正人员,使得他们重新走上违法犯罪道路,继而诱发社会风险。

4. 留守群体违法犯罪风险

随着城市化的推进,留守群体的范围也在不断扩大。从留守的主体来看,既存在留守儿童,又存在留守老人、妇女;从留守群体的地域分布来看,既存在城市中的留守群体,又存在农村中的留守群体。因此,留守群体呈现多元性的特征。在重庆的留守群体中,也呈现多元性,包括大量留守老人和留守儿童。而这些留守老人和儿童,其自我保护能力不强,极容易发生侵犯和被侵犯的案件。而更为值得警惕的是,这类群体也是重要的风险源头。比如,根据相关统计,留守儿童犯罪率占未成年犯罪率的70%——这个数据还并未包含其他留守群体等。这些留守群体的犯罪,是多种多样的。有学者以2014年3月至2016年8月为时间段,对重庆渝中、大渡口、九龙、北碚、沙坪坝5个主城区,长寿、南川、黔江3个其他区,垫江、丰都、开县、梁平、忠县、武隆、云阳、荣昌8个县,石柱、秀山、彭水、酉阳4个少数民族自治县的留守群体的违法犯罪情况予以调查,发现其主要犯罪类型为盗窃罪,故意伤害罪,职务犯罪,盗伐(滥伐)林木罪,毒品犯罪,性犯罪,生产、销售伪劣产品罪,危害公共卫生罪,扰乱公共秩序罪,破坏环境资源保护罪,以危险方法危害公共安全罪(多为过失)等。② 这些犯罪都具有严重的社会危害,侵害生命、健康、财产和秩序等基本法益,引起人心不稳和社会不稳。

5. 吸毒群体肇事肇祸风险

近些年来,重庆市发生了一些吸毒群体肇事肇祸事件,给社会稳定和安全造成了诸多风险。重庆市吸毒群体肇事肇祸频繁的原因是多样的。其中,重庆市在地理位置上紧邻云南,距离著名的毒品产地"金三角地区"较近。因此,境外毒品从公路、航空等各种不同的渠道对重庆市进行

---

① 唐如冰、马锐琪、李梦婷:《社区矫正的实践困境与对策研究——以重庆市为例》,载《重庆行政(公共论坛)》2016年第2期,第7页。

② 贾健、查一凡:《城乡统筹背景下的农村留守犯罪问题研究——以重庆市为典型分析》,载《河南警察学院学报》2017年第3期,第29页。

多样化、立体化渗透。另外,重庆市内有为数众多的化工企业,所以真正能够做到从源头上杜绝毒品问题存在诸多困难。同时,毒品犯罪的低龄化趋势已呈现端倪。据统计,2011—2014年,每年都出现了不满14周岁未成年人的毒品犯罪案件。[①] 毒品犯罪分子利用青少年的弱点引诱其犯罪,"在渝东北地区出现毒贩利用未成年人和在校学生贩毒的现象,通常表现为先引诱或者容留未成年人在校学生吸毒,使其产生毒瘾后,再利用其贩毒"。[②] 这种对青少年的毒害行为更加恶劣,更容易导致青少年后续的违法犯罪行为,威胁社会安全。重庆市的毒品犯罪、吸毒情况,不仅严重损害了吸毒者的生命和财产利益,还容易诱发吸毒者吸食毒品后失控的风险,因此吸毒群体对社会的威胁不容小觑。

二、经济关系失衡引发的侵害财产风险

在现阶段社会发展所面临的风险当中,经济领域所引发的重大社会风险已引起党和国家的高度重视。无论是何种原因引起的经济风险,因经济关系是所有社会关系中事关自身利益得失的最密切、最根本的关系,这导致经济领域的风险甚至是引发其他重大社会风险的一个导火索。因此,总结重庆市经济关系失衡所引发的危及个体生命和财产的重大社会风险,分析其基础特征和类型,对于防范化解这些社会风险具有重要作用和意义。下面就经济领域的较为基础或突出的风险进行分析,以期表明防范化解这类风险的重要性和意义。

(一)劳动关系诱发的风险

一般认为,劳动关系是指用人单位与个人在劳动过程中建立的社会关系,这种社会关系具有领导与被领导、管理与被管理的从属性质。劳动关系风险的核心是由于劳动关系建立带来的劳动问题风险,但其也具有极大的负面效果,因此必须防范化解。习近平就强调:"劳动关系是最基本的社会关系之一。要最大限度增加和谐因素、最大限度减少不和谐因

---

① 姚琴、管晓斌:《重庆市毒品犯罪的特点与防治对策探析》,载《法制与社会》2015年第7期,第18页。

② 黄超:《渝东北地区毒品犯罪新趋势及对策研究》,载《湖北警察学院学报》2014年第2期,第20页。

素,构建和发展和谐劳动关系,促进社会和谐。要依法保障职工基本权益,健全劳动关系协调机制,及时正确处理劳动关系矛盾纠纷。"① 依据我国《劳动法》的相关规定,且从用工实际出发,暂将年龄介于 16 周岁至 60 周岁,具备一定社会劳动条件的自然人称为符合劳动力条件的人口。根据 2020 年重庆市统计局最新数据统计,截至 2019 年末,重庆市常住人口 3124.32 万人,其中符合劳动条件(16—60 岁)约有 2000 万人,② 实际就业人数 1704.54 万人。③ 既然拥有如此庞大的劳动人口基数和实际就业人数,与之密切相关的劳动关系风险在社会风险防范化解中,就应当引起社会各界的广泛重视。具体来说,现阶段重庆市面临的劳动关系风险主要有以下两种类型:事实劳动纠纷风险和职工工资及福利保障落实风险。这两种劳动关系引起的风险,均应得到重视。比如,为了解决职工工资及福利保障落实风险,重庆市采取了很多方式落实职工工作和福利,且有较好的成效。据重庆市统计局公布,2020 年全市城镇非私营单位就业人员年平均工资为 93816 元,同比例增长 8.4%,扣除物价因素实际增长 5.9%;2020 年全市城镇私营单位就业人员年平均工资为 55678 元,同比例增长 1.5%,扣除物价因素实际下降 0.8%;2013 年南川区政府,创新推进"四增一完善"机制,实现职工工资高效发放;又比如,2019 年从 1 月 1 日起,重庆上调工伤待遇,每月最高涨幅 300 元。④ 这些重要的举措对于缓解矛盾,降低风险具有一定的积极意义。

(二) 劳务关系诱发的风险

一般认为,劳务关系是指劳动者与用工者根据书面、口头或其他形式的约定,由劳动者向用工者提供一次性的或者特定的劳动服务,用工者依约向劳动者支付劳务报酬的法律关系。这里劳务关系的双方主体既可以是自然人,也可以是法人或其他经济组织。与劳动关系相比较,劳务关系是建立在平等主体之间的,就劳务事项进行等价交换过程中形成的一种

---

① 中共中央党史和文献研究院编:《习近平关于防范风险挑战、应对突发事件论述摘编》,中央文献出版社 2020 年版,第 86-87 页。
② 数据来自《2019 年重庆市国民经济和社会发展统计公报》,其中 16—59 岁(含不满 60 周岁)的人口数是 1913.96 万人,约等于 2000 万人。
③ 数据来自《重庆年鉴 2020》。
④ 数据来自重庆市统计局。

经济关系;另外,劳务关系中并不存在严格的管理与被管理、领导与被领导的关系。劳务关系对于规范劳务用工的管理实操细节,能够切实保障就业人员的合法权利,规避用工风险,保障构建和谐的用工关系。[①] 但这种关系若处理不好,也会与劳动关系一样,诱发严重的社会风险。

现阶段的重庆市面临的劳务关系风险,主要有:

第一,劳务提供者承担受害责任风险。劳务者受害责任是指存在劳务关系的前提下,提供劳务者因劳务活动而受到伤害,在提供劳务者向接受劳务一方主张损害赔偿时,由双方根据各自的过错程度承担相应的民事责任。目前在社会实践中,存在着大量个人之间提供与接受劳务的行为,而这种劳务关系普遍存在着设施不健全、安全保障措施较少、提供劳务者对安全劳动的意识较差、接受劳务者疏于管理等问题,这些问题直接导致了个人之间劳务关系争议案件的高发。劳务提供者在面临这些问题时,往往是承担受害责任的主要方。

第二,以劳务用工之名行劳动用工之实风险。在现实中,往往出现某些用工单位为了一己私利,例如,免税、社保等逃避自身的用工主体责任,以劳务用工之名行劳动用工之实,有意将劳动合同签订成劳务合同,或者假借劳务外包之名行劳务派遣之实,使劳动者承担因其导致的权益和利益上的风险。同时,在新业态经济组织的新业态用工关系管理实操中,出现了诸如网约车司机、快递员、外卖员、网约工等新兴的劳务提供主体,这些主体与劳务接收方之间也容易产生矛盾,导致伤害用工者的权益的事件频发。因此,在劳务关系中,如一方的权益没有得到完善保护,且这些情况频繁出现,就会加剧社会矛盾。

(三)劳动就业诱发的风险

劳动就业风险是指在劳动就业过程中产生的各种危险情况发生的可能性和后果的总和。就业率与失业率是一个社会稳定的晴雨表,一旦出现就业严重困难、失业率居高不下的情况,不仅直接影响到经济发展,还会为社会稳定带来不安定因素,故而劳动就业风险是民生领域中需要防范化解的重大风险之一。习近平指出:"就业是社会稳定的重要保障。一

---

① 寇斌:《合理管控劳务用工常见风险》,载《人力资源》2020年第1期,第37页。

个人没有就业,就无法融入社会,也难以增强对国家和社会的认同。失业的人多了,社会稳定就面临很大危险。有的民族地区就业问题突出,必须坚持就业第一,增强就业能力,拓宽就业渠道,扩大就业容量,切实把这个民生头等大事抓好。"①针对就业问题——尤其是毕业生的就业问题,习近平还论述道:"无事可做,必然生非。多一个人就业,家庭就多一份收入,社会就多一份稳定。受教育有利于更好就业,如果大批毕业生在城里找不到工作、又不愿回乡务农,将会成为社会问题。要统筹考虑教育和就业,改进专业设置和课程设置,办好一批工、农、医等急需学科专业,提高职业教育质量,培养更多实用人才。"②

对于重庆市而言,因地制宜防范化解劳动就业风险,也是考验地方执政能力的难题。随着国际和国内市场经济竞争的不断加剧,作为全国六大老工业基地之一的重庆市,部分企业面临着严峻的外部竞争压力,会造成企业破产、重组或者倒闭等问题,使得工人下岗、失业人数不断增加。纵观重庆市2004—2020年颁布的十多部与就业风险防控相关的政策文件,可以看出现有政策已涉及高校毕业生、农民工、残疾人、失业者等各类就业重大风险易感人群,重庆市政府高度重视上述重点人群的就业稳定工作,在制定雇佣比例、增加就业岗位、优化就业服务、进行就业培训、强化创业支持、落实政府责任等方面进行了政策规定,在防范化解失业风险、防控就业重大风险上有了一定的政策基础。

但是,就目前解决就业风险方面的问题,重庆还存在一些问题:

一是高龄化失业者再就业困难重重。在分析重庆教育领域的风险时已提及,在重庆市近20年的就业促进政策中,多项文件重点关注了高校毕业生的就业问题。在现有政策中,高校毕业生是受重视度最高的人群。所以重庆就业政策的"重一头"现象——注重解决年轻端人群的就业问题的现象突出。这使大量政策向类似高校毕业生倾斜,但是对于高龄化就业人群关注较少。这导致50周岁及以上人群受雇率远远低于20—49周岁年龄段人群的受雇率。其中,女性50周岁及以上的受雇率最高仅有

---

① 中共中央党史和文献研究院编:《习近平关于防范风险挑战、应对突发事件论述摘编》,中央文献出版社2020年版,第85—86页。

② 中共中央党史和文献研究院编:《习近平关于防范风险挑战、应对突发事件论述摘编》,中央文献出版社2020年版,第87—88页。

6.1%,最低0.4%。① 年龄成为制约劳动者就业的主要障碍。根据现在仍然有效的《国务院关于安置老弱病残干部的暂行办法》和《国务院关于工人退休、退职的暂行办法》文件规定,我国的法定退休年龄为男性60周岁,女干部55周岁,女工人50周岁。这带来的问题是大量高龄就业者在未达法定退休年龄之前,就会因为其自身竞争能力的下降而提前被社会"抛弃"。在高龄就业人群中,大量存在非农民工以及非残疾人无法享受到政策优惠,因而只能从事条件艰苦而待遇较低的工作。就业率低、就业质量差成为高龄就业群体最大的困难,而此现象带来的社会负担压力以及该类人群家庭负担压力必然加重社会潜在风险。

二是积极引导性政策较多,精准化措施较少。促进就业工作除了积极引导、给予政策帮助外,最主要的是实现就业的精准化。在重庆市2004—2020年颁布的十多部与就业风险防控相关的政策文件中,只有一项文件提到了对大学生就业的精准帮扶。在该项政策指导下,重庆市推出了大学生就业创业订制服务计划,旨在通过实名数据筛选比对、人岗信息提前匹配等一系列定制措施,全力帮扶高校毕业生就业创业。可以看到,实现精准化的就业帮扶工作覆盖的人群还很少。根据重庆市就业局工作安排,从2015年起,重庆市就结合全民参保登记,分三步建立全市人力资源供给数据库,并着力打造"重庆智慧就业"信息化服务平台。截至2020年,该项工作还在稳步推进。当前重庆市就业总量压力依然较大,就业结构性矛盾依然突出,如果不能实现精确化的就业,大量的人才不能及时有效地到达适当的岗位,会出现企业复工复产困难。未来精准化的就业措施应该辐射更多的就业群体,覆盖更多的行业,在就业服务体系中将精准化一以贯之。

三、房地产领域存在严重的风险

房地产行业风险是涉民生领域的重大社会风险之一。房地产行业传统的"高负债、高杠杆、高周转"模式制约着行业的转型发展,加之房地产企业暴雷事件导致烂尾楼数量暴增,房地产行业出现失业潮、理财产品逾

---

① 参见国家统计局人口和就业统计司、人力资源和社会保障部规划财务司编:《中国劳动统计年鉴2016年》,中国统计出版社2017年版。

期等与民生利益息息相关的问题。国家对防范化解房地产行业风险问题高度重视,提出了多项稳地产之对策,比如,"房住不炒""三条红线""房贷两道红线""供地两集中"等政策,这对于促进房地产行业经济平稳运行具有积极作用。但房地产领域仍存在很多风险,且这些风险涉及民生经济的方方面面,影响重大。因此,必须重视对房地产领域风险的防范化解。

(一)中央高度重视房地产行业的风险问题

房地产行业一直存在严重的问题。比如,在2021年,诸多房地产企业经营形势急转直下,大量债务违约、理财无法兑付、拖欠款项、裁员降薪的新闻接连被曝出。因此,房地产企业暴雷事件频发,彰显了房地产行业的风险严重。其中影响最大的是2021年9月发生的恒大地产事件。2021年9月以来,恒大流动性问题持续演绎,现金流短缺,销量大幅度降低,各种理财产品难以兑付,上游供应商的票据打折出售仍难以出手,供应链缺少资金导致大量楼盘停工,到期债务源源不断地累积。作为龙头企业之一,恒大事件不仅影响到消费者的情绪,还对上游供应商造成负面影响。由于上游涉及行业众多,恒大债务违约风险加剧,而长期依附于恒大的企业也面临危机,这无疑加剧了房地产活动的下行压力。除此之外,融创中国、泰禾集团、华夏幸福、当代置业、恒泰地产、重庆协信远创等诸多房地产企业均发生严重事件,企业负债严重,面临资金链断裂的风险,被数个评级机构下调评级。这暴露出房地产企业传统的"高负债、高杠杆、高规模"经营面临风险较大,转型也较为困难。

房地产行业存在的重大风险以及已经发生的重大事故,引起党中央和相关管理部门的高度重视。在2020年8月,以贯彻"房住不炒"理念为核心,央行、银保监会提出"三道红线"(房企剔除预收款后的资产负债率不得大于70%;净负债率不得大于100%;房企的"现金短债比"小于1)。此政策是为防范因房地产融资带来的金融风险,降低企业负债率,从房地产的需求端来降杠杆;另外,为了应对房地产行业杠杆率过高之问题,从资金供给端侧降杠杆,2021年央行和银保监会还发布了《关于建立银行业金融机构房地产贷款集中度管理制度的通知》,为房贷设置"两道红线"。("两道红线"通过控制购房者的房贷来收紧"资金供给端",而前述

"三道红线"是用于控制"资金需求端",限制房地产开发商的融资规模、引导房企降低价格加快销售,降低其负债率)在2021年,中央经济工作会议反复强调:"要坚持房子是用来住的、不是用来炒的定位,加强预期引导,探索新的发展模式,坚持租购并举,加快发展长租房市场,推进保障性住房建设,支持商品房市场更好满足购房者的合理住房需求,因城施策促进房地产业良性循环和健康发展。"[1] 2021年7月,国务院办公厅发布《国务院办公厅关于加快发展保障性租赁住房的意见》,促进解决好大城市住房突出问题。在2021年9月29日,中国人民银行与银保监会联合召开房地产金融工作座谈会上,再度明确"房住不炒"的理念,并要求金融机构要按照法治化、市场化原则,配合相关部门和地方政府共同维护房地产市场的平稳健康发展,维护住房消费者合法权益。[2] 在2022年3月16日,国务院金融稳定发展委员会专题会议又提出:"关于房地产企业,要及时研究和提出有力有效的防范化解风险应对方案,提出向新发展模式转型的配套措施。"这些措施充分证明,党中央等各个领导部门对房地产行业风险的重视。

(二)重庆市委市政府高度重视房地产行业的风险问题

重庆一些房地产企业亦面临着重大危机。除了前述提及的恒大事件外,还有消费者关注的住宅质量问题,实践中住宅质量纠纷频发。因此,守住房屋建筑质量安全底线是重庆市后续应重点关注的问题。在重庆新的发展格局背景下,住房消费健康发展与居民消费升级关系更加紧密,推动房地产同实体经济协调发展要求更加严格,房地产业转型升级更加迫切,防范化解房地产金融风险更加紧迫。房地产领域出现的这些事故,不仅使消费者遭受损失,使经济受到严重影响,且极易引起社会不稳定。

这些重大事件引起了重庆市的高度重视,并已成为重庆市政府的重要工作内容。在重庆市2021年的工作报告中,重庆市政府就要求:"全面落实稳地价、稳房价、稳预期长效管理调控机制,发展长租房市场,推进保

---

[1] 《2021年中央经济工作会议公报》。
[2] 《人民银行、银保监会联合召开房地产金融工作座谈会》,载中华人民共和国中央人民政府网。

障性住房建设"。2022年重庆市政府在工作报告又提出:"坚决防范化解重大风险,加强平台经济规范监管,开展房地产市场秩序专项治理,妥善处置单体企业风险"。除了稳定房价、治理房地产行业的风险外,重庆市还重视住房的供给等问题。为了完善重庆市住房保障体系,加快建立多主体供给,多渠道保障,重庆市采取了租购并举的住房制度。即在2021年7月,实施了《重庆市城镇住房保障家庭租赁补贴暂行办法》。除此之外,2022年1月,重庆市住房和城乡建设委员会还发布了《重庆市住房和城乡建设科技"十四五"规划(2021—2025年)》(以下简称《规划》)。2020年1月3日召开的中央财经委第六次会议上提出了成渝地区双城经济圈建设的发展计划,《规划》也照应了此重大举措,因此,提出在住房领域继续加强川渝合作,即如何更好地共同推进成渝住房协同发展,助力成渝地区双城经济圈建设,化解房地产行业的住房风险。在2021年,重庆市政府把保障性租赁住房工作纳入重点民生实事内容,并于2022年2月发布了《重庆市人民政府办公厅关于加快发展保障性租赁住房的实施意见》。此举是切实解决重庆新市民、青年人住房困难的重大政策举措。这些政策性文件的内容,与国家层面提出的"防范系统性风险、帮助部分房企解困、保护刚需群体"要求相一致,是重庆市政府对国家关于防范化解房地产行业风险精神的贯彻,具有积极意义。

四、金融领域存在严峻风险

金融安全是国家安全的重要组成部分,是经济平稳健康发展的重要基础。不仅如此,金融安全也关系到民生问题。所以,金融风险不仅是经济风险,也是重要的社会风险。维护金融安全,是关系我国经济发展和社会稳定全局的一件带有战略性、根本性的大事。尤其是P2P等互联网金融使金融领域出现了诸多新情况。但是,正是因P2P等新兴互联网金融引发的严重事故,喻示金融领域的风险对社会稳定等的影响较为严重。因此,必须高度重视金融风险的防范化解。

(一)金融风险的特征及互联网金融风险和传统金融风险互相交织

金融风险是指与金融有关的风险,如金融机构风险、金融产品风险、金融市场风险等。金融风险的基本特征有以下几个:(1)不确定性,即影响金融风险的因素难以事前完全把握,这使得金融风险也较难把握;(2)相关性,即金融机构所经营的商品——货币的特殊性决定了金融机构同经济和社会是紧密相关的,这也导致金融风险诱发的事故一旦发生,就会波及很大的范围;(3)高杠杆性,金融企业负债率偏高,财务杠杆大,导致负外部性大,另外金融工具创新、衍生金融工具等也伴随高度金融风险;(4)传染性,金融机构承担着中介机构的职能,割裂了原始借贷的对应关系。因此,处于这一中介网络的任何一方出现风险,都有可能对其他方面产生影响,甚至发生行业的、区域的金融风险,导致金融危机。前述这些特征使金融风险影响具有连锁性,如一家企业在运转过程中,往往会遇到一些金融风险,而金融风险为企业带来的损害,除了资金损失外,还有可能产生生存危机。而金融机构遇到的风险,可能会引发整个金融体系的运行问题,一旦系统风险发生,金融体系运转失灵,全社会的经济都会陷入混乱,严重的还可能引发政治危机。

随着互联网的发展,互联网金融也有很大发展。但随之产生的金融风险不可小觑,且使金融领域的风险更严重。以P2P网络借贷为例,P2P风险也属于金融风险的一种,是"互联网+"大背景下的新兴产物。P2P平台机构最早成立于2006年,随后投资热度不断攀升,2012年进入爆发期。相较于传统借贷平台,P2P借贷具有更高的不确定性与不稳定性。作为一种新兴的网络平台借贷模式,在解决部分企业和个人融资不足问题的同时,其不规范性也引发了种种风险与社会性问题——这也是导致P2P从繁盛走向衰落的主要原因。因此,互联网金融风险对传统金融造成了很大冲击,且其和传统金融领域风险互相交织在一起,使金融领域面临巨大的危机。

(二)党和中央高度重视金融领域风险的防范化解和监控

自2013年以来,随着党和中央对国家金融安全的重视,加大了金融体制改革和防范化解金融领域的风险。2013年11月12日,党的第十八届三中全会通过了《中共中央关于全面深化改革若干重大问题的决定》,其中涉及了对外开放金融市场、完善国内金融市场和加强金融监管三个改革方向,为后续完善金融市场奠定了总基调。在2017年全国金融工作会议上,习近平指出"要坚持质量优先,引导金融业发展同经济社会发展相协调,促进融资便利化、降低实体经济成本、提高资源配置效率、保障风险可控。"①2017年4月25日,中共中央政治局第四十次集体学习会上习近平强调,金融活经济活,金融稳经济稳,做好金融工作,维护金融安全。在此次集体会议上,习近平提出了6项任务,可概括为:一是深化金融改革,完善金融体系;二是加强金融监管,补齐监管短板,避免监管空白;三是采取措施处置风险点,重点针对金融市场和互联网金融开展全面摸排和查处;四是为实体经济发展创造良好金融环境;五是提高领导干部金融工作能力,强化监管意识,提高监管效率;六是加强党对金融工作的领导。② 2018年2月召开的党的十九届三中全会通过了《中共中央关于深化党和国家机构改革的决定》《深化党和国家机构改革方案》,根据其要求,国务院新组建了中国银行保险监督管理委员会,不再保留中国银行业监督管理委员会和中国保险监督管理委员会。这是我国金融监管体制二十多年来最重要的一次调整,③在这次改革中,银行、保险的监督机构合二为一,实现了对银行、保险领域的合力监督。在2019年2月23日,中共中央政治局第十三次集体学习会上,习近平指出,要以金融体系结构调整优化为重点,优化融资结构和金融机构体系、市场体系、产品体系,为实体经济发展提供更高质量、更有效率的金融服务。

  针对金融风险防控原则,习近平指出:"做好金融工作要把握好以下重要原则:第一,回归本源,服从服务于经济社会发展。金融要把为实体经济服务作为出发点和落脚点,全面提升服务效率和水平,把更多金融资源配置到经济社会发展的重点领域和薄弱环节,更好满足人民群众和实体经济多样化的金融需求。第二,优化结构,完善金融市场、金融机构、金融产品体系。要坚持质量优先,引导金融业发展同经济社会发展相协调,促进融资便利化、降低实体经济成本、提高资源配置效率、保障风险可控。第三,强化监管,提高防范化解金融风险能力。要以强化金融监管为重点,以防范系统性金融风险为底线,加快相关法律法规建设,完善金融机构法人治理结构,加强宏观审慎管理制度建设,加强功能监管,更加重

---

① 《全国金融工作会议在京召开》,载中华人民共和国中央人民政府网。
② 《中央政治局首次就维护国家金融安全集体学习》,载海外网。
③ 吴振宇:《新时代金融体制改革的政策脉络和重大进展》,载《中国经济时报》2021年10月14日。

视行为监管。第四,市场导向,发挥市场在金融资源配置中的决定性作用。坚持社会主义市场经济改革方向,处理好政府和市场关系,完善市场约束机制,提高金融资源配置效率。加强和改善政府宏观调控,健全市场规则,强化纪律性。"[1]这些原则对于金融风险的防控,具有导向和指导意义。

在金融领域,P2P 问题是较为严重的新型金融风险。针对 P2P 金融平台问题频发、跑路、难以兑付的情况,国家下大力进行了监管。2015 年 7 月,中国人民银行等十部门联合印发了《关于促进互联网金融健康发展的指导意见》,有关部门也及时出手,打击处置了一批违法经营金额大、涉及面广、社会危害大的互联网金融风险案件,社会反映良好。2016 年起,随着风险的增加,监管不断升级。中国银监会、工业和信息化部、公安部、国家互联网信息办公室联合发布了《网络借贷信息中介机构业务活动管理暂行办法》,规定了控制同一借款人在同一网络借贷信息中介机构平台及不同网络借贷信息中介机构平台的借款余额上限。为鼓励和保护真正有价值的互联网金融创新,整治违法违规行为,切实防范风险,建立监管长效机制,促进互联网金融规范有序发展,国务院办公厅于 2016 年 10 月发布《互联网金融风险专项整治工作实施方案的通知》,对 P2P 网络借贷整治问题做出规定。2018 年 8 月 8 日,互联网金融风险专项整治工作领导小组办公室下发《关于报送 P2P 平台借款人逃废债信息的通知》,要求 P2P 平台尽快报送严重失信借款人基本信息、催收证明及佐证材料,以便整治办后续协调征信管理部门将逃废债信息纳入征信系统和"信用中国"数据库,对相关逃废债行为人形成制约。2019 年 9 月 4 日,互联网金融风险专项整治工作领导小组、网络借贷风险专项整治工作领导小组联合正式发布《关于加强 P2P 网贷领域征信体系建设的通知》,支持在营 P2P 网贷机构接入征信。

为了防范化解金融风险,国家于 2019 年开始了对 P2P 的清退工作。2019 年 1 月,互联网金融风险专项整治工作领导小组办公室和 P2P 网络借贷风险专项整治工作领导小组联合发布《关于做好网贷机构分类处置和风险防范工作的意见》,坚持以机构退出为主要工作方向,除部分严格合规的在营机构外,其余机构能退尽退,应关尽关,加大整治工作的力度

---

[1] 《习近平谈治国理政》(第二卷),外文出版社 2017 年版,第 278-279 页。

和速度。这奠定了2019年行业清退转型的主基调。在金融办的审核监督下,不符合规范的网络借贷机构纷纷被整治清退。到2021年1月15日,时任央行副行长陈雨露宣布全国P2P平台已全部清零。2022年3月银保监会主席郭树清在国务院新闻办公室举行的新闻发布会上指出:"P2P网贷机构全部停止运营,未兑付的借贷余额压降到了4900亿元。过去五年,累计立案查处非法集资案件2.5万起。防范外部风险冲击的韧性进一步提高。"①

(三)重庆市防控金融领域重大社会风险的举措

重庆市在党中央的指导下,积极防范化解金融风险。一是加大金融市场对外开放,盘活西部金融经济活力。2022年,重庆市积极推动与新加坡之间债券、基金、理财等业务的创新合作,深化境内外金融市场互联互通,引进境内外金融机构,实施企业上市"育苗"专项行动,推动股权投资基金发展,完善科创金融、普惠金融、绿色金融、消费金融、供应链金融等金融服务体系。② 除了与新加坡的合作,重庆还积极地与东盟国家开展合作,实现了由点对点合作向点对面合作转变。二是健全重庆金融风控体系,控制地方金融风险的外溢性。突出抓好经济安全建设,加强经济安全风险预警、防控机制和能力建设,健全金融风险防控体系,做好战略物资储备,妥善应对各类风险挑战,增强生存力、竞争力、发展力、持续力。③ 防范化解金融风险,妥善处置重点企业信用风险,持续开展互联网金融、非法集资等专项整治,守住不发生系统性金融风险的底线。④ 三是制定重庆金融发展规划,服务成渝双城经济圈的战略。2021年《成渝共建西部金融中心规划》发布,其强调:将成渝建设成为立足西部、面向东亚和东南亚、南亚,服务共建"一带一路"国家和地区的西部金融中心,推动成渝地区加快双城经济圈建设、打造高质量发展重要增长极和新的动力源。⑤

---

① 《P2P网贷机构全部停止运营,税付借贷余额压降至4900亿》,载百家号"深圳商报"。
② 《重庆市人民政府工作报告(2022年)》。
③ 《重庆市人民政府工作报告(2021年)》。
④ 《重庆市人民政府工作报告(2020年)》。
⑤ 《中国人民银行 国家发展改革委 财政部 中国银行保险监督管理委员会 中国证券监督管理委员会 国家外汇管理局 重庆市人民政府 四川省人民政府关于印发〈成渝共建西部金融中心规划〉的通知》,载重庆市人民政府网。

四是制定重庆金融法律法规,严肃打击金融领域违法犯罪。重庆银监局构建"1+4"银行业监管体系,主要包括1个指导意见,4项配套政策:《关于积极做好中国(重庆)自由贸易试验区银行业金融服务的指导意见》《关于印发简化中国(重庆)自由贸易试验区银行业机构和高管准入方式的实施细则(试行)的通知》《关于建立中国(重庆)自由贸易试验区银行业统计监测制度的通知》《关于试行中国(重庆)自由贸易试验区银行业务创新监管互动机制的通知》及《关于做好中国(重庆)自由贸易试验区业务风险评估的通知》。此外,2022年2月28日,重庆市设立中国第三家金融法院,即"成渝金融法院",专门管辖成渝经济圈范围内金融民商事和涉金融行政案件。

为切实防范 P2P 领域引发的金融风险,响应国家关于 P2P 的政策,重庆市政府也相继出台了一系列政策性文件。根据中国人民银行、工信部、银监会等十部委发布的《关于促进互联网金融健康发展的指导意见》(以下简称《指导意见》),2015 年 12 月重庆市金融办亦紧跟该《指导意见》之步伐,出台了《关于加强个体网络借贷风险防控工作的通知》(以下简称《通知》)。该《通知》为 P2P 平台制定了 10 条"不准",并要求以前未开展 P2P 业务的机构和新设的网络平台机构,在国家有关部门关于 P2P 网络借贷监管办法正式发布前,继续停止开展 P2P 网络借贷业务。《通知》还强调,开展 P2P 网络借贷业务的机构应坚持平台功能,为借款方自行发布借款信息和借贷双方自由撮合成交提供便利,严格执行"十不准"政策要求。为了防止风险传导,《通知》还规定小贷公司开展 P2P 网络借贷合作业务的,仅限于通过 P2P 平台获取借款客户和向其网络平台推荐借款客户;不得通过 P2P 平台次开发,为小贷公司自融资金或转让出售小贷公司贷款资产等。① 为扎实稳妥推进重庆市 P2P 网络借贷风险专项整治工作,完成辖内 P2P 网贷机构的整改验收工作,2018 年 4 月,重庆金融办下发《P2P 网络借贷风险专项整治整改验收工作实施方案》(以下简称《方案》)。《方案》指出,对于继续违规提供房地产首付贷、房地产场外配资、校园贷以及现金贷等借贷撮合业务的 P2P 网贷不予备案。与该《方案》一起下发的还包括四份配套文件:《P2P 网贷机构合规经营情况

---

① 《重庆市金融办出台政策规定 P2P 风控"十不准"》,载重庆市人民政府网。

法律意见书编写指引》《P2P网贷机构经营情况专项审核报告编写指引》《P2P网贷机构整改验收申请及材料报送指引》《重庆市P2P网贷机构整改验收工作指引》。同时,为响应前述国家2019年发布的关于清退网贷机构的政策规定,重庆市也做出相应动作。2019年11月,重庆市地方金融监督管理局发布《公告》称:"截至目前,我市没有一家机构完全合规并通过验收,所有P2P网贷业务也未经过金融监管部门审批或备案。""同时,对我市其他机构开展的P2P网贷业务一并予以取缔,任何机构未经许可不得开展P2P网贷业务。"[①]这表明重庆市将取缔辖区内全部P2P网贷业务。至此,P2P网贷机构在重庆市落下帷幕。

五、违法乱纪和犯罪诱发的侵害人身和财产的风险

违法乱纪以及犯罪行为会危及人民的生命和财产安全,若不能得到有效的治理,会引起社会的恐慌和不安。除了前述在论及特殊人群时提到的特殊人群的违法犯罪外,黑恶势力犯罪、各类金融犯罪、网络电信违法犯罪等十分猖獗,引起了严重的社会风险。

(一)涉黑涉恶犯罪会侵害人身或财产安全

一般认为黑社会性质组织具有四大特征,即经济特征、行为特征、组织特征、社会危害性特征。黑社会性质组织在社会底层搜刮民脂民膏,也经常出现暴力侵害公民人身安全的情况。不仅如此,有些黑社会性质组织往往会寻求"保护伞",和相关的腐败官员一起违法乱纪。重庆也存在涉黑犯罪,某些黑社会性质组织利用套路贷等新型犯罪手段骗取被害人的财物,造成极为恶劣的社会影响。黑社会性质组织还会实施诸如敲诈勒索、非法拘禁、聚众斗殴等行为,其往往藏匿于某个行业内,诸如建筑材料、自然环保、信息网络等领域,既侵害了公民的财产和生命等利益,也扰乱了社会的安宁和稳定。

(二)金融犯罪严重已引起高度重视

前述论及金融领域的严峻风险,从实践情况看,金融领域的风险已发展成为金融犯罪。同时,金融犯罪十分突出,是司法机关重点打击和防范

---

① 来自重庆市人民政府网。

的犯罪之一。比如,重庆检察机关严厉打击金融乱象,积极防范化解金融风险,维护金融稳定,护航金融安全,全面履行打击、保护、监督、预防等各项检察职能。在2020年,重庆市检察院发布了《2020年度重庆市检察机关惩治金融犯罪白皮书》,从其内容可知,在2020年一年中,重庆检察机关受理金融犯罪,审查逮捕案件共计172件332人,批准逮捕143件253人;受理金融犯罪审查起诉案件共计337件733人,起诉291件587人;受理的金融犯罪案件涉及罪名27个。从这些数字可以看出重庆的金融犯罪确实突出,应采取多种措施予以严防。重庆也采取了多种措施予以防范,同样以检察机关为例,为共同防范化解重大金融风险,加强金融检察与金融监管常态化协作配合,在2020年6月1日,重庆市检察院、重庆银保监局签署《关于在惩治金融犯罪、防范化解重大金融风险中进一步加强协作配合的会议纪要》,双方建立金融案件会商制度、金融风险通报制度、从业人员违法信息共享制度、案件双向移送制度、专家咨询制度、联合培训宣传制度等六项协同防范金融风险工作新机制。确实,金融是整个社会经济的核心和所有经济的纽带,金融安全、金融秩序的稳定至关重要。但因金融不仅是物质财富的集散地,也是各类盈利机会的聚集地,金融对经济和社会的发展影响巨大,因此,金融犯罪危害性也极为严重。同时,随着高科技的发展,作案手段变得更为隐蔽和多样,且呈现专业化、智能化和国际化的发展趋势,使得新兴金融业务的犯罪增多。这严重威胁人民的财产利益和金融秩序的稳定,应采取更多措施予以防范化解。

(三)网络电信违法犯罪案件猖獗

网络电信违法犯罪呈现高发频发态势,犯罪分子作案手段不断翻新。网络违法犯罪的猖獗,是引发社会不稳定和人心恐慌的重要因素。网络投资、网络刷单、代办信用卡、冒充购物客服、QQ冒充熟人、电话冒充熟人、网络赌博、冒充军警购物、冒充公检法工作人员、网络诈骗等犯罪日趋严重,导致人心惶惶。其中,网络类诈骗尤其引人注目。从2021年4月对电信网络的诈骗统计看,其手段包括网上贷款诈骗(占45%)、冒充客户类诈骗(占17%)、网络交友诱导赌博类诈骗(占14%)、冒充熟人领导类的诈骗(占4%)、冒充公检法类诈骗(占3%)、网络刷单类诈骗(占

13%)、虚假购物类诈骗(占3%)、其他类诈骗(占1%)。① 不仅如此,有统计还显示,电信诈骗犯罪从最初的十几种犯罪类型,发展到现在的六十多种类型,并且还在不断变化中。重庆电信犯罪也很突出,这一犯罪现象已引起重庆相关部门的高度重视。从重庆市公安局、重庆市通信管理局了解到,自2017年11月开始,重庆市公安局会同重庆市通信管理局,开展了打击整治通信网络违法犯罪专项行动。全市公安机关共破获通信网络新型违法犯罪案件9800余起,抓获犯罪嫌疑人2000余人,查缴作案银行卡380余张,手机卡400余张,电信设备460余件,冻结止付约2.8亿元,集中返还被骗资金435万元,有效地保护了人民群众的财产安全。比如2021年1—7月,移送起诉电诈嫌疑人6000余名,返还涉案资金1.25亿元。

重庆相关部门重视采取措施防止网络电信违法犯罪案。这些措施包括针对可能的受害人的,比如,重庆市通信管理局、人行重庆营业管理部、三大通信运营商(电信、移动、联通)及多家金融单位会同公安机关积极搭建工作平台及分析系统,通过大数据发现潜在可能被骗的受害人信息,形成预警指令推送各区县,及时开展电话、短信、上门劝阻,累计预警劝阻186万人次;重庆市还进一步部署强化全方位组织推动、全覆盖宣传防范、全链条纵深打击、全领域源头治理、全环节技术反制等工作,坚决遏制电信网络诈骗案件高发态势。② 公安机关投入巡逻防控力量55000余人次,对通信企业和废旧金属收购站点进行安全检查9000余次,积极化解通信设施引发的矛盾纠纷60余起,保护了国家战略性基础设施的安全。又比如,重庆市通信管理局组织重庆电信、重庆移动、重庆联通和重庆铁塔等通信运营企业,开展了有针对性的安全宣传防范工作,全行业共发送防诈骗公益短信10亿余条,拦截恶意呼叫2.2亿次,清理"400"用户6.4万余个,累计关停语音专线2400余条;处置涉案号码和网站2200余个,协助打掉伪基站犯罪团伙16个。从预防和防治的层面看,这些措施对遏制和减少网络电信类犯罪具有重要的实践作用。

---

① 2021年网络诈骗名单。
② 《重庆警方今年前7个月移送起诉六千电诈嫌犯,返还资金超亿元》,载腾讯网。

第四章 重大社会风险指标体系构建

"一个超稳定的社会并不一定是真正稳定的,超稳定的社会实际上在内部是暗流涌动,只有一个内部和谐的社会才是真正稳定的社会。"① 但期望维护社会稳定,避免社会出现波动或动荡,尤其是预防风险发展成为重大事故,就必须建立和健全社会风险指标体系。各个国家、不同社会、不同时段,其风险情况是不同的,构建风险指标体系应有不同。同样,重庆构建的重大社会风险指标体系要契合重庆市的具体情况、现实需求、客观规律,同时亦要关注风险指标的现实指向性、情景针对性、内容体系性。因此,构建重大社会风险指标体系要重视重庆现实和各类风险因素的特征,才能为防范化解重大社会风险提供帮助。

第一节 构建重大社会风险 指标体系的原则

"原则"是指说话或行事所依据的法则或标准,其不仅能够帮助人类对事物有着正确、深刻的理解和认识,而且具有导向作用。构建重大社会风险指标体系是治理社

---

① 丁烈云、何家伟、陆汉文:《社会风险预警与公共危机防控:基于突变理论的分析》,载《人文杂志》2009年第6期,第166页。

会重大风险的重要内容,其更需要原则予以指导。重大社会风险指标体系构建的原则能引导和指导构建者,并且为构建工作提供准则和纲领性指南,具有重要的实践价值。

一、社会风险指标体系的概念界定

"概念是反映事物本质属性的思维形式",[1]其具有重要的意义:"概念是理论研究的基础,是构建命题以及理论的前提,它是通过概括,用来描述某种现象的属性的基本单位。"[2]"概念"决定了内容、构成要素、范畴和边界等,因此,概念具有重要的价值和作用,受到很多学者的推崇。如德谟克利特认为:概念是指了解和研究可见事物的准则。苏格拉底认为:概念是追求知识的媒介的问题。[3] 一般而言,概念应反映被归纳总结事物的本质和一般特征。而重大社会风险指标体系,并非一个正式意义上的社会学概念,而是一个抽象的实践用语。但是,不管是在我国应急管理的实践中,还是在学术研究中,社会风险指标体系均无统一的明确概念。同时,"社会风险指标体系"是由诸多词语构成的,如"社会风险指标""社会风险指标体系"等。因此,要解释"社会风险指标体系",需要运用文义解释或结合相关规范性文件,从结构、功能上进行阐释,以实现渐进式对社会风险指标体系的诠释。

(一)社会风险指标

对于构建重大社会风险指标体系来说,"社会风险指标"是其最为重要的要素之一。引入这个概念的直接原因在于社会风险是一个较为抽象的概念,为使之具体化,需要一定的表现形式把其予以外化。但这仅是形式层面的意义,而更深层次的原因在于:社会运行的属性具有双重性,一方面,社会运行体现为具备自身客观规律的自然进程;另一方面,社会运行又体现为可发挥主观能动性的自觉活动进程。因此,调动能动性调节社会运行状态就有前提,这个前提便是对社会应有综合性的判断。要进

---

[1] 何向东:《逻辑学概论》,重庆出版社1985年版,第11页。
[2] 许身健:《刑事程序现代性研究——刑事法治秩序的建构》,中国政法大学2004年博士学位论文,第2页。
[3] 蒲隆基:《概念在西方逻辑史的发展研究——从西方古代逻辑思想至西方近代逻辑思想》,载《西部学刊》2021年第2期,第149-150页。

行这种综合性的有深度的判断,相应的就需要一定的描述或评价社会状态的因素。而这种与社会状态有关联的因素,就是"社会风险指标"。

具体到概念,社会风险指标是指对社会风险过程中的关键点进行监测,通过正常值的比较而发出警示的统计指标。从定义看,社会风险指标是社会风险的中介或手段。换言之,借助于社会风险指标,能探测社会风险,能对风险起到预警的作用。甚至这些要素"都在某种程度上反映了社会风险的根源、征兆或表现"。[1] 基于此,社会风险指标就具有重要作用,不能任意选择。一般而言,所选定的指标应具备以下特性:一是先兆性,即从时间维度而言具备超前性,也只有具备了该特征的要素,对于防范或消解社会风险才具有积极意义;二是可测度性,即便某一指标可充分反映某一维度的社会风险,但却不具备可测度性,那么就丧失了实用性,所以依据指标的可测度性进行风险的评估是前提性条件;三是规律性,即能够稳定、符合逻辑演进地反映社会风险的特征,从而作为判定社会风险程度的标尺。

(二) 社会风险指标体系

单靠一个或一类指标不能对重大社会风险进行评判,因此,社会风险指标体系并非某单一维度的指标所能测算或涵盖的。故而,必须从整体的角度,依据社会学范式,搜寻相互关联在一起的各类风险因素,从而建构社会风险指标体系。由此,社会风险指标体系是由若干个相互联系的统计指标所组成的有机体,并且,这些互相联系的指标必须是依据严格的标准遴选出来的。这些指标能敏锐地反映社会风险的有无以及大小,能反映社会风险水平及发展趋势,且对社会运行状况能进行动态监测和评价。因此,社会风险指标体系可界定为"是由一系列相互关联的、能够表达社会风险现状及其运行过程的大量单项指标所构成的指标集合"。[2] 社会风险指标体系是人类基于特定之目的建构的,并赋予了特殊的功能。从功能上看,社会风险指标体系是作为一种特定的测量工具和手段,因

---

[1] 宋林飞:《中国社会风险预警系统的设计与运行》,载《东南大学学报(社会科学版)》1999年第1期,第72页。

[2] 曾永泉、张鹏:《基于综合评估法的社会风险预警指标体系建构》,载《现代管理科学》2007年第12期,第66页。

此,这个指标体系必须能服务于社会实践,具有灵敏性、可操作性、系统性、完整性、相关性、层次性、预警性等特征。

因此,风险指标体系必须基于社会现实才能构建起来。有学者指出"社会风险指标体系的建设应该充分考虑到当前社会"。[①] 社会风险指标体系是对社会运行情况的反映,确实也应以现实社会为根基。因此,社会风险指标体系的框架及其构成指标,均须依托于对社会现实的分解。就社会现实而言,经济生活风险、政治生活风险、重大社会安全事故与治安事件风险、生态环境风险、公众心理感知风险、社会生活保障风险等指标极为重要。具体而言,就需要对当前及未来一定时间阶段内的几对关系予以关注:一是社会经济发展与公众生活质量提高之间的关系。从总体体量上看,社会经济建设取得飞跃式发展,但作为组成社会有机体的公众生活压力依然不容小觑。值得深入追问的是:社会发展成本及成果与公众个体生存及生活质量之间是否衡平。二是经济发展与社会安全之间的关系。如何实现高质量发展和高水平安全的良性互动,如何在推进市域社会治理现代化中谋求社会治安动态防控力的提升,使得社会更加安全稳定有序。三是政治制度化建设与政府权威之间的关系。政治制度化建设程度如何与公民日益扩大的政治参与度相匹配,如何形塑政府公共服务形象提升治理效能均是维持政治稳定所必须回答的命题。四是生活空间和生产空间之间的关系,其核心是生态环境保护。生态环境是公众体验感最高的事项,其他发展需求与生态环境功能承载量之间的博弈点在何处,如何更好把控两者之间的和谐。五是政府政策与公众心理感知之间的关系。客观上,政府政策的施行与公众心理感知之间是存在鸿沟的,如何精准地找到消解两者之间割裂的靶点,是提升政府公信力及治理效能的不可回避的问题。六是经济发展与保障改善民生之间的关系。现代化发展过程中不同的政策导向,对社会稳定带来的影响也大为不同。如何利用既有的经济发展成果来加强以民生为重点的社会建设,如何建立健全与经济发展水平相适应的社会生活保障制度是维持社会稳定必须基于关注的要素。前述提及的经济生活风险、政治生活风险、重大社会事

---

① 李殿伟、赵黎明:《社会稳定与风险预警机制研究》,载《经济体制改革》2006年第2期,第31页。

故与治安风险、生态环境风险、公众心理风险、社会生活保障风险,是相互作用的风险,且其溢出效应相互交织,共同影响着整体社会的稳定。

二、社会风险指标体系的功能

前述论及的,社会风险指标体系是作为一种特定的测量工具和手段。因此,社会风险指标体系具有重要的实践功能,概括而言,其功能主要包括以下三个方面:

第一,反映社会运行状况。社会是一个复杂的系统,参与其中的要素是多元化、动态化、持续化的。那么如何综合评定一定时空条件下的社会运行状况?更为重要的是,如何通过分析社会运行状态来调整政策方向及治理的侧重点?对于该问题,社会风险指标体系,扮演着举足轻重的角色。社会风险指标体系包含多种要素,比如,社会生活水平、恩格尔系数、失业率、贫困发生率等,反映了社会的民生情况,也反映了相应的社会机制的运行情况。基于对社会多个维度的测度,社会风险指标体系反映的是横向的社会各个侧面的运行状态。

第二,监测和预测社会风险。正所谓未来的危机蕴藏于现在,那么社会未来可能爆发的事故或危机,也同样隐藏于社会现状中。从一定程度上看,社会风险指标体系的构建正是基于该逻辑。社会风险指标体系借由指标的测度及模型的设立,从总体上对社会总体状态进行监测,从而对社会总体状况及轻重程度作出明确的评估。

第三,对防范社会风险具有重要作用。无论处于何种时空条件下的社会,不存在社会风险有无的问题,有的只是社会风险的强度及体量。也正是社会风险的强度及体量,影响着社会的稳定程度与发展速率。从客观维度而言,完全消灭社会风险是不现实的,甚至也是没必要的,因为某些社会风险具有两面性,比如投资风险就有盈利的可能。不仅如此,即使在某些时候发现某些事物具有风险,但为了社会的发展,还必须容忍。现代科技风险就属于这种情况,比如制造汽车会诱发交通风险,但不能为了彻底消除交通风险就禁止制造汽车。尽管不能也不应彻底消除风险,但可以采取各种方法对社会风险进行防范,这也使得风险防范极为重要。正是在此维度上,重大社会风险指标体系得以发挥重要作用,因指标体系在时间标度上具备一定程度的超前性,可为防范社会风险争取一定的时间,用以调整政策或调和对立,以此缓冲社会风险的强度或减小社会风险的体量。

三、社会风险指标体系构建的指导原则

构建社会风险指标体系的原则是指标体系构建的导航器,其能使构建的指标体系合理和完善,助指标体系能够观照现实,契合具体情境和遵守客观规律,最终达至提升实践有效性之目的。一般而言,社会风险指标体系构建应遵循的一般原则如下:

一是目的性原则。目的性原则指的是构建社会风险指标体系应受构建之目的约束,并围绕目的进行建构的原则。一般而言,无目的性之行为便无好的结果。确立明确的目的,是做一件事情的首要前提。对于风险指标体系而言,其是人类治理风险的策略,因此,其目的之确立应准确,这样才能保证建立的指标体系能及时、全面、客观地监测社会运行动态及社会发展图景,并以此为基准服务于社会建设。客观而言,社会风险指标体系是一个庞大且复杂的系统,其所选取的指标涵射的评价范围极为广泛、评价对象具有一定的复杂性、评价内容具有一定程度上的抽象性,故而在考量如上诸多因素来选定单个指标,并进而构建整个指标体系的过程中,也必须首要遵循目的性原则。有了目的性原则作为统领,在面对纷繁复杂的情景时,方能有坐标而不至于偏离社会风险的定位。

二是科学性原则。"社会风险研究其实是把自然科学研究方法往社会科学研究领域横移运动的一步。"[①]换言之,社会风险指标体系建构的基础,就是以自然科学的方法为基础的,即通过一定的指标和度量使社会风险可度量化。要让其真正发挥作用,就必须保证指标体系能科学反应社会风险的客观情况。不仅如此,科学性原则要求在指标选取时,要遵循科学的理论及方法,要从重庆市所特有的情况出发,选定能彰显重庆市在特定时空背景下的风险因素。就社会风险而言,其是一个抽象化的事物,正是基于此,才需要构建由多个单指标有机耦合成的指标体系,以此来勾勒出社会风险的具象化、可视化、可度量化的面貌。同时,也要清醒

---

① 邓伟志:《关于社会风险预警机制问题的思考》,载《社会科学》2003年第7期,第69页。

地认识到社会生活中的指标纷繁复杂,且多种多样。那么,如何选定一个能够折射或表征社会生活某个侧面的性质、特征或内在规律的指标,就需要科学性原则的指导。

三是可获得性原则。目的性原则和科学性原则,是确立体系性的社会风险指标体系构建的宏观目的导向与科学性策略,使得指标选取可能的偏离能得到一定程度的矫正。但如果所选择的指标不具备可获得性,那便如空中楼阁、镜中水月般毫无意义。可获得性原则不仅指的是对于客观指标的可统计调查,对于主观指标的可问卷或访谈评分和最终的可度量性,而且从更高层面上看,其要求在构建社会风险指标体系时,要充分预设到该指标体系后端的可操作性。换言之,在前端构建指标时,要充分注重观照现实的本地化的政府宏观战略政策,要充分将指标沉浸本土和现实的社会运行,并做好两者之间的桥梁架构。如此方能确保该指标体系构建后,能更好地服务于本土和现实的社会发展及人民幸福。

四是综合性原则。综合性原则要求指标必须具有相应的凝练度,既能较为综合地反映社会生活某一层面的动态,又能实质影响到国计民生。正如上面所述,社会风险是个极为宽泛的概念。社会风险指标体系更加具有开放性。这也意味着,能折射或反映社会风险的指标具有多样性。从更为理性的角度而言,将所有可反映社会风险的指标均纳入体系,是不现实亦低效的。因此,坚持指标构建的综合性原则就格外重要。于是,社会风险指标体系在建立时,就必然会对风险指标予以筛选,且"应该充分考虑到当前社会发展的主导性特征以及影响当前社会稳定的主要因素"。[①] 对于"主导性特征"和"主要因素"的把握,应以所选择的指标展示的是影响社会运行和人民幸福最本质、最核心的因素为指导。值得注意的是,在以综合性原则为引导进行指标选取时,要充分观照重庆市处于该时期的特征,地域与时空。这均是开展社会风险指标体系需密切关注点,或者说是指标体系构建的出发点和落脚点,因为历史经验已充分验证,不同区域、不同历史阶段有不同特定的社会风险。综合性原则就是在锁定可高度概括社会状态指标的同时,耦合重庆市当下的面相,如此构建的指标体系方能更加客观。

---

① 邓伟志:《关于社会风险预警机制问题的思考》,载《社会科学》2003年第7期,第69页。

五是灵敏性原则。从社会风险指标体系的功能看,社会风险指标体系是以可视化的指标使无形化的社会风险得以度量,从而对风险进行预测。因此,所选择的指标要素以及建构的整体指标体系,必须能及时、高效、科学、准确地反映客观真实的情况。这意味着所选取的指标和整个体系均必须具备一定的灵敏度。试想,若指标体系符合综合性原则,但却对社会风险的显示需要较长的时间,那么由其构成的指标体系是不具备足够前瞻性的,也便意味着无法为社会风险及时进行干预或消解,由此带来的只会是无效性结果。因此,在构建社会风险指标体系时必须坚守灵敏性原则,以保证指标的细微变动就能反映出社会的风险动态情况。

第二节 重大社会风险指标体系的主要指标

从实质上看,指标体系含有定量和定性的成分,虽其定量与定性各有其侧重点,推演方式也有所不同,但汇聚于该时空序列内,还是具备内在的统一性。经济生活、政治生活、重大社会安全事故与治安事件、生态环境、公众心理、社会生活保障要素,是重大社会风险潜藏的主要领域。不仅如此,这些领域也与社会风险紧密关联,且也是主要民生涉及的领域。因此,重庆市重大社会风险指标体系,应以前述的这六大方面的指标为导向。

一、经济生活风险指标

"十三五"期间是重庆经济全面发展转型升级的五年,重庆经济发展的短期态势犹如一列高速行进的火车。但是,在急速前进的同时,与之相伴的便是面临着复杂化、多元化的经济风险。一个国家或地区的经济情况总是以或显性或隐性的方式影响着社会的其他方面,因此,经济生活指标对于风险指标体系极为重要。以指标构建之目的性、科学性、综合性、可获得性、敏感性原则为指导筛选要素,主要选定了重庆的城镇化率、居民消费价格指数、城乡居民可支配收入、恩格尔系数、失业率、贫困发生率、金融安全、建设内陆开放高地状态这八个二级指标共同组成经济生活风险指标。

(一) 城镇化率

伴随着社会发展,"城镇化率"这一概念逐渐进入人们的视野。从较为严格的意义角度看,"城镇化率"并非单一的概念,其极具复合性。同时,基于不同的研究视角,可得出不同的定义。诸如,人口学所强调的城镇化率是指以户籍为标准划分的农业人口转化为城镇人口的速率;经济学角度上的城镇化率,是以经济模式为核心,从农村传统的自然经济转化为城市市场经济生产的模式等。如上所述,城镇化率不仅表征着人口从农村向城市的迁移,亦隐含着随之产生的生产生活方式的变革、经济组织形式的转化等。因此,城镇化率是测度国家或某地域经济社会发展进步的风向标。但同时值得予以关注的是,正因为城镇化带来的是集合人口、生产方式、经济组织形式等多要素的变化,因此,城镇化率也与社会稳定相挂钩。具体而言,城镇化率的飙升意味着传统的基于熟人社会的人际关系纽带松散。换言之,社会组织化程度的加强,由此导致初级群体衰落、初级社会关系弱化。处于其中的社会公众自控水准下降,社会控制机制可能会出现失灵的危机,也即会生发诸多风险。该因果关系并非是停留在理论推断上的,历史经验表明,在某一时期,当一个国家的城镇化率水平处于50%左右时,往往其社会矛盾亦处于凸显期。相较而言,该时期越轨行为也随之增多,社会稳定必然受到影响。

城镇化率与常住人口、城镇人口等参量有关系。常住人口是指在本乡镇或街道居住半年以上的人口,或虽居住不满半年,但离开户口登记地半年以上人口以及户口待定人口。城镇人口是指居住于城市、集镇的人口,主要依据人群的居住地和所从事的产业进行归类。一般而言,城镇人口为从事非农业生产性产业(自然经济)为主的人群及其家庭。城镇人口占有率的高低,能反映出一个地区的工业化、城镇化、城市化水平。对于重庆而言,重庆位于我国内陆西南部、长江上游地区,面积8.24万平方公里,辖38个区县(26区、8县、4自治县)。如前述论及的,作为中西部地区唯一的直辖市,重庆近年来常住人口数量呈现不断攀升的态势;城镇人口占常住人口的比重,亦呈现逐年增长的态势。这意味着与常住人口发展态势紧密关联的人口城镇化率,亦呈不断增长的趋势(如图4-1所示)。从图4-1可以看出,到2019年,重庆市城镇化率甚至已高达66.8%。

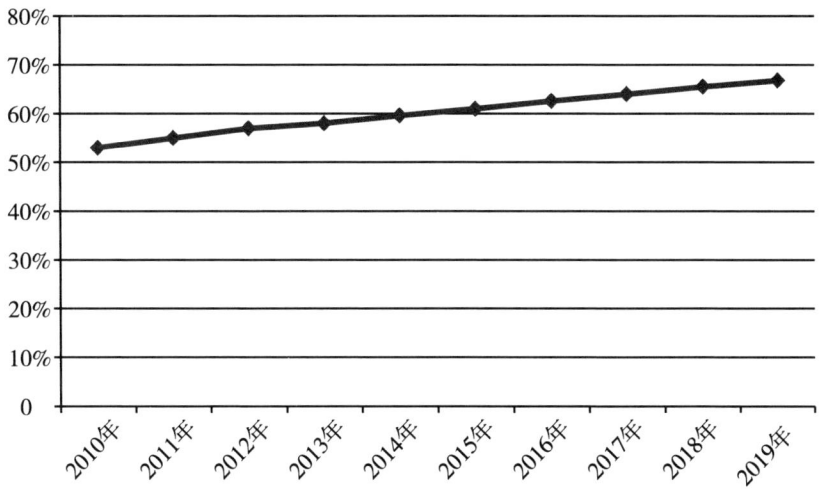

图 4-1　重庆市 2010—2019 年度人口城镇化率①

正如上面所述,重庆市近年来的城镇化进程不断加快。但随着城镇化的加快,引起的问题也不断增加。其中,公租房建设、棚户区改造、农村危房旧房改造等问题,便是城镇化不得不面临的问题。从相关数据来看,该三大项目的完工情况甚为乐观(如表 4-1 所示)。如今呈现的成果部分因素得益于重庆市于 2010 年开始探索推行的一些政策,如双向启动公租房规划与户籍制度改革,城乡统筹等。这既加快了城镇化的步伐,又实现了产业转移;既汲取了沿海城市的有益经验,又在一定程度上规避了风险。

表 4-1　重庆市 2015—2019 年度住房城乡建设委员会相关数据

年度	公租房建设	棚户区改造	农村危旧房改造
2015	340.9 万平方米	346.47 万平方米	10.27 万平方米
2016	327 万平方米	356.64 万平方米	6.44 万平方米
2017	120 万平方米	383.94 万平方米	2.56 万平方米
2018	54.16 万户	5.43 万户	4.68 万户
2019	—	5 万户	3.9 万户

---

①　数据来自 2010—2019 年度《重庆市国民经济和社会发展统计公报》。

(二)居民消费价格指数

作为衡量通货膨胀主要指标之一的居民消费价格指数,具有重要实践意义。居民消费价格指数通常简称为 CPI(Consumer Price Index),作为宏观经济指标,其反映的是居民家庭所购买的消费品及其他服务项目价格水平波动情况。通过对 CPI 的分析,可得知居民消费价格变动情况,进而得出价格变动对社会经济发展及居民日常生活的影响力。这为政府有针对性地制定政策、开展宏观调控提供基本支撑。同时,其也可为经济核算提供参考及依据。

关注 CPI 数值变动,对于昭示经济重大风险意义重大。CPI 下降会衍生一系列影响,比如,最为直接的表现便是不利于居民生活水平的提高;又比如,通过影响居民生活该媒介进而波及市场经济的发展。正所谓价格是观察国民经济发展的晴雨表,重庆市居民消费价格指数(如表 4-2 所示[1]),整体来看呈现曲折上升态势,但在 2012 年稍有回落。

表 4-2　重庆市 2008—2012 年度居民消费价格指数相关数据

年度	居民消费价格指数	城市居民消费价格指数	农村居民消费价格指数
2008	105.9	105.6	106.5
2009	99.3	99.1	99.7
2010	103.3	103.2	103.6
2011	105.4	105.3	105.8
2012	102.6	102.7	102.5

从 CPI 增长幅度可推测通货膨胀的严重程度。通常来说,当 CPI>3%的增幅时,就为通货膨胀;而当 CPI>5%的增幅时,就是严重的通货膨胀。由此观之,对于 CPI 增幅的关注,更能直接反映经济生活所面临的风险。就重庆而言,重庆市近年来居民消费价格也有增长(如图 4-2 所示[2])。五年来,重庆市居民消费价格同比增长幅度虽每年都在攀升,但依然保持在 1%—3%的区间,尚未突破 3%。如果我们对重庆市居民消费

---

[1] 数据来自 2008—2012 年度《重庆市国民经济和社会发展统计公报》。
[2] 数据来自 2015—2019 年度《重庆市国民经济和社会发展统计公报》。

价格再进一步细化分类,即从居住、生活、教育、医疗等领域消费价格来看,其并非都是与总体居民消费价格同比涨跌幅保持一个方向的态势。相反,其并不具备明显的走向(如表4-3所示①)。

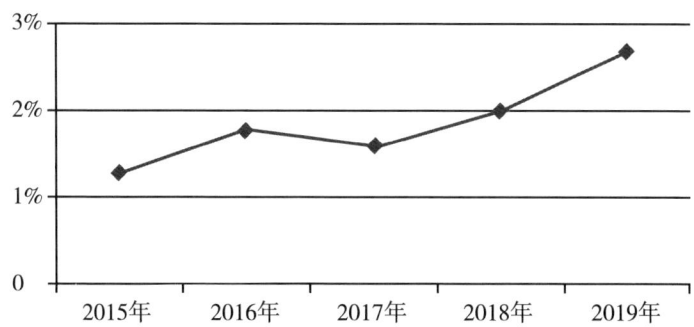

图4-2 重庆市2015—2019年度居民消费价格同比涨跌幅

表4-3 重庆市2015—2019年度居民消费价格具体指标同比涨跌幅

年度	总体指标	具体指标			
	居民消费(%)	居住(%)	生活用品及服务(%)	教育文化及娱乐(%)	医疗保健(%)
2015	1.3	1.2	1.8	1.2	2.6
2016	1.8	1.1	0.6	-0.5	1.8
2017	1.0	1.9	0.7	3.3	4.2
2018	2.0	2.8	1.7	3.0	5.7
2019	2.7	2.0	0.6	1.9	0.9

(三)城乡居民可支配收入比

客观而言,在任何国家任何历史阶段,收入分配差距总是存在的。但需要清醒认识的是,适度的、合理区间的收入分配差距,是可促进社会发展的,并且是建设和谐社会的重要前提条件,是市场经济下的必然选择和结果。虽说如此,亦不可忽视当收入分配差距过大所隐含的风险,即其可

---

① 数据来自2015—2019年度《重庆市国民经济和社会发展统计公报》。

能对经济发展、社会和谐与稳定带来冲击。具体而言,从心理角度而言,当收入分配差距过于悬殊时,对群众心理将会产生负面的断崖式冲击。对于当下的收入获得模式产生不满情绪,认为很难实现收入的攀升或对等。由此进一步带来的心理失衡,会打击参与社会生产的积极性。如此恶性循环将会更进一步固化收入分配不公的印象,当此种情绪得不到合适途径发泄时,便会由内化的不满演变为外在的社会冲突或越轨行为。可以预见的另一个结果是,当收入分配差距过大时,极易导致社会结构的形变甚至于失衡,阶层矛盾由此会更为凸显、群体性冲突更为激烈,最终社会稳定遭受威胁。

从总体上看,重庆市近年来人均可支配收入一直保持稳定增长的态势(如表4-4所示①)。2019年达到了28920元,同比增幅也高达9.6%。而人均支出近年同比增幅却呈现波动状态(如表4-5所示②)。同时值得注意的是,在城镇与农村人均可支配收入均保持增长的前提下,城乡居民可支配收入比差距在逐步缩小,2019年该指标比值为2.51(如表4-6所示③)。

表4-4 重庆市2015—2019年度人均可支配收入相关数据

年度	绝对值(元)	比上年度涨跌幅度(%)
2015	20110	9.6
2016	22034	9.6
2017	24153	9.6
2018	26386	9.2
2019	28920	9.6

---

① 数据来自2015—2019年度《重庆市国民经济和社会发展统计公报》。
② 数据来自2015—2019年度《重庆市国民经济和社会发展统计公报》。
③ 数据来自2015—2019年度《重庆市国民经济和社会发展统计公报》,其中城乡居民人均可支配收入比为在公报基础数据上运算得出的数值。

表 4-5　重庆市 2015—2019 年度人均消费支出相关数据

年度	绝对值(元)	比上年度涨跌幅度(%)
2015	15140	9.6
2016	16385	8.2
2017	17898	9.2
2018	19248	7.5
2019	20774	7.9

表 4-6　重庆市 2015—2019 年城乡居民可支配收入比

年度	城镇居民人均可支配收入		农村居民人均可支配收入		城乡居民人均可支配收入比(%)
	绝对值(元)	比上年度涨跌幅度(%)	绝对值(元)	比上年度涨跌幅度(%)	
2015	27239	8.3	10505	10.7	2.59
2016	29610	8.7	11549	9.9	2.56
2017	32193	8.7	12638	9.4	2.55
2018	34889	8.4	13781	9	2.53
2019	37939	8.7	15133	9.8	2.51

(四)失业率

一直以来,失业率这一指标可谓是透视社会整体经济状况的核心,被誉为经济指标的"皇冠上的明珠"。同时,其亦是最为敏感的经济指标,因为通过其得以判定一定时空下劳动人口的就业情况。由就业情况与经济发展的正相关态势可知,失业率则与经济发展状态呈现负相关态势。即总体而言,当失业率下降时,便意味着就业市场蓬勃向上、经济发展良好;当失业率上升时,则就业市场低迷,经济发展增速变缓。若将失业率同通货膨胀相挂钩,则可判断当下经济发展是否过热,是否会构成加息的压力,或是否通过政府配以减息的策略来刺激经济回暖。

在对失业率进行如上论述后,若将视野扩展至国际社会就会发现,各国定义劳动者失业所采用的标准、口径不尽相同(如表 4-7 所示)。落脚于我国城镇失业统计的实践中,存在三种不同的方法,一是劳动部门于1978年建立的失业登记制度;二是以国家统计局为主,1996年以来逐步建立的劳动力抽样调查制度;三是以国家统计局为主,每十年进行一次人口普查中的失业调查。而在其中,城镇登记失业率具有极为重要的意义,因此,以城镇登记失业率作为失业率的指标数据。城镇登记失业率,指在报告期末,城镇登记失业人数占期末城镇从业人员总数与期末实有城镇登记失业人数之和的比重(如表4-8所示①)。全国2010—2012年城镇登记失业率稳定在4.1%(如表4-9所示②),而重庆近五年来城镇登记失业率均低于4%,2019年更是低至2.6%(如图4-3所示③)。

表4-7 关于失业定义的国际对比

项目	国际劳工组织（ILO）（1982年之后）	美国（1994年之后）	加拿大（1997年之后）	欧盟（1992年之后）
计算失业率的分母				
年龄限制	没有指明	16岁以上	15岁以上	15岁以上
公民还是全体人口	全体	公民	公民	包括在职军人
工作时间不足15小时的不领取报酬的家务劳动者	在业	不在劳动力市场潜在失业者	在业	在业
如何划分失业者找工作的要求				
找工作的参考时间段	指明最近一段时间	4周	4周	4周
只通过读报纸广告找工作者	不包括	不包括	包括	包括

---

① 概念来自《统计词典》。
② 数据来自2003—2012年度《国民经济和社会发展统计公报》。
③ 数据来自2015—2019年度《重庆市国民经济和社会发展统计公报》。

续表

项目	国际劳工组织（ILO）（1982年之后）	美国（1994年之后）	加拿大（1997年之后）	欧盟（1992年之后）
正在等待新工作者	不需要找工作的条件	需要找工作的条件	不需要找工作的条件；工作必须在4周内开始	不需要找工作的条件
暂时下岗者	找工作不是必须条件	不需要找工作的条件	不需要找工作的条件	需要找工作的条件
能否到岗的要求				
什么时候能够到岗	没有指明	在参考周内	在参考周内	在调查的2周内
是否询问能否到岗的问题	是	是	是	是
能够到岗的例外情况	没有指明	"暂时生病"和"等待开始新工作"	"暂时生病""个人或家庭事务""假期""等待开始新工作"	没有
一些具体情况的处理				
暂时下岗者	附着正式工作算就业；不附着正式工作且能够到岗算失业	如果能在6个月内被召回或者雇主给出明确的召回日期被认为是失业	如果能在1年内被召回并能够到岗者算失业	在过去4周内积极找工作，且能够在2周内到岗者才被认为是失业
找工作且能够到岗的学生	失业	失业	不在劳动力市场	失业
工作不足15个小时、找工作并能够到岗的家务劳动者	在业	失业	在业	在业

表 4-8　年末城镇登记失业率分子、分母的含义

分子（登记失业人员）	分母
非农业户口	城镇单位从业人员扣除使用的农村劳动力、聘用离退休人员、港澳台及外方人员
年龄范围（男：16—50 岁；女：16—45 岁）	城镇单位中的不在岗职工
具备劳动能力	城镇私营业主个体户主
无业而要求就业	城镇私营企业和个体从业人员
在当地就业服务机构进行过求职登记	城镇失业人员

表 4-9　全国 2003—2012 年城镇登记失业率数据

时间	城镇登记失业人数（万人）	城镇登记失业率（%）
2003 年	800	4.3
2004 年	827	4.2
2005 年	839	4.2
2006 年	847	4.1
2007 年	830	4.0
2008 年	886	4.2
2009 年	921	4.3
2010 年	908	4.1
2011 年	922	4.1
2012 年	917	4.1

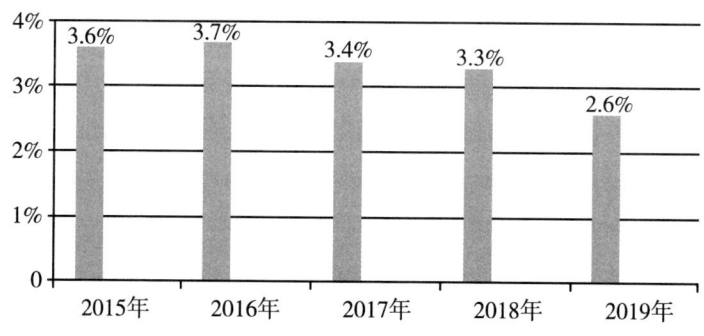

图 4-3　重庆 2015—2019 年度年末城镇登记失业率

(五) 贫困发生率

贫困发生率是贫困人口占总人口的比例,其反映贫困现象的社会广度,也是衡量贫困程度最基本的一个指标。该指标中的贫困人口是以贫困线为基准衡量的,低于该基准则为贫困人口。该指标反映的是一个国家或地区需要救助的总人口数。贫困和反贫困是相伴而生的两个问题,长期以来便是全人类共同体所关注的重大课题。当然,不可否认,如今经济全球化趋势日渐扩张,极大促进了各国经济的共同发展。但不可忽略的是,贫富差距问题仍在持续扩大,全球贫困问题并未得以根本解决。这从联合国发布的《2030年可持续发展议程》中便可见一斑,该文件把"在全世界消除一切形式的贫困"列为17项可持续发展目标之首。因此,该问题的急迫性及重要性不言而喻。而在2021年2月25日,我国脱贫攻坚取得了全面胜利,提前10年完成联合国《2030年可持续发展议程》的减贫目标。这是值得肯定的重大成就,但也必须继续重视扶贫和消除贫穷。

(六) 恩格尔系数

关于衡量居民生活水平高低的指标有很多,国际惯例上通用的恩格尔系数便是其中之一。恩格尔系数是建基于恩格尔定律而得出的比例数值,而所谓的恩格尔定律是指19世纪德国统计学家恩格尔在研究居民消费结构时得出的一个具有倾向性的结论,即当其他因素相同时,居民食品支出占总支出的比例与收入呈现负相关关系。由此得出的恩格尔系数便自然表征的是居民食品支出占总支出的比例,且比例越小,则总体上意味着收入水平、生活水平越高。以该指标来说明经济发展程度和居民生活水平,具有相当合理性。通俗地说,生存是第一本能,那么倘若经济发展较为缓慢,居民收入水平则较低。由此所导致的结果必然是在有限的可供支出的收入里,首先就要保证生存支出的需求。反之则亦然,在经济发展较为理想、居民收入随之水涨船高的情况下,则自然有了更充分的物质基础去追求更好层面上的需求。消费重心发生迁移,最终食品支出占总支出的比例则会相当程度上回落。联合国根据恩格尔系数的大小,对世界各国的生活水平有一个划分标准,即一个国家平均家庭恩格尔系数大于60%为贫穷;50%—60%为温饱;40%—50%为小康;30%—40%属于相对富裕;20%—30%为富足;20%以下为极其富裕。我国从1978年恩格尔系数高达60%,属贫困级别;到2003年恩格尔系数为40%,达到小康级别;再到2015年的30.6%,迈入了相对富裕级别(如表4-10所示);而重庆市的恩格尔系数近五年来虽总体呈下降趋势,但仍未低于32%,2019年为总体系数32.1%,农村系数为34.9%与上年度持平(如图4-4所示[①])。

表4-10　我国关键年度恩格尔系数数据

年度	恩格尔系数	所属级别
1978	60%	贫穷
2003	40%	小康
2015	30.6%	相对富裕
2016	30.1%	距离上升到富足仅相差0.1%

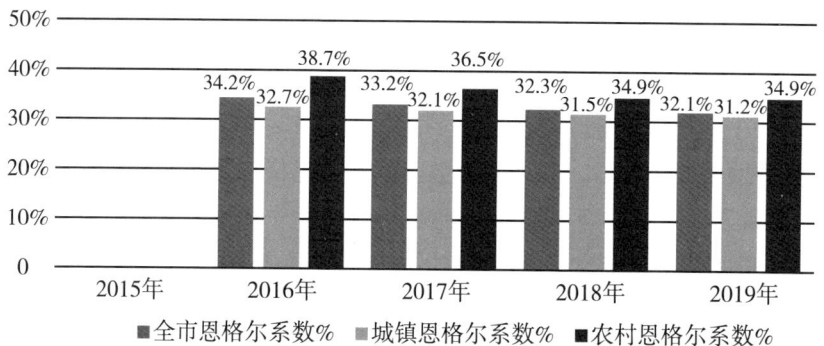

图4-4　重庆市2015—2019年度恩格尔系数

(七)金融安全

习近平指出:"近年来,我国金融业发展明显加快,形成了多样化的金融机构体系、复杂的产品结构体系、信息化的交易体系、更加开放的金融市场,特别是综合经营趋势明显。这对现行的分业监管体制带来重大挑战。党的十八届三中全会就加强金融监管提出了完善监管协调机制的改革任务。近年频繁显露的局部风险特别是近期资本市场的剧烈波动说

---

① 数据来自2015—2019年度重庆市国民经济和社会发展统计公报。

明,现行监管框架存在着不适应我国金融业发展的体制性矛盾,也再次提醒我们必须通过改革保障金融安全,有效防范系统性风险。"[1]党的十九大报告指出,要坚决打好防范化解重大风险的攻坚战,中央经济工作会议进一步明确指出,打好防范化解重大风险攻坚战,重点是防控金融风险。确保金融安全,要注重相关非法集资案件、新型电信诈骗等案件的处置工作,坚决打击非法金融活动,诸如"套路贷""校园贷""高利贷"等对未登记备案的非法金融机构要加强监管、依法取缔,以确保群众的钱袋子安全。尤其还要注意的是,随着科技的发展,使金融领域出现了新型的金融安全风险。这种风险已引起党中央的高度重视,如习近平指出的:"现在,技术变革加快、消费结构升级、国际市场增长放缓同时发生,相当部分生产能力达到峰值,许多生产能力无法在市场实现,加上社会生产成本上升,导致实体经济边际利润率和平均利润率下滑。这种情况,不仅我们遇到了,其他国家也遇到了。正是由于这个原因,大量资金流向虚拟经济,使资产泡沫膨胀,金融风险逐步显现,社会再生产中的生产、流通、分配、消费整体循环不畅。这是一个绕不过去的历史关口。……如果我们不能抓住时机进行战略性调整,不能破旧立新,就很难渡过这个关口,问题积重难返,就会影响整个战略目标的实现。"[2]除此之外,还要注重加强对房地产企业资金流向管控,按时兑现国有企业拖欠民营企业和中小企业各类款项,及时足额兑付农民工工资;要注重控制政府性债务规模,把握好化债与发展之间的关系,重点做好市级政府投资项目等重点项目资金保障工作坚决守住不发生系统性金融风险底线。

(八)建设内陆开放高地状况

当前国际国内环境、形势正发生深刻变化,重庆开放发展也面临着诸多矛盾和问题。为深入贯彻习近平对重庆提出的要营造良好政治生活,深化重庆全方位开放发展,重庆提出了加快全面融入共建"一带一路"建设内陆开放高地的战略定位。对于重庆市加快建设内陆开放高地的战略布局,面临一系列重大机遇和风险挑战。与重庆市"十四五"开放

---

[1] 中共中央文献研究室编:《十八大以来重要文献选编》(中),中央文献出版社2016年版,第781-782页。

[2] 习近平:《论坚持全面深化改革》,中央文献出版社2018年版,第221页。

发展 2025 年度目标(如表 4-11 所示)还存在制约性因素,诸如开放型经济质量有待进一步提高,进口不足,在全市外贸中占比低于全国平均水平;开放发展基础支撑能力还有短板,对外通道网络不够完善,交通"卡脖子"问题一定程度上仍然存在。诸如渝东北三峡库区城镇群、渝东南武陵山区城镇群开放发展基础薄弱。

表 4-11 "十四五"重庆开放发展主要指标

序号	一级指标	二级指标	单位	2020 年	2025 年
1	开放通道和平台	正式开放口岸数量	个	2	3
2		港口货物吞吐量	亿吨	1.65	2.3
3		中欧班列运行数量	列	2603	3000
4		西部陆海新通道铁海联运班列运行数量	列	1297	2500
5		国际客货运航线数量	条	101	115
6	开放型经济	货物进出口总额	亿元	6513.4	9000
7		服务进出口总额	亿元	675.3	1000
8		实际利用外资额	亿美元	102.7	>500
9		外商直接投资(FDI)	亿美元	21	135
10		世界 500 强企业进驻数量	家	296	330
11	国际化水平	外国驻渝领事、商务代表、非政府组织等机构数量	个	17	25
12		国际友好城市数量	个	49	60
13		口岸出入境人员	万人次	33.1	341
14	共建"一带一路"	对"一带一路"沿线国家进出口额	亿元	1752.1	2700
15		对"一带一路"沿线国家离岸服务包执行额	亿美元	6.6	10

二、政治生活风险指标

国家机器如欲实现运转良好的愿景,那么政治稳定便是其首要保证,也是其支撑性因素。只有政治稳定,方有其他稳定乃至发展的根基。

显而易见的是,所谓的政治稳定隐含的是公权力运行的顺畅及群众政治生活状态的平稳,但更深层则蕴含的是以政治制度内容为支撑的,社会各维度运行的规则及结构。不言而喻,如同任何一项事物,政治生活中亦裹挟着风险。客观上这是囿于其自身所具备的衍射力及影响力所决定的,但从另一维度看,正是政治生活风险的存在,给予了以一个回溯性的视野来审视政治制度与鲜活实践所产生的碰撞。由此也有契机修正存在的问题,使形变的运行状态复原。从该角度看,防范化解政治生活风险,是一个国家或地区政治建设过程中所不能回避的课题。

政治生活风险集中体现在两个较大的层面:一是政治信任危机。不可否认的是,公权力的运行有着极为严密的程序设置并受到监督机制的制约,将权力关在制度的牢笼里也是现代法治文明的表现。但理想与现实是有差距的,由于诸多因素的影响,极易产生权力寻租及腐败问题。由此带来的影响,将延展至群众对国家机关和政府的质疑乃至失望。可想而知,若群众对于政府的不信任一旦产生,那么如何期望其遵循政令,又如何希冀其政治生活状态平稳,最终又何以确信政治根基的稳固? 二是政治参与危机。一般而言,群众通过合法途径参与政治生活,并由此表达自己的诉求,是政治参与的理想模式。该种理想模式是以一种平和的演进方式,把公众的政治参与渗透到公权力的运行方式、运行规则之中,是政治权利得以现实化的重要途径。但现实中的政治参与方式并不总是顺利的,引起的社会矛盾也是突出的。尤其是在公权力行使不规范,未妥善处理群众利益的诉求,对群众诉求反映未达至其预期时的结果时,或公权力的手段粗暴等,均可能演化为更大的群体性事件,冲击社会秩序和稳定。

就实践层面看,测度政治生活风险指标的具体要素很多。但是,具有典型代表意义的是:贪腐案件立案率所隐含的政治信任隐患,信访率所表征的政治参与模式风险,政务公开度、接受人大、政协监督情况所凸显的政治运行风险。此四个二级指标,共同组成政治生活风险指标。

(一)贪腐案件立案率

国家机器得以运行的政治基础是其暗含的政治权威。群众承认政治权威、服从政治权威,由此也使国家和群众之间建立起了一种政治信任关系。当然,此种政治信任关系并非亘古不变的,相反,其是随着代表政治的公权力的运行而动态波动和变化的。其中以贪腐案件立案率所表征的公权力运行状态,就是最为显著的例证。换言之,由贪腐案件所链接的民主政治信任,反映了一个国家或区域政府及其公权力受到民众认可的程度。更为重要的是,政治信任是政府决策有效性的根基。因此,贪腐案件过多,导致的政治信任过低,将进一步成为政府施行社会管理职责中的阻力。历史经验亦充分验证,权力腐败是诱使政治动荡的直接原因,统治阶级政治权力的腐败是导致政治不稳定的直接原因。若代表公权力的公职人员以权谋私、权钱交易,那么民众便丧失了对于某个公职人员的信任,并会接续上升为丧失对该群体的信任,即政府的信任。再进一步则演变为质疑当下的政治制度,如此民众与政治的良性互动便被瓦解。

(二)信访率

信访制度是由古代的直诉制度演变而来的,而我国现代信访制度的建立主要经历了①三个阶段的发展(如表4-12所示)。从表4-12中可以清晰地看到,我国信访制度的发展,是呈现一个螺旋式上升的过程,并逐步走向法治化和规范化。并且,一直在随着时代的发展而发展和完善。2013年,信访制度发生了重大变革,即对各省市不再进行全国范围的信访排名通报。2014年,开始实行网上受理信访制度,以增强信访工作办理的透明度。

表4-12 我国信访制度的发展

阶段	定位	相关规范性文件
第一阶段 (新中国成立至20世纪70年代末)	雏形时期	1951年《政务院关于处理人民来信和接见人民工作的决定》;1957年《国务院关于加强处理人民来信和接待人民来访工作的指示》
第二阶段 (改革开放至20世纪90年代初)	走向 正规化道路	1982年通过《党政机关信访工作暂行条例(草案)》和《当前信访工作的形势和今后的任务》

① 冯仕政:《中国信访制度的历史变迁》,载《社会发展研究》2018年第2期,第157页。

续表

阶段	定位	相关规范性文件
第三阶段 (20 世纪 90 年代至今)	信访工作规范化	1995 年颁布了《信访条例》(第一部信访行政法规)

信访是反映社情民意的晴雨表。作为一项公民参与政治生活的制度安排,若信访率超过了一定时空下的合理区间,就意味着群众遇到的问题过多。这就隐含着政治秩序失衡的风险。相关统计显示,重庆信访数量有下降的趋势,比如,重庆信访数量从 2018—2019 年锐减高达 7 万余件(如表 4-13、4-14 所示①)。

表 4-13 重庆 2018 年度信访办公众信息网年度数据

办件量 (单位:件)	总数	135885
	自然人	135691
	法人	194

表 4-14 重庆 2019 年度信访办公众信息网年度数据

办件量 (单位:件)	总数	62630
	自然人	62625
	法人	5

(三)政务公开度

公开透明是法治政府的基本特征。政务公开对于推进行政体制改革、加强对行政权力监督制约、从源头上防止腐败和提供高效便民服务,均具有重要意义。国家层面于 2011 年中共中央办公厅、国务院办公厅印发《关于深化政务公开加强政务服务的意见》,后续于 2016 年印发《关于全面推进政务公开工作的意见》,至此各级行政机关政务公开工作得以部署全面推进;2019 年修订政府信息公开条例,明确了政务公开负面清单;同年国务院办公厅出台《2019 年政务公开工作要点》。从更深远意义上看,全面推进政务公开对于发展社会主义民主政治,推进治理体系

---

① 数据来自重庆市信访办公室公众信息网 2018 年、2019 年度统计信息。

和治理能力现代化,增强政府公信力执行力,保障人民群众知情权、参与权、表达权、监督权意义重大。因此,从该层面而言一个城市政府政务公开程度如何,对于政治信任的建立具有基础性的意义,以政务公开着力提升信息发布"含金量",提高政策举措"到达率",提升舆情回应"精准度"。重庆市近年来政府信息公开情况(如表4-15所示①),统计口径为重庆市36个市政府部门、41个区县政府(含两江新区、重庆高新区、万盛经开区管委会)、164个区县政府部门和乡镇政府。

表4-15　2017—2020年度重庆市政府信息公开情况

年度	全市信息公开量（万条）	市级部门信息公开量（万条）	区县政府及部门信息公开量（万条）
2017	117.3	35	82.3
2018	126.7	19.4	107.3
2019	133.6	—	—
2020	152	62.8	89.2

(四)接受人大、政协监督情况

党的十八大以来,习近平就推进社会主义民主政治建设发表一系列重要讲话,强调各级国家机关要自觉接受人大依法监督和政协民主监督。人大的监督是人民群众行使治理国家权力的方式,其目的是督促和支持行政机关依法行政,是最具法律效力和权威的监督;政协的民主监督是人民监督的重要组成部分,有着广泛的代表性、鲜明的党派性等特点。政府自觉接受人大、政协的监督是由我国政治体制所决定的,是确保政府决策科学化、民主化,行政行为规范化、法治化的重要措施。因此,只有自觉接受人大、政协监督,才能使人民的意愿在政府各项工作中得到体现,才能使政府工作走上民主化和法治化的正轨,才能使政府做到依法行政,科学决策、民主决策,才能确保一方的长治久安和持续发展。重庆市近年来办理人大代表建议以及市政协提案逐年增多(如表4-16所示②),在2019年办理市人大代表建议已逾千条。同时重庆市政府主动接受司法监

---

① 数据来自2017—2020年度《重庆市法治政府建设情况报告》。
② 数据来自2017—2020年度《重庆市法治政府建设情况报告》。

督,2020 年度全市各级行政机关办结一审行政应诉案件 8592 件,2019 年度全市各级行政机关办结一审行政应诉案件 9185 件;与此同时,2020 年全市各级行政复议机关收到行政复议申请 4148 件、审结 3086 件;2019 年全市各级行政复议机关收到行政复议申请 1513 件、审结 895 件。

表 4-16　2017—2020 年度重庆市接受人大、政协监督情况

年度	办理市人大代表建议(条)	市政协提案(条)
2017	905	715
2018	1050	899
2019	1179	889
2020	1267	1052

三、重大社会安全事故与治安事件风险指标

保卫人民安全,创造良好生存发展条件和安定工作生活环境对于社会稳定意义重大,正是在此意义上防范化解重大社会安全事故与治安事件风险显得尤为重要。以社会生活的不同领域为视角,可以具象为社会治安、交通安全、生产安全、生活安全。正是从这个维度看,对于重大社会安全事故与治安事件该一级指标选取治安案件每万人受理案件数表征社会治安整体风险状况如何,选取道路交通万车死亡人数表征交通安全风险,选取以亿万生产总值生产安全事故死亡人数,表征生产安全风险,选取个人极端事故、群体性事件与大型群众性安全事故表征生活安全风险。

（一）治安案件每万人受理案件数

治安案件是指公安机关和基层保卫组织,依法对需要给予治安行政处罚的违反《治安管理处罚法》的行为,但却不够立为刑事案件的轻微违法犯罪行为,通过立案确认的案件。社会治安问题是社会各种矛盾和消极因素的集中反映,是党委、人大、政府及人民群众极为重视、关心的问题。治安案件受理情况能直观反映公民生活的安全度和社会矛盾等问题,其受理情况也能反映国家对此的重视程度。因此,治安案件受理情况是重要的生活指标,且能深刻反映公众的生活质量和幸福指数。

值得注意的是,在如今改革开放不断扩大及社会主义建设不断走深

的大背景下,势必会带来利益格局的调整,相伴而生的便是社会矛盾的增多。就这个层面而言,当下社会治安情况不能单论体量,并简单地与过去比较。据公安部通报,2020年度全国居民对社会治安的满意度高达83.6%,治安案件同比下降10.4%。① 根据《中国城市公共安全感调查报告(2018)》显示,重庆城市社会治安安全感排名全国第一。同时值得注意的是,从上述调查报告来看,虽重庆社会治安安全感该专项指标排名第一,但总体指标公共安全感为0.4597,全国排名第23位。该数据说明:治安安全感只能在一定程度上反映公众的安全需求被满足情况。这也与城市化进程加快,社会结构、功能及运行条件、个体发展空间等因素发生巨变的情况,是相吻合的。

(二)道路交通万车死亡人数

道路交通是社会生活的重要内容,道路交通安全更是关乎公民人身及财产安全。汽车交通作为社会发展的标志,在给公民社会生活带来便利的同时,也带来了一定的负面影响,如道路交通事故便是最为凸显的严重事故。不仅如此,道路交通并非一个闭环的系统,而是动态的、开放的系统。其安全受到内外部因素的制约,该系统内任何因素的不可靠、不平衡、不稳定,都可诱发不安全因素或引致不安全状态。

"道路交通万车死亡人数"是一个道路交通管理安全术语,指的是在所研究的区域内,平均每1万辆机动车中一年内的因事故所导致的死亡人数。该死亡人数既能展示交通运行的情况,也能展示公众的生活水平和生活质量。重庆市近五年来道路交通万车死亡人数虽均保持持续下降,但2019年数据仍高达1.79人,增幅同比下降5.3%(如表4-17所示②)。

表4-17 重庆市2015—2019年道路交通万车死亡人数

年度	道路交通万车死亡人数(人)	同比增长幅度(%)
2015	2.20	-6.4
2016	2.02	-8.2

---

① 《去年全国居民对社会治安的满意度达83.6%》,载《人民日报》2021年1月22日,第11版。
② 数据来自2010—2019年度《重庆市国民经济和社会发展统计公报》。

续表

年度	道路交通万车死亡人数(人)	同比增长幅度(%)
2017	1.99	-1.5
2018	1.88	-5
2019	1.79	-5.3

(三)亿万生产总值生产安全事故死亡人数

"亿万生产总值生产安全事故死亡人数",指的是在一定地域范围内因生产安全所造成的死亡人数与国民生产总值的比值。安全生产是促进社会生产力发展的基本保证,亦是进一步实行改革开放的基本条件。从国家社会的宏观层面而言,做好安全生产具有重大的意义。从参与社会生产个体的微观层面而言,安全生产亦不容小觑:一方面,安全生产事故会导致公民主体自身的疾病、残疾、死亡的风险;另一方面,存在安全生产事故致使暂时或永久丧失劳动能力,导致家庭陷入贫困的情况。故在表征社会生活形式的指标中,选取亿万生产总值生产安全事故死亡人数,能测度生产安全风险,且具有实际意义。

国务院安全生产委员会于2020年印发了《全国安全生产专项整治三年行动计划》,该计划分为2个专题和9个行业领域深入推进实施。9个行业领域包括:危险化学品安全整治、煤矿安全整治、非煤矿山安全整治、消防安全整治、道路运输安全整治、交通运输和渔业船舶安全整治、城市建设安全整治、工业园区等功能区安全整治、危险废物等安全整治。总体来说,重庆市近年来生产安全事故呈现减少的态势。比如,2015年的生产安全事故死亡人数高达1200余人,但到2018年减少到800余人。但是,到2019年,却又呈现反弹增长的迹象,这一年的死亡人数升至1000余人(如表4-18所示)。

表4-18 重庆市2015—2019年生产安全事故死亡人数

年度	生产安全事故死亡人数(人)	同比增长幅度(%)
2015	1256	-8.9
2016	1148	-8.6
2017	967	-15.8

续表

年度	生产安全事故死亡人数(人)	同比增长幅度(%)
2018	893	-7.7
2019	1047	17.2

若具体分析,即把生产安全事故死亡人数具象化到不同领域和不同统计口径,该指标是有很大差异的。就重庆而言,近五年以来,除了亿万生产总值生产安全事故死亡人数呈现逐渐下降的态势外(如表4-19所示①),工矿商贸企业就业人员每十万人死亡人数、煤矿百万吨死亡人数,却呈现的是不稳定态势,甚至该两项指标均于2018年呈现同比正向增长的态势(如表4-20、4-21所示②)。

表4-19 重庆市2015—2019年亿万生产总值生产安全事故死亡人数

年度	亿万生产总值生产安全事故死亡人数(人)	同比增长幅度(%)
2015	0.08	-17.5
2016	0.065	-18.8
2017	0.050	-23.1
2018	0.044	-12
2019	0.044	-18.5

表4-20 重庆市2015—2019年工矿商贸企业就业人员每十万人
生产安全事故死亡人数

年度	工矿商贸企业就业人员每十万人生产安全事故死亡人数(人)	同比增长幅度(%)
2015	2.78	-13.4
2016	2.57	-7.6
2017	2.234	-13.1
2018	2.374	6.3
2019	2.307	-2.8

---

① 数据来自2015—2019年度《重庆市国民经济和社会发展统计公报》。
② 数据来自2015—2019年度《重庆市国民经济和社会发展统计公报》。

表 4-21　重庆市 2015—2019 年煤矿百万吨死亡人数

年度	煤矿百万吨死亡人数(人)	同比增长幅度(%)
2015	2.20	-6.4
2016	3.34	170
2017	0.286	-91.4
2018	1.229	329.7
2019	0.424	-62.5

(四)个人极端事故

个人极端事故是一类突发性的社会公共安全事件,具有突发性强、伤亡严重、传播扩散快、示范效应强、严重影响群众安全感等特点,是当前和今后一个时期影响治安秩序和社会稳定的突出问题之一。个人极端事故的发生因素是多重交织的,一定程度而言可以说,宏观上社会转型期利益分化、矛盾加剧、社会底层成员生存压力增大是时代背景;中观上社会支持体系匮乏、诉求渠道不畅激化或凸显了行为个体的受剥夺感;微观上媒体的过度渲染、舆论导向模糊及不良示范加剧了行为个体心理失衡。党的十九大报告提出要加强和创新社会治理,加强预防和化解社会矛盾机制建设。这对于个人极端事故的治理具有重要的导向意义。重庆市政府为努力建设更高水平的平安重庆,加快实施健康中国战略重庆实践,推进重庆市治理体系和治理能力现代化,促进市民身心健康维护社会和谐稳定不断在积极探索。重庆市政府于 2019 年 2 月 1 日印发《重庆市社会心理服务体系建设试点工作方案的通知》,提出工作目标为到 2021 年底,试点区县逐步建立健全社会心理服务体系,将心理健康服务融入社会治理体系、精神文明建设,融入平安重庆、健康中国重庆实践建设,因矛盾突出、生活失意、心态失衡、行为失常等导致的极端案事件明显下降。2020 年中央政法工作会议明确提出,要健全社会心理服务体系和危机干预机制,严防个人极端案事件发生,那么重庆市立足于现阶段如何更为有效的加强社会支持体系建设,如何健全完善政府、社会、家庭三位一体的关怀帮扶体系,如何落实安置、帮教、管理以及综合干预等措施均有很长的路要走。

（五）群体性治安事件发生率

群体性治安事件发生率的表述，有一个流变的过程。20世纪50年代至70年代末，称"群众闹事""聚众闹事"。20世纪80年代初至80年代中后期，称"治安事件"。20世纪80年代末至90年代初期，称"突然事件"或"治安突发事件"。20世纪90年代中至90年代末期，称"紧急治安事件"。20世纪90年代末至21世纪初，称"群体性治安事件"，公安部于2000年颁布的《公安机关处置群体性治安事件规定》，首次使用"群体性治安事件"，并用其指称聚众共同实施的违反国家法律、法规、规章，扰乱社会秩序、危害公共安全、侵犯公民人身安全和公私财产安全的行为。《公安机关处置群体性治安事件规定》对群体性治安事件的类型予以了明确化，即共为10大类（如表4-22所示①）。至此，群体性治安事件成了较为正式的术语。

表4-22 群体性治安事件的类型

类型	具体行为表现
1	人数较多的非法集会、游行、示威
2	集会、游行、示威和集体上访活动中出现扰乱社会秩序或者危害公共安全的行为
3	严重影响社会稳定的罢工、罢课、罢市
4	非法组织和邪教等组织的较大规模聚集活动
5	聚众围堵、冲击党政机关、司法机关、军事机关、重要警卫目标、广播电台、电视台、通讯枢纽、外国驻华使馆、领馆以及其他要害部门或单位
6	聚众堵塞公共交通枢纽、交通干线、破坏公共交通秩序或者非法占据公共场所
7	在大型体育比赛、文娱、商贸、庆典等活动中出现的聚众滋事或者骚乱
8	聚众哄抢国家仓库、重点工程物资以及其他公私财产
9	较大规模的聚众械斗
10	严重危害公共安全、社会秩序的其他群体性行为

依据2004年中共中央办公厅出台《关于积极预防和妥善处置群体性事件的工作意见》的相关规定，"群体性事件"被界定为：由人民内部矛盾

---

① 来自公安部《公安机关处置群体性治安事件规定》（公发〔2000〕5号）。

引发、群众认为自身权益受到侵害,通过非法聚集、围堵等方式,向有关机关或单位表达意愿、提出要求等事件及其酝酿、形成过程中的串联聚集等活动。依据该群体性事件的定义,相关统计数据显示,我国自2004—2008年的五年间,群体性事件由7万余起下降至2万余起,参与人数也由300万余人下降至100万余人(如图4-5所示)。

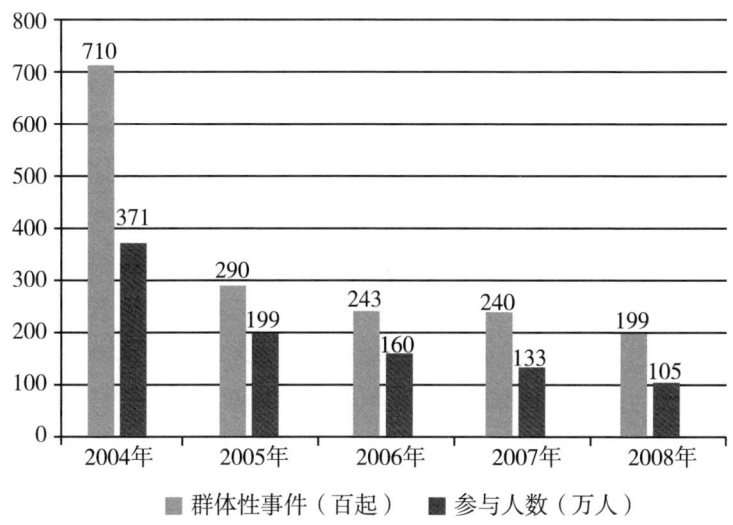

图4-5 我国2004—2008年五年间群体性事件概况

(六)大型群众性活动安全事故

大型群众性活动具有规模大、参加人员多、危险系数高、安全问题突出等特点。早在2007年全国每年举办各类大型群众性活动已高达1.4万余场逾3亿人次参加。① 在这类活动中,安全事故、治安和刑事案件时有发生,有的甚至酿成群体性事件,给人民群众的生命、财产安全以及社会治安秩序、公共安全带来较为严重的危害。大型群众性活动往往存在各种突发性和偶然性因素,对安全管理工作提出了更高的要求。国务院于2007年9月14日发布《大型群众性活动安全管理条例》对大型群众性活动相关许可制度、安全管理制度作出了明确规定。重庆推动出台《重庆市深化文化体制改革实施方案》《推动全市国有文化企业把社会效益放在

---

① 国务院法制办公室负责人就《大型群众性活动安全管理条例》有关问题答记者问。

首位、实现社会效益和经济效益相统一的实施意见》等政策文件,切实推动文化强市建设迈出新步伐,开创文化繁荣发展新局面。面对新形势,如何结合群众活动的新特点、新形式、新要求,不断完善安全管理预警机制、应急管理机制和信息报告机制,确保大型群众性活动安全是值得探索的命题。

四、生态环境风险指标

生态环境风险具有复杂性与多样性,大气污染、土壤污染、水污染、水土流失等,均会影响生态环境安全。再进一步延展,环境污染事故、环境性群体事件也是其表现形式。追根溯源,导致生态环境风险的缘由是多因的,诸如工农业生产、资源开发等,其中关联的主体也是多元的。这便导致生态环境污染风险较复杂且多样,给环境污染的治理提出了很多难题。

客观而言,我国自然生态环境存在先天不足,整体生态环境系统亦略显脆弱。与此同时,在经济高速发展的过程中,累积了诸多生态环境问题。在多种因素叠加的作用下,现阶段的生态环境风险不容小觑。以提高环境质量为核心,严密防控生态环境风险为目标的《"十三五"生态环境保护规划》,明确提出打好大气、水、土壤污染防治三大战役的目标任务,要求单位国内生产总值用水量、能耗、二氧化碳排放量,应分别下降23%、15%、18%,森林覆盖率要达到23.04%。因此,在构建重庆市重大社会风险指标体系的生态环境风险领域中,选取以全年总用水量占全年水资源总量的比重、森林覆盖率、主城区空气质量优良天数、主城区 $PM_{2.5}$ 浓度、治理水土流失面积四项具体指标,来测度重庆市生态环境风险状况。

(一)全年总用水量占全年水资源总量的比重

我国水资源形式总体而言是比较严峻的。作为基础性自然资源的水资源,具有重要的作用,其甚至能制约一个国家或地区的经济发展。比如,北京、上海等城市的国土空间规划,均提出了以水为核心的"以水定城、以水定产、以水定人"的发展理念。

水资源对重庆市也具有重要作用。从降水量来看,重庆近五年的前三年呈逐年增长趋势,自 2017 年出现拐点降水量呈下降趋势(如图 4-6 所示[①])。而从水资源总量来看,其态势和年均降水量一致,也是自 2017 年

---

① 数据来自 2015—2019 年度《重庆市国民经济和社会发展统计公报》。

出现拐点水资源总量呈下降态势(如图4-7所示①)。同时,全年用水总量则未呈现稳定的用水总量增降。囿于上述水资源指标的影响,重庆市全年用水总量占全年水资源的比重,亦呈波浪线状态,2019年比重高达19.14%,相比于2018年的比重增长了将近5个百分点(如表4-23所示②)。同时,需要引起警惕的是,由于水资源污染而导致的可使用性用水总量的减少。

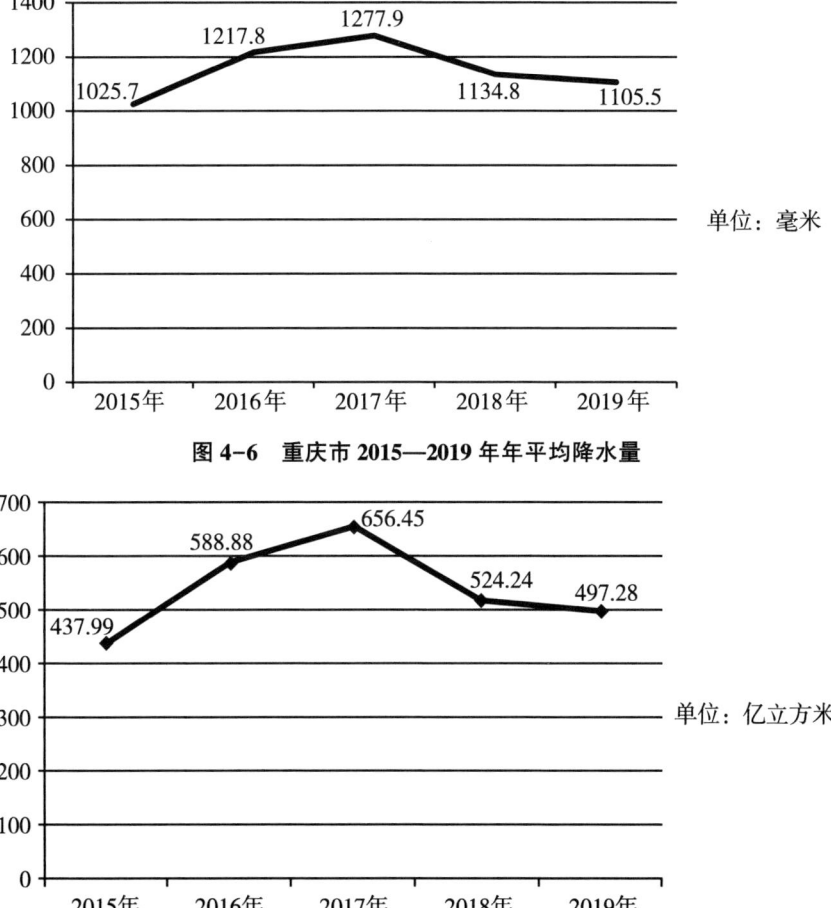

图 4-6　重庆市 2015—2019 年年平均降水量

图 4-7　重庆市 2015—2019 年水资源总量

---

① 数据来自 2015—2019 年度《重庆市国民经济和社会发展统计公报》。
② 数据来自 2015—2019 年度《重庆市国民经济和社会发展统计公报》。

表 4-23　重庆市 2015—2019 年全年用水总量占全年水资源总量的比重

年度	全年水资源总量（亿立方米）	全年用水总量（亿立方米）	比重(%)
2015	437.99	76.53	17.35
2016	588.88	77.48	13.07
2017	656.45	77.44	11.73
2018	524.24	77.18	14.69
2019	397.28	76.53	19.14

(二)森林覆盖率

森林覆盖率指的是一个国家或地区森林面积占土地总面积的比值。该指标可充分反映一个国家或地区的森林资源的实际水平及生态平衡状况。从某种程度看,森林资源还是一种环保性资源。比如,其所具备的涵养水源、吸烟滞尘、净化空气效用,对于生态环境极为重要。同时,植被覆盖率与减少水土流失呈现正相关关系(如表 4-24 所示①)。当植被覆盖率提高时,径流减少率和侵蚀减少率均在同步提高。

表 4-24　植被覆盖率与减少水土流失之间的关系(%)

植被覆盖率	径流减少率	侵蚀减少率
20	15	30
40	30	50
60	50	85
80	60	90

新中国成立之初,我国森林覆盖率大约只有 8%,1980 年约为 12%,2013 年提高至 16.6%,2017 年飙升至 22%,2018 年底提高至 22.96%。自 2015 年起,重庆森林覆盖率就已高达 45%,至 2019 年,森林覆盖率更是突破 50%(如图 4-8 所示②)。

---

① 丁婧祎、赵文武、王军等:《降水和植被变化对径流影响的尺度效应——以陕北黄土丘陵沟壑区为例》,载《地理科学进展》2015 年第 8 期,第 1039 页。
② 数据来自 2015—2019 年度《重庆市国民经济和社会发展统计公报》。

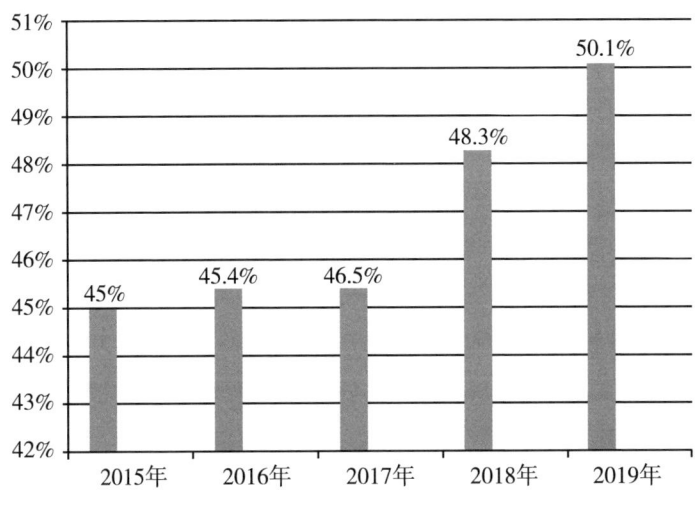

图 4-8 重庆市 2015—2019 年森林覆盖率

(三)主城区空气质量优良天数

所谓的空气质量优良,指的是空气质量达到二级标准。我国目前采用的是以空气污染指数(API)来测度、划分空气质量等级(如表 4-25 所示①)。伴随着工业化进程和城市化的发展,空气污染便是其带来的附随后果之一。大气污染严重,雾霾成为环境问题的风向标。由环保部等 13 个部门共同编制的《2016 中国环境状况公报》显示,在 2016 年,在全国 338 个地级及以上城市中,只有 84 个城市环境空气质量达标,仅占全部城市数的 24.9%。有 254 个城市环境空气质量超标,占 75.1%。因此,2017 年提出了蓝天保卫战。重庆随后亦于 2018 年出台了《重庆市贯彻国务院打赢蓝天保卫战三年行动计划实施方案》,该方案确定了"到 2020 年,重庆市空气质量优良天数将稳定在 300 天以上"的工作目标。

表 4-25 空气污染指数(API)

API 数值	空气质量	等级
小于或等于 50	优	一级标准
大于 50 且小于或等于 100	良好	二级标准
大于 100 且小于或等于 200	轻度污染	三级标准

---

① 该组 API 来自《重庆市贯彻国务院打赢蓝天保卫战三年行动计划实施方案》文件中的规定。

续表

API 数值	空气质量	等级
大于 200	中度污染	四级标准
大于 300	严重污染	五级标准

相关统计数据显示,重庆市近五年来的空气治理效果显著,主城区空气质量优良天数于 2016 年突破了 300 天,其后保持了良好的增长势头。2019 年空气质量优良天数达 316 天,与上年度持平(如图 4-9 所示[①])。

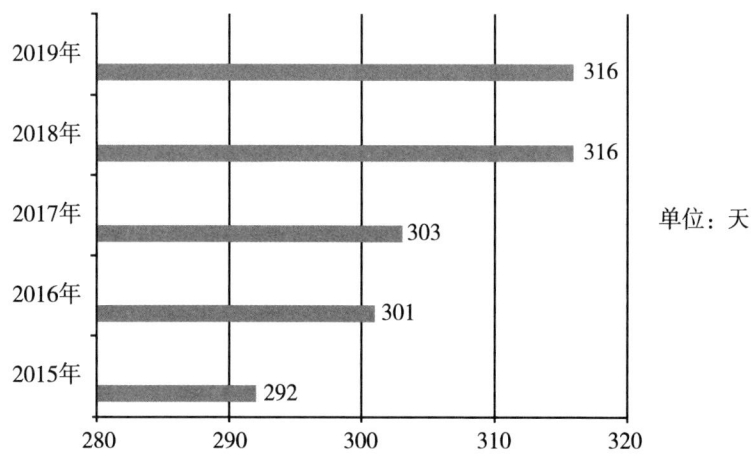

图 4-9 重庆市 2015—2019 年空气质量优良天数

(四)主城区 $PM_{2.5}$ 浓度

$PM_{2.5}$ 指的是空气中直径小于或者等于 2.5 微米的颗粒物。虽然该种颗粒物在大气成分中占比很小,但其对空气质量及能见度的影响却很大。最直接的表现就是,该种颗粒物会造成雾霾,甚至 $PM_{2.5}$ 浓度越高,则雾霾状况越严重。不仅如此,因该种颗粒物直径小、活性强,易附带有毒有害物质,所以吸入人体肺部会影响身体健康。$PM_{2.5}$ 最主要的来源是人为产生的诸如煤炭、石油及燃烧产生的工业废气等,也包括空气中的灰尘经过光化学反应形成的颗粒物。$PM_{2.5}$ 浓度与空气质量呈负相关关系(如表 4-26 所示[②])。同 2013 年相比,2017 年全国 338 个地级及以上

---

① 数据来自 2015—2019 年度《重庆市国民经济和社会发展统计公报》。
② 数据来自 2015—2019 年度《重庆市国民经济和社会发展统计公报》。

城市,其可吸入颗粒物(PM_{10})平均浓度下降22.7%,京津冀地区$PM_{2.5}$平均浓度下降39.6%,北京$PM_{2.5}$平均浓度从89.5微克/立方米降至58微克/立方米。就重庆市而言,其在2015—2019年间,虽然$PM_{2.5}$浓度一直在不断下降,但仍然未突破35微克/立方米(如图4-10所示)。从该指标所表征的空气质量来说,也仅停留在良的级别。2019年为38微克/立方米,这也说明重庆市空气质量的治理还有很长的一段路要走。

表4-26 空气质量等级和$PM_{2.5}$浓度的关系

空气质量等级	24小时$PM_{2.5}$平均值标准值
优	0—35微克/立方米
良	35—75微克/立方米
轻度污染	75—115微克/立方米
中度污染	115—150微克/立方米
重度污染	150—250微克/立方米
严重污染	大于250微克/立方米及以上

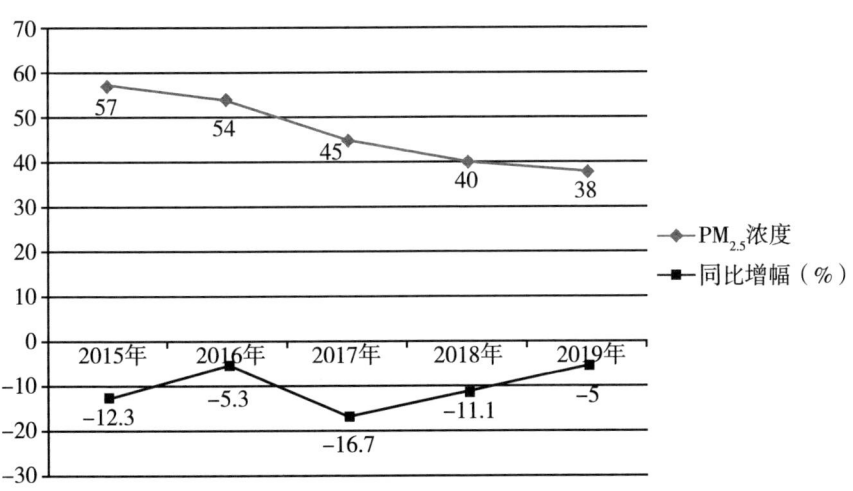

图4-10 重庆市2015—2019年主城区$PM_{2.5}$浓度

(五)治理水土流失面积

作为生态文明建设的重要组成部分之一的"水土保持"程度,其与城镇化、信息化、农业现代化、绿色化等一系列问题关系密切。

与"水土保持"相对应的便是水土流失。水土流失问题是我国目前面临的生态环境问题之一,其危害不仅巨大而且还具有长期性。具体而言,水土流失的危害大致体现在以下几个方面:一是造成土壤生产力下降甚至丧失。据国土资源部通报,2013年度我国的水土流失面积已扩大到150万平方公里,约占中国的1/6,每年流失土壤50亿吨。土壤中流失的氮、磷、钾肥估计达4000万吨,这势必导致土壤生产力的弱化。再加之我国人均耕地本身较少,尚未达到世界人均水平的一半。全国优质耕地比例不足3%,中、低等级的比例更是超过70%,水土流失对农业生产造成的影响更是雪上加霜。二是会造成河道、湖泊等的淤积。比如,湖南省的洞庭湖,其湖水面积在1954—1978年已由3915平方公里缩减为2740平方公里,同时河床上升丧失了其所应承担的分洪作用。三是水土流失一定程度会造成水质的污染。截至2017年,我国地表水国控断面Ⅰ—Ⅲ类水体比例增加到67.9%,劣Ⅴ类水体比例下降到8.3%。污染的水质通过食物链进入人的身体,会引发农产品质量安全隐患及群体性事件。正是基于以上种种,对于水土流失的治理更显重要。自2015—2019年,重庆市水土流失治理面积均保持在1400平方公里的水平,在2018年达到了1800余平方公里(如图4-11所示①)。

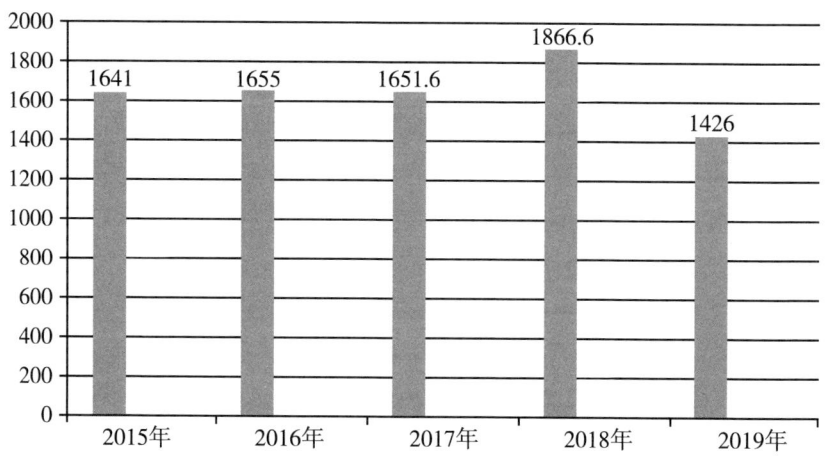

图4-11 重庆市2015—2019年治理水土流失面积

---

① 数据来自2015—2019年度《重庆市国民经济和社会发展统计公报》。

五、公众心理感知风险指标

究本质而言,不管是何种风险,最终受害的均是社会公众。从该角度而言,对公众心理感知风险的把控尤显重要。公众心理感知状况,是一个国家或地区保持稳定的核心要素,故构建重庆市重大社会风险指标体系,也应将公众心理感知风险指标纳入其中。

(一)公众心理感知风险指标

从通俗意义上而言,心理感知是个体对客观外界活动所产生的内部影响,是联通外界的通道,是对外界环境及事物的刺激性反映。最终,也会反映到行为决策上(如图4-12所示[①])。但不可忽视的是,因不同个体存在差异,该多因素的差异势必会影响其对客观事件的偏好、认知及应对。具体分析,公众心理感知可能存在的差异主要集中在三个层面上:其一,感知的个体偏好差异。囿于多种要素的影响,对于社会生活的方方面面,个体侧重的关注点有所不同。比如,有些个体较为关注空气质量、生态环境,有些个体则比较关注医改政策等。由此带来的偏好,合乎逻辑地导致公众心理感知风险的不同。其二,个体认知加工差异。经历同一客观事件的个体,在经认知加工后所得出的结论不同。比如,同处于一个地区,对于该地区的社会公平感知不同,甚至悬殊很大。其三,个体风险应对策略差异。在经上述感知偏好差异、认知差异后,在整体形成的公众心理感知作用下,风险应对策略自然迥异。

尽管客观上,公众心理感知的确存在差异,但这并不意味着其对社会稳定是不重要的。恰恰相反,正是由于个体心理感知的差异,对于该公众心理感知风险指标的测度,更具有现实指向性、情景针对性。即通过对公众心理感知状况的把握,从而进行符合客观规律的公共风险管理对策调整。以公众心理感知为导向,使得社会各项政策贴合公众心理感知,或消除负面心理感知。如此,可达致使负面的或对立的公众心理感知得到缓解,而不是让其产生消极对立的后果,甚至发展至诉诸暴力冲突,最终影响稳定。

---

① 汪新建、张慧娟、武迪、吕小康:《文化对个体风险感知的影响:文化认知理论的解释》,载《心理科学进展》2017年第8期,第1252页。

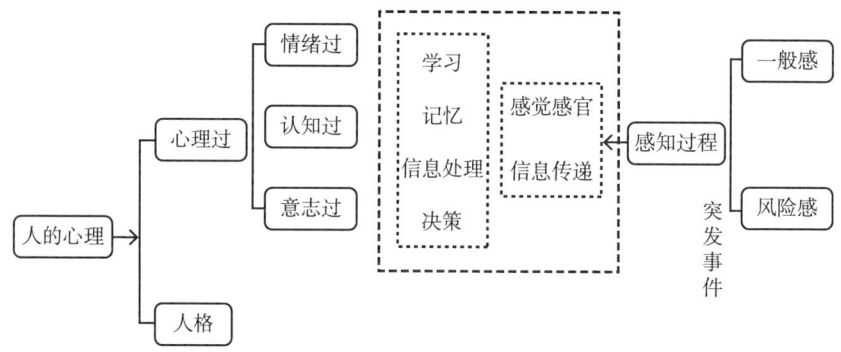

图 4-12 心理感知图示

重要的问题是,在该指标项下设置何种细化指标来表征公众心理感知风险?从个体与外界的链接来看,首先,个体处于整个社会中,没有人是一座"孤岛"。个体的生存与发展均孕育在社会中。因此,个体对于社会的心理感知是重要的。其次,社会中各种资源的调配及行为规则的建立,是由政府作为国家机器的代表来运作的。政府行为对于社会公众的影响是不可磨灭的,故个体对于政府相关行为的心理感知亦同等重要。历史经验已经充分表明,政府的信任危机会引致群体性事件乃至更重要的危机。最后,个体对于自身幸福感知。社会是由个体组成的,只有个体充分感知到幸福,那么由此构筑的社会方更稳定。

基于以上分析,对于公众心理感知风险指标,应主要从重庆人民对社会公平的感知情况、对政府的满意度、对自身幸福的满意度三个方面来衡量。其中,对社会公平的感知度主要包括对教育资源、就业机会、收入分配、医疗卫生资源、司法等五大领域是否公平的感受。对政府的满意度主要包括对政府的公共服务水平、政府政务公开、政府社会治理水平的满意度等。对自身幸福的满意度感知主要包括收入、发展机会、诉求表达等。

对于公众心理感知风险指标的测度,拟采用问卷调查的方式开展。通过对公众对于社会问题、政府运作及自身幸福的看法进行调查研究,以此来判断社会风险的运行状态,进而做出结论。比如,有些危机管理研究中心采取以"人民不高兴、不满意、不答应"[①]等经验性的主观态度,作为

[①] 中国人民大学危机管理研究中心:《风险评估与危机预警报告(2015~2016)》,社会科学文献出版社 2016 年版,第 24-30 页。

社会风险评估的重要依据。该策略是值得肯定的。关于问卷需要说明的是，为了尽可能得到多元化主体的问卷，采取了针对不同场所、地点的定点发放方式，并充分注意到了问卷主体的广度（问卷对象描述性信息如表4-27所示）。基于以上考量，关于公众心理感知风险的问卷，共发放了3500份，最终回收有效问卷共2991份，以下部分问卷数据均以此为蓝本。

表4-27 问卷调查对象描述性信息

属性	类别	人数（人）	百分比（%）
年龄	18岁以下	134	4.49
	18—30岁	1312	43.75
	31—40岁	1020	34.13
	41—50岁	420	14.1
	50岁以下	105	3.53
学历	初中	125	4.17
	高中	490	16.35
	大专	980	32.69
	本科	1105	36.86
	研究生	291	9.94
职业	工人	178	5.93
	农民	243	8.01
	私营企业主、个体工商户	668	22.28
	公司职员	577	19.23
	服务业人员	509	16.99
	教师、医生等专业技术人员	211	7.05
	公务员	192	6.41
	其他职业	389	12.98
	离退休人员	24	1.12

(二)公众心理感知风险指标项下的指标构成

1.对社会公平的感知情况

在现代经济学范畴中,公平一方面表征了主体间利益分配、利益关系的平衡与相称;另一方面表征了对该种利益分配及利益关系的一种评价或感受。在该指标项下,设计了以社会领域的教育资源分配、就业机会、收入分配、医疗卫生资源分配、司法公平等问题,来测度公众对于社会公平的感知情况。从问卷结果来看(如表4-28所示),以上单项对公众社会公平度感知等级非常满意的均未超过40%,关于教育资源及医疗卫生资源,非常不满意的比率逼近5%。

表 4-28 重庆市人民对社会公平感知度问卷结果分析

调查问卷内容	公平度感知等级				
	非常不满意	比较不满意	一般	比较满意	非常满意
教育资源	4.65%	4.65%	19.23%	44.71%	26.76%
就业机会	3.37%	3.37%	18.11%	37.02%	38.14%
收入分配	4.01%	4.49%	16.67%	38.14%	36.79%
医疗卫生资源	4.65%	4.33%	18.91%	37.02%	35.1%
司法	3.53%	5.13%	31.41%	32.21%	27.72%

2.对政府的满意度情况

以政府职能为靶心,在该指标项下设计了以对政府提供公共服务水平满意度、政务公开满意度、政府社会治理满意度三个维度的问卷,以此来测定当下公众对政府的基本态度。

(1)对政府提供公共服务水平满意度(如表4-29所示):

表 4-29 重庆市人民对政府提供公共服务水平满意度问卷结果分析

调查问卷内容		满意度等级				
		非常不满意	比较不满意	一般	比较满意	非常满意
教育服务水平	初等教育服务	4.01%	4.97%	17.31%	46.47%	27.24%
	中等教育服务	3.37%	3.53%	4.17%	43.91%	45.03%

续表

调查问卷内容	满意度等级				
	非常不满意	比较不满意	一般	比较满意	非常满意
医疗卫生水平	4.65%	4.33%	18.91%	37.02%	35.1%
劳动就业保障服务水平	4.65%	4.97%	15.71%	37.98%	36.7%
保障性住房服务水平	4.33%	5.13%	16.51%	38.14%	35.9%
社会保障服务水平	4.65%	4.81%	36.54	38.3%	15.71%
公共安全服务水平	2.88%	3.04%	4.81%	43.59%	45.67%
基础设施服务水平	4.33%	4.65%	17.63%	37.18%	36.22%

(2) 对政府政务公开满意度(如表4-30所示):

表4-30　重庆市人民对政府政务公开满意度问卷结果分析

调查问卷内容	满意度等级				
	非常不满意	比较不满意	一般	比较满意	非常满意
政府透明度	3.04%	2.24%	19.71%	38.14%	36.86%
政务公开程度	2.72%	3.53%	4.65%	42.95%	46.15%
决策公开	4.33%	4.33%	16.35%	40.06%	34.94%
政策执行公开	4.01%	4.65%	21.31%	41.9%	28.04%
公共财政支出公开	4.33%	4.49%	17.63%	41.51%	32.05%

(3) 对政府社会治理满意度(如表4-31所示):

表4-31　重庆人民对政府社会治理满意度问卷结果分析

调查问卷内容	满意度等级				
	非常不满意	比较不满意	一般	比较满意	非常满意
反腐败治理	3.53%	5.13%	31.41%	32.21%	27.72%
贫富分化治理	3.85%	2.88%	4.01%	43.27%	45.99%
社会治安治理	4.17%	4.49%	19.55%	42.47%	29.33%
环境治理	2.88%	3.37%	16.35%	37.18%	40.22%
民生改善治理	4.01%	4.65%	18.11%	35.1%	38.14%

3. 对自身幸福的感知情况

在考虑到人民群众切身利益的基础上,设计了以收入水平、生活质量、个人发展机会、个人诉求表达机会的问卷,以此来测定人民对自身幸福的感知情况(如表4-32所示)。

表4-32 重庆人民对自身幸福感知情况问卷结果分析

调查问卷内容	满意度等级				
	非常不满意	比较不满意	一般	比较满意	非常满意
收入水平	5.45%	4.01%	34.62%	34.13%	21.79%
生活质量	4.01%	5.45%	20.35%	40.71%	29.49%
个人发展机会	4.01%	5.13%	30.29%	30.45%	30.13%
个人诉求表达机会	3.21%	2.88%	5.29%	45.19%	44.43%

六、社会生活保障风险指标

民生问题关系着最广大人民群众的切身利益,直接影响社会稳定。党的十八大以来,以习近平同志为核心的党中央提出以人民为中心的发展思想,党的十九届四中全会作出了"坚持和完善统筹城乡的民生保障制度,满足人民日益增长的美好生活需要"的部署。故对于构建重庆市重大社会风险体系来说社会生活保障风险亦相当重要,其蕴含着作为社会主体的幸福感、安全感、获得感程度,是社会稳定的定海神针。故针对社会生活保障风险选取以社会养老保险覆盖率和纳入居民最低生活保障覆盖率,该普惠性、基础性、兜底性民生建设数据来表征社会保障总体情况;选取以社会安全基础设施建设和社会最低生活保障制度建设来表征社会保障政策安排情况。

(一)社会养老保险覆盖率

社会养老保险制度是一项重要的维持社会稳定运行的社会制度。当该制度的运行发生异化或偏移时,必然会导致社会重大风险的发生。该风险并不是仅停留在参与社会生活的公民个人生存的层面,当一定群体或数量的公民有生存危机时,还会诱发社会稳定问题。该项指标如出现问题,还可能导致更高层面的风险,比如,社会养老保险覆盖率极低,即社会保障待遇未切实实行到位,那么执行该制度的主体政府,便面临着信任或信誉危机。

全国老龄工作委员会于 2018 年印发了《"十三五"国家老龄事业发展和养老体系建设规划》,该指标体系包含了 12 项主要指标。其中,基本养老保险参保率,即参加基本养老保险的人数,占应参加人口总数的百分比,是作为老年社会保障的首位二级指标。在重庆常住人口近年不断攀升的整体态势下,从具体数据来看,其社会养老保险覆盖率势头较好,也保持每年持续增长的态势(如表 4-33、4-34 所示①)。

表 4-33　重庆市 2015—2019 年常住人口数量

年度	总人口(万人)	城镇人口(万人)	农村人口(万人)
2015	3016.55	1838.41	1178.14
2016	3048.43	1908.45	1139.98
2017	3075.16	1970.68	1104.48
2018	3101.79	2031.59	1070.22
2019	3124.32	2086.99	1037.33

表 4-34　重庆市 2015—2019 年城乡居民社会养老保险覆盖率

年度	绝对值(万人)	比上年度涨跌幅度(%)	覆盖率(%)
2015	1111.06	-0.1	36.84
2016	1115.82	80.4	36.61
2017	1109	-0.6	36.07
2018	1119.63	1	36.11
2019	1162.68	3.8	37.23

在微观经济学中,有需求、供给两个核心词。如以这两个核心词汇为视角,则社会养老保险制度风险也可归结为两个维度。从养老需求来看,其一,目前一些社会养老保险制度并未完全覆盖所有老年人群体,制度外的老年人面临极大的养老风险;其二,囿于客观年龄、身体状况等条

---

① 数据来自 2015—2019 年度《重庆市国民经济和社会发展统计公报》。

件的限制,分享社会发展成果的机会是较低的。从养老供给来看,其一,人口老龄化进程加快已是不可逆转的趋势,这给政府带来巨大的支付危机;其二,目前阶段养老保险基金投资运营效率低,亦是不争的事实,这会导致收不抵支的风险。综上,如何处理好养老需求与供给之间的关系,是一个重要的命题。

(二)居民最低生活保障覆盖率

我国城乡居民最低生活保障制度,是20世纪90年代以来为适配整体社会经济的发展,在借鉴国外社会救助制度经验的基础上,充分结合国情,并对传统社会救助进行改造的成果。该项制度可归属于社会救济的一种手段,是我国社会保障体系所特有的制度。以人口类型为划分标准,可把其划分为城市和农村两个类型的最低生活保障制度。

党的十七大就提出,把"覆盖城乡居民生活保障体系基本建立"作为2020年构建和谐社会的九大目标和主要任务之一。作为城乡居民困难群众生活保障的最后一道保障线,城乡居民最低生活保障制度对于维护社会公平、保障社会稳定具有重大意义。重庆市近五年来,随着经济的不断发展,无论是城市还是农村居民纳入居民最低生活保障的人数,都在不断减少(如表4-35所示[①])。与此同时,城乡居民最低生活保障标准却在逐年提升。至2019年,城市居民最低生活保障标准每月达到580元,农村居民最低生活保障标准每月达到440元(如图4-13所示[②])。

表4-35 重庆市2015—2019年纳入居民最低生活保障人数

年度	城市(万人)	覆盖率(%)	农村(万人)	覆盖率(%)
2015	—	—	—	—
2016	34.78	1.83	58.98	5.18
2017	33.97	1.73	60.22	5.43
2018	31.14	1.53	58.09	5.42
2019	28.1	1.34	57.89	5.58

---

① 数据来自2015—2019年度《重庆市国民经济和社会发展统计公报》。
② 数据来自2015—2019年度《重庆市国民经济和社会发展统计公报》。

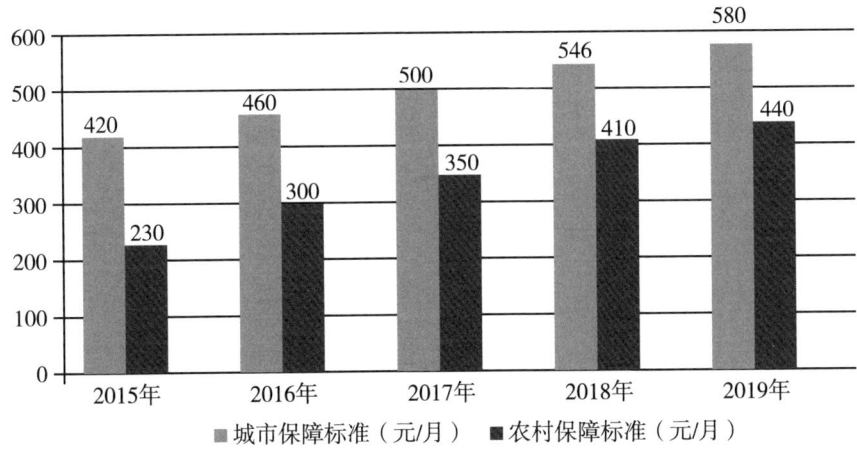

图 4-13 重庆 2015—2019 年城乡居民最低生活保障标准

(三)社会安全基础设施建设

社会安全基础设施包括的种类繁多,如市政安全设施、消防站、道路交通安全设施、城市防洪排涝安全设施、桥梁隧道情况等,这些因素均是影响社会安全的重要因素,稍有不慎就会引起严重事故。重庆基础设施的短板较为明显,城镇体系不够完善,城乡区域发展差距依然较大。同时,由于社会安全基础设施建设时存在各部门协同不足、标准分散、体系各异、底层数据融合困难等问题,治理壁垒仍然存在。值得注意的是,"十三五"以来,尤其是 2017 年以来,重庆市大力实施以大数据智能化为引领的创新驱动发展战略行动计划,通过打造"智造重镇""智慧名城",为全市社会安全发展装上新引擎。2019 年 1 月在第六届世界互联网大会上,重庆、四川同时被确定为国家数字经济创新发展试验区。在此背景下,信息安全与信息基础设施显得尤为重要,这也是未来社会的基石和核心支撑,是转变经济发展方式、调整信息产业结构、扩大信息消费、维护社会安全的重要保障。如何抓住新基建战略机遇,加快社会安全治理顶层设计;如何统筹社会安全治理供给侧和需求侧,体系化推进涉及社会安全治理的新型基础设施建设标准及其多元共建;如何推动社会安全治理与新型基础设施的联动;如何把握重庆市市域社会风险的区域性和阶段性特征,推进利益表达机制变革,并将其与新基建深度融合等,均是需要予以关注的课题。

(四)最低生活保障制度建设

最低生活保障是关系群众衣食冷暖的民生工程,是夯实党的执政基础的民心工程,是分享改革发展成果的德政工程,是维护社会和谐稳定的同心工程,是一项基础性的制度安排。重庆市政府特别注重在加快发展中保障和改善民生,秉持以人民为中心的发展思想,推进持续办好15件重点民生实事,不断完善基本公共服务体系。持续推进六稳六保,2020年度发放低保金51.4亿元、临时救助金4.6亿元、价格临时补贴6.7亿元;截至2020年度公办园在园幼儿占比达到50%,义务教育城镇大班额基本消除;"三通"紧密型医共体试点覆盖25个区县;全市养老床位增至23万张。[1] 客观而言,重庆市政府在保障基本民生方面取得了可观的成绩,但依然要看到最低生活保障政策体系尚不完备,只有在低保制度与就业扶持、扶贫开发、养老保险等制度有效衔接、形成合力,方能构建起坚实的社会保障体系。重庆市健全多层次社会保障体系还有很长的路要走,医疗卫生服务体系、医疗保障、养老服务体系建设均已列入重庆市"十四五"规划,与此同时,根据《重庆市人民政府办公厅关于印发重庆市人民政府2022年立法工作计划的通知》,《重庆市养老服务条例(制定)》《重庆市医疗保障条例(制定)》等项目赫然在列。

至此,关于重庆市重大社会风险指标体系的构建,在指标选取层面得以完成。该指标体系分为六个一级指标,即经济生活风险指标、政治生活风险指标、重大社会安全事故与治安事件风险指标、生态环境风险指标、公众心理风险指标、社会生活保障风险指标。该六大类指标,从不同的维度勾勒了社会运行的基本面相。由此,在宏观上搭建了观摩社会运行风险的四梁八柱。为接续实现重庆市社会运行风险现实情景的可测度性提供了依据,但其还需要建基于对六个层面现实风险源的分析。为此,从中锚定对重庆市重大社会风险产生影响的细致化因素。由此,填充了三十二个二级指标。如此,六个一级指标、三十二个二级指标的重庆重大社会风险指标体系建成(如表4-36所示)。

---

[1] 《重庆市人民政府工作报告(2021年)》。

表 4-36　重庆重大社会风险指标体系

一级指标	二级指标	单位
经济生活风险	城镇化率	%
	居民消费价格指数	
	城乡居民可支配收入比	%
	恩格尔系数	%
	失业率	%
	贫困发生率	%
	金融安全	
	建设内陆开放高地状况	
政治生活风险	贪腐案件立案率	%
	信访率	%
	政务公开度	
	接受人大、政协监督情况	
重大社会安全事故与治安事件风险	治安案件立案率	%
	道路交通万车死亡人数	1/万车
	亿万生产总值生产安全事故死亡人数	1/亿万生产总值
	个人极端事故	件
	群体事件发生率	1/万人
	大型群众性活动安全事故	件
生态环境风险	森林覆盖率	%
	主城区空气优良天数占比	%
	主城区 $PM_{2.5}$ 浓度	微克/立方米
	水土流失面积治理率	%
	每起地质灾害造成直接经济损失值	
公众心理风险	对社会公平感知度	五级量化评分表
	对政府提供公共服务水平满意度	五级量化评分表
	对政府政务公开满意度	五级量化评分表
	对政府社会治理满意度	五级量化评分表
	对自身幸福感知度	五级量化评分表

续表

一级指标	二级指标	单位
社会生活保障风险	基本养老保险参保覆盖率	%
	纳入居民生活保障覆盖率	%
	社会安全基础设施建设	
	社会最低生活保障制度建设	

第三节 重大社会风险指标体系的权重与分级

一、重大社会风险指标体系权重的确定步骤

确定"重大社会风险指标体系的权重"的步骤是:首先,通过专家咨询获得专家对各项指标的意见。其次,通过计算编程,运用类分析剔除个别专家意见的干扰,使之符合多数原则。最后,运用幂法计算判断矩阵的最大特征根及相应的特征向量(即判断矩阵所对应的权重,并检验判断矩阵是否满足相对一致性指标)。运用相似系数对判断矩阵所对应的权重加权的方法求出各指标的权重,并进行归一化处理得出最终权重。

第一步:专家咨询的总体设计

(1)专家的选择

(2)调查问卷的制定

要求专家根据 Satty 标度表对同一子系统的各项指标之间两两比较,以此得到量化的判断矩阵(如表 4-37 所示)。①

表 4-37 Satty 标度表

标度	定义
1	i 与 j 指标相同重要
3	i 与 j 指标略重要

---

① 《运筹学》教材编写组编:《运筹学》(修订版),清华大学出版社 1990 年版,第 461 页。

续表

标度	定义
5	i 与 j 指标较重要
7	i 与 j 指标非常重要
9	i 与 j 指标绝对重要
2,4,6,8	为以上两判断之间的中间状态对应的标度值
倒数	若 i 与 j 指标比较

从该表可以看出,$n \times n$ 矩阵,只需要给出 $n(n-1)/2$ 个数值。

第二步:根据专家咨询得到专家针对指标子系统的判断矩阵

设有 m 个专家,第 k 个专家针对于某一指标子系统的判断矩阵为 $A^{(k)} = (a_{ij}^k)_{n \times n}, (k=1,2,\cdots,m)$。设 c_i^k 表示第 k 个专家确定 i 指标在这 n 个指标中的重要性,而 $c_i^{(k)}/c_j^{(k)}$ 则表示第 i 指标相对于第 j 指标的重要性,我们用 a_{ij}^k 表示,则判断矩阵如下所示:

$$A^{(k)} = \begin{pmatrix} a_{11}^k & \cdots & a_{1n}^k \\ \cdots & \cdots & \cdots \\ a_{n1}^k & \cdots & a_{nn}^k \end{pmatrix} = \begin{pmatrix} c_1^k/c_1^k & \cdots & c_1^k/c_n^k \\ \cdots & \cdots & \cdots \\ c_n^k/c_1^k & \cdots & c_n^k/c_n^k \end{pmatrix}$$

矩阵中的元素 a_{ij}^k 应尽量满足如下两个条件:

$a_{ij}^k = 1/a_{ji}^k$ （互反性）

$a_{ij}^k = a_{ik}^k/a_{jk}^k$ （一致性）

其中,a_{ij}^k

第三步:计算专家意见的相似系数

为了判断专家意见是否符合多数原则,采取聚类分析的方法计算相似系数。

(1)将每一个判断矩阵首尾相连,并按顺序排成一行,则 m 个专家的判断矩阵可以得到一个 m 行 n^2 列的新的矩阵 A

$$A^{(k)} = \begin{pmatrix} a_{11}^k & \cdots & a_{1n}^k & \cdots & a_{i1}^k & \cdots & a_{in}^k & \cdots & a_{n1}^k & \cdots & a_{nn}^k \\ \cdots & \cdots & \cdots & \cdots & \cdots & \cdots & \cdots & \cdots & \cdots & \cdots & \cdots \\ a_{11}^m & \cdots & a_{1n}^m & \cdots & a_{i1}^m & \cdots & a_{in}^m & \cdots & a_{n1}^m & \cdots & a_{nn}^m \end{pmatrix}$$

$$a_{\max} = \{a_{11}^1, \cdots, a_{1n}^1, \cdots, a_{n1}^m, \cdots, a_{nn}^m\}$$

$$B = A/a_{\max}$$

（2）计算相似系数

计算 B 矩阵中各行之间的相似系数 R_{ij}

$$R_{ij} = 1 - \sqrt{\frac{1}{n^2}\sum_{l=1}^{n^2}|B_{il} - B_{jl}|^2}$$

$$P_k = \sum_{j=1}^{m} R_{kj}, P = (P_1, P_2, \cdots, P_m)^T$$

第四步：剔除偏离程度较大的判断矩阵

如果存在少数专家的判断矩阵与其他专家群体的判断矩阵相似程度很低，$P_k D_k$ 公式如下：

$$D_k = (P_{\max} - P_k)/P_{\max} \times 100\%$$

其中，$P_{\max} D_k$

第五步：确定判断矩阵的特征向量

该步骤是运用幂法计算判断矩阵的相应特征向量，并对矩阵是否满足一致性指标进行检验。

（1）计算最大特征根及对应的特征向量

1）任取初始正向量 $x^{(0)} = (x_1^{(0)}, x_1^{(0)}, \cdots, x_n^{(0)})^T, k=0$，计算 $m_0 = \|x^{(0)}\|_\infty = \max\{x_i^{(0)}\}, y^{(0)} = x^{(0)}/m_0$

2）迭代计算 $x^{(k+1)} = Ay^{(k)}, m_{k+1} = \|x^{(k+1)}\|_\infty, y^{(k+1)} = x^{(k+1)}/m_{k+1}$

3）当 $|m_{k+1} - m_k| < \varepsilon$（$\varepsilon$ 表示任意给定的正数）或 $\|y^{(k+1)} - y^{(k)}\|_2 < \varepsilon$ 时转4），否则令 $k = k+1$，转2）

4）将 $y^{(k+1)}$ 归一化，即 $V = y^{(k+1)}/\|y^{(k+1)}\|_1, \|y^{(k+1)}\|_1 = \sum y_i^{(k+1)}$，$\lambda_{\max} = m_{k+1}$。$\lambda_{\max}$ 和 V

（2）进行一致性检验

为了检验判断矩阵的一致性，需计算它的一致性指标 $CI = (\lambda_{\max} - n)/(n-1)$。当判断矩阵具有完全一致性时，$\lambda_{\max} = n, CI = 0$；

（3）调整判断矩阵

若判断矩阵不能通过一致性检验，则说明该矩阵自身矛盾。若其维度相对不大，则选择让专家重新给出判断矩阵，直至满足一致性检验。

第六步:确定指标的权重

为使风险指标的权重更加合理,更全面地反应专家群体的意见,运用相似系数对特征向量进行加权,以此确定各指标的权重。

(1)计算剩余判断矩阵的相似矩阵 R,相应的相似系数 R_{kj} 以及 P_k

(2)比较 CR 值

(3)确定指标的权重 w',$w' = (P \times E) / \sum_{k=1}^{m'} P_k$

第七步:归一化处理

(1)设某一分支系数的指标权重为 w',$w'_i = (w'_{i1}, \cdots, w'_{in})$

(2)找出权重最小的值,$w'_{iq} = \min\{w'_{i1}, \cdots, w'_{in}\}$,并设该指标集为 S,则 $S = \{j : j = 1, \cdots, n, j \neq q\}$

(3)$w_{ij} = \dfrac{w'_{ij}}{\sum_{j \in S} w'_{ij}}$

二、重大社会风险指标体系一级指标的权重确定

一级指标就是前述提及的经济生活风险、政治生活风险、重大社会安全事故与治安事件、生态环境、公众心理风险、社会生活保障风险这六种指标。根据采用的权重确立方法,首先需要获得14位专家的针对一级指标的判断矩阵(如表4-38所示),从而对社会风险进行判断与分析。

表4-38 一级指标判断矩阵

专家1	经济生活风险	政治生活风险	重大社会安全事故与治安事件风险	生态环境风险	公众心理风险	社会生活保障风险
经济生活风险	1	3	3	1	3	1
政治生活风险	1/3	1	1	1/3	1	1
重大社会安全事故与治安事件风险	1/3	1	1	1/3	1	1
生态环境风险	1	3	3	1	3	1/3
公众心理风险	1/3	1	1	1/3	1	1
社会生活保障风险	1	1	1	3	1	1

续表

专家2	经济生活风险	政治生活风险	重大社会安全事故与治安事件风险	生态环境风险	公众心理风险	社会生活保障风险
经济生活风险	1	3	3	3	3	1
政治生活风险	1/3	1	1	1	1	1
重大社会安全事故与治安事件风险	1/3	1	1	1	1	1
生态环境风险	1/3	1	1	1	1	1
公众心理风险	1/3	1	1	1	1	1
社会生活保障风险	1	1	1	1	1	1

专家3	经济生活风险	政治生活风险	重大社会安全事故与治安事件风险	生态环境风险	公众心理风险	社会生活保障风险
经济生活风险	1	1	1	1	3	1/3
政治生活风险	1	1	1	1	3	1/3
重大社会安全事故与治安事件风险	1	1	1	1	3	1/3
生态环境风险	1	1	1	1	3	1/3
公众心理风险	1/3	1/3	1/3	1/3	1	1
社会生活保障风险	3	3	3	3	3	1

专家4	经济生活风险	政治生活风险	重大社会安全事故与治安事件风险	生态环境风险	公众心理风险	社会生活保障风险
经济生活风险	1	3	1	1	3	1
政治生活风险	1/3	1	1/3	1/3	1	1
重大社会安全事故与治安事件风险	1	3	1	1	3	1
生态环境风险	1	3	1	1	3	1
公众心理风险	1/3	1	1/3	1/3	1	1
社会生活保障风险	1	1	1	1	1	1

续表

专家5	经济生活风险	政治生活风险	重大社会安全事故与治安事件风险	生态环境风险	公众心理风险	社会生活保障风险
经济生活风险	1	1/3	1	5	3	1
政治生活风险	3	1	3	7	5	1
重大社会安全事故与治安事件风险	1	1/3	1	5	3	1
生态环境风险	1/5	1/7	1/5	1	1/3	1/5
公众心理风险	1/3	1/5	1/3	3	1	1/3
社会生活保障风险	1	1	1	5	3	1
专家6	经济生活风险	政治生活风险	重大社会安全事故与治安事件风险	生态环境风险	公众心理风险	社会生活保障风险
经济生活风险	1	1/3	1	5	3	1
政治生活风险	3	1	3	7	5	1
重大社会安全事故与治安事件风险	1	1/3	1	5	3	1
生态环境风险	1/5	1/7	1/5	1	1/3	1
公众心理风险	1/3	1/5	1/3	3	1	1
社会生活保障风险	1	1	1	1	1	1
专家7	经济生活风险	政治生活风险	重大社会安全事故与治安事件风险	生态环境风险	公众心理风险	社会生活保障风险
经济生活风险	1	3	3	5	3	1
政治生活风险	1/3	1	1	3	1	1
重大社会安全事故与治安事件风险	1/3	1	1	3	1	1
生态环境风险	1/5	1/3	1/3	1	1/3	1
公众心理风险	1/3	1	1	3	1	1
社会生活保障风险	1	1	1	1	1	1

续表

专家8	经济生活风险	政治生活风险	重大社会安全事故与治安事件风险	生态环境风险	公众心理风险	社会生活保障风险
经济生活风险	1	1	3	1	1	1
政治生活风险	1	1	3	1	1	1
重大社会安全事故与治安事件风险	1/3	1/3	1	1/3	1/3	1
生态环境风险	1	1	3	1	1	1
公众心理风险	1	1	3	1	1	1
社会生活保障风险	1	1	1	1	1	1

专家9	经济生活风险	政治生活风险	重大社会安全事故与治安事件风险	生态环境风险	公众心理风险	社会生活保障风险
经济生活风险	1	1	1	1/3	1/3	1
政治生活风险	1	1	1	1/3	1/3	1
重大社会安全事故与治安事件风险	1	1	1	1/3	1/3	1
生态环境风险	3	3	3	1	1	1
公众心理风险	3	3	3	1	1	1
社会生活保障风险	1	1	1	1	1	1

专家10	经济生活风险	政治生活风险	重大社会安全事故与治安事件风险	生态环境风险	公众心理风险	社会生活保障风险
经济生活风险	1	1	1/3	1/3	1	1
政治生活风险	1	1	1/3	1/3	1	1
重大社会安全事故与治安事件风险	3	3	1	1	3	1
生态环境风险	3	3	1	1	3	1

续表

专家10	经济生活风险	政治生活风险	重大社会安全事故与治安事件风险	生态环境风险	公众心理风险	社会生活保障风险
公众心理风险	1	1	1/3	1/3	1	1
社会生活保障风险	1	1	1	1	1	1

专家11	经济生活风险	政治生活风险	重大社会安全事故与治安事件风险	生态环境风险	公众心理风险	社会生活保障风险
经济生活风险	1	1	1	1	3	1
政治生活风险	1	1	1	1	3	1
重大社会安全事故与治安事件风险	1	1	1	1	3	1
生态环境风险	1	1	1	1	3	1
公众心理风险	1/3	1/3	1/3	1/3	1	1
社会生活保障风险	1	1	1	1	1	1

专家12	经济生活风险	政治生活风险	重大社会安全事故与治安事件风险	生态环境风险	公众心理风险	社会生活保障风险
经济生活风险	1	1	1	1/3	1/3	1
政治生活风险	1	1	1	1/3	1/3	1
重大社会安全事故与治安事件风险	1	1	1	1/3	1/3	1
生态环境风险	3	3	3	1	1	1
公众心理风险	3	3	3	1	1	1
社会生活保障风险	1	1	1	1	1	1

续表

专家 13	经济生活风险	政治生活风险	重大社会安全事故与治安事件风险	生态环境风险	公众心理风险	社会生活保障风险
经济生活风险	1	1	1	1	1	1
政治生活风险	1	1	1	1	1	1
重大社会安全事故与治安事件风险	1	1	1	1	1	1
生态环境风险	1	1	1	1	1	1
公众心理风险	1	1	1	1	1	1
社会生活保障风险	1	1	1	1	1	1
专家 14	经济生活风险	政治生活风险	重大社会安全事故与治安事件风险	生态环境风险	公众心理风险	社会生活保障风险
经济生活风险	1	1/3	1	5	3	1
政治生活风险	3	1	3	7	5	1
重大社会安全事故与治安事件风险	1	1/4	1	5	3	1
生态环境风险	1/5	1/7	1/5	1	1/3	1
公众心理风险	1/3	1/5	1/3	3	1	1
社会生活保障风险						

通过上面所述还算得出了每位专家的相似系数。结果显示,各相似系数十分接近,因此,没必要剔除个别专家意见。CR 值均小于 0.1,这说明专家的判断矩阵都通过了一致性检验。本书运用相似系数加权的方法求出了各指标的权重,并进行归一化处理,得出了最终权重(如表 4-39 所示)。下面表述所展现的权重表格均采用此种方法。

表 4-39　社会风险体系一级指标权重的确定

专家	相似系数	专家判断矩阵所对应的权重					最大特征值	CR
专家 1	11.3608	0.3333	0.1111	0.1111	0.3333	0.1111	0.1014	5	0
专家 2	11.6224	0.4286	0.1429	0.1429	0.1429	0.1429	0.0833	5	0
专家 3	11.7294	0.2308	0.2308	0.2308	0.2308	0.0769	0.2180	5	0
专家 4	11.3914	0.2727	0.0909	0.2727	0.2727	0.0909	0.2384	5	0
专家 5	10.5395	0.2010	0.4691	0.2010	0.0427	0.0862	0.2237	5.1269	0.0283
专家 6	10.5395	0.2010	0.4691	0.2010	0.0427	0.0862	0.2321	5.1269	0.0283
专家 7	11.1655	0.4438	0.1645	0.1645	0.0627	0.1645	0.1389	5.0420	0.0094
专家 8	11.3167	0.2308	0.2308	0.0769	0.2308	0.2308	0.0687	5	0
专家 9	11.8454	0.2000	0.2000	0.2000	0.2000	0.2000	0.1875	5	0
专家 10	11.1365	0.1111	0.1111	0.3333	0.3333	0.1111	0.2252	5	0
专家 11	11.7294	0.2308	0.2308	0.2308	0.2308	0.0769	0.1921	5	0
专家 12	10.8853	0.1111	0.1111	0.1111	0.3333	0.3333	0.0999	5	0
专家 13	11.8454	0.2000	0.2000	0.2000	0.2000	0.2000	0.1250	5	0
专家 14	10.5347	0.2027	0.4721	0.1950	0.0431	0.0871	0.2321	5.0887	0.0198
最终权重		0.2237	0.1248	0.2075	0.1209	0.1230	0.2001		

三、重大社会风险指标体系二级指标的权重确定

前述确定了社会风险指标体系一级指标的权重,但除了一级指标外,社会风险指标体系还有二级指标。不仅如此,二级指标更具体、更细致地反应风险的情况。因此,必须对其所涉及的各个二级指标的权重也予以确定。

(一)经济生活风险二级指标权重的确定

经济生活风险二级指标包括城镇化率、居民消费价格指数、城乡居民可支配收入比、恩格尔系数、失业率、贫困发生率、金融安全、建设内陆开放高地状况。根据采取的权重确立方法,首先需要获得14位专家的针对于二级指标的判断矩阵(如表4-40所示)。

表4-40 经济生活风险指标判断矩阵

专家1	城镇化率	居民消费价格指数	城乡居民可支配收入比	恩格尔系数	失业率	贫困发生率	金融安全	建设内陆开放高地状况
城镇化率	1	1	1	1/3	1/5	1/3	1	3
居民消费价格指数	1	1	1	1/3	1/5	1/3	1/5	1/5
城乡居民可支配收入比	1	1	1	1/3	1/5	1/3	3	1
恩格尔系数	3	3	3	1	1/3	1	1/3	1/5
失业率	5	5	5	3	1	3	5	3
贫困发生率	3	3	3	1	1/3	1	1	3
金融安全	1	5	1/3	3	1/5	1	3	1/3
建设内陆开放高地状况	1/3	5	1	5	1/3	1/3	3	1
专家2	城镇化率	居民消费价格指数	城乡居民可支配收入比	恩格尔系数	失业率	贫困发生率	金融安全	建设内陆开放高地状况
城镇化率	1	1	1	1	1/3	1	1	1

续表

专家2	城镇化率	居民消费价格指数	城乡居民可支配收入比	恩格尔系数	失业率	贫困发生率	金融安全	建设内陆开放高地状况
居民消费价格指数	1	1	1	1	1/3	1	3	1/3
城乡居民可支配收入比	1	1	1	1	1/3	1	1/3	1
恩格尔系数	1	1	1	1	1/3	1	1	1
失业率	3	3	3	3	1	3	3	3
贫困发生率	1	1	1	1	1/3	1	1/3	1
金融安全	1	1/3	3	1	3	3	1	1/3
建设内陆开放高地状况	1	3	1	1	1/3	1/3	3	1
专家3	城镇化率	居民消费价格指数	城乡居民可支配收入比	恩格尔系数	失业率	贫困发生率	金融安全	建设内陆开放高地状况
城镇化率	1	1/3	1/3	1/3	1/5	1/5	1/5	5
居民消费价格指数	3	1	1	1	1/3	1/3	3	5
城乡居民可支配收入比	3	1	1	1	1/3	1/3	1	5
恩格尔系数	3	1	1	1	1/3	1/3	3	5
失业率	5	3	3	3	1	1	5	7
贫困发生率	5	3	3	3	1	1	3	3
金融安全	5	1/3	1	1/3	1/5	1/3	1	5
建设内陆开放高地状况	1/5	1/5	1/5	1/7	1/7	1/3	1/5	1

续表

专家4	城镇化率	居民消费价格指数	城乡居民可支配收入比	恩格尔系数	失业率	贫困发生率	金融安全	建设内陆开放高地状况
城镇化率	1	1	1	1	1/5	1/5	3	7
居民消费价格指数	1	1	1	1	1/5	1/5	1/3	5
城乡居民可支配收入比	1	1	1	1	1/5	1/5	1	5
恩格尔系数	1	1	1	1	1/5	1/5	5	1/3
失业率	5	5	5	5	1	1	1	3
贫困发生率	5	5	5	5	1	1	1/5	5
金融安全	1/3	3	1	1	1	5	1	5
建设内陆开放高地状况	1/7	1/5	1/5	3	1/3	1/5	1/3	1
专家5	城镇化率	居民消费价格指数	城乡居民可支配收入比	恩格尔系数	失业率	贫困发生率	金融安全	建设内陆开放高地状况
城镇化率	1	1/3	1/3	1/5	1/5	1/5	1	3
居民消费价格指数	3	1	1	1/3	1/3	1/3	1/3	3
城乡居民可支配收入比	3	1	1	1/3	1/3	1/3	3	5
恩格尔系数	5	3	3	1	1	1	3	1/3
失业率	5	3	3	1	1	1	1	3
贫困发生率	5	3	3	1	1	1	1/7	3
金融安全	1	3	1/3	1/3	1	7	1	3
建设内陆开放高地状况	1/3	1/3	1/5	3	1/3	1/3	1/3	1

续表

专家6	城镇化率	居民消费价格指数	城乡居民可支配收入比	恩格尔系数	失业率	贫困发生率	金融安全	建设内陆开放高地状况
城镇化率	1	1/3	3	1/5	1/5	1/5	1	3
居民消费价格指数	3	1	5	1/3	1/3	1/3	1/3	1/3
城乡居民可支配收入比	1/3	1/5	1	1/7	1/7	1/7	3	3
恩格尔系数	5	3	7	1	1	1	1/3	3
失业率	5	3	7	1	1	1	1	3
贫困发生率	5	3	7	1	1	1	1	3
金融安全	1	3	3	3	1	1	1	5
建设内陆开放高地状况	1/3	3	3	1/3	1/3	1/3	1/5	1
专家7	城镇化率	居民消费价格指数	城乡居民可支配收入比	恩格尔系数	失业率	贫困发生率	金融安全	建设内陆开放高地状况
城镇化率	1	1/5	1/5	1/5	1/5	1/5	1/3	3
居民消费价格指数	5	1	1	1	1	1	1	5
城乡居民可支配收入比	5	1	1	1	1	1	1/3	5
恩格尔系数	5	1	1	1	1	1	1/3	1/3
失业率	5	1	1	1	1	1	1	3
贫困发生率	5	1	1	1	1	1	1	5
金融安全	3	1	3	3	1	1	1	3
建设内陆开放高地状况	1/3	1/3	1/3	3	3	1/5	1/3	1

续表

专家8	城镇化率	居民消费价格指数	城乡居民可支配收入比	恩格尔系数	失业率	贫困发生率	金融安全	建设内陆开放高地状况
城镇化率	1	1/5	1/3	1/5	1/5	1/3	1	1
居民消费价格指数	5	1	3	1	1	3	1	1
城乡居民可支配收入比	3	1/3	1	1/3	1/3	1	1	1
恩格尔系数	5	1	3	1	1	3	1	1
失业率	5	1	3	1	1	3	1	1
贫困发生率	3	1/3	1	1/3	1/3	1	1	1
金融安全	1	1	1	1	1	1	1	1
建设内陆开放高地状况	1	1	1	1	1	1	1	1
专家9	城镇化率	居民消费价格指数	城乡居民可支配收入比	恩格尔系数	失业率	贫困发生率	金融安全	建设内陆开放高地状况
城镇化率	1	1	3	3	1	1	1/3	1/5
居民消费价格指数	1	1	3	3	1	1	1/5	1/5
城乡居民可支配收入比	1/3	1/3	1	1	1/3	1/3	1	1
恩格尔系数	1/3	1/3	1	1	1/3	1/3	1	1/3
失业率	1	1	3	3	1	1	3	5
贫困发生率	1	1	3	3	1	1	3	5
金融安全	3	5	1	3	1/3	1	1	5
建设内陆开放高地状况	5	5	1	3	1/5	1/5	1/5	1

续表

专家10	城镇化率	居民消费价格指数	城乡居民可支配收入比	恩格尔系数	失业率	贫困发生率	金融安全	建设内陆开放高地状况
城镇化率	1	1	1	1/3	1/5	1/5	1/3	1/3
居民消费价格指数	1	1	1	1/3	1/5	1/5	1/5	1/3
城乡居民可支配收入比	1	1	1	1/3	1/5	1/5	3	5
恩格尔系数	3	3	3	1	1/3	1/3	1/3	1/3
失业率	5	5	5	3	1	1	1	3
贫困发生率	5	5	5	3	1	1	3	3
金融安全	5	5	5	3	1	1/3	1	5
建设内陆开放高地状况	3	3	1/5	3	1/3	1/3	1/5	1
专家11	城镇化率	居民消费价格指数	城乡居民可支配收入比	恩格尔系数	失业率	贫困发生率	金融安全	建设内陆开放高地状况
城镇化率	1	1/3	1/3	1/5	1/5	1/5	1/3	1/3
居民消费价格指数	3	1	1	1/3	1/3	1/3	1/5	1/3
城乡居民可支配收入比	3	1	1	1/3	1/3	1/3	3	5
恩格尔系数	5	3	3	1	1	1	1/5	1/3
失业率	5	3	3	1	1	1	1	1
贫困发生率	5	3	3	1	1	1	3	5
金融安全	3	5	1/3	5	1	1/3	1	3
建设内陆开放高地状况	3	3	1/5	3	1	1/5	1/3	1

续表

专家 12	城镇化率	居民消费价格指数	城乡居民可支配收入比	恩格尔系数	失业率	贫困发生率	金融安全	建设内陆开放高地状况
城镇化率	1	1/3	1	1/3	1/5	1/3	1	1
居民消费价格指数	3	1	3	1	1/3	1	1	1
城乡居民可支配收入比	1	1/3	1	1/3	1/5	1/3	1	1
恩格尔系数	3	1	3	1	1/3	1	1	1
失业率	5	3	5	3	1	3	1	1
贫困发生率	3	1	3	1	1/3	1	1	1
金融安全	1	1	1	1	1	1	1	1
建设内陆开放高地状况	1	1	1	1	1	1	1	1
专家 13	城镇化率	居民消费价格指数	城乡居民可支配收入比	恩格尔系数	失业率	贫困发生率	金融安全	建设内陆开放高地状况
城镇化率	1	1	1	1	1	1	1	1
居民消费价格指数	1	1	1	1	1	1	1	1
城乡居民可支配收入比	1	1	1	1	1	1	1	1
恩格尔系数	1	1	1	1	1	1	1	1
失业率	1	1	1	1	1	1	1	1
贫困发生率	1	1	1	1	1	1	1	1
金融安全	1	1	1	1	1	1	1	1
建设内陆开放高地状况	1	1	1	1	1	1	1	1

续表

专家14	城镇化率	居民消费价格指数	城乡居民可支配收入比	恩格尔系数	失业率	贫困发生率	金融安全	建设内陆开放高地状况
城镇化率	1	1/3	3	1/5	1/5	1/5	1	1
居民消费价格指数	3	1	5	1/3	1/3	1/3	1/3	1/5
城乡居民可支配收入比	1/3	1/5	1	1/7	1/7	1/7	1	3
恩格尔系数	5	3	7	1	1	1	1/3	1/5
失业率	5	3	7	1	1	1	3	3
贫困发生率	5	3	7	1	1	1	5	5
金融安全	1	3	5	3	3	1/5	1	3
建设内陆开放高地状况	1	5	3	1/3	5	1/5	1/3	1

经济生活风险二级指标权重的计算结果(如表4-41所示)：

表 4-41 经济生活风险二级指标权重的确定

专家	相似系数	专家判断矩阵所对应的矩阵							最大特征值	CR
专家 1	9.4225	0.0389	0.0389	0.1014	0.2516	0.1014	0.1773	0.2516	8.8495	0.0861
专家 2	9.5496	0.0833	0.0833	0.0833	0.2500	0.0833	0.0833	0.2500	8	−1.79e−16
专家 3	9.9189	0.0333	0.0782	0.0782	0.2180	0.2180	0.0782	0.2180	8.0656	0.0066
专家 4	8.8798	0.0441	0.0441	0.0441	0.2384	0.2384	0.1086	0.2384	8.0656	0.0066
专家 5	8.3589	0.0405	0.0886	0.2237	0.2237	0.2237	0.0226	0.0886	8.1768	0.0179
专家 6	8.1331	0.0496	0.1018	0.0252	0.2321	0.2321	0.0252	0.1018	8.2197	0.0222
专家 7	9.1565	0.0278	0.1389	0.1389	0.1389	0.1389	0.1389	0.1389	8	3.55e−16
专家 8	9.3095	0.0313	0.1906	0.0687	0.1906	0.0687	0.0687	0.1906	8.0656	0.00661
专家 9	8.6733	0.1875	0.1875	0.0625	0.1875	0.1875	0.0625	0.0625	8	0
专家 10	9.0254	0.0384	0.0384	0.0935	0.2252	0.2252	0.2252	0.1159	8.3427	0.0347
专家 11	9.5408	0.0315	0.0693	0.1921	0.1921	0.1921	0.1843	0.0693	8.0247	0.0025
专家 12	9.3481	0.0390	0.0999	0.0999	0.2611	0.0999	0.2611	0.0999	8.087	0.0088
专家 13	9.1469	0.1250	0.1250	0.1250	0.1250	0.1250	0.1250	0.1250	8	0
专家 14	8.1331	0.0496	0.1018	0.0252	0.2321	0.2321	0.0252	0.1018	8.2197	0.022
最终权重		0.1066	0.0986	0.1667	0.1588	0.1671	0.2216	0.1085		

(二)政治生活风险二级指标权重的确定

政治生活风险二级指标包括贪腐案件立案率,信访率,政务公开度,接受人大、政协监督情况。根据采用的权重确立方法,首先需要获得14位专家的针对二级指标的判断矩阵(如表4-42所示)。

表4-42 政治生活风险指标判断矩阵

专家1	贪腐案件立案率	信访率	政务公开度	接受人大、政协监督情况
贪腐案件立案率	1	1/5	5	3
信访率	5	1	3	5
政务公开度	1/3	1/3	1	1/3
接受人大、政协监督情况	1/3	1/5	3	1
专家2	贪腐案件立案率	信访率	政务公开度	接受人大、政协监督情况
贪腐案件立案率	1	1/3	3	3
信访率	3	1	3	3
政务公开度	1/3	1/3	1	1/3
接受人大、政协监督情况	1/3	1	3	1
专家3	贪腐案件立案率	信访率	政务公开度	接受人大、政协监督情况
贪腐案件立案率	1	1/5	5	3
信访率	5	1	5	3
政务公开度	1/5	1/5	1	1
接受人大、政协监督情况	1/3	1/3	1	1
专家4	贪腐案件立案率	信访率	政务公开度	接受人大、政协监督情况
贪腐案件立案率	1	1/3	1/3	1
信访率	3	1	3	1
政务公开度	3	1/3	1	3
接受人大、政协监督情况	1	1	1/3	1

续表

专家 5	贪腐案件立案率	信访率	政务公开度	接受人大、政协监督情况
贪腐案件立案率	1	1	1	1
信访率	1	1	1	1
政务公开度	1	1	1	1
接受人大、政协监督情况	1	1	1	1
专家 6	贪腐案件立案率	信访率	政务公开度	接受人大、政协监督情况
贪腐案件立案率	1	3	3	3
信访率	1/3	1	3	5
政务公开度	1/3	1/3	1	1
接受人大、政协监督情况	1/3	1/5	1	1
专家 7	贪腐案件立案率	信访率	政务公开度	接受人大、政协监督情况
贪腐案件立案率	1	1	1	1
信访率	1	1	1	1
政务公开度	1	1	1	1
接受人大、政协监督情况	1	1	1	1
专家 8	贪腐案件立案率	信访率	政务公开度	接受人大、政协监督情况
贪腐案件立案率	1	3	5	3
信访率	1/3	1	3	3
政务公开度	1/5	1/3	1	1/3
接受人大、政协监督情况	1/3	1/3	3	1
专家 9	贪腐案件立案率	信访率	政务公开度	接受人大、政协监督情况
贪腐案件立案率	1	3	1	1
信访率	1/3	1	1	1
政务公开度	1	1	1	1
接受人大、政协监督情况	1	1	1	1

续表

专家10	贪腐案件立案率	信访率	政务公开度	接受人大、政协监督情况
贪腐案件立案率	1	1/3	5	3
信访率	3	1	3	3
政务公开度	1/5	1/3	1	3
接受人大、政协监督情况	1/3	1/3	1/3	1
专家11	贪腐案件立案率	信访率	政务公开度	接受人大、政协监督情况
贪腐案件立案率	1	1/3	1/3	1/3
信访率	3	1	5	5
政务公开度	3	1/5	1	3
接受人大、政协监督情况	3	1/5	1/3	1
专家12	贪腐案件立案率	信访率	政务公开度	接受人大、政协监督情况
贪腐案件立案率	1	1/3	1	1
信访率	3	1	1	1
政务公开度	1	1	1	1
接受人大、政协监督情况	1	1	1	1
专家13	贪腐案件立案率	信访率	政务公开度	接受人大、政协监督情况
贪腐案件立案率	1	1	1	1
信访率	1	1	1	1
政务公开度	1	1	1	1
接受人大、政协监督情况	1	1	1	1
专家14	贪腐案件立案率	信访率	政务公开度	接受人大、政协监督情况
贪腐案件立案率	1	3	3	3
信访率	1/3	1	3	3
政务公开度	1/3	1/3	1	1
接受人大、政协监督情况	1/3	1/3	1	1

政治生活风险二级指标权重的计算结果(如表4-43所示):

表4-43　政治生活风险二级指标权重的确定

专家	相似系数	专家判断矩阵所对应的矩阵				最大特征值	CR
专家1	11.6985	0.0551	0.3435	0.3333	0.1111	5.0556	0.0124
专家2	12.2139	0.1111	0.3333	0.1429	0.1429	5.0000	0
专家3	11.6985	0.0551	0.3435	0.2308	0.0769	5.0556	0.0124
专家4	12.2139	0.1111	0.3333	0.2727	0.0909	5.0000	0
专家5	10.6233	0.1735	0.1735	0.0427	0.0862	5.0883	0.0197
专家6	10.7333	0.2615	0.1290	0.0427	0.0862	5.2375	0.0530
专家7	11.4136	0.2381	0.2381	0.0627	0.1645	5.0000	0
专家8	11.3663	0.3435	0.1290	0.2308	0.2308	5.0556	0.0124
专家9	11.6747	0.3333	0.1111	0.2000	0.2000	5.0000	0
专家10	12.2139	0.1111	0.3333	0.3333	0.1111	5.0000	0
专家11	10.6120	0.0551	0.1290	0.2308	0.0769	5.0556	0.0124
专家12	12.2139	0.1111	0.3333	0.3333	0.3333	5.0000	0
专家13	11.6139	0.2000	0.2000	0.2000	0.2000	5.0000	0
专家14	10.7333	0.2615	0.1290	0.0431	0.0871	5.2375	0.0530
最终权重		0.2583	0.2967	0.2355	0.2095		

(三)重大社会安全事故与治安事件风险二级指标权重的确定

重大社会安全事故与治安事件风险二级指标包括治安案件立案率、道路交通万车死亡人数、亿万生产总值生产安全事故死亡人数、个人极端事故、群体事件发生率、大型群众性活动安全事故。根据采用的权重确立方法,首先需要获得14位专家的针对于二级指标的判断矩阵(如表4-44所示)。

表 4-44 重大社会安全事故与治安事件风险指标判断矩阵

专家 1	治安案件立案率	道路交通万车死亡人数	亿万生产总值生产安全事故死亡人数	个人极端事故	群体事件发生率	大型群众性活动安全事故
治安案件立案率	1	3	3	1	1	3
道路交通万车死亡人数	1/3	1	1	1/3	1	1
亿万生产总值生产安全事故死亡人数	1/3	1	1	1/3	1	1
个人极端事故	1	3	3	1	1	3
群体事件发生率	1	1	1	1	1	1
大型群众性活动安全事故	1/3	1	1	1/3	1	1
专家 2	治安案件立案率	道路交通万车死亡人数	亿万生产总值生产安全事故死亡人数	个人极端事故	群体事件发生率	大型群众性活动安全事故
治安案件立案率	1	1	1/3	1	1	1
道路交通万车死亡人数	1	1	1/3	1	1	1
亿万生产总值生产安全事故死亡人数	3	3	1	3	1	3
个人极端事故	1	1	1/3	1	1	1
群体事件发生率	1	1	1	1	1	1
大型群众性活动安全事故	1	1	1/3	1	1	1

续表

专家3	治安案件立案率	道路交通万车死亡人数	亿万生产总值生产安全事故死亡人数	个人极端事故	群体事件发生率	大型群众性活动安全事故
治安案件立案率	1	1	1/3	1/3	1	1
道路交通万车死亡人数	1	1	1/3	1/3	1	1
亿万生产总值生产安全事故死亡人数	3	3	1	1	1	3
个人极端事故	3	3	1	1	1	3
群体事件发生率						
大型群众性活动安全事故	1	1	1/3	1/3		
专家4	治安案件立案率	道路交通万车死亡人数	亿万生产总值生产安全事故死亡人数	个人极端事故	群体事件发生率	大型群众性活动安全事故
治安案件立案率	1	5	3	1	1	1
道路交通万车死亡人数	1/5	1	1/3	1/5	1	1/5
亿万生产总值生产安全事故死亡人数	1/3	3	1	1/3	1	1/3
个人极端事故	1	5	3	1	1	1
群体事件发生率	1	1	1	1	1	1
大型群众性活动安全事故	1	5	3	1	1	1

续表

专家 5	治安案件立案率	道路交通万车死亡人数	亿万生产总值生产安全事故死亡人数	个人极端事故	群体事件发生率	大型群众性活动安全事故
治安案件立案率	1	7	5	5	1	5
道路交通万车死亡人数	1/7	1	1/5	1/5	1	1/5
亿万生产总值生产安全事故死亡人数	1/5	5	1	1	1	1
个人极端事故	1/5	5	1	1	1	1
群体事件发生率	1	1	1	1	1	1
大型群众性活动安全事故	1/5	5	1	1	1	1
专家 6	治安案件立案率	道路交通万车死亡人数	亿万生产总值生产安全事故死亡人数	个人极端事故	群体事件发生率	大型群众性活动安全事故
治安案件立案率	1	7	5	3	1	3
道路交通万车死亡人数	1/7	1	1/3	1/5	1	1/5
亿万生产总值生产安全事故死亡人数	1/5	3	1	1/3	1	1/3
个人极端事故	1/3	5	3	1	1	1
群体事件发生率	1	1	1	1	1	1
大型群众性活动安全事故	1/3	5	3	1	1	1

续表

专家7	治安案件立案率	道路交通万车死亡人数	亿万生产总值生产安全事故死亡人数	个人极端事故	群体事件发生率	大型群众性活动安全事故
治安案件立案率	1	5	5	5	1	5
道路交通万车死亡人数	1/5	1	1	1	1	1
亿万生产总值生产安全事故死亡人数	1/5	1	1	1	1	1
个人极端事故	1/5	1	1	1	1	1
群体事件发生率	1	1	1	1	1	1
大型群众性活动安全事故	1/5	1	1	1	1	1
专家8	治安案件立案率	道路交通万车死亡人数	亿万生产总值生产安全事故死亡人数	个人极端事故	群体事件发生率	大型群众性活动安全事故
治安案件立案率	1	3	3	3	1	3
道路交通万车死亡人数	1/3	1	1	1	1	1
亿万生产总值生产安全事故死亡人数	1/3	1	1	1	1	1
个人极端事故	1/3	1	1	1	1	1
群体事件发生率	1	1	1	1	1	1
大型群众性活动安全事故	1/3	1	1	1	1	1

续表

专家9	治安案件立案率	道路交通万车死亡人数	亿万生产总值生产安全事故死亡人数	个人极端事故	群体事件发生率	大型群众性活动安全事故
治安案件立案率	1	3	5	5	1	5
道路交通万车死亡人数	1/3	1	3	3	1	3
亿万生产总值生产安全事故死亡人数	1/5	1/3	1	1	1	1
个人极端事故	1/5	1/3	1	1	1	1
群体事件发生率	1	1	1	1	1	1
大型群众性活动安全事故	1/5	1/3	1	1	1	1
专家10	治安案件立案率	道路交通万车死亡人数	亿万生产总值生产安全事故死亡人数	个人极端事故	群体事件发生率	大型群众性活动安全事故
治安案件立案率	1	1	5	5	1	5
道路交通万车死亡人数	1	1	5	5	1	5
亿万生产总值生产安全事故死亡人数	1/5	1/5	1	1	1	1
个人极端事故	1/5	1/5	1	1	1	1
群体事件发生率	1	1	1	1	1	1
大型群众性活动安全事故	1/5	1/5	1	1	1	1

续表

专家11	治安案件立案率	道路交通万车死亡人数	亿万生产总值生产安全事故死亡人数	个人极端事故	群体事件发生率	大型群众性活动安全事故
治安案件立案率	1	3	3	1/3	1	1/3
道路交通万车死亡人数	1/3	1	1	1/5	1	1/5
亿万生产总值生产安全事故死亡人数	1/3	1	1	1/5	1	1/5
个人极端事故	3	5	5	1	1	1
群体事件发生率	1	1	1	1	1	1
大型群众性活动安全事故	3	5	5	1	1	1
专家12	治安案件立案率	道路交通万车死亡人数	亿万生产总值生产安全事故死亡人数	个人极端事故	群体事件发生率	大型群众性活动安全事故
治安案件立案率	1	1/3	1/5	1	1	1/3
道路交通万车死亡人数	3	1	1/3	3	1	1
亿万生产总值生产安全事故死亡人数	5	3	1	5	1	3
个人极端事故	1	1/3	1/5	1	1	1/3
群体事件发生率	1	1	1	1	1	1
大型群众性活动安全事故	3	1	1/3	3	1	1

续表

专家13	治安案件立案率	道路交通万车死亡人数	亿万生产总值生产安全事故死亡人数	个人极端事故	群体事件发生率	大型群众性活动安全事故
治安案件立案率	1	1	1	1	1	1
道路交通万车死亡人数	1	1	1	1	1	1
亿万生产总值生产安全事故死亡人数	1	1	1	1	1	1
个人极端事故	1	1	1	1	1	1
群体事件发生率	1	1	1	1	1	1
大型群众性活动安全事故	1	1	1	1	1	1
专家14	治安案件立案率	道路交通万车死亡人数	亿万生产总值生产安全事故死亡人数	个人极端事故	群体事件发生率	大型群众性活动安全事故
治安案件立案率	1	7	5	3	1	3
道路交通万车死亡人数	1/7	1	1/3	1/5	1	1/5
亿万生产总值生产安全事故死亡人数	1/5	3	1	1/3	1	1/3
个人极端事故	1/3	5	3	1	1	1
群体事件发生率	1	1	1	1	1	1
大型群众性活动安全事故	1/3	5	3	1	1	1

重大社会安全事故与治安事件风险二级指标权重的计算结果(如表4-45所示):

表 4-45　重大社会安全事故与治安事件风险二级指标权重的确定

专家	相似系数	专家判断矩阵所对应的矩阵				最大特征值	CR
专家 1	10.8011	0.2308	0.0769	0.0769	0.2308	7.0000	0.0000
专家 2	10.5094	0.0909	0.2727	0.0909	0.0909	0.2727	7.0000	0.0000
专家 3	10.3773	0.0769	0.2308	0.0769	0.0769	0.2308	7.0000	0.0000
专家 4	10.4620	0.1800	0.0664	0.1800	0.1800	0.1800	7.0359	0.0044
专家 5	9.2493	0.2593	0.0673	0.0673	0.0673	0.4494	7.3672	0.0450
专家 6	9.7867	0.1887	0.0408	0.0836	0.0836	0.1887	0.3917	7.2821	0.0346
专家 7	9.2609	0.4659	0.1123	0.1123	0.0424	0.0424	7.0968	0.0119
专家 8	10.6789	0.3333	0.1111	0.1111	0.1111	0.1111	7.0000	0.0000
专家 9	10.3081	0.2893	0.0478	0.0478	0.1557	0.2893	7.3611	0.0443
专家 10	9.6997	0.2508	0.0460	0.0460	0.1096	0.2508	7.0641	0.0079
专家 11	10.0585	0.0961	0.0411	0.2418	0.2418	0.0961	0.2418	7.0850	0.0104
专家 12	9.6026	0.0500	0.3533	0.0500	0.1367	0.1367	7.0571	0.0070
专家 13	10.6204	0.1429	0.1429	0.1429	0.1429	0.1429	7.0000	0.0000
专家 14	10.8011	0.1887	0.0408	0.0836	0.0836	0.1887	0.3917	7.2821	0.0346
最终权重	0.2117	0.1582	0.1645	0.1373	0.1292	0.2197		

(四)生态环境风险二级指标权重的确定

生态环境风险二级指标包括森林覆盖率、主城区空气优良天数占比、主城区 $PM_{2.5}$ 浓度、水土流失面积治理率、每起地质灾害造成直接经济损失值。根据采用的权重确立方法,首先需要获得 14 位专家的针对于二级指标的判断矩阵(如表 4-46 所示)。

表 4-46 生态环境风险指标判断矩阵

专家1	森林覆盖率	主城区空气优良天数占比	主城区 $PM_{2.5}$ 浓度	水土流失面积治理率	每起地质灾害造成直接经济损失值
森林覆盖率	1	1	3	3	3
主城区空气优良天数占比	1	1	3	3	3
主城区 $PM_{2.5}$ 浓度	1/3	1/3	1	1	1
水土流失面积治理率	1/3	1/3	1	1	1
每起地质灾害造成直接经济损失值	1/3	1/3	1	1	1
专家2	森林覆盖率	主城区空气优良天数占比	主城区 $PM_{2.5}$ 浓度	水土流失面积治理率	每起地质灾害造成直接经济损失值
森林覆盖率	1	1	1	3	1
主城区空气优良天数占比	1	1	1	3	1
主城区 $PM_{2.5}$ 浓度	1	1	1	3	1
水土流失面积治理率	1/3	1/3	1/3	1	1/3
每起地质灾害造成直接经济损失值	1	1	1	3	1

续表

专家3	森林覆盖率	主城区空气优良天数占比	主城区$PM_{2.5}$浓度	水土流失面积治理率	每起地质灾害造成直接经济损失值
森林覆盖率	1	1	3	3	1
主城区空气优良天数占比	1	1	3	3	1
主城区$PM_{2.5}$浓度	1/3	1/3	1	1	1/3
水土流失面积治理率	1/3	1/3	1	1	1/3
每起地质灾害造成直接经济损失值	1	1	3	3	1
专家4	森林覆盖率	主城区空气优良天数占比	主城区$PM_{2.5}$浓度	水土流失面积治理率	每起地质灾害造成直接经济损失值
森林覆盖率	1	1	3	3	5
主城区空气优良天数占比	1	1	3	3	5
主城区$PM_{2.5}$浓度	1/3	1/3	1	1	3
水土流失面积治理率	1/3	1/3	1	1	3
每起地质灾害造成直接经济损失值	1/5	1/5	1/3	1/3	1
专家5	森林覆盖率	主城区空气优良天数占比	主城区$PM_{2.5}$浓度	水土流失面积治理率	每起地质灾害造成直接经济损失值
森林覆盖率	1	1/7	1/9	1/9	1/7
主城区空气优良天数占比	7	1	1/3	1/3	1
主城区$PM_{2.5}$浓度	9	3	1	1	3

续表

专家5	森林覆盖率	主城区空气优良天数占比	主城区$PM_{2.5}$浓度	水土流失面积治理率	每起地质灾害造成直接经济损失值
水土流失面积治理率	9	3	1	1	3
每起地质灾害造成直接经济损失值	7	1	1/3	1/3	1
专家6	森林覆盖率	主城区空气优良天数占比	主城区$PM_{2.5}$浓度	水土流失面积治理率	每起地质灾害造成直接经济损失值
森林覆盖率	1	1/5	1/7	1	1
主城区空气优良天数占比	5	1	1/3	5	5
主城区$PM_{2.5}$浓度	7	3	1	7	7
水土流失面积治理率	1	1/5	1/7	1	1
每起地质灾害造成直接经济损失值	1	1/5	1/7	1	1
专家7	森林覆盖率	主城区空气优良天数占比	主城区$PM_{2.5}$浓度	水土流失面积治理率	每起地质灾害造成直接经济损失值
森林覆盖率	1	1/3	1/3	1	1
主城区空气优良天数占比	3	1	1	3	3
主城区$PM_{2.5}$浓度	3	1	1	3	3
水土流失面积治理率	1	1/3	1/3	1	1
每起地质灾害造成直接经济损失值	1	1/3	1/3	1	1

续表

专家8	森林覆盖率	主城区空气优良天数占比	主城区PM$_{2.5}$浓度	水土流失面积治理率	每起地质灾害造成直接经济损失值
森林覆盖率	1	1	1	1	3
主城区空气优良天数占比	1	1	1	1	3
主城区PM$_{2.5}$浓度	1	1	1	1	3
水土流失面积治理率	1	1	1	1	3
每起地质灾害造成直接经济损失值	1/3	1/3	1/3	1/3	1
专家9	森林覆盖率	主城区空气优良天数占比	主城区PM$_{2.5}$浓度	水土流失面积治理率	每起地质灾害造成直接经济损失值
森林覆盖率	1	1	1	3	1
主城区空气优良天数占比	1	1	1	3	1
主城区PM$_{2.5}$浓度	1	1	1	3	1
水土流失面积治理率	1/3	1/3	1/3	1	1/3
每起地质灾害造成直接经济损失值	1	1	1	3	1
专家10	森林覆盖率	主城区空气优良天数占比	主城区PM$_{2.5}$浓度	水土流失面积治理率	每起地质灾害造成直接经济损失值
森林覆盖率	1	1/3	1/5	1/3	1/3
主城区空气优良天数占比	3	1	1/3	1	1
主城区PM$_{2.5}$浓度	5	3	1	3	3

续表

专家10	森林覆盖率	主城区空气优良天数占比	主城区 PM$_{2.5}$ 浓度	水土流失面积治理率	每起地质灾害造成直接经济损失值
水土流失面积治理率	3	1	1/3	1	1
每起地质灾害造成直接经济损失值	3	1	1/3	1	1
专家11	森林覆盖率	主城区空气优良天数占比	主城区 PM$_{2.5}$ 浓度	水土流失面积治理率	每起地质灾害造成直接经济损失值
森林覆盖率	1	1/3	1/5	1/3	1/5
主城区空气优良天数占比	3	1	1/3	1	1/3
主城区 PM$_{2.5}$ 浓度	5	3	1	3	1
水土流失面积治理率	3	1	1/3	1	1/3
每起地质灾害造成直接经济损失值	5	3	1	3	1
专家12	森林覆盖率	主城区空气优良天数占比	主城区 PM$_{2.5}$ 浓度	水土流失面积治理率	每起地质灾害造成直接经济损失值
森林覆盖率	1	1/3	1/3	1/3	1/5
主城区空气优良天数占比	3	1	1	1	1/3
主城区 PM$_{2.5}$ 浓度	3	1	1	1	1/3
水土流失面积治理率	3	1	1	1	1/3
每起地质灾害造成直接经济损失值	5	3	3	3	1

续表

专家13	森林覆盖率	主城区空气优良天数占比	主城区$PM_{2.5}$浓度	水土流失面积治理率	每起地质灾害造成直接经济损失值
森林覆盖率	1	1	1	1	1
主城区空气优良天数占比	1	1	1	1	1
主城区$PM_{2.5}$浓度	1	1	1	1	1
水土流失面积治理率	1	1	1	1	1
每起地质灾害造成直接经济损失值	1	1	1	1	1
专家14	森林覆盖率	主城区空气优良天数占比	主城区$PM_{2.5}$浓度	水土流失面积治理率	每起地质灾害造成直接经济损失值
森林覆盖率	1	1/5	1/7	1	1
主城区空气优良天数占比	5	1	1/3	5	5
主城区$PM_{2.5}$浓度	7	3	1	7	7
水土流失面积治理率	1	1/5	1/7	1	1
每起地质灾害造成直接经济损失值	1	1/5	1/7	1	1

生态环境风险二级指标权重的计算结果(如表4-47所示):

表 4-47 生态环境风险二级指标权重的确定

专家	相似系数	专家判断矩阵所对应的矩阵					最大特征值	CR
专家 1	11.5689	0.3333	0.3333	0.1111	0.1111	0.1111	5.0000	0
专家 2	11.8579	0.2308	0.2308	0.1111	0.0769	0.2308	5.0000	0.0000
专家 3	11.4732	0.2727	0.2727	0.0909	0.0909	0.2727	5.0000	0.0000
专家 4	11.1530	0.3435	0.3435	0.1290	0.1290	0.0551	5.0556	0.0124
专家 5	9.7916	0.0284	0.1381	0.3477	0.3477	0.1381	5.1164	0.0260
专家 6	10.7673	0.0635	0.2775	0.5320	0.0635	0.0635	5.0711	0.0159
专家 7	11.9480	0.1111	0.3333	0.3333	0.1111	0.1111	5.0000	0
专家 8	11.6570	0.2308	0.2308	0.2308	0.2308	0.0769	5.0000	0.0000
专家 9	11.8579	0.2308	0.1645	0.4438	0.0769	0.2308	5.0000	0.0000
专家 10	11.7010	0.0627	0.1290	0.3435	0.1645	0.1645	5.0420	0.0094
专家 11	11.4105	0.0551	0.1290	0.3435	0.1290	0.3435	5.0556	0.0124
专家 12	11.3783	0.0627	0.1645	0.1645	0.1645	0.4438	5.0420	0.0094
专家 13	11.8377	0.2000	0.2000	0.2000	0.2000	0.2000	5.0000	0
专家 14	10.7673	0.0635	0.2775	0.5320	0.0635	0.0635	5.0711	0.0159
最终权重	0.1658	0.2383	0.2772	0.1383	0.1804			

(五)公众心理风险二级指标权重的确定

公众心理风险二级指标包括对社会公平感知度、对政府提供公共服务水平满意度、对政务公开满意度、对社会治理满意度、对自身幸福感知度。根据采用的权重确立方法,首先需要获得14位专家的针对于二级指标的判断矩阵(如表4-48所示)。

表4-48 公众心理风险指标判断矩阵

专家1	对社会公平感知度	对政府提供公共服务水平满意度	对政府政务公开满意度	对政府社会治理满意度	对自身幸福感知度
对社会公平感知度	1	1	5	3	1
对政府提供公共服务水平满意度	1	1	7	1	1
对政府政务公开满意度	1/5	1/7	1	1/3	7
对政府社会治理满意度	1/3	1	3	1	1
对自身幸福感知度	1	1	1/7	1	1
专家2	对社会公平感知度	对政府提供公共服务水平满意度	对政府政务公开满意度	对政府社会治理满意度	对自身幸福感知度
对社会公平感知度	1	1	7	3	1
对政府提供公共服务水平满意度	1	1	5	1	1
对政府政务公开满意度	1/7	1/5	1	1/5	1/7
对政府社会治理满意度	1/3	1	5	1	1

续表

专家2	对社会公平感知度	对政府提供公共服务水平满意度	对政府政务公开满意度	对政府社会治理满意度	对自身幸福感知度
对自身幸福感知度	1	1	7	1	1
专家3	对社会公平感知度	对政府提供公共服务水平满意度	对政府政务公开满意度	对政府社会治理满意度	对自身幸福感知度
对社会公平感知度	1	1	5	1	1
对政府提供公共服务水平满意度	1	1	5	1	1
对政府政务公开满意度	1/5	1/5	1	1/7	1/7
对政府社会治理满意度	1	1	7	1	1/3
对自身幸福感知度	1	1	7	3	1
专家4	对社会公平感知度	对政府提供公共服务水平满意度	对政府政务公开满意度	对政府社会治理满意度	对自身幸福感知度
对社会公平感知度	1	1	7	1	1
对政府提供公共服务水平满意度	1	1	5	3	1
对政府政务公开满意度	1/7	1/5	1	1/7	1/5
对政府社会治理满意度	1	1/3	7	1	1

续表

专家4	对社会公平感知度	对政府提供公共服务水平满意度	对政府政务公开满意度	对政府社会治理满意度	对自身幸福感知度
对自身幸福感知度	1	1	5	1	1
专家5	对社会公平感知度	对政府提供公共服务水平满意度	对政府政务公开满意度	对政府社会治理满意度	对自身幸福感知度
对社会公平感知度	1	3	5	1	1
对政府提供公共服务水平满意度	1/3	1	5	1	1/3
对政府政务公开满意度	1/5	1/5	1	1/5	1/5
对政府社会治理满意度	1	1	5	1	1
对自身幸福感知度	1	3	3	5	1
专家6	对社会公平感知度	对政府提供公共服务水平满意度	对政府政务公开满意度	对政府社会治理满意度	对自身幸福感知度
对社会公平感知度	1	3	3	1	5
对政府提供公共服务水平满意度	1/3	1	5	1	3
对政府政务公开满意度	1/3	1/5	1	1/3	1/5
对政府社会治理满意度	1/5	1	3	1	1

续表

专家6	对社会公平感知度	对政府提供公共服务水平满意度	对政府政务公开满意度	对政府社会治理满意度	对自身幸福感知度
对自身幸福感知度	1/5	1/3	5	1	1
专家7	对社会公平感知度	对政府提供公共服务水平满意度	对政府政务公开满意度	对政府社会治理满意度	对自身幸福感知度
对社会公平感知度	1	3	5	1	3
对政府提供公共服务水平满意度	1/3	1	5	1	1
对政府政务公开满意度	1/5	1/5	1	1/3	1/7
对政府社会治理满意度	1	1	3	1	1
对自身幸福感知度	1/3	1	7	1	1
专家8	对社会公平感知度	对政府提供公共服务水平满意度	对政府政务公开满意度	对政府社会治理满意度	对自身幸福感知度
对社会公平感知度	1	1/3	3	1/3	1
对政府提供公共服务水平满意度	3	1	1/5	1	3
对政府政务公开满意度	1/3	5	1	1/7	1/7
对政府社会治理满意度	3	1	7	1	1
对自身幸福感知度	1	1/3	7	1	1

续表

专家9	对社会公平感知度	对政府提供公共服务水平满意度	对政府政务公开满意度	对政府社会治理满意度	对自身幸福感知度
对社会公平感知度	1	3	7	5	3
对政府提供公共服务水平满意度	1/3	1	5	1	1
对政府政务公开满意度	1/7	1/5	1	1/5	1/7
对政府社会治理满意度	5	1	5	1	1
对自身幸福感知度	1/3	1	7	1	1
专家10	对社会公平感知度	对政府提供公共服务水平满意度	对政府政务公开满意度	对政府社会治理满意度	对自身幸福感知度
对社会公平感知度	1	3	7	3	5
对政府提供公共服务水平满意度	1/3	1	7	1	3
对政府政务公开满意度	1/7	1/7	1	1/5	1/5
对政府社会治理满意度	1/3	1	5	1	3
对自身幸福感知度	1/5	1/3	5	1/3	1
专家11	对社会公平感知度	对政府提供公共服务水平满意度	对政府政务公开满意度	对政府社会治理满意度	对自身幸福感知度
对社会公平感知度	1	1	5	3	3

续表

专家11	对社会公平感知度	对政府提供公共服务水平满意度	对政府政务公开满意度	对政府社会治理满意度	对自身幸福感知度
对政府提供公共服务水平满意度	1	1	5	1	3
对政府政务公开满意度	1/5	1/5	1	1/7	1/7
对政府社会治理满意度	1/3	1/3	7	1	1
对自身幸福感知度	1/3	1/3	7	1	1
专家12	对社会公平感知度	对政府提供公共服务水平满意度	对政府政务公开满意度	对政府社会治理满意度	对自身幸福感知度
对社会公平感知度	1	1	5	1	1
对政府提供公共服务水平满意度	1	1	5	1	1
对政府政务公开满意度	1/5	1/5	1	1/3	1/3
对政府社会治理满意度	1/5	1	3	1	1
对自身幸福满意度	1	1	3	1	1
专家13	对社会公平感知度	对政府提供公共服务水平满意度	对政府政务公开满意度	对政府社会治理满意度	对自身幸福感知度
对社会公平感知度	1	1	5	3	1

续表

专家13	对社会公平感知度	对政府提供公共服务水平满意度	对政府政务公开满意度	对政府社会治理满意度	对自身幸福感知度
对政府提供公共服务水平满意度	1	1	1	1	1
对政府政务公开满意度	1/5	1	1	1/3	1/5
对政府社会治理满意度	1/3	1	1	1	1
对自身幸福感知度	1	1	5	1	1
专家14	对社会公平感知度	对政府提供公共服务水平满意度	对政府政务公开满意度	对政府社会治理满意度	对自身幸福感知度
对社会公平感知度	1	3	7	1	3
对政府提供公共服务水平满意度	1/3	1	5	3	3
对政府政务公开满意度	1/7	1/5	1	1/5	1/5
对政府社会治理满意度	1	1/3	5	1	1
对自身幸福感知度	1/3	1/3	5	1	1

公众心理风险二级指标权重的计算结果(如表4-49所示):

表 4-49 公众心理风险二级指标权重的确定

专家	相似系数	专家判断矩阵所对应的矩阵			最大特征值	CR
专家 1	12.7974	0.3333	0.3333	0.3333	3.0000	0.0000
专家 2	12.7974	0.3333	0.2308	0.3333	3.0000	0.0000
专家 3	12.7974	0.3333	0.2727	0.3333	3.0000	0.0000
专家 4	12.7974	0.3333	0.3435	0.3333	3.0000	0.0000
专家 5	11.9737	0.1429	0.0284	0.1381	0.4286	0.0370
专家 6	11.9939	0.2583	0.0635	0.2775	0.1047	0.0000
专家 7	12.5046	0.2000	0.1111	0.3333	0.2000	0.0000
专家 8	11.9006	0.6000	0.2308	0.2308	3.0000	0.0000
专家 9	12.5046	0.2000	0.2308	0.1645	0.2000	0.0000
专家 10	11.9939	0.2583	0.0627	0.1290	0.1047	0.0370
专家 11	12.3853	0.4286	0.0551	0.1645	0.1429	0.0000
专家 12	12.7974	0.3333	0.0627	0.2000	0.3333	0.0000
专家 13	12.7974	0.3333	0.2000	0.3333	0.3333	0.0000
专家 14	11.9939	0.2583	0.0635	0.2775	0.1047	0.0370
最终权重		0.2106	0.1460	0.2571	0.0937	

(六)社会生活保障风险二级指标权重的确定

社会生活保障风险二级指标包括基本养老保险参保覆盖率、纳入居民生活保障覆盖率、社会安全基础设施建设、社会最低生活保障制度建设。根据采用的权重确立方法,首先需要获得14位专家的针对二级指标的判断矩阵(如表4-50所示)。

表4-50 社会生活保障风险指标判断矩阵

专家1	基本养老保险参保覆盖率	纳入居民生活保障覆盖率	社会安全基础设施建设	社会最低生活保障制度建设
基本养老保险参保覆盖率	1	1	1/3	1/5
纳入居民生活保障覆盖率	1	1	1/3	1/5
社会安全基础设施建设	3	3	1	1
社会最低生活保障制度建设	5	5	1	1
专家2	基本养老保险参保覆盖率	纳入居民生活保障覆盖率	社会安全基础设施建设	社会最低生活保障制度建设
基本养老保险参保覆盖率	1	1	1	1
纳入居民生活保障覆盖率	1	1	1	1
社会安全基础设施建设	1	1	1	1
社会最低生活保障制度建设	1	1	1	1
专家3	基本养老保险参保覆盖率	纳入居民生活保障覆盖率	社会安全基础设施建设	社会最低生活保障制度建设
基本养老保险参保覆盖率	1	1	1/5	1/5
纳入居民生活保障覆盖率	1	1	1/5	1/5

续表

专家3	基本养老保险参保覆盖率	纳入居民生活保障覆盖率	社会安全基础设施建设	社会最低生活保障制度建设
社会安全基础设施建设	5	5	1	1
社会最低生活保障制度建设	5	5	1	1
专家4	基本养老保险参保覆盖率	纳入居民生活保障覆盖率	社会安全基础设施建设	社会最低生活保障制度建设
基本养老保险参保覆盖率	1	1	1/3	1/3
纳入居民生活保障覆盖率	1	1	1/3	1/3
社会安全基础设施建设	3	3	1	1
社会最低生活保障制度建设	3	3	1	1
专家5	基本养老保险参保覆盖率	纳入居民生活保障覆盖率	社会安全基础设施建设	社会最低生活保障制度建设
基本养老保险参保覆盖率	1	1	1	1
纳入居民生活保障覆盖率	1	1	1	1
社会安全基础设施建设	1	1	1	1
社会最低生活保障制度建设	1	1	1	1
专家6	基本养老保险参保覆盖率	纳入居民生活保障覆盖率	社会安全基础设施建设	社会最低生活保障制度建设
基本养老保险参保覆盖率	1	1	1/3	1/5
纳入居民生活保障覆盖率	1	1	1/3	1/5

续表

专家6	基本养老保险参保覆盖率	纳入居民生活保障覆盖率	社会安全基础设施建设	社会最低生活保障制度建设
社会安全基础设施建设	3	3	1	1
社会最低生活保障制度建设	5	5	1	1
专家7	基本养老保险参保覆盖率	纳入居民生活保障覆盖率	社会安全基础设施建设	社会最低生活保障制度建设
基本养老保险参保覆盖率	1	1	1/3	1/3
纳入居民生活保障覆盖率	1	1	1/5	1/5
社会安全基础设施建设	3	5	1	1
社会最低生活保障制度建设	3	5	1	1
专家8	基本养老保险参保覆盖率	纳入居民生活保障覆盖率	社会安全基础设施建设	社会最低生活保障制度建设
基本养老保险参保覆盖率	1	1	1/3	1/3
纳入居民生活保障覆盖率	1	1	1/3	1/3
社会安全基础设施建设	3	3	1	1
社会最低生活保障制度建设	3	3	1	1
专家9	基本养老保险参保覆盖率	纳入居民生活保障覆盖率	社会安全基础设施建设	社会最低生活保障制度建设
基本养老保险参保覆盖率	1	1	1	1
纳入居民生活保障覆盖率	1	1	1	1

续表

专家9	基本养老保险参保覆盖率	纳入居民生活保障覆盖率	社会安全基础设施建设	社会最低生活保障制度建设
社会安全基础设施建设	1	1	1	1
社会最低生活保障制度建设	1	1	1	1
专家10	基本养老保险参保覆盖率	纳入居民生活保障覆盖率	社会安全基础设施建设	社会最低生活保障制度建设
基本养老保险参保覆盖率	1	1	1/5	1/5
纳入居民生活保障覆盖率	1	1	1/5	1/5
社会安全基础设施建设	5	5	1	1
社会最低生活保障制度建设	5	5	1	1
专家11	基本养老保险参保覆盖率	纳入居民生活保障覆盖率	社会安全基础设施建设	社会最低生活保障制度建设
基本养老保险参保覆盖率	1	1	1/3	1/5
纳入居民生活保障覆盖率	1	1	1/3	1/5
社会安全基础设施建设	3	3	1	1
社会最低生活保障制度建设	3	5	1	1
专家12	基本养老保险参保覆盖率	纳入居民生活保障覆盖率	社会安全基础设施建设	社会最低生活保障制度建设
基本养老保险参保覆盖率	1	1/3	1/5	1/5
纳入居民生活保障覆盖率	3	1	1/5	1/5

续表

专家12	基本养老保险参保覆盖率	纳入居民生活保障覆盖率	社会安全基础设施建设	社会最低生活保障制度建设
社会安全基础设施建设	5	5	1	1
社会最低生活保障制度建设	5	5	1	1
专家13	基本养老保险参保覆盖率	纳入居民生活保障覆盖率	社会安全基础设施建设	社会最低生活保障制度建设
基本养老保险参保覆盖率	1	1	1/5	1/3
纳入居民生活保障覆盖率	1	1	1/5	1/3
社会安全基础设施建设	5	5	1	1
社会最低生活保障制度建设	3	3	1	1
专家14	基本养老保险参保覆盖率	纳入居民生活保障覆盖率	社会安全基础设施建设	社会最低生活保障制度建设
基本养老保险参保覆盖率	1	1	1/3	1/3
纳入居民生活保障覆盖率	1	1	1/3	1/3
社会安全基础设施建设	3	3	1	1
社会最低生活保障制度建设	3	3	1	1

社会生活保障风险二级指标权重的计算结果(如表4-51所示):

表4-51 社会生活保障风险二级指标权重的确定

专家	相似系数	最大特征值				CR	
专家1	11.6985	0.0551	0.3435	0.3333	0.1111	5.0556	0.0124
专家2	12.2139	0.1111	0.3333	0.1429	0.1429	5.0000	0
专家3	11.6985	0.0551	0.3435	0.2308	0.0769	5.0556	0.0124

续表

专家	相似系数	最大特征值				CR	
专家 4	12.2139	0.1111	0.3333	0.2727	0.0909	5.0000	0
专家 5	10.6233	0.1735	0.1735	0.0427	0.0862	5.0883	0.0197
专家 6	10.7333	0.2615	0.1290	0.0427	0.0862	5.2375	0.0530
专家 7	11.4136	0.2381	0.2381	0.0627	0.1645	5.0000	0
专家 8	11.3663	0.3435	0.1290	0.2308	0.2308	5.0556	0.0124
专家 9	11.6747	0.3333	0.1111	0.2000	0.2000	5.0000	0
专家 10	12.2139	0.1111	0.3333	0.3333	0.1111	5.0000	0
专家 11	10.6120	0.0551	0.1290	0.2308	0.0769	5.0556	0.0124
专家 12	12.2139	0.1111	0.3333	0.3333	0.3333	5.0000	0
专家 13	11.6139	0.2000	0.2000	0.2000	0.2000	5.0000	0
专家 14	10.7333	0.2615	0.1290	0.0431	0.0871	5.2375	0.0530
最终权重		0.2283	0.2067	0.2655	0.2995		

四、重大社会风险指标体系各个指标的权重分析

通过前述各步骤的推演,已把重大社会风险指标体系各个要素的权重进行了计算,并得出了科学的数据。为了更好、更直观地呈现各个指标的权重,现对上述计算的各级指标权重整理如下(见表 4-52 所示):

表 4-52 重庆市社会风险指标体系及其权重

一级指标	权重	二级指标	权重
经济生活风险	0.2237	城镇化率	0.1066
		居民消费价格指数	0.0986
		城乡居民可支配收入比	0.1667
		恩格尔系数	0.0806
		失业率	0.1588
		贫困发生率	0.1671
		金融安全	0.2216
		建设内陆开放高地状况	0.1058

续表

一级指标	权重	二级指标	权重
政治生活风险	0.1248	贪腐案件立案率	0.2583
		信访率	0.2967
		政务公开度	0.2355
		接受人大、政协监督情况	0.2095
重大社会安全事故与治安事件风险	0.2075	治安案件立案率	0.2117
		道路交通万车死亡人数	0.1582
		亿万生产总值生产安全事故死亡人数	0.1645
		个人极端事故	0.1373
		群体事件发生率	0.1292
		大型群众性活动安全事故	0.2197
生态环境风险	0.1209	森林覆盖率	0.1658
		主城区空气优良天数占比	0.2383
		主城区 $PM_{2.5}$ 浓度	0.2772
		水土流失面积治理率	0.1383
		每起地质灾害造成直接经济损失值	0.1804
公众心理风险	0.1230	对社会公平感知度	0.2926
		对政府提供公共服务水平满意度	0.2106
		对政府政务公开满意度	0.1460
		对政府社会治理满意度	0.2571
		对自身幸福感知度	0.0937
社会生活保障风险	0.2001	基本养老保险参保覆盖率	0.2283
		纳入居民生活保障覆盖率	0.2067
		社会安全基础设施建设	0.2655
		社会最低生活保障制度建设	0.2995

从表 4-52 可知,无论是一级指标还是二级指标,其权重是不同的。这些不同的权重不仅喻示了公众关心的问题及其重要性,而且也对社会

风险的防范化解具有导向作用。

从一级指标看,"经济生活风险指标"的权重是 0.2237,居一级指标之首。"经济生活是作为自然属性和社会属性统一体的人所不可缺少的社会活动内容。"①由此看来,经济生活对人类至关重要,不仅关乎生存,甚至关乎发展。从另一层面看,经济生活不仅是个体的生活和发展的重要保障,更是生活物质文明和进步的重要体现,所以无论是国家还是个体均重视和关注经济生活。一旦经济生活受到影响,不仅会对个体产生严重影响,严重的还会引起社会动荡。"经济生活指标"的权重位居一级指标之首,也与此呼应。在经济生活指标的二级指标中,权重最高的是金融安全,其权重为 0.2216。从现代社会来看,随着大数据、网络等高科技的发展,金融活动受到很大影响。金融以及金融活动一旦受到影响,小则影响公民个人,大则引起社会金融秩序动荡。因此,金融安全格外受到重视,且从国家层面看,也一再强调金融安全的重要性,号召重视金融安全风险的防范化解。位居第三的是城乡居民可支配收入比,其权重为 0.1667。除此之外,失业率、居民消费价格指数、恩格尔系数等指标的权重也不低,其所指领域的风险也需警惕。

一级指标中居第二位的是"重大社会安全事故与治安事件风险指标",其权重是 0.2075。人类作为一种社会动物,只有安全、安宁、稳定地生活,才能追求更高的人生价值。因此,社会生活的质量和水平对公民至关重要。但违法犯罪、各类安全事故等,均对公民的社会生活造成了很大的影响,引起了公民的高度关注。二级指标的内容也反映了这种情况,其中,治安案件立案率的权重是 0.2117,道路交通死亡人数的权重是 0.1582,亿万生产总值生产安全事故死亡人数的权重是 0.1645,个人极端事故的权重是 0.1373,群体事件发生率的权重是 0.1292,大型群众性活动安全事故的权重是 0.2197。由此可见,治安案件立案率的权重最高,大型群众性活动安全事故的权重次之,亿万生产总值生产安全事故死亡人数的权重居于第三位。这前三位指标的权重均较高,预示着公众关心社会生活领域安全、社会生产领域安全等问题。其他二级指标的权重

---

① 王志强:《经济生活状况与犯罪问题研究》,载《中国人民公安大学学报》(社会科学版)2008 年第 5 期,第 52 页。

也较重,因此,也应关注这些领域存在的问题,以免诱发风险。

一级指标中居第三位的是"社会生活保障风险指标",其权重是0.2001。作为独立的个体要生活或发展,均需要生活有保障。如果生活没有保障,则生存和发展均无从谈起。尤其是作为个体的公民,在最低生活、养老保险、居民生活和生活安全基础设施建设方面,都需要得到保障。在二级指标中,也是以这些因素作为指标的,且其权重是不同的。其中,基本养老保险参保覆盖率的权重为0.2283,纳入居民生活保障覆盖率的权重为0.2067,社会安全基础设施建设的权重为0.2655,社会最低生活保障制度建设的权重为0.2995。因此,从权重看,社会最低生活保障制度建设的权重最大,其次是社会安全基础设施建设的权重。重庆市非常重视这些因素对应的制度建设,如在《重庆市人民政府工作报告(2022年)》中,就把"抓好基础设施投资放量……聚焦'两新一重'、城市更新、民生补短板等领域布局一批重大项目,开工一批成熟项目"纳入了规划中,这能进一步推动重庆基础设施建设。不仅如此,在"持续推进城市提升,提高城市功能品质"目标导向下,重庆市"构建现代基础设施网络",即建设"米"字型高铁网,持续实施高铁建设五年行动方案;建设国际航空门户枢纽,提速推进江北机场T3B航站楼及第四跑道工程,力争开工重庆新机场综合交通枢纽,基本建成万州机场T2航站楼;建设多渠道能源网,畅通北煤入渝通道,启动川渝特高压交流工程,推进三峡电、川电、疆电入渝,提升页岩气勘探开发力度,开展水电、风电、光伏发电等内部挖潜,确保能源安全稳定供应;建设现代水网,实施"一核两网·百库千川"水利行动,推进渝西水资源配置、跳蹬水库等重大水利工程,力争开工建设藻渡等大中型水库,推动城市供水管网向镇村覆盖,创建国家节水型城市。在"推进以改善民生为重点的社会建设,以更有效举措促进共同富裕"目标中,要求积极应对人口老龄化,建立基本养老服务清单制度,开展家庭养老床位照护服务试点,实现城乡社区居家养老服务全覆盖。健全退役军人政策制度和工作运行机制。推动社保扩面提质和最低生活保障提标,完善社会救助机制,发展妇女、儿童、残疾人、慈善等福利事业,建立健全未成年人保护体系。这些举措对于提升公众生活保障具有巨大推动作用,对于减少这些领域的风险衍生以及风险发展成重大事故,也具有积极价值。

一级指标中居第四位的是"政治生活风险指标",其权重是 0.1248。从权重的数值看,还是偏高。从政治生活风险指标的二级指标看,该较重的权重反映了公众的心声以及急需解决的问题。在二级指标中,贪腐案件立案率反映的是公众对国家"治吏"的决心和力度。若此类事情没有处理好,很容易影响国家和公民之间的融洽关系,甚至影响党的执政根基。贪腐案件立案率的权重是 0.2583,从这一数值看,还是需要对其引起高度重视的。信访率的权重是 0.2967,位居政治生活风险指标的榜首。重庆各个层面,都较为重视信访和信访涉及的调解工作。以江北区为例,2019 年,江北区建立人民调解委员会组织 144 个,在区信访办及警力在 20 人以上的公安派出所,新设调解室 18 个;2020 年,江北继续加强人民调解工作,全区已建各级各类调委会 144 个,调解室 18 个,共有调解员 802 人;信访实现"五个不让"和"七个坚决防止"总体目标,信访总量同比件数下降 27.12%,人次下降 26.38%。① 信访如果处理不好,确实会引起公众对政府立场、能力的怀疑,产生较远的政治影响。如果能妥善处理信访涉及的各种问题,则会增加政府的威信,并且防止其背后隐藏的矛盾转化为更大事件。政务公开度的权重是 0.2355,也需要对其引起关注,因为政务公开能使政务处于"阳光之下",由此能使政务取信于民。重庆市重视政务公开工作,如重庆市人民政府关于印发《重庆市法治政府建设实施方案(2021—2025 年)》的通知中,就要求"全面贯彻落实政府信息公开条例,坚持以公开为常态、不公开为例外,法定主动公开全部、公开到位;全面推进政务公开制度化、标准化、规范化、信息化建设;推动全市政府网站和政务新媒体提质增效。组织开展政府开放日等政务公开主题活动;全面贯彻落实教育、卫生健康、供水、供电、供气、环境保护、公共交通等领域公共企事业单位信息公开规定,深入推进公共企事业单位信息公开;认真办理政府信息公开申请,依法保障人民群众合理信息需求;规范政府信息申请公开事项的接收、登记、审查、处理、答复等记录,做到及时归档"。还需要注意的是,接受人大政协监督情况的权重是 0.2095。接受人大政协监督是重要的政治民主生活的体现,牢固树立监督就是支

---

① 《重庆市江北区 2020 年法治政府建设情况报告》。

持、监督,就是爱护、监督,接受人大政协监督是践行群众路线、落实初心使命的具体行动和举措。因此,要做好与人大政协代表沟通的联络工作,办理好代表意见建议,不断拓展人大政协代表参与、了解、监督工作的途径、渠道、方式,积极为代表履职、发挥作用提供服务和保障。

一级指标中居第五位的是"公众心理风险指标",其权重是0.1230。在一级指标中,"公众心理风险指标"是主观的,表征的是重庆人民主观世界的感受。在二级指标中,按权重依次排列为:对社会公平感知度权重为0.2926、对社会治理满意度权重为0.2571、对政府提供公共服务水平满意度权重为0.2106、对政府政务公开满意度权重为0.1460、对政府社会治理满意度权重为0.2571、对自身幸福的满意度权重为0.0937。这些指标均显示"社会公平""社会治理""政务公开""自身幸福"等要素,并给公众直观的感受,由此形成各种判断。尽管这些指标和社会治安、收入分配、空气质量等客观要素不同,但还是可以通过问卷调查等方式予以考证。因此,其权重也对社会风险防范化解具有参照作用。

一级指标中居第六位的是"生态环境风险指标",其权重是0.1209。从权重的数值和排位看,生态环境风险的防范化解还是应高度重视。尤其是空气的污染问题,最为值得重视,因为从二级指标看,主城区$PM_{2.5}$浓度的权重为0.2772,在"生态环境风险指标"中排第一位,而排第二位的依然和空气污染有关,即主城区空气优良天数占比的权重为0.2383。除此之外,森林覆盖率的权重为0.1658,水土流失面积治理率的权重为0.1383,每起地质灾害造成直接经济损失值的权重为0.1804。这些指标所反映的环境问题也需要引起重视。环境问题一直是中国较为突出的问题,引起了党和国家的高度重视。党的十八大以来,以习近平同志为核心的党中央高度重视社会主义生态文明建设,坚持绿色发展。特别是在2018年,十三届全国人大一次会议第三次全体会议通过的《宪法修正案》,把"生态文明保护"写入了《宪法》。重庆市也较为重视生态环境污染的治理,重视化解该领域存在的会诱发重大污染事故的风险。以渝北区为例,在2018年,采取环保"五大行动",持续开展大气、水、土壤污染防治,在线监控重点施工现场17个,整治砖瓦窑企业4家、餐饮油烟企业90家、完成13家工业企业、95家汽修厂挥发性有机物治理,城区空气质量优良天数达到309天;改造城区雨污混流管网20公里,完成碧津湖等城区湖库水生态修复,基本消除城市黑臭水体;东方红水库流域治理加快推进,依法收回团丘、新桥水库经营管理权,取缔餐饮、采砂船舶44艘,完成12个集中式饮用水源地规范化建设;建成市级安静小区1个,噪声达标区达到70平方公里;土壤污染综合防治示范区加快建设,完成地下油罐防渗改造工程38个;生态建设不断加强,如开展大规模国土绿化,完成营造林4.8万亩,公益性育苗150万株;精准提升改造国有林6000亩,公路绿化460公里;深入开展自然保护区、"大棚房"问题排查整治,"四山"综合整治扎实推进;治理水土流失面积12平方公里;开展地灾治理25处,曹家山煤矿复垦项目通过市级验收;铜锣山国家矿山公园完成设计方案征集;与两江新区、长寿区建立流域生态补偿机制;倡导绿色生活,新增绿色小区4个、绿色学校3所、市级生态村3个,成功创建市级生态文明建设示范区。① 这些措施对于改善空气的质量、解决水土流失问题、减少地质灾害等,均具有积极意义。

　　构建关于重庆重大社会风险指标体系,并以此评估和预测重庆重大社会风险,是一个趋近客观事实的评估。构建的指标体系采取了专家评估与公众需求结合、指标分级与人工建模相结合的方式,从而建构了一套基于重庆市的具体情景的重大社会风险指标。这些社会风险指标体系坚守了前述的唯物论、"重点论"、"重点论和两点论"统一的原则,即从唯物论的角度看,体系中的一级指标和二级指标是根据重庆市的情况——特别是重庆市社会风险的主要类型以及重庆市的其他客观情况,筛选出来的;从"重点论"的角度看,社会领域十分广袤,风险也无处不在,社会风险的各种征表元素太多,所以想要构建一种包罗万象的指标体系是不可能的。这就决定了应选择较为重要的、公众较为关注的指标,组成指标体系;从"重点论和两点论"统一的原则看,构建的指标体系不仅选出了重要的指标,而且还对各个指标的权重进行了计算,这意味着进一步地区分了重点和次要重点。从另一个层面看,该指标体系也是建构长效防范化解重大社会风险的基础。因此,重大社会风险指标体系具有重要的实践意义。

---

① 《重庆市渝北区人民政府2019年工作报告》。

第五章　建构重大社会风险防范化解和应急处置机制

习近平号召:"要健全风险防范化解机制,坚持从源头上防范化解重大安全风险,真正把问题解决在萌芽之时、成灾之前。要加强风险评估和检测预警,加强对危化品、矿山、道路交通、消防等重点行业领域的安全风险排查,提升多灾种和灾害链综合检测、风险早期识别和预报预警能力。……要坚持群众观点和群众路线,坚持社会共治,完善公民安全教育体系,推动安全宣传进企业、进农村、进社区、进学校、进家庭,加强公益宣传,普及安全知识,培育安全文化,开展常态化应急疏散演练,支持引导社区居民开展风险隐患排查和治理,积极推进安全风险网络化管理,筑牢防灾减灾救灾的人民防线。"[①]但"重大社会风险指标体系"的确立,仅能对重大社会风险进行预测、监视、预警,且是最基础的一步。从某种层面看,"重大社会风险指标体系"是为重大社会风险的防范化解作前期的准备。当通过重大社会风险指标体系,预测到风险源或各种风险,就需要采取措施防止其继续发展,或者通过其他手段予以化解。前述也提到,当代的各种重大社会风险同其他风险一样,是不能被消灭的,且还将不

[①] 《习近平在中央政治局第十九次集体学习时的强调　充分发挥我国应急管理体系特色和优势　积极推进我国应急管理体系和能力现代化》,载《人民日报》2019年12月1日,第1版。

断地产生新风险。这意味着重大社会风险的防范化解不是一时的,更不可能一劳永逸。因此,必须寻找对策构建长效防范化解机制,必须在各级党委政府的领导下,依靠一切力量防控重大社会风险。

第一节 重大社会风险的生成和演化过程

一、重大社会风险的生成分析

重大社会风险是发生在社会领域对社会产生影响的风险,系由诸多社会因素综合诱发的不稳定。社会风险从风险的诱发到风险的萌芽、发展直至最后的灾难,必然经历着循序渐进的生成过程,且也是其从无到有不断显现的过程。一般而言,社会风险的形成机理由风险生成诱因、风险生成势能、风险生成场域和风险生成节点等基本要素和环节所构成,并经历社会风险的潜伏和显现两个阶段。① 因此,重大社会风险是由各种因素共同作用,并经历一定的时段生发出来的,在这之中,某些重大社会风险还会进一步酿成重大事故。

(一) 重大社会风险生成诱因的界定

风险的诱因处于风险生成的源头,昭示了风险源自何处,具体来说即由哪些社会因素诱发。只有存在对应的风险诱因,才会出现一定的社会风险,进而向重大危机事件演化转变。但不能如此表达:只要存在对应的风险诱因,就会生成社会风险。必须注意的是,风险诱因与社会风险之间的关系是单向的,只能由社会风险出发探索风险诱因,而无法从风险诱因出发演化出社会风险。换言之,社会风险是一种具有实在性与虚拟性双重属性的社会存在,在社会风险引发重大危机事件之前,它只是一种无法证实的隐性存在。但在重大危机事件发生后,方可从中推断出前置的风险形态。据此,对于社会风险生成诱因可以如此定义:社会风险生成诱因是与社会风险有关的、风险生成所必需但却不必然引发风险的刺激物。

---

① 姚亮:《现阶段中国社会风险的形成机理探析》,载《学习与实践》2011 年第 8 期,第 117 页。

从该界定看,即使没有引发社会风险,这种刺激物也是妨碍社会良性运作与和谐发展的社会隐患。

社会风险生成诱因也有催生源,一般包括人为制造、社会自发生成、自然界生成。前面已解析,社会风险生成诱因就是诱发社会风险的刺激物,其本身应当是某种社会因素。这种社会因素既可以是人为的——由个人或团体反叛社会行为所引起社会混乱,也可以是社会自发的——内存于社会结构之中的,或在自然领域中无目的地生发但却可能波及社会及社会成员的。下面详释之:

第一,人为的社会因素,主要是由支配人类活动的人的内在需求与利益冲突引起的。在社会领域中,人们会开展各种类型的社会活动,且"其根本动因在于人们要实现自己的利益要求"。① 而对利益分配的不满,或对利益受损的反抗或被利益反噬,正是个体或团体行为失范的深层次原因。

第二,社会自发因素,主要是社会中非人为的因素。社会自发的因素与利益之间的关联性不明显,主要呈现为社会结构的构成不妥当造成的风险。如社会制度的缺失与失灵、社会制度与社会现实的脱节、社会阶层的严重分化(如城乡分化、贫富分化)等,这些风险都可能引致严重的社会事故。因此,社会结构的不完善是社会风险生成诱因,这种因素往往会引致巨大的社会变动,甚至会触发无序的社会运行状态。

第三,自然领域所固有的风险诱发因素。社会和自然环境并不是截然分开的,相反,自然和社会是紧密相连的。甚至从某种意义看,人类的生存和发展离不开自然环境。比如,人类一刻也无法脱离自然而存在,人类呼吸着氧气,饮用着水源,食用着生物链中的动植物。不仅如此,人类还以实践的方式不断地努力将自然改造为人化自然。因此,自然环境的变化也会波及人类社会,自然领域的风险诱发因素成为引发社会风险的罪魁祸首。比如 2019 年 6 月,重庆市北碚区暴雨袭来,缙云山北温泉附近发生山体滑坡,严重影响国道 212 强盗湾路段,造成巨大的交通安全隐患。②

---

① 王浦劬主编:《政治学基础》,北京大学出版社 1995 年版,第 70 页。
② 《缙云山北温泉附近今晨山体滑坡 七八棵大树倾倒》,载上游新闻网。

（二）社会风险的生成势能

社会风险的生成除了需要风险诱因外，还需要存储于社会系统内敦促社会风险生成的能量。即只有诱因在力量的作用下生成势能，才能促成其发展。前述论及，社会风险是一定程度的社会失序或社会混乱等不稳定可能，并且其诱发社会风险的因素，只有牵涉社会的部分人群或受到社会的普遍关注，才得以聚集足够的势能，以生成社会风险。具言之，这种生成势能主要通过内外两种渠道得以聚集。

第一，外部聚集渠道。风险势能通常通过客观的外部渠道聚集，且呈现出一定的规律。一方面，如果作为诱因的社会因素所属社会领域越重要，越关乎基础的民生问题，就越发容易积蓄风险势能。比如人们对食品、医药安全的容忍度远远低于对网络受病毒侵袭的忍耐。另一方面，风险诱因的关联度越高，就越容易导致跨领域、跨地域、跨类别的交叉问题，就越增强相关问题的辐射范围，进而增添风险的生成势能。比如，经济发展是社会发展的基础，经济行为的严重失范，如市场垄断行为等，除了破坏市场经济的正常运行引发市场失灵之外，往往会引发收入与财富分配不公、社会就业不稳定、社会福利损失等一系列长期存续的连锁反应。除前述两个维度外，风险诱因本身与社会对抗的系数也是风险势能的重要考量。这一系数偏低，则诱因便很难引发社会风险。反之，个体或团体行为对社会的反叛越严重，则社会制度与现实社会就越格格不入，社会阶层的分化就越大，风险势能越容易聚集，也越容易诱发社会风险。

第二，内部聚集渠道。风险势能可通过公众的主观情感或主观情绪这种内部渠道聚集。就个体而言，人们对于社会有一定的期许与期待，当这种期待不能被满足甚至被扼杀时，个体就会产生对社会的不满情绪。尤其是在媒体和网络传递如此迅速的时代，社会比较极为便捷。因此，以他人作为比较尺度使得这种不满情绪更加膨胀，直至演变为一种社会挫败感。而在引发不满情绪与社会挫败感的社会因素中，就集聚了相当程度的风险势能。还有另外一种情形，即人们对于社会信任感的损失。当某种社会因素直接触碰人们的信任底线，或社会因素外化为某种难以解决的社会问题，就会进一步引发人们对公众社会的信任危机，公众会产生一种焦虑情绪。随着焦虑情绪的占比升高，风险诱因中的势能也会不断累积。团体与个体情绪的自发性不同,团体的情绪极易受到煽动进而转移自身的注意力,在团体中的人们也极易受到他人情绪的感染,并形成一致的或两极分化的主观情感。由此,人们从某种社会因素中获得的社会挫败感、社会诚信缺失感以及社会焦虑感,将会迅速聚焦、蔓延且被无限放大。这些情感在公众内心的积压与爆发,以全体的主观情绪被反映出来,并昭示着巨大风险的积聚。

(三)社会风险的生成场域

"场域"是由社会成员按照特定的逻辑要求共同建设的,也是社会个体参与社会活动的主要场所。整个社会就是一个场域,但在高度分化的社会里,社会场域是由具有相对自主性的小场域构成的,这些小场域是具有自身逻辑和必然性的客观关系的空间。① 社会风险显然需要一定场域环境的孕育而形成,具体而言,可以从现实场域与网络场域两个方面来考量。

就现实场域而言,该场域由不同的地理区划、人的因素以及与之相关联的其他因素组成。社会风险的生成受到实在的人与物的影响,往往呈现出地域倾向性、关系倾向性、历史倾向性。地域倾向性表现为地域的自然环境、行政区划、经济状况、人文环境决定了该地域可能滋生的社会风险类型、风险生成的时间规律、风险组成风险群的状况等。而重庆拥有山城地势,这种山多、河多的特殊地形形成了较大的高度落差,使得暴雨能够快速汇集。加之其在长江流域中所处的位置,致使洪水灾害成为本地的重大社会风险。而在少江河、少雨水的平原地区,这种社会风险根本没有得以生成的场域。关系倾向性指社会风险的生成与现实场域的社会关系状况密切相关。在现实场域中,人与人之间的交互是真实的、实名的,社会风险的生成可以从真实的社会关系状况中寻到踪迹,发掘某种类型的社会风险容易在特定群体中生成和爆发。历史倾向性指的是社会风险往往不是乍然形成的,而是在现实场域的历史遗留问题的基础上,经历了漫长过程生成的。因为现实场域的实体性决定了场域的承继性,各种牵涉人与物的社会因素都不断地积淀、演化、留传的过程之中,即使消失之后也会以另一种形式在其他社会因素之中存续。

---

① [法]皮埃尔·布迪厄、[美]华康德:《实践与反思——反思社会学导引》,李猛、李康译,中央编译出版社1998年版,第134页。

就网络场域而言,该场域所特有的双层次征象为社会风险的生成提供了更大的可能空间。一方面,网络场域以信息网络的形式存在,描绘出一个虚拟的无限空间。在这个形式中,分布着无数个具有高度自治特征的节点,节点与节点之间自由链接,每一个节点都有可能成为即时化的中心,从而形成一个开放式、扁平化、平等性的网络架构。① 这使得该场域社会风险的生成暂时地丧失了规律性,同时,地域倾向性、关系倾向性、历史倾向性都不甚明显。具言之,网络场域可以不受地域的局限,迅速地传播和联结起来,对风险势能的聚集提供了很大的便利条件。相反地,网络场域的社会风险的出现具有随机性和多向性,每个自治节点获得共同认可或取得一致行动后都可能成为风险的爆发点。除此之外,网络空间作为虚拟空间,人与人之间的交互可以匿名进行,人们的群体特征脱离性别、年龄、职业、经历等个人标签,取而代之的是纯粹话语促成的交锋与站队,人与人之间的社会关系逐渐被模糊化,风险的生成呈现为形聚实散的情状。更为重要的是,言语冲突的发生往往更加容易且尖锐,从而突然又无征兆地惹起相关的社会风险。但同时话语的留存却极为短暂,也很难在人们心里留下长久的印象与冲击感,使得社会风险并非在漫长过程中生成。即每一个风险都由一个看似全新的环境来孕育产生,场域与风险本身都是碎片化的存在。另一方面,网络场域可以作为人们在现实场域中交互行为的延续。从这个意义上来说,网络场域也可以视为现实场域的组成部分。当现实场域的风险诱因在网络场域中延伸,之后又传至现实场域之中,社会风险的生成速度与社会风险的严重程度将会出现倍增的现象。

(四)社会风险的生成节点

经由社会因素被诱发的社会风险,在萌芽时期处于隐性状态,无法被观察和分析。而社会风险的节点是社会风险开始显现的时间轴点,是风险生成的标志性阶段。从此时开始,社会风险便有了造成社会损失进而转化为危机事件的可能。

具体而言,可以从以下几个方面判断风险节点的出现:一是牵涉人群

---

① 周彬:《网络场域:网络语言、符号暴力与话语权掌控》,载《东岳论丛》2018年第8期,第49-50页。

的聚拢与汇集。当某种社会诱因与相当数量的个体或者某一个、数个群体的利益相关时,不同个体跨越地理距离横向串联,或超脱时间轴线纵向结合,互相之间的联络沟通使得思想与行动一致化,已从最初的松散个体变为紧凑人群,且群体中个体数量达至一定的人数标准时,风险势能便蓄积到得以显现的节点。当然,如果诱因本身不牵涉大量人群的利益,但却忽视了敏感人群的利益或分配不公,往往也会引发人群的广泛关注与声讨,对社会造成很大的影响。二是场域的延续与跨越。当社会风险的诱因在同一地域、同一社会领域迅速流转或在不同地域、不同社会领域之间,乃至现实场域与网络场域之间不断扩散时,风险诱因所形成的影响将不断地增强。尤其是负面的影响会不断地出现甚至恶化。更为严重的是,这种联动与共振往往会形成新的风险诱因,引发其他层面的社会风险。故个别诱因就有演化为整体化社会问题的可能,并且可能对社会造成整体性损害。三是制度性社会缺陷的出现,会在社会系统中引发制度性社会失范,造成社会的无序运行,给社会带来极大的风险。而在社会转型时期,制度性社会缺陷出现的可能性较大。比如,旧的社会制度的失效与新的社会制度的缺失,新的社会制度未经过科学的论证而脱离社会实际情况,人们主观意识的转变所导致的对原有社会制度的不服从等,都会对社会造成大的冲击和危害。

一旦风险诱因与人群的聚集、场域的跨越、制度性的社会缺陷等危险现象并行出现,社会风险便极容易生成。但此时社会风险并非必然会出现,还有一个重要因素有待考量,即社会的承受力。只有当上述现象的出现超出了社会的承受力,无法在社会中被全面或部分化解,才形成了社会风险的生成节点。正如管理学家盖得所提出的"短板效应",一个社会稳定与否并不取决于经济的增长速度和社会财富总量增加的状况,而最终取决于社会群体的风险承受力和生活改善状况。[①] 若能提升社会的整体承受力,社会风险的生成节点将大幅度提升。

由此可见,社会风险这一发生在社会领域的风险,其生成实际上是一个由可能性向现实性不断逼近与逐渐生成的过程,其经历了社会风险诱

[①] 姚亮:《现阶段中国社会风险的形成机理探析》,载《学习与实践》2011年第8期,第122页。

因到社会风险的质的变化。这一风险的生成规律表明,风险治理在一定程度上就是科学诊断并主动调整由可能性向现实性转化的条件。如对风险诱因的消除、对风险势能聚集的疏导、对风险场域的消除以及阻碍风险节点的出现,将其引导到维护平衡和实现和谐的方面来。[①] 这也是社会风险有化解可能的重要原因,国家应采取措施避免这些诱因的产生。

二、社会风险从"无"到"重大危机事件"的演化

社会风险到重大危机事件的演化发展,也是属于风险的传导过程。社会风险形成后,会附着于一定的承载体之上,沿着特定的路径向四周传导。承载风险的物体有多种形式,可以呈现为诸如动物、病毒、人群等有形实体,也可以呈现为信息网络、基因科技、知识文化等无形之物。这些有形或无形之物,以各自惯有的传播方式将社会风险向周围扩散。一般而言,社会风险从"无"到"重大危机事件"的演化发展,可分为三个过程:

(一)社会风险从"无"到"突发公共事件"

就概念本身而言,突发事件是传统"灾害"一词与时俱进的产物。[②]根据 2007 年颁布实施的《突发事件应对法》,突发事件指的是"突然发生,造成或可能造成严重社会危害,需要采取应急处置措施予以应对的自然灾害、事故灾难、公共卫生事件和社会安全事件"。那么,突然的公共事件意味着现实地对社会造成了某种损害,并且属于已然存在的事实。而社会风险表征着对社会造成损害的可能性,属于未然层面的"有"实然层面的"无"。从发生的过程来看,总是社会风险出现在前,公共事件突发在后。同时,二者之间存在一种内在因果关联,即社会风险的持续传导是造成公共事件突发的原因,突发的公共事件是社会风险现实化的阶段性后果。因此,公共事件的性质由社会风险的性质所决定,一定类型的社会风险在特定的传导模式之下引发相应类型的公共事件。

更为重要的是,公共事件的发生节点与严重程度,是由一定类型社会

---

① 潘斌:《社会风险何以形成——一个实践生成论的进路考察》,载《求索》2010 年第 10 期,第 124 页。
② 刘晋:《"社会风险—公共危机"演化逻辑下的应急管理研究》,载《社会主义研究》2013 年第 6 期,第 101 页。

风险的传导模式所决定。具言之,大多数类型的社会风险都是沿着聚集性的传导模式进行传导,经历了一对多或多对多的中心扩散路线。这种传导模式规模较大,传导速度较为迅速,一旦开始传播便很难追溯风险源头并及时控制、阻断传播路径。在此模式下,社会风险往往会迅速累积并突然地触发严重的公共事件。除此之外,还有一种单一性的传导模式,遵循着一对一的单向扩散路线。这种传导模式规模较小,传导速度相对较慢,开始传播后容易追溯风险源头,并采取措施加以控制。因而在此模式下,社会风险势能的聚集是一个漫长的过程。从社会风险到公共突发事件的演化,往往是由于对社会风险的认知欠缺或者对社会风险的传导怠于隔断,且公共事件的严重程度相对较弱造成的。但通常情况下,这两种传导模式并非决然分开的,而是同步进行的,即社会风险以聚集性传导模式为主,单一性传导模式为辅的路径展开传播,使社会风险到公共突发事件的演变分析更为复杂。

(二)从"单一"风险发展到"叠加"风险的演化

重大社会风险可由"单一"形式向"叠加"形式发展,从而导致重大社会风险具有叠加性。重大风险的叠加性是风险因素合并产生的效果,即由多种风险叠加而形成,由此产生更巨大的威力。从类型上看,重大社会风险的"叠加"包括"跨界叠加""新老叠加""强强叠加"。"跨界叠加"是重大社会风险在空间维度上的趋向,即随着现代化交通信息传播技术的发展,区域风险很容易从某个地域传播到另一个地域。这种跨界叠加突破了传统风险的空间屏障壁垒,加大了风险的危害性。"新老叠加"是重大社会风险在时间维度上的趋向,由于我国处于社会转型时期,转型前后的矛盾交替,并处一个时间维度上,难免出现旧风险尚未解决,新风险又已形成的局面,并因此加剧了风险的复杂程度。"强强叠加"是重大社会风险在程度上的趋向,通常危害较大的重大社会风险之间相互粘连、黏合,并形成更具破坏力的风险,从而加强了风险的危险性程度。

不仅如此,重大社会风险的叠加性,可使某种风险演化为另一种或多种风险。当代社会各个领域和各个要素之间,具有极大的"联动性",这不仅为各类重大社会风险的叠加提供了条件,而且也为风险类型的变化提供了条件。例如经济领域的风险,通过人、物等媒介因素,不断向社领域侵蚀和渗透,由此获得与社会秩序风险等的叠加,使其产生巨大的社会震荡和社会混乱。此类风险类型的演化不意味着最初的风险类型消失,相反在很多情况下,初始的风险类型依然存在,而经过演化和发展,又增加了新的风险类型。诸多风险的共存和互相叠加,不仅加剧风险的危害性,而且会形成风险综合体,由此导致颠覆性、毁灭性的损害。这也是要早期防范化解风险,尤其是其还处于单一风险的时候就应阻止其"生长"的重要原因之一。

(三)社会风险从"突发公共事件"到"重大危机事件"

社会风险经由突发公共事件空隙,通过一定载体加以传导,就会演变为重大危机事件。换言之,社会风险传导过程的终点是重大危机事件的发生。但社会风险不能直接引发重大危机事件,只有在触发突发公共事件的情形下,才能在社会风险与重大危机事件之间建立起因果关联。至此,我们可以说,社会风险到重大危机事件的演变逻辑为:社会风险—突发公共事件—重大危机事件。

其中,社会风险到突发公共事件的发展过程是一种风险的实现过程,而突发公共事件到重大危机事件的发展则是风险影响范围扩大、风险持续恶化的过程。要清楚阐释这一恶化的过程,首先要对突发公共事件与重大危机事件进行概念辨析。尽管二者在公共影响这一层面具有相通性,但从二者的名称可以看出,"突发公共事件"更加强调"公共事件突然发生","重大危机事件"更加强调"公共危机的重大"。换言之,后者往往威胁到全体民众的人身利益,引发社会的集体恐慌,使整个社会处于混沌状态。正如乌里尔·罗森塔尔所说,重大危机会对一个系统的基本价值和行为准则架构产生严重威胁,并且在时间压力和不确定极高的情况下,必须对其做出关键决策的事件。[1] 显然,一般的公共事件很难直接对社会产生如此严重的影响,通常而言,公共事件在相当长的一段时间内持续发酵才可能出现对社会正常秩序的颠覆性破坏。在公共事件发酵的过程中,原有社会风险仍在持续地聚集,并向四周传导(如灾害持续性发

---

[1] Uriel Rosenthal, *Coping with Crises:The Management of Disasters,Riots,and Terrorism*, Spring field,IL:Charles C. Thomas,1989. 转引自张海波:《社会风险研究的范式》,载《南京大学学报(哲学·人文科学·社会科学)》2007年第2期,第137页。

生)。与此同时,造成社会损害的公共事件本身又引发了新的社会风险。当原有社会风险量的聚集引发了质的变化,即风险势能超出了社会系统的承受能力、超出了社会安全的极限,将由社会可接受的风险演变为社会不可接受的风险;当原有社会风险与其他社会风险在传导过程中发生汇集,形成一个全新的社会不可接受的风险群,两个进程的合力作用往往会导致社会的变形,使社会产生危机、动荡摇摆。[1] 因此,应抓住社会风险的这个发展和传导特征,及时采取妥当的方式防范化解社会风险。

第二节 分时段防范化解和应急处置重大社会风险的机制构建

从社会风险的特性及其生成与传导机理看,应有针对性地对社会风险进行分时段的防范化解与应急处置。具体方案便是:采取从风险生成前的防范,到风险演化过程中的化解,再到重大危机事件出现后的应急处置。在风险还没有演化为重大危机/事故之前,主要重视"三防",即重视"预防、预警、预控"。"三防"是重大风险管理中的"御敌于国门之外"的重要举措,其对于"阻止"风险发展成为重大事故具有重要作用。但当风险发展到重大事故阶段后,就只有采取"应急"措施了。当然,这一系列整体举措涉及的是环环相扣、密切联系的环节,应做到必要的衔接和联动以实现风险的有效治理。[2]

一、第一道防线:未雨绸缪的"事前防范"

对社会风险的事前防范是应对风险的第一道防线。在此环节,主要是发现风险因素、消除风险苗头、阻断风险生成,进而得以把社会风险消除。具言之,社会风险的事前防范可以分为三步,即顺次建立:社会风险识别机制、社会风险研判/评估机制、社会风险预警机制。

---

[1] 刘彬:《突发性事件、社会风险和公共危机的逻辑演进研究》,载《晋阳学刊》2009年第5期,第39页。
[2] 黄元丰、张美琴:《社会主义和谐社会构建中社会风险治理机制的优化》,载《中共南昌市委党校学报》2014年第6期,第52页。

(一)第一步:建立社会风险的识别机制

社会风险识别以及识别的及时准确与否,决定了是否可以将社会风险防患于未然,也决定了整体风险防范工作的效率高低。因此,建立健全的风险识别机制,具有重要的实践意义。建立健全的社会风险识别机制,至少需要重视两个方面的事情:一方面,围绕重点环节、重点部位、重点对象进行,并应定期地对不同地域、不同社会领域、不同人群的风险苗头和风险因素展开深入、全面地排查。同时,还应开展社会安全稳定的大排查、大督查、大整治行动。如2021年,重庆市安减灾委要求全市聚焦"两重大一突出",聚焦重大风险、重大隐患、突出违法行为,紧扣煤矿、道路交通、危险化学品、建设施工、非煤矿山、工贸行业、消防安全、防汛抗旱、地质灾害、森林防火的37个重点难点问题,深入开展大排查大整治大执法百日行动。① 另一方面,要针对本市较为突出的道路交通、水上交通、轨道交通、建设施工、煤矿、非煤矿山、渔业船舶、城市桥隧管廊等领域的顽固风险,集中进行攻坚行动,持续进行专项督查。其中,对需要特别关注的区域和部门实地展开督查。对其他区域与部门,则可以通过书面进行督查,以最大限度地利用现有人力、物力等资源,保障风险识别机制的贯彻与落实。

具体而言,系统化的社会风险识别机制至少应当对危及公众或个体生命、财产的重大社会风险予以审视与检查。前述对重庆市的风险类型进行了分析,由此观之,涉及公众或个体生命、财产的重大社会风险主要有:自然灾害风险、公共事故风险、公共卫生风险、环境污染风险、社会治安风险。因此,针对重庆的情况,对重大社会风险予以审视与检查主要包括以下几个方面:

1. 自然灾害风险的摸查。在前面的章节中已提及,重庆因受气候等因素的影响,自然灾害风险较为严重。对于高温干旱、暴雨等独特气候引发的自然灾害风险展开的摸查,需制定自然灾害风险的普查方案,由多部门共同建立普查技术小组,全面地获取洪涝灾害、滑坡、崩塌这类重点灾害致灾信息、承灾体信息、历史灾害信息,查明灾难多发区域的承灾抗灾

---

① 《重庆:全面开展"两重大一突出"大排查大整治大执法百日行动》,载新华网。

能力以及分析政府的综合减灾能力等内容。

2. 公共安全事故风险的摸查。尤其重要的是对生产安全事故及交通安全事故进行细致的排查。比如对市内全部的"四小"企业、危化企业、建筑施工企业、食品企业等重点企业全链条、全环节检查,严守从实验到应用、从生产到使用的每一道关卡,对生产原材料、施工过程、运输与存储过程进行多方位的检查。又比如,对比重庆市独特的天气与道路环境,加强对道路设施的全面检查,设置对道路安全情况的实时监控,对于全市"平安交通"建设非常必要。重庆市交通委员会印发《全市平安交通三年攻坚行动实施方案(2018—2020年)》,重庆市及各区县认真落实了全国、全市和交通运输部安全生产工作决策部署。公路水路行业不断加大隐患排查和风险管控力度,完善安全生产机制,安全形势基本稳定,事故总量有所下降、死亡失踪人数也明显下降。至2019年10月,重庆市入选了首批交通强国试点建设,着力建设交通大数据共享交换平台,推动互联网、大数据、人工智能等新一代信息技术与交通运输深度融合,又进一步提升了对道路交通风险摸查的及时性与针对性,有助于完善交通安全保障体系。

3. 环境污染风险的摸查。对于环境污染风险,加强环境安全隐患排查治理工作十分有必要。重庆市在此维度也进行了很多努力。一方面对重庆城区的水污染风险、空气污染风险、噪声污染风险、固体废弃物污染风险等分类排查,重点抓好重点污染源、重点环境风险单位、危险废物重点源单位、重金属企业、放辐射源、沿江沿河化工企业、尾矿库、化危品企业等单位及饮用水源地的排查;另一方面对生态环境保护机制不健全的农村地区、偏远地区则还要加强森林与草地、耕地与农业生态、自然生态保护、气象与自然灾害等风险的拉网排查。而近年来,重庆市生态环境局已多次组成调查小组,将全市各地的环境风险排查整治落到实处,并就督查中发现的问题和不足分别致函全市各区县人民政府,建议其督促责任单位按照"一企一策"、"一事一策"、分类治理的要求,制定具体明确的整治方案,且将最终的整治落实情况纳入了区县经济社会发展的环保实绩考核内容。重庆市生态环境局还印发了《重庆市加强生态环境监督执法正面清单管理工作方案》《重庆市生态环境局关于印发〈重庆市涉气"散乱污"中小微企业综合整治方案〉的通知》《重庆市长江入河排污口整治工作方案》等一系列的规范性文件,并设置生态环境保护督察,建立健全例行督察、专项督察、驻点督察、日常督察与省际联动、常态化暗查暗访相结合的"4+2"督察体系,完善督察问题销号、督察信息化管理、督察队伍能力建设等系列配套措施;建立环境质量监测系统,对不同类型的环境质量予以实时监测,形成环境质量简报,进一步将环境污染风险的排查工作推向制度化、常态化。这些举措,对于加强环境安全隐患的排查和治理,具有十分关键的作用。

4.社会治安事件风险的摸查。除了对重庆市社会突出问题集中关注、对暴力事件及治安混乱的地域进行重点调查之外,重庆市还应主动加强对矛盾纠纷与安全隐患的检查,掌握实情、摸清底数,聚焦信访中的突出问题,努力做好群众工作。为了达成这一目标,重庆市"立体化"筑牢社会治安防控体系,在地面共建成街面警务站195个;并根据重庆市水域"点多线长"特点,在水上开展治安卡口建设,并首先选定巫山、永川、合川及主城朝天门、大竹林、巴南分别设立了3个省际水上卡口、3个主城水域治安卡口,又在全市水域24个客运码头、900余个货运码头安装了视频监控镜头1100余个,切实织密水域防控网。并且在地域排查之外,通过信息采集联动化开展"一标三实"工作对社会人员进行排查,采集了标准地址3900余万条,实有人口3100余万人,实有房屋2800余万套、实有单位100余万个,通过数据对比摸查社会治安风险。① 除此之外,各区县公安部门也纷纷采取行动。如高新警方极力打造通过无人机进行排查防控的3D立体化治安巡防新模式,并于2021年8月组织20名民警、辅警进行了为期2个月的无人机操控训练,组成高新"猎鹰"无人机战队,大大释放地上巡防警力,便于掌握辖区情况和指挥调度。② 九龙坡区公安分局自主研发部署了"瞭望者"高空抛物智能预警监控系统,让高空抛物者无处遁形。③ 渝中区公安分局积极升级改造了安防系统,创新研发了渝中半岛实时数据系统和3D电子沙盘系统,借此安保指挥部

---

① 《守护百姓,重庆公安这样做》,载搜狐网。
② 《高新:"猎鹰"无人机战队打造3D立体化治安巡防新模式》,载重庆市公安局网。
③ 《"瞭望者"高空抛物智能预警监控系统在重庆九龙坡上线》,载百家号"视界网"。

可以了解洪崖洞、解放碑等网红景点的地形、建筑情况、游客人数、游客来源占比等数据,实时监控治安风险,等等。① 这些重要举措,对于社会治安事件风险的摸查具有积极意义。

但需要注意的是,纵使科技的运用助力了社会风险的摸底与排查,但对社会风险识别的经验不足、社会风险的隐性特征以及弄虚作假的人为阻碍因素等,仍会严重影响社会风险的识别结果。对此,可以通过反复摸查、异地经验借鉴、采取暗查暗访等多种摸查方式等策略来加以应对,完善社会风险的识别机制,以期对社会风险进行尽可能全面、深入、及时的识别。

(二) 第二步:建立社会风险的研判、评估机制

在对社会风险识别的基础上,结合重庆市风险情况建立对社会风险的来源、性质与走向规律进行研判的机制。同时,对可能生成的社会风险展开评估,是社会风险防范的攻坚举措,也是有针对性地提出风险决策的重要根据。其中,风险研判机制是对社会风险的纵向脉络分析,风险评估机制是对社会风险的横向延展分析,研判与评估机制相结合才能对社会风险进行全局的把握。

就社会风险研判机制而言,其构成内容主要包括对摸查所获取的风险信息的收集整理、对风险信息分析、识别风险来源、挖掘隐藏在风险源背后的深层次社会原因以及对风险的演变态势与发展趋势进行预测。由于受到专业知识、管辖领域等的局限,风险的研判通常由相关责任机构以风险研判会的形式展开。以 2021 年 3 月重庆市民政局召开的一季度防范化解重大风险暨安全稳定形式研判会为例,各处室负责人在会上分别围绕安全稳定方面的风险隐患和问题进行了梳理和研判,并对常态风险、信访带来的治安风险、安全生产风险予以重点研判。② 而 2021 年 10 月重庆市平安办开展的社会风险大排查大调处研判会,由各社区综合专干轮流对本周排查梳理的不稳定因素进行汇报。这种研判会的形式跨越了不同处室的专业分工、不同社区的管辖分工。同时,研判会在必要时,还邀

---

① 《织密治安防控"安全网"重庆渝中警方构建体化智能社会治安防控体系》,载百家号"封面新闻"。
② 《重庆市民政局召开一季度防范化解重大风险暨安全稳定形式研判会》,载搜狐网。

请相关领域专家加入,将有助于风险的全面研判。加之大数据智能化技术的运用,也大大提升了风险研判工作的效率与精准度。如 2016 年重庆市工商局在搭建起情报信息工作平台的基础上,研发了全国网络传销监测平台,通过建立传销行为特征识别和要素分析模型,实时监测全国网络传销态势,分析传销的个案风险。2019 年重庆市市场主体信用风险监管渝中区平台正式上线,通过构建大数据模型,综合划定风险分类等级,研判出真正有风险、确需重点监管的企业。① 但现行风险研判仍未形成规范化机制,日后重庆市风险研判机制的建构重点应逐渐转向为风险研判的规范化与制度化,即以制度的形式规范地确定风险研判的主体、明确风险研判的周期、列举风险研判的形式、固定风险研判的程序、形成风险研判的结果。但强调风险研判的规范化与制度化,并非要进行千篇一律的风险研判。对于不同地域的风险差异性仍应当纳入考量,并在制度化规范中允许区别性对待,从而增强制度本身的可操作性。

就社会风险评估机制而言,由于风险评估活动以社会风险可能对人们的生命、健康、财产造成的损害后果等为根据,风险评估机制的构成内容包括两个层次的内容:对社会风险造成后果的评估以及对社会风险本身量化的程度评估。而对社会风险程度的评估是评估机制建立的根本目的,对社会风险造成的可能后果的评估只是为风险程度评估提供根据,且这种根据并非唯一的,它只是作为风险程度评估的客观根据而存在。公众对风险的心理感知这一主观因素,也应当作为风险程度评估考量的重要因素。因为民众与专家对风险的看法并非总是一致,一些专家从风险可能后果出发评估为无关紧要的风险,在与其利益相关的民众看来却可能是非常严重的。② 只有经过主客观的综合量化评估,方能确定社会风险的高中低等级,进而建立动态更新的城市风险数据库,对重大及以上程度的风险清单着重管理、逐个清理,以便与风险相关行业的主管部门进行对接,敦促重大及以上程度风险的整改。2017 年,重庆市维护稳定工作领导小组印发《重庆市社会稳定风险分类评估办法》,根据决策的不同级

---

① 《风险监测、风险研判、风险预警……重庆市场主体信用风险分类监管渝中区平台上线》,载上游新闻网。
② 张海波:《社会风险研究的范式》,载《南京大学学报(哲学·人文科学·社会科学)》2007 年第 2 期,第 143 页。

别和类型,对社会稳定风险评估工作分级分类管理:(1)对评估内容单一、涉及群众人数较少,群众诉求较为集中、明确,化解矛盾比较容易的适用简易程序,一般不委托第三方机构评估;(2)对涉及面广、矛盾复杂、情况特殊的决策事项适用特别程序;(3)对其他决策事项适用一般程序,并颁布《重庆市社会稳定风险评估备案工作管理办法》,确立谁评估、谁报备,属地管理、分级负责的原则,向市、区县(自治县)维稳办予以备案,配以《关于进一步规范第三方机构参与社会稳定风险评估工作的实施意见(试行)》《重庆市社会稳定风险评估专家库管理办法》《重庆市社会稳定风险评估工作流程图》等文件,统筹对重大事项在实施过程中是否会引发影响社会稳定进行先期研判,危及公共安全的重大事件进行先期防范、先期化解,对社会稳定风险的规范化评估大有裨益。而对于其他社会风险事项,则主要针对不同的风险类型开展个别化的风险评估活动,如对多种类型的地质灾害进行的重点风险评估。

(三)第三步:建立社会风险的预警机制

借助一定的可观察变量,对重庆市可能给社会造成危害后果的社会风险进行事先预测并做出提醒警示。因为任何社会结构和社会变迁的出现都并非偶然的,其生成与演化有一定的规律可循,社会风险的生成与出现也总是通过若干变量而有所征兆,这些变量就通常体现为通过风险研判和评估发现的影响社会稳定之因素,故可以将这些因素设置为统计指标,建立动态的风险预警系统,通过系统对统计指标的处理,预测社会风险并发出警告信号。

在"重大社会风险指标体系"中已论及,社会领域是广泛的,比如经济生活领域、政治生活领域、社会生活领域等。这些领域均有重大社会风险,因此,社会风险是多种多样的,并且社会风险源也是多种多样的。甚至在不同时间、不同地域,这些风险还会有变化,且各种风险诱发事故的严重程度也不同。不仅如此,从前面的论述看,各个领域对于风险而言,其所占的权重还有重大区别。同时还必须认识到,尽管风险若演化为重大事故会对社会造成严重影响,但某些领域即使有风险源,但不会生成风险,甚至有风险也并不一定演化为严重事故。因此,并不需要对所有领域、对所有风险均设置预警机制。比如,一个居民居住的小区,外来务工者众多居住人员杂乱,时常会发生偷盗事件。但这是否有必要专门针对这个小区设置风险预警机制呢？显然是不需要的。这其实涉及社会风险预警机制在哪些领域以及针对哪些风险设置的问题。对此,应遵循前述论及的"重点论"和"两点论"的原则进行设计。更具体讲,就是参照前述的重大社会风险指标体系,根据一级指标、二级指标以及各自的权重,有重点、有先后地进行。

当然,重大社会风险指标体系的组成要素,也会受多种变量和因素的影响。因此,重大社会风险预警机制绝非通过数学加权运算就能对社会风险做出指示,因风险生成的判断是一种基于(客观)经验事实的(主观)价值分析判断。而社会风险预警系统仅是一种数字的定量分析系统,比如对犯罪率、失业率、贫困率的计算考量,只是作为一种经验事实而出现在预警系统之中的,是判断社会风险生成与否的对象指标而非风险判断本身。更明确地讲,当各项统计指标临近或超出社会承受能力时系统就会发出警示,这种警示的实质并非意味着必然会演变成社会风险的出现,而是对可能引致社会风险生成的各项指标进行实时监控后,警示人们观测指标出现异常,需要采取行动将观测指标控制在正常范围内以阻碍社会风险的生成。因而通过社会风险预警机制的评判,往往有四种结果,一是无警状态,即被观测的统计指标经过综合评估仍在正常的范围之内,社会稳定有序运行;二是轻警状态,即被观测的统计指标出现异常且经综合评估已接近社会安全的阈值,社会秩序出现轻微波动;三是中警状态,即被观测的统计指标异常程度较高已超出社会的承受能力,引致社会的动荡不安且这种不稳定状态随时会发生恶化;四是重警状态,即被观测的统计指标已经完全失衡,社会陷入混沌的动荡状态。① 由此可见,各项观测指标以及对指标综合评判的预警系统,是建立社会风险预警机制的关键,选择科学合理的设置原则、方法及专家队伍,搭建综合评判的社会风险预警系统平台是最优选择。

但目前,重庆市风险预警工作仍主要由相关机构个别化开展。如就公权腐败风险,重庆市纪委、市监察局围绕扩大内需等项目建立风险预警机制,针对滋生腐败问题、降低工程质量、影响安全生产、延缓建设进度、

---

① 李永利:《中国社会风险预警机制研究》,西南财经大学2011年硕士学位论文,第17页。

影响投资效益的因素,建立排查、分析、反馈、发布、处置风险的工作制度。① 就进出口商品风险,重庆海关牵头,市农委、市商务委、市卫生计生委、市工商局、市食品药品监管局建立产地、口岸、市场等各环节风险预警联动机制,按照分级分类实施风险预警的要求,由责任人及时通报预警信息和风险处置情况。② 就交通风险,重庆交巡警在春运、国庆等中长假期将结合人车流出行特点、历史同期事故规律、假期期间天气预测等情况,对交通安全形势进行研判,并发出交通安全风险预警提示。③ 就环境污染风险,由环保、水利、农业、卫生计生、市政、气象等有关部门进行日常监测,通过多种渠道收集、分析和研判有关信息,安监、交通、国土、公安等有关部门则按照职责,定期对生产、储存、运输、使用有毒有害物品及危险化学品的单位进行检查。④ 但就自然灾害风险,风险综合预警平台已开始运用,重庆市气象局借助"天枢"智慧探测、"天资"智能预报、"知天"智慧服务、"御天"智慧防灾这些"四天"系统协同作战,确保了天气预报的精准性、高温与暴雨等灾害预警发布的及时性,⑤重庆气象部门还将谋划建设"七大体系",配套实施"五大重点工程",即气象科技创新和人才体系、智慧气象业务技术体系、气象灾害防御体系、成渝地区双城经济圈建设和"一区两群"协同发展气象保障体系、内陆开放高地气象保障体系、乡村振兴气象保障体系、山清水秀美丽之地气象保障体系。"五大重点工程"即气象科技创新工程、智慧气象"四天"系统建设工程、气象灾害防御工程、重大战略气象服务保障工程、现代气象治理能力提升工程;⑥重庆市规划和自然资源局深度运用物联网、大数据等技术,建立地质灾害隐患点的实时监测体系,还将启动实施基于InSAR(合成孔径雷达干涉)空间大地测量技术的地质灾害隐患识别工作,以突破人工实地排查、地面调查

---

① 《重庆针对扩大内需项目实施建立风险预警机制》,载新浪网。
② 《重庆市人民政府关于完善进出口商品质量安全风险预警和快速反应监管体系切实保护消费者权益的通知》,载食品法规中心。
③ 《重庆交巡警发布道路交通六大风险预警!》,载百家号"上游新闻"。
④ 《重庆市突发环境事件应急预案》。
⑤ 《重庆"四天"智慧气象系统协同作战 让天气预报更精准灾害预警更及时》,载重庆市人民政府网。
⑥ 《2025年暴雨预警准确率提升至92%》,载重庆市人民政府网。

测量等传统方式的局限性;①重庆应急、林业和气象等部门充分利用卫星监测、空中巡护、视频监控、高山瞭望、地面巡护等手段,根据森林火险指标、火灾行为特征和可能造成的危害程度,将森林火险分级别预警;②重庆市水利局构建以水利大系统平台、水利综合会商调度中心为支撑,覆盖N项业务的水利"2+N"智能业务应用体系,全面提升水利数字化、智能化水平,建设水利综合会商调度中心、智慧河长系统,开发水文智能综合业务3个子系统,实施水旱灾害防御、河道管理、农村小水电等信息化建设,推进水利工程智慧建设、农村供水智慧监管、水库大坝安全监测等水利大数据智能化应用。③且自2019年起,社会风险预警系统平台的建设业已全面启动,重庆市公安局、重庆市应急管理局、重庆市规划和自然资源局分别发布大型安保维稳实战平台建设公告、危险化学品安全生产风险监测预警系统建设公开招标公告、地质灾害气象风险预警模型研究公开招标公告,等等。从前述这些事实可以看出,重庆市在风险预警方面尽管主要由相关机构个别化开展,但已经具有很多实践经验,且在各个领域均已展开。

综上所述,对社会风险事前防范是由社会风险的识别、社会风险的研判、社会风险的评估、社会风险的预警等环节有机构成的整体过程。但这些与社会风险对抗的过程不免有些消极,要从根源上对社会风险加以防范,阻碍社会风险的生成,还要在社会运行过程中增强社会的承受能力,建立社会的免疫机制,营造和谐稳定的宏观环境,这才是防范社会风险釜底抽薪的举措。

二、第二道防线:风险演化过程中的"事中化解"

由于社会风险的识别困难、研判失误、预警不周等情况,社会风险的事前防范很难做到万无一失。而前端的防范失效就要靠对社会风险的及时化解来弥补,以避免社会风险继续传导演化为现实的社会损害后果。

---

① 《重庆1.1万余处地灾隐患点实现智能化分析预警》,载重庆市人民政府网。
② 《重庆出台森林火灾应急预案对火情预警、扑火救灾等方面进行明确》,载重庆市人民政府网。
③ 《重庆将新改建265处洪水预测预警预报设施站点》,载重庆市人民政府网。

这就进入了社会风险的第二道防线,即在社会风险尚未演化为公共危机之前化解风险。

(一)缓冲社会风险的传导

演化过程中对风险化解的首要任务是缓冲已生成的社会风险的传导与扩散。要完成这一任务,把握社会风险传导的基本规律极为重要。一方面,这需要采取系统化思维方式,在社会系统中把握社会风险的特点及演变的过程,以现有的网格化风险防范格局及多部门的分工合作为基础,厘清社会风险的传播条件、传播环境、传播形式及传播路径。另一方面,这需要采纳类型化思维方式,在社会风险的分类中把握不同类别社会风险的发展过程。详细叙之,就需要仔细梳理危及国家安全、社会安全及个体生命与财产安全等重大社会风险的传导方式及传导链条,并在每一个风险大类下继续细化风险类别,精准化地区不同类型风险在传导过程中的差异之处。唯有对社会风险传播的一般规律与不同类别社会风险的传播规律予以全面把握,才能在社会风险传导的每个环节建立有效的风险缓冲机制,对社会风险进行及时的救助、转移和分散。① 具体分析如下:

1. 对社会风险的救助。对于社会救助,通常的理解就是国家和社会对由于各种原因而陷入生存困境的公民,给予财务接济和生活扶助,以保障其最低生活需要的制度。那么,在社会风险的防范化解体系中,社会救助通常在突发公共事件或公共危机发生后,社会风险现实化为人们的实际损失时才被提出,作为弥补人们的损失、保障人们正常生活之举措。但社会救助的功效不止于此,在社会风险未演变为公共危机之前,有针对性地采取相关救助补偿措施,可以有效地缓冲社会风险的传导。比如,在重庆市的老年人、失能特困人员密集的区域,建设社区居家养老服务设施、失能特困人员集中照护设施,可以舒缓相关社会风险带来的压力。又比如,在重庆市内大范围企业出现经济困境时,对一些仍在经营的企业发放稳岗返还资金稳定职工岗位,降低企业生产经营成本,维护经济社会的正常运行。

---

① 李仲仕:《我国信托业风险缓冲机制研究》,苏州大学2007年硕士学位论文,第3页。

2. 对社会风险的转移。对社会风险的转移，主要通过转移承载社会风险的人或物来实现。既然社会风险在形成之后，会附着于一定的承载体之上，沿着特定的路径向四周传导，对承载风险之物的转移与隔离，对于延缓社会风险的传导有重要的作用。比如，针对犯罪活动和黑恶势力开展的专项斗争，如深入推进扫黑除恶行动、对严重危害企业发展的犯罪活动的严厉打击、对于"套路贷"、网上"黄赌毒"、侵犯公民个人信息的违法犯罪的着重整治，就属于转移社会风险的举措。自2018年以来，重庆市委、市政府坚持把开展扫黑除恶专项斗争作为一项重大政治任务，贯彻落实中央决策部署，推动专项斗争取得全面胜利。随着危害社会稳定的"毒瘤"被转移，社会风气得到有效净化，人们所累积的不满与愤怨也渐渐平息。不仅如此，对这些风险隐患的消除，会影响公众的主观世界，如切实提升人民群众安全感和满意度。后者的提升，能巩固社会的稳定。

3. 对社会风险的分散。社会风险的持续传导和风险势能的高度聚集，是造成公共事件和公共危机发生的原因。因而，有序地分散社会风险，避免社会风险在社会中无序传递，乃至在某个区域、某个领域、某个人群过度地聚集，对于社会风险的缓冲至关重要。尤其大多数社会风险是沿着聚集性传导模式进行传导的，经历了多对多的中心扩散路线，对社会风险的分散可以大大削弱风险势能的增幅。例如，将重庆市内危化企业迁移至郊区专门的工业园区，避免了社会安全风险在某个领域的聚集。据《重庆市国民经济和社会发展第十个五年计划纲要》提出的"清新工程"，要求加快工业区域布局调整，依法关闭污染严重、危害人民健康的企业。包括2010年重庆市永川区人民政府办公室印发的《重庆市永川区城区工业企业退二进三实施细则》，按照产业进区、企业入园的原则，根据工业园区和镇、街工业集中区规划的产业定位，鼓励搬迁企业向工业园区或镇、街工业集中区转移，形成行业相对集中、产业辐射带动强的分布格局，达到搬活、搬大、搬强、消除污染的目的。这些举措使污染较重的化工企业，彻底告别了重庆主城。再比如，可推行农业保险等特殊类型的保险业务，防止自然灾害风险在农业生产领域的聚集，以及对遭受或可能遭受自然灾害的人群、推动或可能推动群体性事件中的人群的疏散，以分散特定人群所承受的社会风险。当社会风险的聚集方式从过去短期性、分散性、临时性向长期性、集体性和持续性转变时,对特定人群的疏散可以说是在社会风险有组织爆发前的有序分散。

(二)避免社会风险并合

社会风险的传导过程是一个发展变化的过程。即使原有的社会风险得到缓冲,旧的社会风险仍可能与其他风险发生并合引发新的隐患。社会风险的并合特征是其固有特性,在社会系统之中,社会的经济、政治、文化等领域相互沟通,社会中的个人与群体也通过越来越多的渠道展开交流,甚至会跨越地域展开活动。也即如前述论及的那样,社会风险之间往往会出现跨领域、跨地域、跨类型的并合聚拢态。对此,就应采取措施避免其并合,具体措施如下:

一是要认真分析重庆市重大社会风险间可能发生的聚合态势,梳理该类别社会风险可能与哪些风险发生相互关联、相互影响、相互耦合、相互作用的风险联动表现,发生联动之后可能生成何种风险群引致什么样的危害。对于风险联动可能从个别风险转变为综合风险的,应当从个别风险与综合风险的内在联系入手,切断风险综合体的共生关系。对于风险联动可能引起风险类别与性质的转变,如从经济风险转化为政治风险的,同领域风险之间的联动会对该领域造成重大的压力,当这种压力在原有领域中无法得到释放,就会打开一个新的释压阀门。故应当从多个维度释放风险压力,尤其是应针对可预测到的转化风险类型进行有针对性的舒压。对于风险联动可能导致社会风险程度和影响范围的扩大,如从局部风险转变为区域性风险或发展成系统性的风险,应当重点采取地理隔离措施,通过限制人群流动或管控互联网煽动炒作等措施,将社会风险控制在一定范围之内。

二是要高度重视重庆市重大社会风险的演变规律,综合把握社会风险生成的重要场域、重要时间节点、重要关系与重要问题。对利益关联性强和长时间未得到化解的社会风险逐个建立台账并优先处置,避免旧有风险经过叠加累积生成新的社会风险,带来诸多衍生性的社会安全问题。除此之外,还要针对所预测的新生社会风险,加强对风险关联信息的采集、管控风险生成的重要场域、监管风险生成的重要时间节点、通过网络舆情进行导控,以消除促使新社会风险生成的条件。

三是要从"属事"与"属地"相结合的角度,对并合轨道无法查明的社会风险进行动态监管,构建立体化、全方位、多层次的动态风险监管架构,防止社会风险向其他地域、其他领域、其他人群传导,从根本上阻隔风险的并合,以保障社会安全稳定运行。尤其是对互联网领域、新兴科技领域的潜在隐患与社会风险,应当以风险隐患为基点、行业领域为基线、区域场域为基本面,对一些形式上已得到解决的安全风险持续地跟进,对一些已排查而未处理的安全风险,在行业领域内做好充分的防范准备,避免风险之间的碰撞与汇合。[①]

(三) 消除社会风险

消除现有的社会风险是风险化解的最高境界和最终目的。但风险的消除并非是对零风险状态的追求,而是尽可能地降低社会风险造成损失的可能性。当这种可能性被降至人们可以忽略或可以接受的程度,在心理感知层面就可以说社会风险被消除了。但在社会风险生成后,消除社会风险是相当困难的。根据风险的特征和影响,大致可从以下几个方面着手:

首先,需要多方主体、数个部门和不同地域协同合力展开行动,建立社会风险的联合协同机制。该层面的工作主要包括:第一,优化完善重庆市风险信息管理系统,针对不同层级的政府机关、行业部门、企事业单位等用户,制定风险系统界面,设置备案审查、风险倒查、定向通知、风险销号等系统功能,使各方主体得以及时地互通社会风险信息,相互配合消除风险。第二,完善重庆市各层级防范化解社会风险的组织体系,尤其是打牢基层基础,逐层施加责任,强化网格化的管理,以提升基层社会的治理能力与治理水平。第三,最为重要的是,确立协同行动的制度。这就要求明确针对不同的社会风险问题,由哪个或哪些部门牵头消除风险,哪些部门予以配合,风险的消除行动出现问题时应当依照什么原则做出处理?如何协商处理?只要能够事先规定的,应当尽量用制度的方式确定下来。

其次,需要积极建设矛盾纠纷多元化解机制,及时发现并调处社会改革发展过程中的各类纠纷以消除社会风险。该维度的工作主要包括:第

---

① 李颖:《防范化解重大社会风险的几个着力点》,载重庆日报网。

一,制定重庆市矛盾纠纷多元化解的规范性文件,确定化解矛盾纠纷的主体参与条件与参与界限等内容,从规范层面确立和推广矛盾纠纷的多元化化解机制,使得相关行为有法可依。第二,动员社会各方的力量,以乡镇或街道为基点,从组织层面实现矛盾纠纷化解机制的全面覆盖。尤其是重视群众力量,通过畅通的民意表达把握民众诉求并作出及时的回应和调整,得以有效地消除矛盾,把社会风险消除在基层。第三,利用互联网和新兴技术开拓矛盾纠纷的解决路径,从技术层面促进矛盾纠纷多元化化解机制的建立。如发展在线纠纷解决方式,建立电子调解、电子复议、电子信访等互联网工作体制,努力公平、高效、便利、低成本地化解矛盾纠纷。

最后,需要提升社会承受风险的能力。如前面论及的,从社会风险生成的视角来看,只有当某种社会因素的异常超出了社会的承受能力,无法在社会中被全面或部分化解,社会风险才会生成。换言之,社会风险的生成是因为这种风险因素超出了社会的承受能力,因而反向地思考,当社会承受风险的能力得到提升,原本被关注的社会风险,可能就会成为一种人们可以接受的风险。故重庆市以市政府为系统性支柱,把握社会性元素与政府之间互动的关系,进而扩大城市与社会面对风险的全方位承受力,是消除重大社会风险的重要举措。

三、第三道防线:风险转为危机的"事后应急"处置

当化解社会风险的第二道防线依然未能阻隔社会风险的扩散与发展,社会风险现实化并且引发了公共危机,便需对公共危机采取应急处置以减少损失,使社会恢复正常的运行秩序。因此,应急体系具有重要意义。新中国成立以来,党和中央高度重视应急管理体系,如习近平论述道:"新中国成立后,党和国家始终高度重视应急管理工作,我国应急管理体系不断调整和完善,应对自然灾害和生产事故灾害能力不断提高,成功应对了一次又一次重大突发事件,有效化解了一个又一个重大安全风险,创造了许多抢险救灾、应急管理的奇迹,我国应急管理体制机制在实践中充分展现出自己的特色和优势。"[①]但同时,习近平也提出要重视应

---

① 《习近平在中央政治局第十九次集体学习时强调　充分发挥我国应急管理体系特色和优势　积极推进我国应急管理体系和能力现代化》,载《人民日报》2019年12月1日,第1版。

急体系的现代化:"应急管理是国家治理体系和治理能力的重要组成部分,承担防范化解重大安全风险、及时应对处置各类灾害事故的重要职责,担负保护人民群众生命财产安全和维护社会稳定的重要使命。要发挥我国应急管理体系的特色和优势,借鉴国外应急管理有益做法,积极推进我国应急管理体系和能力现代化。"①

(一)应急处置与控制的指导原则

应急处置与控制是即时而复杂的过程,关系到当事各方的切身利益。如果盲目处理必然会激化矛盾,导致危机升级。稳妥的应急处置与控制应该遵循科学的指导原则,以能够快速高效地应对突发事件。具体包括以下方面:

1. 以人为本原则。突发事件产生的影响是多方面的,不仅涉及物质损失和精神创伤,更关乎人的性命、健康等。在危机事件中,应急处置与控制的首要任务是抢救生命与保障人们的基本生存条件,即重在确保受灾(受害)人员的生命,力求用最有效的措施,尽最大的努力拯救人的生命。这也是学者所提出的必须坚持"生命优先"原则,②更是"人民性"原则的体现。可以说,这也是危机应急处置与控制的最高原则,是公共危机管理的整个过程和一切活动的根本出发点。同时,以人为本原则也要求高度关注应急救援人员的人身安全,尽量避免次生灾害的发生。这就要求领导在应急决策中以公众利益为圭臬,指挥危机管控工作。

2. 效率优先原则。突发性事件往往具有紧迫性和不确定性特征,甚至无章可循、无先例可供参考。伴随着大众传媒的介入,危机事态可能因影响广泛而带来难以预料的后果。危机发生时,政府(领导)及时、主动作出决策至关重要。管理学家福斯特将"迅速反应"作为危机管理的首要原则,所以危机专家格林明确主张时间是危机发生后的关键因素。因此,公共危机发生后,政府应该在最短的时间做出最快反应,迅速派出人员调查起因和影响程度,并立即采取应对措施。同时,安抚受害者,控制事态范围,防止危机的演变和扩散。

---

① 《习近平在中央政治局第十九次集体学习时强调 充分发挥我国应急管理体系特色和优势 积极推进我国应急管理体系和能力现代化》,载《人民日报》2019年12月1日,第1版。
② 高芙蓉编著:《突发事件应急管理》,经济科学出版社2014年版,第337页。

3. 及时沟通原则。突发性事件改变了组织的通常运行轨迹,政府与社会公众、组织内部人员等利益相关者之间的沟通链条亦会发生变化。"发生了什么"是各方关切的焦点和疑问,信息流通与传递因而成为疏解危机的重要因素。开明的政府应该藉此加强信息沟通,提升应急处置与控制的效果。一方面,政府应该尊重公民的知情权,主动向社会公开信息,公布危机的发生变化情况和应对处置情况。另一方面,政府应积极同参与危机应对与处置的各方人员和力量进行信息沟通;力求通过信息的对称实现各方的协同运作,以优化整合各类社会资源,发挥整体功效,最大限度地减少事故损失。

4. 科学应对原则。在现代危机事件中,应急处置与控制要尤为注意科学性与技术性问题。一是要尊重和依靠科学,强化专业性处置。在危机处置过程中,政府要充分利用各种高科技成果,发挥应急专家的作用,积极听取专业性意见。二是要借助先进设备和技术,高效有序处理突发性事件。比如在2015年,重庆市长江一级支流五布河出现堰塞湖时,长江委、重庆市和河南省水文部门迅速成立一支应急水文测报小组,利用无人机全息摄影、三维激光测图等崭新亮相的高科技设备,进行水文应急测报演练模拟。

(二)应急处置与控制的基本流程

2007年8月30日,全国人大通过了《突发事件应对法》,该法明确规定了在突发事件的预防与应急准备、监测与预警、应急处置与救援、事后恢复与重建等活动中,政府、单位、个人的权利与义务。此外,针对应急处置与管理,我国还出台了一系列的专项行政法规,如《生产安全事故应急条例》和《突发公共卫生事件应急条例(2011修订)》等。应急处置与控制是公共危机应对的关键环节,高效的公共危机处置有赖于科学严密的控制流程,从预案启动、处置与控制方案的制定与实施到处置与控制方案的调整与结束,每个环节都应紧密衔接、环环相扣。

1. 启动应急预案。所谓公共危机应急预案,是指公共危机管理主体为了更好地应对突发危机事件,在危机发生前经过一定程序制定的危机应急处置方案,是突发事件应急响应的操作指南。突发事件应急预案按照制定主体划分,分为政府及其部门应急预案、单位和基层组织应急预案两大类,力求在纵向的政府层级和横向政府组成部门之间,形成一套完备的政府应急预案体系。其中,政府及其部门应急预案由各级人民政府及其部门制定,具体包括总体应急预案、专项应急预案、部门应急预案等。国家层面的专项和部门应急预案侧重明确突发事件的应对原则、组织指挥机制、预警分级等;重庆市级专项和部门应急预案侧重明确突发事件的组织指挥机制、分级响应及响应行动,下属市县级政府的职责等;县级及以下专项和部门应急预案侧重明确突发事件的组织指挥机制、信息报告、应急处置措施、队伍物资保障及调动程序等内容。

2. 制定应急处置与控制方案。从本质上而言,应急处置与控制方案的制定是一种非程序化决策,是整个应急管理决策的重要组成部分。有关部门在制定应急处置与控制方案时,应注重措施的合理性和现实可行性,具体包括以下内容板块:一是上级报告制度,即对即将发生或已经发生的突发事件,相关部门应当按规定向上一级人民政府及其有关主管部门报告,必要时可越级上报;二是及时救援措施,即突发事件发生后,履行统一领导职责或组织处置突发事件的人民政府应针对其性质、特点和危害程度,立即组织有关部门,调动应急救援队伍和社会力量,依法采取应急处置措施;三是现场状态控制,包括紧急疏散人群、救治受害人员等;四是善后处置方案,即突发事件应急处置工作结束后,相关部门应当立即组织对突发事件造成的损失进行评估,组织受影响地区尽快恢复秩序,制定恢复重建计划等。

3. 实施应急处置与控制方案。应急管理的成效源于科学方案的有力执行。在方案的实施过程中,应着重注意人员配置、物资调配和协调沟通三个方面的内容。在人员配置方面,危机事件发生后,急需各种救援人员对现场滞留人员进行疏导转移、对伤亡人员进行救助、对灾情进行控制等。因此,人员的配置与调集应具有一定的专业性,通常要包括专业的抢险救援人员、医疗救护人员、工程抢险人员等。在物资调配方面,救灾物资的配置是短时间的规模化投入,现场附近物资通常难以满足需要,必须在日常工作中有所准备且有所列支,尽力解决短缺问题。在协调沟通方面,应急处置与控制过程中,各方参与者的协调、信息的沟通极其重要,危机事件越大,参与方越多,救援体系越为复杂,协调沟通就越为重要,应保证沟通机制的通畅。

4.调整危机应急处置与控制方案。应急处置与控制方案是临时决策的产物,缺乏时间的考量和充分信息的支撑,通常存在一定的缺陷。在实施过程中,必须根据具体情况不断进行调整,使方案尽可能完善。一是要注意信息的不断收集和分析;二是要善于征求和听取专家的意见;三是领导要对现场情况做出准确的判断;四是要将调整情况及时汇报上级部门,并通报参与危机处置控制的部门与人员。

5.危机应急处置与控制结束。在危机局势得到控制、相关危险因素消除后,应急处置与控制工作亦随之结束,即停止实施相关处置与控制措施,取消现场指挥部等临时性机构组织,相关政府部门发布信息告知公众。如《电力安全事故应急处置和调查处理条例》中要求电力监管机构、安全生产监督管理部门和负有安全生产监督管理职责的有关部门在事故结束之后,应当对事故发生单位和有关人员落实事故防范和整改措施的情况进行监督检查,积极落实事故防范和整改措施,防止事故再次发生。

(三)应急管理现状和存在的问题

应急管理作为重庆重大社会风险防范化解机制的一部分,其是事关重庆经济发展、社会稳定的重大问题。但重庆灾害事故和突发事件的广泛性、多样性等特点,就决定了重庆应急工作的广泛性、综合性、专业性。因此,重庆每一次公共危机的应急管理,都需要各种资源的有效整合,更需要一个复杂的系统协调运作。2018—2019年,重庆市响应中央的统一部署,在重庆市及市辖38个区县组建应急管理局,初步建构了全灾种、全方位、全过程的应急管理系统。这一系统在应急管理中有效地发挥了协调运作的作用,但其在运作过程中也显露出了一些问题,限制了重庆应急管理系统的运作效果。

1.应急管理的法规和政策支持体系不健全。法规和政策建设是应急管理系统正常运转的基本保证。依法行政,可以使应急管理系统逐步走上规范化、制度化、法治化轨道。但目前而言,不仅重庆即使全国现有的应急管理法规和政策支持体系也是不健全的。一方面,在国家层面仅存在以《突发事件应对法》为中心的法律条文,且在法律规范中未能以明确的方式规定不同部门的职责范畴,未能确立应急管理中监督和责任认定,也没有说明应急管理的责任追究问题。这导致各个部门在危机爆发处理过程中,不能合理地按照应急预案中的相关规定明确权责,相互协作。如果出现失职渎职、推诿责任的状况,依然需要上级领导的统一调度。另一方面,重庆市地方层面尚未行使立法权限,根据地方实际情况补充和完善法律规章制度,细化应急管理的实际操作规则,致使现有应急管理法规的可操作性较弱,出现"有法难依"的法律适用困境。

2.应急管理信息沟通机制不健全,整体联动机制有待增强。重庆市还未能建立科学的信息沟通体系,信息无法在重庆的不同部门之间顺畅传达,信息传递失实、延时造成负责同志不能精准决策。决策者信息不全面,容易导致不当决策,造成因救援不及时、不专业而引发人员伤亡。此种体系与当前重庆的应急管理要求相违背,容易造成缓报、瞒报现象发生。应急信息没有实现直接传输而是间接获取,这导致运行存在滞后性。

3.应急管理力量急需统一,改革后还有更大整合空间。我国的原有应急管理力量分散于多个部门,各部门根据行业特点建立了相对独立的应急体系,虽然机构改革成立应急管理部门后,力量得到了相对整合和统一,但改革是过程性的,应急管理力量的整合需要重塑管理机制与管理流程,通过整合与磨合提高资源运用效率。重庆也是如此,2018年10月25日专门成立应急管理局,内设机构19个,派出机构1个,负责贯彻落实党中央、国务院关于应急工作的方针政策和决策部署,贯彻执行重庆市委、市政府关于应急管理工作的安排部署,在履行职责过程中坚持和加强党对应急工作的集中统一领导。由于成立时间不长,各个方面的工作,甚至包括职能部门的设置以及其具体工作分工等,都还需要进一步完善和规划。从职能上看,重庆市应急管理局整体上负责应急管理工作,指导各级各部门应对安全生产类、自然灾害类等突发事件、综合防灾减灾救灾工作。但应急管理工作涉及甚众,且涉及多方面的事务,若没有健全的机制、完善的规范等,是难以完成这些任务的。即使在单项减灾方面能发挥重要作用,但缺乏整体性和系统性,在面对各种事故灾难并发的复杂局面时,难以迅速形成应对突发事件的有效应对方案。因此,重庆的应急管理机制,还急需完善相关流程。

4.应急管理主体单一,社会力量参与不够,从而导致应急不到位,或者效果欠佳。诚如前述论及的重庆应急管理局,从其对应的职能和设计的主体看,重庆的应急管理力量是以重庆市政府为主,社会力量参与应急管理建设滞后。甚至从规范的层面看,还没有明确将社会力量纳入应急管理体系中。同样也因为成立时间不久,许多方面管理制度不配套,尤其是在基层,制度和机制的冲突现象并不少见。同时,也因为社会力量的参与程度不够,导致某些社会组织的应急管理问题严重。比如,企业作为安全生产责任主体,事故发生后,第一时间组织有效的应急救援至关重要。但许多企业,特别是中小型企业,基本没有专业化救援队伍,事发后盲目处理,既错失良机,又导致事故损失扩大。同样,社区作为社会基层组织,社区力量如何参与应急管理工作,直接关系到应急管理的效果。而在重庆的社区建设中,社区灾害管理和灾害应急方面的能力也相对不足。

5. 应急管理能力有待提高。突发性公共危机应急管理工作复杂程度高、专业性较强,要求处理公共危机的人员需要具备预防、应对、安置等多方面的专业知识,熟悉公共危机管理平台的使用,知晓公共危机管理领域前沿的理论知识,具备多元化的社会学知识。同时,还应该具有敏锐的观察力和宏观视野,能够协调指挥不同部门,沉着冷静应对复杂局面,关键时刻作出果断决策。现阶段,重庆的相关工作人员往往都欠缺应急管理的专业和综合素养,不能准确对公共危机事件作出科学、合理的预判和评估,也无法做到在事发后沉着应对。不少区县单位的工作人员,对应急管理知识了解更少,缺乏对公共危机紧迫性和复杂性的认识,更是无法有效落实应急管理的相关政策。

重大社会风险的防范化解,是涉及"事前—事中—事后"的全方位的治理。首先要坚持的是关口前移,通过完善事前的社会风险防范机制,从源头化解风险。与此同时,还要注重从末端的危机处置中,探索前端治理中带有趋势性、普遍性的风险问题,推动完善有关制度。

第三节 重大社会风险防范化解和应急处置的责任机制

要做好对重大社会风险的分时段的"防范化解"和"应急"处置,重庆市必须在现有个别化处置方案的基础上,加强建立系统的风险防范化解责任分配机制。具体而言,可以通过前置化的责任分配机制、制度化的责任分配机制、中心化的责任分配机制、专业化的责任分配机制的建立,来对重大社会风险的防范化解责任予以分配。其中,强制化的责任分配机制主要对应于风险形成和风险演化过程,其他责任分配机制则普遍适于全部的风险过程中。

一、前置化的责任分配机制

重大社会风险一旦形成会迅速传导并引发社会危机,这一特点对风险责任的分配提出了前置化的要求。即对于重大社会风险,应当主要侧重于社会风险未形成时的事前之责,全面布置风险的预防与准备、预警与监测环节,并使各环节都能有序地展开。这种前置化的责任分配机制的确立,是风险阻断和社会预防所必需的。具体要求如下:

1. 为了有效防范化解重大社会风险治理,重庆应重视基层治理责任的落实。实际上,基层风险治理是风险管控的关键环节。因此,基层治理责任是社会风险处置责任的重要缓解,必须抓好基本治理责任才能有利于从源头上防范化解风险。尤其是,如前述论及的,重庆"大城市、大山区、大库区、大农村"的格局,决定了基层的情况格外复杂,基层的各种矛盾也较为集中,诱发社会风险的可能性较高。这就更需要重庆市的社会风险的防范化解,必须针对基层的情况,把其落实到位。同时,根据"基层"在风险防范链条中的位置以及风险发生规律等,也应重视基层防范化解风险责任的落实。一方面,处于前线的基层机构最了解所管理领域的风险现状,能够最为迅速地找到重大社会风险生成的根本原因并逐一破解,实现对重大社会风险的原因治理。另一方面,通过对重大社会风险相关领域的直接参与及监督,基层机构可以实现对重大社会风险的过程治理,在过程中及时发现风险的源头,健全完善相关管理制度,全面提高该领域的安全管理水平。除此之外,基层机构之间较容易联结进而实现对重大社会风险的全域治理。虽然从风险责任配置的本质来看,具体的责任主体应当各自对责任领域的风险进行防范,坚守一种各自为战的治理模式,但实质上要真正地夯实基层治理责任,必须引入系统思想,协同推进。也就是说,每个责任主体既要做到职责范围的"攘内"问题,又要配合其他责任主体实现职责范围外的"安外"问题,只有转变为一种协同承担责任的模式,才能完成对社会大系统中重大风险的处置。

2. 动员群众承担风险责任,有效防范化解重大社会风险。社会风险的防范是一个大范围的艰巨工程,很难通过设定有限的风险责任主体来全面消除社会风险。更为确切地说,将社会风险防患于未然是理论上对风险管理的至高追求,实际上所能做到的只是通过全方位的管控来将社会风险控制在尽可能小的范围内。但人民群众的责任和党政机关、社会组织与党政领导的责任,还是有区别的,这不言自明。因此,如何让群众自觉承担责任便是需要解决的问题。就重庆而言,在有限的风险责任主体外借助群众力量,同时,可通过建立重大社会风险报告、举报、传达等多种途径,实现重大社会风险的群防群治。例如,在社会实践中,推动部门联动,加大舆论宣传和举报奖励力度,敦促群众加入风险监控。还可以通过现代化信息手段和平台,将群防群治服务与社会治安综合治理、应急管理、社会救助等平台联通,直接形成反应快速、有力有效的联动机制。通过这种便捷的方式,发动更多人参与群防群治。

3. 对事前的风险责任追究预防失职的行政问责。领导干部对于风险预判和发现应承担责任,习近平强调:"领导干部要有草摇叶响知鹿过、松风一起知虎来、一叶易色而知天下秋的见微知著能力,对潜在的风险有科学预判,知道风险在哪里,表现形式是什么,发展趋势会怎样,该斗争的就要斗争。"[①]因此,习近平还要求领导干部:"要增强忧患意识、未雨绸缪、抓紧工作,确保我国发展的连续性和稳定性。各级党委和政府要增强责任感和自觉性,提高风险监测防控能力,做到守土有责、主动负责、敢于担当,积极主动防范风险、发现风险、消除风险。"[②]但没有对应问责的事前责任分配机制,是流于形式的、无效的责任分配机制。因而,不但对于社会风险防范的责任应予以明确,严格落实责任主体,还应当层层传导压力,建立与其对应的、自上而下的行政问责机制。对于那些未按规定采取

---

① 《习近平谈治国理政》(第三卷),外文出版社2020年版,第226–227页。
② 《习近平在中共中央政治局第三十次集体学习时强调 准确把握和抓好我国发展战略重点 扎实把"十三五"发展蓝图变为现实》,载《人民日报》2016年1月31日,第1版。

预防措施,导致发生突发事件;或者未采取必要的防范措施,导致发生次生、衍生事件的;或未按规定及时发布风险警报、采取预警期措施,导致损害发生的情形,应当追究相关机构及个人的行政责任。① 这与以往事故发生之后追究事后之责的究责机制不同,是与前置化的责任分配机制所对应的究责机制。例如,2004 年 7 月,重庆市公布的《重庆市政府部门行政首长问责暂行办法》(以下简称《办法》),就包含对事前的风险责任予以问责。可以说,这是落实事前风险问责的一个重要举措。《办法》对政府行政部门"一把手"追究其不履行或不正确履行法定职责的责任,小至诫勉、批评,大到停职反省、劝其辞职。问责对象包括重庆市委、重庆市人民政府、重庆市的各部门的行政首长,以及参照执行的部门副职、派出和直属机构的"一把手"。除书记、市长可以决定启动问责程序外,公民、法人和其他组织的举报、控告,新闻媒体曝光的材料,人大代表、政协委员、司法机关、仲裁机构、副市长、秘书长提出的问责建议、工作考核结果,均可启动问责程序。②

从以上三个措施入手,可构建前置化的责任分配框架。但需要注意的是,前置化的责任分配并非意味着对重大社会风险处置与救济的忽略,而是意味着尽早地将社会重大风险消除。能在社会风险形成之前消除风险的,就要在风险形成前消除,一旦风险形成,则要致力于在形成社会危机之前消除风险。只有在前两个阶段中,风险责任主体都未完成风险阻断,才会涉及风险的处置与救济责任的承担问题。虽然在多数情况下,各阶段的风险责任主体往往会重合,但对同一风险责任主体的风险防范、处置、救济的责任,也有必要做出界分。

二、制度化的责任分配机制

重大社会风险的"防范化解"和"应急"处置,不是一时、一地的事宜,而是长久性、全局性的事宜。因而,对于其责任的配置,应当形成制度化的长效机制,依靠法律法规、规范性文件、政策、业务规范,制度化地分配责任。对于责任制度化,中国已在安全生产领域展开,并于 2021 年 6

---

① 张海波、童星:《公共危机治理与问责制》,载《政治学研究》2010 年第 2 期,第 53 页。
② 闻言:《问责风暴刮向中国政坛》,载《经济论坛》2005 年第 1 期,第 12 页。

月10通过了修改后的《安全法》,其对于安全生产中的责任明确规定了"一案三制",即对于安全生产出现事故的责任分配是:政府督促责任、部门监管责任、企业主体责任。前述提及的重庆市公布的《办法》,也是一个例子。但是,从其范围看,主要是针对重庆市政府部门首长的。同时,针对修改后的《安全法》,重庆如何回应和落实,也是责任制度化需要解决的问题。时至今日,风险治理是实现国家治理能力和体系现代化的重要内容,且后者的表征之一便是法治化。这意味着在风险防控中,就应重视责任分配的制度化。综合看,应从以下两个维度着手:

第一,重庆应完善有关防范化解、应急处置责任分配的法律体系。明确重大社会风险防范化解、应急处置过程中的责任分配,应依靠法律。不仅重庆这个维度的法律不健全,国家层面目前的相关法律也还不完善。概括而言,主要有三个亟待解决的问题:一是确立风险责任的法律种类较少,除了前述的领导干部的前置责任有明文规定外,基本没有其他涉及事前的风险防范化解责任。并且,对于事后的风险处置责任而言,关于灾害救助、灾害保险、灾后重建等方面的责任,也没有相应的法律规定可以遵循。[①] 由于缺少明确的法律依据,风险责任主体难以把握自己的责任内容与范围。二是对于风险责任予以规定的法律规范,都是针对单一领域社会风险的法规。但实际上某一类社会风险的发生,往往波及社会的各个领域,涉及多个单位和部门。因此,规定单一领域风险责任的法律规范便显得力不从心,无法实现综合的风险责任分配。特别是无法协调中央政府、中央直属企事业单位与地方政府、地方政府部门之间的责任问题。三是对于风险责任予以规定的法律规范,与现有的民法规范、刑法规范等基础法律规范之间的衔接存在问题。这使得风险责任没有与民事责任乃至刑事责任形成一体化的责任体系。

因此,建立制度化的责任分配机制,首要任务便是完善重大社会风险防范、化解、应急处置的法律体系,颁布专门的法律对防范风险生成和化解风险的责任予以规制。对于某些风险性高的行业和领域,可考虑设立强制投保的制度:一方面,这可以避免对风险责任主体过重的苛责;另一

[①] 滕五晓:《公共安全管理中地方政府的责任及其作用——以重庆市开县井喷事故灾害为例》,载《社会科学》2005年第12期,第67页。

方面,可以增加危险行业通过制造风险而获利的成本对其反向敦促。除此之外,保险行业的积极性也被充分调动,建立了危险行业与保险行业共担风险的责任机制,大大降低了风险可能引发的社会生活动荡。其次,要通过现有法律的修订或者增加新法,对事后的风险处置责任予以细化。在责任细化的过程中,需注意将责任人与风险损失严格对应,将风险的危害程度与责任人所应承担的责任相联系,避免无原则的责任平摊机制造成法不责众的尴尬局面。[1] 最后,还要研究对风险责任分配的法律规范与现有的基础法律规范相衔接的实施办法,制定并实施地区贯彻落实中央、省、市安全发展意见,着力提高社会安全责任的法治体系建设。

第二,强化执法,督促各责任主体责任落实。制度化的责任分配机制的建立,离不开有效的法律实施,否则所有的责任设置都是纸上谈兵,对于风险的防范化解和处置起不到任何积极作用。而激励和敦促相关法律规范执行落实的重要手段就是:一是通过各级党组织与党员领导干部,落实法律所规定的风险防范化解和处置责任。在这方面,中央已经有很多行动了。如中共中央办公厅、国务院办公厅 2018 年印发《地方党政领导干部安全生产责任制规定》和 2019 年印发《地方党政领导干部食品安全责任制规定》等规范,明确了有关党政部门和党政领导干部的社会安全、安全生产、食品安全的具体责任。这些具体规定和措施,需要严格加以落实。[2] 二是要领导带头执法。社会重大风险责任归根结底还是得由政府部门及其干部负责实施和执行。应当激励和监督干部在社会重大风险防范化解中积极作为,从思想、能力、制度上全面着力。[3] 三是要责任主体全员执法。对于法律法规设定的风险责任主体,其风险防范和处置的责任,应当建章立制要求全员贯彻落实,而不仅仅是一个人的责任。如应急管理局按照"业务科室执法、职能科室参与"的模式,全面推进全员执法工作。四是要推进"一条龙"执法和委托街道执法,并通过抽调街道安监

---

[1] 姜玉欣:《风险社会与社会预警机制——德国社会学家贝克的"风险社会"理论及其启示》,载《理论学刊》2009 年第 8 期,第 81 页。

[2] 李雪峰:《防范化解社会领域重大风险的若干思考》,载《行政管理改革》2019 年第 4 期,第 35 页。

[3] 吴世坤、郭春甫:《社会重大风险起源、界定与防范化解》,载《社会治理》2019 年第 5 期,第 67 页。

员跟班执法办案、执法大队分组指导、组织案例分析会等方式,努力培养街道安监中队执法业务能手,提高办案能力。除此之外,在执法过程中,要坚持一级抓一级、层层抓落实,坚决防止和克服层层推责。此外,增强防范化解重大风险的忧患意识,明确防范化解社会重大风险的战略意义、目标任务、政策策略,能够有效辅助风险防控责任机制的健全和运行。①

三、中心化的责任分配机制

重大社会风险关乎社会民众的重大利益,其"防范化解"与"应急"处置并非个别的部门分散地完成,而须在重庆市政府的主导下形成合力,以重庆市政府为中心分配责任。因为在风险社会中,风险呈跨领域、跨地域的复合趋势,只有在资源、经验和能力方面占据整合优势的政府,才能成为重大社会风险管理的核心角色。具体而言,中心化的责任分配机制主要包括以下几个方面:

(一)重庆市政府牵头建立风险处置法制体系

在市政府的牵头下,形成法律、行政法规、地方性法规、规章等层级分明的法制体系,通过规范的形式确定不同风险的责任主体以及各级责任主体的义务和履行义务的方式,使重大社会风险的处置由无序化转向规范化、分散化转向统一化,以建立起风险预防、预警、处置、问责一体化的综合风险处置体系,统一对各类型重大社会风险进行防范化解和应急处理。需要注意的是,在法律规范的制定过程中,政府要注重保障相关法律规范的贯彻与落实。一方面,要保障相关法律规范的出台建立在充分调研和论证的基础上,确保规范能够有效指导社会风险的处置工作。另一方面,要敦促各区县政府出台对应的实施细则,配合法律规范的具体施行。

(二)重庆市政府协调各部门力量以跨越部门鸿沟的责任

习近平号召"要完善风险防控机制,建立健全风险研判机制、决策风

---

① 吴世坤、郭春甫:《社会重大风险起源、界定与防范化解》,载《社会治理》2019年第5期,第67页。

险评估机制、风险防控协同机制、风险防控责任机制,主动加强协调配合,坚持一级抓一级、层层抓落实"。① 其主要的旨意是明晰地指出了各级党委和领导的责任,并要求要建立防线防控责任机制。因此,重庆市政府应以国家治理体系和治理能力现代化为导向,深化部门改革,整合优化部门职能体系,加强政府内部的融合以及各级政府之间的联合,更好地调动自身在调配资源、汇集信息以及动员各方力量等方面的优势。如通过建立内部或外部的共享信息网络、开辟专门的合作衔接路径,更好地处理信息沟通不畅、部门各自为政带来的碎片性治理障碍,以保障各方力量行动协调、相互配合。

(三)重庆市政府风险处置的落实责任

在贯彻中央的部署和决策时,重庆市政府应负"落实"责任,即重庆市政府不仅要落实自己的责任,还应层层推进和落实到重庆的各个区县政府等层级。不仅如此,重庆市政府以及重庆各区政府,还应着实把重大社会风险防控以及安全发展的目标,列入其社会和经济发展的总体布局之中,原则上做到同步规划、同步实施,将其所辖公共安全、企业安全生产、经济稳定等指标作为地方政府以及政府有关部门政绩考核的范围,并建立起社会安全控制的考核指标体系以及逐级落实的制约机制,使得社会的安全发展真正做到责任明确及责任到人。② 除此之外,在规划、发展、建设、管理、运行、服务等政府职能的各个环节,应将风险防控管理渗透其中,实现重大社会风险的常态化管理以及主动的风险防范为主的战略性转变。③

(四)重庆市政府着重加强公共危机和灾害防范管理

在灾害发生前,事先了解辖区可能存在的潜在危机或可能引发的灾害,制定应对特定公共危机的预案,建立危机监测及预报预警体系,在技术、人才、设备、资金、物资等方面做好充足准备;在灾害爆发时,建立有效

---

① 《习近平在省部级主要领导干部专题研讨班开班式上发表重要讲话》,载百家号"新华社新媒体"。
② 方世南、韦锋:《安全发展与政府责任》,载《学习论坛》2008年第10期,第45-48页。
③ 侯书和、张子礼:《风险社会中政府的安全责任及其制度保障》,载《行政论坛》2011年第3期,第25页。

的隔绝和控制机制,组织全社会力量展开救援,调动社会资源安置受害者,避免灾害进一步蔓延和扩散;在灾害过后,及时开展恢复重建工作,包括实体性的灾害区域重建,以及非实体性的地区灾害地域能力的强化,即通过本次灾害总结经验教训,找出地区的薄弱环节,在衡平区域社会经济的基础上最大限度地落实防灾规划。

四、专业化的责任分配机制

重大社会风险跨越了不同地区、不同领域并且潜藏于不同人群之中,其"防范化解"与"应急"处置不仅需要专业的知识与经验累积,还需要专项的研究、分析、总结。因而分配风险管理责任时,需明确将专业化的机构列为责任主体,由专业化的机构对于重大社会风险进行专门应对,健全公共安全体系,形成更为完善的风险管理体系。

首先,在抽象统筹层面,专业化的责任分配要求遵从化零为整的思路,成立能够整合各方力量的专业化风险管理机构。从国家宏观层面看,我国基于"总体国家安全观"理念的指导,已成立了中央国家安全委员会,负责构建集政治安全、国土安全、军事安全、经济安全、文化安全、社会安全、科技安全、信息安全、生态安全等为一体的国家安全体系。如前述论及的,重庆市也步调一致跟进,设立了重庆市应急管理局。并且,重庆市赋予了应急管理局诸多责任,其中,第六个职能责任就包含"统一协调指挥全市各类应急专业队伍"的责任。但除此之外,还必须在条件许可的情况下,组建风险管理机构,并落实相关责任。

其次,在具体实施层面,应在专业化风险管理机构的协调下,将不同领域的风险责任分配给具体领域的专业管理机构配合控制。如逃税、漏税的风险要由专门的税收征收管理机构、专业的税务人员有秩序、有计划地加以控制;金融风险要由银行的相关部门和银行内部管理人员配合控制;自然灾害类事故风险应由资源规划局、农水局、住房建设局等职能部门共同防控和化解,等等。除此之外,各领域的运营者、社会团体等也要承担相当的风险责任。如新兴的网络平台、自动驾驶汽车之类的人工智能产品、区块链等科技领域的风险,应当由直接掌握科学技术的运营企业站好风控的第一班岗位,实现以技术来控制技术风险。具体包括提前预防相关风险的形成,成立专门的技术团体,在设计研发、生产销售、投入运营的各个阶段对科技风险进行排查、预防、应对,以突破科技本身的技术屏障。

由此可见,遵从专业化的责任分配机制,并不意味着统一或集中的责任分配。统一的专业化机构的职能,与其说是社会重大风险的防控与处置,不如说是风险的日常监督、风险的研究、风险的规范化管理、风险发生时处置的分工与调配等。具体的风险责任,仍应当落实到相关领域的专业管理机构、专业运营单位与团体来承担。

第四节 "依靠一切力量"防范化解和应急处置重大社会风险的机制设计

以前述责任分配机制为基础,重大社会风险防范化解和应急处置的框架设计,应当在建立统一指挥系统的基础上,动员一切可能的力量参与进来。也只有在指挥系统的统领下,才能将不同主体、不同部门、不同地区的人力、物力、财力快速有效地整合起来,形成重大社会风险防范化解和应急处置的联动力量。习近平还提出党的领导干部应带领和引导群众,在实践层面真正依靠一切力量:"要强化风险意识,常观大势、常思大局,科学预见形势发展走势和隐藏其中的风险挑战,做到未雨绸缪。要提高风险化解能力,透过复杂现象把握本质,抓住要害、找准原因,果断决策,善于引导群众、组织群众,善于整合各方力量、科学排兵布阵,有效予以处理。"[①]

一、建构重大社会风险防范化解和应急处置的指挥系统

建立防范化解和处置社会风险的指挥系统,必须站在长期性、全局性的视角考量。这需要做好突发风险的协调处置工作,全面加强信息收集报送工作,并强化风险预警和应急预案体系的建设。

---

① 《习近平谈治国理政》(第三卷),外文出版社2020年版,第223页。

(一)推进重庆市风险防范化解和应急处置指挥系统的建设

一是搭建重庆市风险防范化解和应急指挥系统的组织框架,在相关部门和各街道办事处设立指挥长,强化指挥力量,最大限度调动各方面资源。二是力争选取特定街道建设街道风险防范化解、应急综合指挥平台示范点,实现区、街平台互联互通,构建"统一指挥、功能齐全、反应灵敏、运转高效"的指挥系统。三是健全重庆市风险防范化解、应急视频系统和完善区域风险平台数据库,进一步提升平台各项功能,指导、规范各街道风险防范化解值守平台建设工作,实现市、区、街道风险平台互通互联。

(二)做好突发风险的协调处置工作

一是依托重庆市的风险防范化解、应急指挥平台,做好突发风险的协调处置工作,建立健全处置突发风险工作机制,提高应对突发风险的能力。二是完善"一呼百应"的快速响应系统建设,实现联勤联动、处小处快。三是细化风险响应流程指引。毫不松懈做好各类各级风险响应准备,坚持以各种风险事件的情境构建为抓手,健全标识、健全流程、健全制度、健全装备,优化重庆多发自然灾害类、安全生产类风险防范化解及事故处置的工作指引。

(三)全面加强信息收集报送工作

重庆市2018年成立重庆应急管理局后,是赋予了其信息收集报送职能的,即其主要职责的第四条要求其"牵头建立全市统一的应急管理信息系统,负责信息传输渠道的规划和布局,建立监测预警和灾情报告制度,健全自然灾害信息资源获取和共享机制,依法统一发布灾情"。为此,在具体的执行中,一是认真落实信息报告工作,拓宽信息渠道,严格要求各个市辖区对突发风险的报送时效。还要加强分析研判,提高突发风险信息报送质量。二是建立风险指挥系统信息员工作机制,打造"横向到边、纵向到底"的信息报送网络,全面加强信息收集报送工作。

(四)强化重庆市风险预警与应急预案体系建设

一是组织修订完善全市风险事件总体预警与应急方案,并指挥市辖区相关职能部门编修区域专项预警与应急方案,指导部门和各街道编修相关预警与应急方案。同时,进一步完善以总体方案为核心,专项方案、部门方案、街道方案、重点企事业单位方案、重大活动方案为基础,覆盖多层级、多区域的风险预警和应急预案体系。二是制定风险应急演练计划,组织市辖区风险应急演练,其中可重点组织开展"双盲"突袭式应急演练,以及重点监管企业应急救援预案演练示范工作。三是加强重大活动的风险管理,建立健全重大活动风险预警和应急方案备案机制,做到"一活动一预案"。

二、依托风险管理机制防范化解和应急处置重大社会风险

在指挥系统的统领下,对重大社会风险的防范化解和应急处置,首先要依托于重庆市政府的风险管理机制展开。作为风险管理过程中各种制度化的措施,风险管理机制包括风险防控体系运行中所表现出来的方式、流程、功能。[①] 重庆市政府作为防范和处置重大社会风险的核心力量,应做好健全的机制建设,才得以实现风险管理的程序化、规范化和长效化。

1. 围绕风险的生成过程,在不同的节点设置有针对性的管理机制。前述已详细分析到,从风险源到风险,从风险到重大事故,是一个演化过程。在这个过程中,情况是不同的。同时还必须重视的是,不同行业的风险还有不同特点,由此在不同的时节表现也不同。因此,就应对不同行业的不同时节的风险因素做好信息的监测、预报、披露:一方面,通过对不同行业、不同领域突发事件的直接后果及次生、衍生后果等进行分析总结,评估各种后果的危害程度;另一方面,对潜在危险划分等级和种类,通过开展区域综合性检查督查、巡查、摸查、考核等工作,从而对风险点和危险源予以追踪和检测,形成城市风险点及危险源管控"一张图",逐步实现分级监控、动态管理、专项重点整治,落实风险隐患的核查制度。在此基础上,市政府和各区县、乡镇,要分别建立完善的社会风险研判联席会议制度,而各部门应共享信息、协作研判,合力化解已出现的风险点。[②] 对风险事故提前拟定事故灾难和自然灾害分级对应制度、灾情报告制

---

① 周文彰、鲁彦平:《提高风险社会治理水平的三个维度》,载《社会治理》2018 年第 11 期,第 76 页。

② 赵庆远:《打好防范化解社会领域重大风险攻坚战》,载《宁波日报》2019 年 5 月 28 日,第 8 版。

度,统筹应急救援预案、应急救援力量、应急管理信息系统的建设;做好事故信息的定点接报、发布预警,灾情信息与突发事故现场处置和救援的协调工作。对风险损失,事先编制救助物资储备规划和需求计划,组织建立应急物资共用共享和协调机制,依照对突发事件的调查评估及灾情统计核查情况,组织协调重要物资储备、调拨和紧急配送,会同有关方面组织协调紧急转移安置受灾群众、因灾毁损房屋恢复重建补助和受灾群众生活救助,并监督事故调查以对风险损失追究责任,通过加强联合执法,推动部门联动,严肃责任追究。

2. 建立先进的信息系统、搭建应急联络通道,实现市政府机关之间及机关与外部机构、个人的沟通。一般而言,通过先进的信息系统,便可实现多方主体风险信息资源的获取、传输、共享。对于信息系统的建立,可及时推广运用最新前沿科技,推动科技与业务深度黏合,探索区块链技术在重大社会风险防范化解和处置系统中的应用,大力推广智慧风险管理系统,比如可利用钉钉平台,推动线上与线下互补互促,整合各方数据,深度挖掘数据价值。但在事故灾害发生时,仍需额外的应急联络通道,实现各方主体的商议沟通,尤其是市政府机关和外部机构之间的沟通。对于市政府机关之间或外部机构之间的沟通,可以通过上下级的汇报、报告等实现。但对于市政府机关和外部机构之间的沟通,则往往因为没有相关的联络通道而发生时间延误,导致错过最佳的救灾抢险和疏散时机。因而,需要特别地在市政府和外部机构之间搭建应急联络通道,例如,事先由重庆市政府和企业等主体共同制定事故灾害预防规划、应急预案,事中及时通过区政务数据库的会议视频系统,实现二者的互联互通。

3. 强化宣传教育培训,设立专项举报制度,鼓励更多力量参与重大社会风险的防范化解和处置。一方面,推进重大社会风险防控的宣传教育工作,做到送教上门;精心组织风险事件的总结分析活动,创新宣传教育培训方式,通过组建风险教育教师团、举办大讲堂等方式,讲好风险管理者的故事,提升全民安全意识。另一方面,拓展宣传教育培训的覆盖面,将宣教工作从日常生活风险延伸至安全生产、消防、防灾减灾、应急等重点领域,充分利用讲座、课堂讲授、实地观摩、互动训练、现场交流等多种形式开展风险防控培训,提升全民安全意识。这项工作重庆市目前已较好地落实,如重庆市普法办通过印发《深入开展企业法治宣传教育的工作方案》、成立企业法治专家宣讲团等措施,重点围绕企业从设立到退出全生命周期中涉及的公司法、合同法、劳动法等主要法律法规,以及民间借贷、专利申请等法律风险点,分层分类对企业开展法治宣传培训。除此之外,还可以设立专项举报制度,加大舆论宣传,接纳各种风险隐患信息及事故信息。并且,还可以考量区分内部举报和外部举报,适当设置举报奖励,鼓励全民参与重大社会风险的防范化解和处置。

三、发展专业机构防范化解和应急处置重大社会风险

在对重大社会风险进行防范化解和处置时,仅仅依赖风险责任主体,可能会陷入一种片面的、局限的风险管理思维。而且,对于某些专业领域的重大社会风险,或者需要运用物联网、大数据等科技手段来予以应对的重大社会风险,囿于难以突破的技术瓶颈,单一的风险管理路径也受到极大的阻碍。因而,大力推广运用第三方社会化专业服务,借助第三方力量开展隐患排查、风险评估、系统治理及风险处置等工作,便显得十分必要。

首先,专业机构可以单独承担特定风险应对工作。如对于重大社会风险的评估,重庆市已经开始委托第三方社会稳定风险评估机构。在水污染防治工作中,重庆市人大常委会根据《市人大常委会评议市人民政府水污染防治工作方案》,委托第三方对重庆市工业聚集区污水处理和达标排放情况、城乡生活污水处理设施及配套管网规划建设运行管理情况等两个重点领域开展专业评估。相较于重大事项的责任主体,应组织有关单位展开风险评估,或委托第三方机构编制风险的评估报告。这能使风险评估与风险直接责任人相分离,诸如制定重大决策部门、承办重大项目的单位不再出具风险评估报告,可以避免因为思维定势而出现的不全面风险评估,或者因千丝万缕的利益关联而出现的风险认知和估量的偏颇。但第三方风险应对机构的全面推行,尚需完善相应的配套管理制度,比如,风险评估资质的规定及风险评估报告的效力认可等。未来可走一条从局部的重大社会风险应对由专业机构参与,到重大社会风险应对由专业机构部分承担的道路。责任主体通过邀请中介机构、专家、学者等参

与,或者通过收集相关文件资料、问卷调查、专业意见、座谈走访、听证会等方式,征求专业机构的建议,又或者借助专业机构实现技术支援,如共同建立风险防范化解的综合监管信息平台,构建社会安全监测"大数据",实现实时监管等方式,使第三方专业机构共同参与到重大社会风险的防范化解工作中。

其次,在重大社会风险的处置过程中,专业机构也可以起到很大的促进作用。例如,自然灾害、重大卫生事件等的应急处置,需要组建专门的临时应急专家咨询组,负责对自然灾害、重大卫生事件的应急准备、现场处置提供技术方面的指导和咨询,并对应急响应的启动及终止提供参考性的专业意见。此外,在重大卫生事件的应急处置中,疾病预防控制机构、卫生监督机构、医疗机构等专业技术机构,需要在政府机构的指挥和统领下,参与到各项卫生事件的应急处理工作之中。因而,为了更加迅速有效地对重大社会风险进行应急处置,可以考虑通过公开讨论、对话、协商来建立第三方专业力量参与的长效机制。针对不同重大社会风险的应急处置,配置不同专业方向的应急专家咨询库。在日常生活中,可以与相关专家开展应急处置的交流与合作。在公共危机发生时,亦可以迅速从专家库中遴选组成咨询组;与特定专业机构联合,制定相关重大社会风险的灾害预防规划与应急处置预案,在应急处置时,应使各方分工更加明确、配合更加通畅有效;与社会救助团体协调和配合,以实现有效的风险应急处置等。重庆市卫生健康委员会印发的《重庆市重大传染病防控工作方案》,已对此予以明确。比如对于重大科技安全事件的应急处理,应围绕人工智能、基因编辑、医疗诊断、自动驾驶、无人机、服务机器人等领域,加快推进相关立法工作,对新技术、新产业发展及时形成专业机构参与的动态治理结构。[①] 这在后面的章节中有专门的分析,在此不赘述。

四、调动各种社会力量防范化解和应急处置重大社会风险

在前述论及风险防范化解的责任分配上,已涉及调动各个层面的力

[①] 陈宝明:《高度警惕并有效防范化解科技领域重大风险》,载《中国党政干部论坛》2019年第3期,第33页。

量参与防范化解风险中,并不予其一定的责任,激发其主动性、积极性、担当精神。但其是从责任落实这个微观角度进行的论述,在此,有必要对其进行更加细致化的分析。基于现代社会风险的广泛性、复合性、共生性等特征,完善重大社会风险防范化解和应急处置的体制,也必须在统一的指挥下,让各级政府部门、专业机构、社会组织、其他社会力量加入。即鼓励社会的广泛参与,增加每个社会成员对重大社会风险治理的参与力度。

首先,对风险治理的参与应建立在知情的基础上,因此依法保障广大市民对重大社会风险的知情权尤为重要。一方面,通过直接参与的方式保障知情权,即在风险调研、风险决策、风险执行、风险监督、风险评估等环节,让社会成员广泛参加。通过直接参加能帮助其对重大社会风险有详尽和深入的了解。另一方面,通过公开共享的方式保障知情权,即通过固定通道对利益密切相关的社会成员公开共享特定重大社会风险的相关信息;或者通过大数据、互联网、人工智能等新兴技术,对全体社会成员及时公开共享重大社会风险的相关信息。当然,对于牵涉隐私信息、国家或商业秘密等内容的风险信息,应当经过脱密化处理再予以公布。除此之外,对于第二种保障知情权的渠道,需要建立制度化的信息公开机制,对具体的风险信息公开途径、公开地方、公开程序、范围及形式等进行统一的规定。各部门、各地区可以基于统一规定制定细化的实施办法,并且建立风险信息共享工作的考核制度,进一步保障社会成员的知情权能够落到实处。

其次,建立针对广大市民参与重大社会风险治理的动员机制、协调机制和领导机制,确保多元主体有序、高效参与社会风险的防范、化解和整治。① 尤其是对于像社会心理失衡、社会成员矛盾等由个体源生出的社会风险,风险责任主体难以直接干涉。因此,需要动员社会成员个体的力量建构更为顺畅的沟通表达体制,使公民个人、单位成员、社会团体以及其他利益相关的群体能够获得充分的话语权,及时表达自身的诉求及偏好。并在此基础上,对依法决策形成有效的影响,综合协调公众参与依法

---

① 黄元丰、张美琴:《社会主义和谐社会构建中社会风险治理机制的优化》,载《中共南昌市委党校学报》2014年第6期,第53页。

决策。除此之外,对于企业成员要设立专门的风险防范化解和处置通道,允许企业通过自治的方式对重大社会风险实现日常防范,以及在风险发生第一时间对风险进行应急处置。但整体来说,对于社会成员的参与,要注重科学地排兵布阵,就参与事务区分层次、专业、领域,即使各利益相关方都能够表达自身的意见诉求,又使参与的过程有制可依、有规可守、有章可循、有序可遵,保证广大人民群众规范参与风险治理。[1]

最后,完善重大社会风险防范化解与处置的国际合作。社会力量不仅局限于经济组织、非营利组织、个体志愿者等主体,也可能跨越国家界限,包含其他国家及国际组织力量。特别是有些重大社会风险,如毒品、能源危机、恐怖主义、全球性卫生风险等,是跨越国界性的,即迅速扩散形成一种全球性的社会风险,需要促进国际合作、调动国际组织的力量,抵御全球性的社会风险威胁。当下需要做的是进一步加强国际融合,扩大与其他国家相关地区的信息沟通,积极参加世界风险的共同治理机制。这样,既能够借助国际经验与资源解决本土问题,也能够向世界贡献我们的风险治理力量和智慧。[2]

---

[1] 赵振宇:《保障人民参加国家和社会治理》,载《人民日报》2020年1月15日,第9版。
[2] 周文彰、鲁彦平:《提高风险社会治理水平的三个维度》,载《社会治理》2018年第11期,第75页。

第六章　防范化解重大社会风险的法治保障

依法治国是党领导人民治理国家的基本方略。习近平多次对"法治"进行论述,他认为:"法治不仅要求完备的法律体系、完善的执法机制、普遍的法律遵守,更要求公平正义得到维护和实现。'理国要道,在于公平正直'。老百姓讲'一碗水端平',如果不端平、端不平,老百姓就会有意见,就会有怨气,久而久之社会和谐稳定就难以实现。"[①]习近平还对依法治国的目的进行了阐述:"要全面推进依法治国,更好维护人民群众合法权益。对各类社会矛盾,要引导群众通过法律程序、运用法律手段解决,推动形成办事依法、遇事找法、解决问题用法、化解矛盾靠法的良好环境。"[②]针对防控风险,习近平提出:"坚持依法防控,要始终把人民群众生命安全和身体健康放在第一位,从立法、执法、司法、守法各环节发力,切实推进依法防控、科学防控、联防联控。"[③]所以,在治理能力和治理体系要实现现代化的背景下,"防范化解"重大风险作为一种以党和政府主导的国家行为,就必须符合法治

---

① 中共中央党史和文献研究院编:《习近平关于防范风险挑战、应对突发事件论述摘编》,中央文献出版社2020年版,第85页。
② 《习近平谈治国理政》(第一卷),外文出版社2014年版,第204页。
③ 习近平:《全面提高依法防控依法治理能力　健全国家公共卫生应急管理体系》,载《求是》2020年第5期。

原则和精神。尽管防范化解的直接对象是社会风险,但社会风险源、重大事故的出现,均会涉及人的因素。甚至在防范化解的过程中,只有对人采取一定的措施,才能产生阻止风险传播、减少损失等实际效果。换言之,无论是防范还是化解措施,均会涉及对人采取措施,而其中可能还会涉及人的基本权益。因此,若采取的措施不妥当、不合法或者无法可依,则会侵害相关人的合法权益。这不仅会诱发侵害法治的风险,而且还会导致严重的人心不稳、人心不满、人心不宁等严重后果。在前面的章节中,对此法治风险已有论述。重庆市政府已较为重视法治建设,且把依法防控重大社会风险纳入各个时期的法治建设之中,并取得了较大的成绩。但是,无论是在重大社会风险的立法中,还是在司法和执法中,依然存在前述章节所提到的法治风险。因此,在重大社会风险的防范化解中,重庆市还应继续保证"防范化解"措施符合法治原则。从宏观层面看,在未来的防范化解重大社会风险中,应坚持依法治国"十六字方针",即科学立法、严格执法、公正司法、全民守法,以防范化解重大社会风险中出现的法治风险。

第一节 "法治"是防范化解重大社会风险的第四道防线

防范化解重大社会风险是国家治理能力的体现,在"三大攻坚战"的语境下,在强调各级政府部门是其领头羊的治理体系中,防范化解重大社会风险的行为是各种国家权力运行的一种。同时,在法治国家语境下,国家权力的运行必须遵守法治原则。从前述防范化解重大社会风险中出现的各种法治风险也可以看出,防范化解各种社会风险,必须遵守法治原则。甚至可以说,法治是防范化解重大社会风险的第四防线,即事前防范、事中化解、事后应急,分别是风险管控的第一道防线、第二道防线、第三道防线,遵守法治原则进行重大社会风险的防范化解则是第四道防线。换言之,防范化解重大社会风险的行为均可能诱发法治风险,而对此风险的规避必须依靠法治原则。把"法治"作为防范化解重大社会风险的第四道防线具有重要的积极意义,因为社会风险的防范化解必须遵守法治边界,这才能使国家治理重大社会风险的能力和体系逐步走向法治化。

一、重庆市重视重大社会风险防控的法治化

重庆市重视法治建设,积极落实了《法治政府建设实施纲要(2015—2020年)》,以推进政府治理体系和治理能力的现代化和法治化。推进防范化解重大社会风险治理的法治化以及推进相关领域的社会治理,是重庆法治政府建设的重要内容。从每年重庆的法治政府建设报告的情况看,这方面的法治建设也取得了很大进步。[①] 在完成《重庆市法治政府建设实施纲要(2016—2020年)》后,又根据《法治中国建设规划(2020—2025年)》制定了《重庆市〈法治中国建设规划(2020—2025年)〉实施方案》和《重庆市法治政府建设实施方案(2021—2025年)》,这对于继续引领重庆法治建设和依法防范重大社会风险,均有积极推动作用。

(一)重庆市政府采取的依法防范化解社会风险的举措

以《法治政府建设实施纲要(2015—2020年)》为导向,重庆市每年均部署了防范化解重大社会风险的工作,且均取得了一定的成绩。

1. 2016年重庆市政府在社会风险防控中的主要法治化举措

根据《重庆市人民政府2016年法治政府建设情况报告》,2016年重庆市依法防范化解重大风险的举措主要有:

一是在构建"四张清单"管理体系中,涉及探索制定市场行为负面清单,在金融、食品药品、安全生产等容易引发重大系统风险的重点行业或领域试行,加强事中事后监管,切实防范各类风险。

二是推动立法与重大改革决策相衔接,与经济社会发展相适应,发挥法治对经济社会发展的引领、推动、保障作用,这包括制定了《重庆市网络预约出租汽车经营服务管理暂行办法》,促进了出租汽车行业和互联网融合发展;制定了《重庆市企业信用信息管理办法》,强化了企业信用约束,推进了社会信用体系建设;修订《重庆市建设工程造价管理规定》,进一步规范了建设工程计价行为;修订《重庆市公共安全视频图像信息系统

---

① 《重庆市2020年法治政府建设情况报告》,载重庆市人民政府网。

管理办法》,规范了公共安全视频图像信息系统的建设和使用。

三是强化了与风险管控有关的决策合法性审查,对重大行政决策,政府治理中的重大突发事件、维稳事项、引资合同等涉法事务严把合法性审查关口。

四是积极推进行政执法全过程记录、重大执法决定法制审查、行政执法公示"三项制度"建设,特别是在原市环保局、市食品药品监督管理局等28个市级部门对行政处罚结果信息进行了主动全面公示,促进了行政执法公开透明。

五是扎实开展《环境保护法》实施活动,并依法清理环保违法违规建设项目企业14011家,完成整治12516家,解决了一大批臭气扰民、噪声扰民、污染饮用水、畜禽养殖污染环境等群众身边的环保问题。

六是加强重点领域的专项执法。严厉打击食品药品违法犯罪,专项整治食品药品风险等级高、群众反映强烈、涉及面广的突出风险隐患,全年查办案件6000余件;重点开展农资、建材、日用消费品等22项"质检利剑"执法行动;加大对电梯等特种设备安全领域的执法力度,开展民生计量领域专项执法;推进缺陷产品管理,构建缺陷产品召回行政监管体系,召回缺陷产品10万余件;深入推进"红盾质量维权行动",开展成品油、装饰材料等与消费安全密切相关的商品质量抽检专项行动,依法查处1266组价值2345.93万元不合格商品;严厉打击网络商标侵权和销售假冒伪劣商品等违法行为,检查网站(店)2.24余万次,责令整改468个,关闭网站80个。

2. 2017年重庆市政府在社会风险防控中的主要法治化举措

根据《重庆市人民政府2017年法治政府建设情况报告》,2017年重庆市依法防范化解重大风险的举措主要有:

一是在法制建设方面,重庆市出台《关于建立完善守信联合激励和失信联合惩戒制度加快推进社会诚信建设的实施意见》,进一步完善守信联合激励和失信联合惩戒机制,在工商、质监、食品药品监管等30个领域建立"红黑名单"制度;制定了《重庆市人民政府关于修订〈重庆市关于开展对部分个人住房征收房产税改革试点的暂行办法〉和〈重庆市个人住房房产税征收管理实施细则〉的决定》,依法打击"炒房"行为,促进房地产市场健康发展；制定了《重庆市实施〈中华人民共和国老年人权益保障法〉办法(修订草案)》和《重庆市人民政府关于废止〈重庆市主城区路桥通行费征收管理办法〉等政府规章的决定》，从立法上促进重大民生问题的解决；制定了《重庆市民用无人驾驶航空器管理暂行办法》，在省级层面率先开展无人驾驶航空器立法。

二是依法推进社会治安综合治理，构建党委领导、政府主导、综治协调、各部门齐抓共管、社会力量积极参与的社会治安综合治理工作格局；制定了《重庆市突发事件应急体系建设"十三五"规划》，完善市、区县、乡镇(街道)、村(社区)应急预案，依法开展食品安全、消防安全、防灾避险等应急演练。

三是依法保护生态环境，这包括依法推进生态环境损害赔偿制度改革试点，制定了实施重庆市生态环境损害赔偿制度改革试点工作方案，构建了改革配套制度体系；全面推行河长制，饮用水水源和河库管护得到加强，长江干流重庆段保持优等水质；开展环境监管执法"零容忍、出重拳"专项行动、长江经济带化工企业污染整治专项行动等，加强环境保护执法，严厉打击环境违法行为。

四是依法让44个市级部门公开了行政执法主体、职责、权限等信息，依法让原市环保局、市食品药品监管局等28个市级部门公开了行政处罚结果信息；在公安、交通等重点执法领域探索推进全过程音像记录，实现执法过程"全程留痕"。

五是依法加强民生重点领域的执法，这包括：依法加大城乡违法建筑查处力度，将损害公共利益、危害公共安全、影响规划实施、破坏城市景观等违法建筑作为整治重点，坚决遏制新增违法建筑，促进城乡建设有序发展；深入推进解决主城区交通拥堵三年行动计划，主城区路网高峰平均车速、违法查处量；大力整治酒驾、醉驾违法行为，以城区主要商圈以及重点餐饮场所、外来人员聚集区、城乡接合部等周边道路为重点，严查酒后驾驶违法犯罪行为；开展食品药品安全隐患、危险化学品等集中整治。

六是推进信访法治化，这包括制定了《关于全面深入推进依法分类处理信访诉求工作实施意见》《依法分类处理信访诉求工作规则》，依法化解处置信访问题；常态化开展"违法上访、非法维权"治理，引导群众依法逐级走访、理性维护权益;每月举办"信访业务大讲堂",加大信访工作规范化、法治化培训力度。

3. 2018 年重庆市政府在社会风险防控中的主要法治化举措

根据《重庆市人民政府 2018 年法治政府建设情况报告》,2018 年重庆市在依法防范化解风险或社会治理等方面的主要举措有:

一是在立法方面,重庆践行中央的打好"三大攻坚战"战略,重视相关立法,如制定或修订《重庆市铁路安全管理规定》《重庆市生活垃圾分类管理办法》等政府规章 5 件,并提升立法工作质量,如进一步完善法规规章起草、论证、协调、审议、清理等机制,对争议较大的重要地方立法事项引入第三方评估;健全立法机关与社会公众的沟通联系机制,及时妥善处理地方争议较大的重要立法事项。

二是加强风险防范化解相关领域的专项执法,如深入开展自然保护地大检查大整治,"四山"综合整治扎实推进,缙云山、水磨溪、长江上游珍稀特有鱼类等自然保护区专项整治初见成效;开展"工业污染源全面达标排放""长江经济带化工企业污染整治""利剑执法"等环境执法专项行动,这使重庆未发生重特大突发环境事件;重拳整治非法添加、超范围超限量使用添加剂、滥用农兽药、制假售假、私屠滥宰等违法行为;开展"质检利剑"执法行动,重点查处农资、建材、信息技术类产品、食品用塑料容器等违法案件;依法推进矛盾纠纷多元化解。这些措施对于重大社会风险的防范化解具有重要作用。

4. 2019 年重庆市政府在社会风险防控中的主要法治化举措

根据《重庆市 2019 年法治政府建设情况报告》,2019 年重庆市在依法防范化解风险或社会治理等方面的主要举措有:

一是在立法方面,重庆市提请修订了《重庆市农业机械管理条例》;为推动生态文明建设,提请审议《重庆市水污染防治条例》;为加强城市安全和提升城市品质,提请审议《重庆市城市园林绿化条例》;为提升政务数据治理效能,制定了《重庆市政务数据资源管理暂行办法》。

二是在其他方面的法治化成效也较为突出,如普遍推行法律顾问制度和完善决策合法性审查机制等;多元纠纷解决的法治化建设较有成效,2019 年市政府收到行政复议申请 1513 件,受理 895 件;落实诉调、警调、访调对接,新建信访事项人民调解组织62个、驻法院调解组织47个、派出所调解组织31个;信访法治化建设也卓有成效;重视完善公共法律服务体系,实施"十百千"标准化建设工程,实现公共法律服务实体平台全覆盖。全部公共法律服务事项在线办理,日均提供法律咨询服务800余次。2019年重庆仲裁委受理民商事仲裁案件5226件,涉及标的金额151.35亿元;加强仲裁与诉讼、人民调解等制度的有机衔接,在重庆自贸试验区法院设立仲裁调解窗口。

5. 2020年重庆市政府在社会风险防控中的主要法治化举措

根据《重庆市2020年法治政府建设情况报告》,2020年重庆市采取了很多措施促进依法防范化解社会风险。尽管在这些举措中,有些与防范化解重大社会风险没有直接关系,但还是间接有利于实现防范化解重大社会风险的法治化,如全面提升依法行政工作水平,其对于防范化解重大社会风险中的行政执法的现代化有助推作用。概括而言,2020年重庆市在依法防范化解风险或社会治理等方面的主要举措有:

一是坚持以人民为中心,全力在法治轨道上战疫情、促复工。依法抓疫情防控,如健全疫情防控领导指挥体系,第一时间依法启动重大突发公共卫生事件一级响应;严把依法防控法治关,突发公共卫生事件专项应急预案等规定,清理24部涉及卫生健康领域的法规规章和471件配套规定;开展疫情防控普法宣传,提供法律咨询163.85万次,普法受众近5000万人次;加强重要领域行政执法,实施跨地区、跨部门失信联合惩戒。

二是法治护航经济发展,消解经济风险。如推行制度供给稳企、依法行政护企、法律服务惠企、普法宣传助企"四大工程",推动营造法治化营商环境;实施黄桷树计划、凤凰计划、扬帆计划"三大计划";开展法治专题辅导培训43次,覆盖2400余名企业管理人员,助力优质企业上市融资、困境企业重组重生、涉外企业拓展市场;深化"公共法律服务园区行"和民营企业"法治体检"两大行动,园区线下服务覆盖率达80%。

三是助推依法打好"三大攻坚战"、实施"八项行动计划"。深入开展"法治进村居""脱贫攻坚·法治同行"活动,开展法治宣传、法律咨询等7500场次,提升贫困地区群众法治意识,以法治方式化解矛盾纠纷,为脱贫攻坚战取得全面胜利营造良好法治环境;依法妥善处置公共安全、金融领域风险隐患;健全完善生态环境配套制度,推动出台《重庆市水污染防治条例》《重庆市河长制条例》。加大生态环境领域执法力度,加强生态环境公益诉讼与生态环境损害赔偿制度工作衔接,推动筑牢长江上游重要生态屏障;围绕"八项行动计划"重点任务,成立西南大数据法律研究中心,加快创新驱动发展、基础设施建设提升、内陆开放高地建设等方面立法工作进度,制定了《重庆市城市综合管廊建设管理办法》等政府规章,出台了《重庆市公共数据开放管理暂行办法》等政策文件,强化制度供给,为推动实施"八项行动计划"提供有力法治保障。

四是全面提升依法行政工作水平。认真贯彻国务院《重大行政决策程序暂行条例》,修订了《重庆市重大行政决策程序规定》,进一步明确重大行政决策事项的范围、法定程序和适用条件。

五是依法进行多元合力化解矛盾纠纷。完善涉法涉诉导入程序,有序推进"诉访分离",积极引导群众依法解决矛盾纠纷;构建大调解工作格局,创新开展人民调解预防"民转刑""民转群""民转极"案件专项行动,依法调解各类矛盾纠纷;开展市域社会治理试点,推进民主法治村(社区)自治、法治、德治"三治结合"建设。

(二)重庆市主城区法治政府建设中依法防范化解社会风险的举措①

响应中央和重庆的法治政府建设的号召,重庆区、县也积极推进法治建设。尤其是在重庆市主城区的法治建设内容中,有部分内容涉及依法防控重大社会风险。从各个区府法治政府建设报告的内容看,风险防控的法治建设的内容涉及立法、司法、执法等,比如制定"方案""通知""办法""规定"等使政府的行为有法可依,司法和执法领域重视与重大社会风险相关事件的积极处置,并采取措施使其制度化、法治化。

1. 重庆市主城区在防范化解社会风险方面的立法,主要涉及生态风险防控立法、民生风险防控立法、卫生风险防控立法等。这些立法内容,为管理前述领域的风险提供了依据。根据主城区各区府每年的法治政府建设报告,把与社会风险防控的相关立法内容进行了梳理(如表6-1所示)。

---

① 此内容来自:1. 重庆市主城区各区府的门户网站,且主要是来自每年各个区府的法治政府报告;2. 有关司法和执法的内容,来自各区的法院或检察院的门户网站公布的内容。

表 6-1　2018—2021 年重庆市主城区立法建设情况

行政区	主要内容
渝北区	2018 年,制定《渝北区社会稳定风险评估办法》及 5 个相关配套文件 2021 年,制定《重庆市渝北区生态环境局行政执法公示工作制度》《重庆市渝北区生态环境局行政执法全过程记录工作制度》《重庆市渝北区生态环境局环保行政执法决定法制审核工作制度》
江北区	2021 年,出台了《江北区环境保护工作责任规定(试行)》 2020 年,在全市率先出台《关于办理涉市场主体案件工作办法(试行)》,以维护企业生产经营秩序
北碚区	2019 年,制定《重庆市北碚区环境保护工作责任规定(试行)》
南岸区	2021 年,制定《南岸区重庆经开区构建现代环境治理体系实施方案》
渝中区	2019 年,出台《渝中区城市特殊困难群众救助帮扶"十条措施"实施方案》《重庆市渝中人民政府办公室关于提高廉租住房租金补贴标准的通知》 2020 年,出台《重庆市渝中区推进养老服务发展工作方案》《关于在渝中区范围内禁止活禽活兔交易和宰杀的通告》
巴南区	2019 年,出台《巴南区公共信用信息应用事项清单》 2021 年,制定《巴南区大气污染防治重点区域定点督导帮扶方案》
大渡口区	2022 年,《大渡口区 2022 年度大气污染防治攻坚整改工作方案》
九龙坡区	2019 年,制定《重庆市九龙坡区加强和改进生活无着的流浪乞讨人员救助管理工作的实施方案》 2020 年,制定《重庆市九龙坡区社区养老服务设施社会化运营实施方案(试行)》
沙坪坝区	2020 年,制定《沙坪坝区推进养老服务发展实施方案》 2021 年,制定《重庆市沙坪坝区小微企业和"三农"融资担保贷款风险补偿资金管理办法》,编制《重庆市沙坪坝区突发公共卫生事件专项应急预案》

从上述表格可以看出,在重庆市主城区各区府的法治建设内容中,尤其重视"绿水青山"的污染、信访、养老、公共信用的治理;同时,基于公共卫生领域的疫情影响,也较为重视公共卫生风险防控的立法。这符合中央对重庆防范化解社会风险的要求,也符合重庆市法治政府建设的宏观方案。表格中梳理的这些情况,能在一定程度上促进社会风险防范化解

的法治化。

2. 重庆市主城区司法方面的活动,也涉及防范化解社会风险的内容。从主城区司法机关的门户网站公布的信息看,其司法活动涉及诈骗案件、黑恶势力犯罪、生态领域的涉法案件、食品/药品领域的违法犯罪活动等。这些内容均关乎社会安全、民生防控,尽管无法评估这些活动是否均完全妥当或符合现代法治精神,但至少反映了司法机关在防范化解社会风险中的积极作为。根据主城区在门户网站公布的相关消息和各区府公布的法治建设报告中的内容,把与社会风险相关的主要司法内容进行了梳理(如表6-2所示)。

表6-2　2020—2021年重庆市主城区司法建设情况

行政区	主要内容
渝北区	2020年,快速审结尾随路人吐口水寻衅滋事案、虚假出售口罩网络诈骗案、顶风作案非法猎捕野生动物案等各类案件65件;助力扫黑除恶圆满收官;审结全市唯一一件、全国扫黑办督办的"10.7"专案等黑恶案件,实现在办案件"清零"
江北区	2020年,依法惩处骗取口罩订购款等犯罪8件8人;依法审结严重危害社会稳定案件1105件,判处罪犯1339人;坚决打击高空抛物行为,严惩高空抛物犯罪1件1人
北碚区	2020年,扎实开展"全民反诈"行动,审结人民群众反映强烈的网络电信诈骗案24件96人,挽回经济损失327万元;深入推进扫黑除恶专项斗争,审结九类涉恶犯罪案件105件,判处罪犯241人,涉恶财产执行到位率82%以上;大力推进环境司法制度建设
南岸区	2021年,重视用司法力量守护长江母亲河;扎实开展扫黑除恶专项斗争,全力"打财断血""打伞破网",审结涉恶案件13件64人,执行到位涉恶财产749.27万元;审结危害食品、药品犯罪案件67件82人;严厉打击电信诈骗网络犯罪、跨境赌博犯罪;审结相关犯罪案件151件311人,等等
渝中区	2020年,维护公共安全与社会管理秩序,审结危险驾驶、涉黄涉毒等犯罪案件541件608人;扫黑除恶专项斗争中,审结涉黑涉恶犯罪案件30件171人,审结中央重点关注的全市最大涉黑恶"5·30"系列专案;判决行政机关败诉案件10件,其中依法撤销某区民政局停发邹某某最低生活保障金案件入选重庆市行政诉讼十大典型案例;妥善化解涉疫租赁、劳动纠纷1292件,切实加强民生权益保障

续表

行政区	主要内容
巴南区	2021年,审结刑事案件4242件,同比减少4.91%;审结破产案件28件,其中破产清算2件,重整26件;助力法治巴南建设,发出司法建议20余份;加大执行力度,执行到位金额113.3亿元
大渡口区	2021年,圆满完成为期三年的扫黑除恶专项斗争任务,审结涉恶犯罪案件5件54人;在疫情期间,采取网上立案且立案2248件,在线开庭235件,妥善化解涉疫纠纷18件;审结危险驾驶、交通肇事等危害公共安全犯罪案件74件74人;审结非法吸收公众存款等涉众型犯罪案件3件4人;严惩袭警犯罪,审结辖区内首例袭警案件;审结涉教育、医疗、住房、社保等民生案件395件
九龙坡区	2020年,在扫黑除恶专项斗争中,审结涉恶案件52件,判处罪犯276人,铲除27个犯罪集团,5个犯罪团伙;严惩危害公共安全犯罪案件184件184人,审结非法吸收公众存款案件12件39人;建成劳动争议巡回法庭,充分运用"道交一体化"平台推进纠纷多元化解
沙坪坝区	2020年,切实加强民生司法保障,审结劳动争议案件1895件,教育、医疗、交通事故等案件8750件;在扫黑除恶专项斗争考核结果中,位居全市法院前列;依法审结全市首例伪劣防护用品案件;依法保障防范化解重大金融风险攻坚战,审结集资诈骗等经济犯罪案件11件

3.重庆市主城区执法方面的活动,也涉及防范化解社会风险的内容。从主城区门户网站公布的信息和区府的法治建设的内容看,其执法活动涉及维护生态环境执法、社会治理执法、行政风险化解的执法等内容(如表6-3所示)。

表6-3　2019—2021年重庆市主城区执法建设情况

区域	相关内容
渝北区	2019年,探索全覆盖求实效的事前、事中、事后"闭环监督"机制:事前监督重能力,研发行政执法人员网络培训考试系统;事中监督重细节,创设行政执法社会评议制度;建立特邀行政执法监督员制度,运用社会力量监督执法;聘请了10位监督员
沙坪坝区	2021年,制定《重庆市沙坪坝区生态环境局推行行政机关柔性执法的工作方案》

续表

区域	相关内容
江北区	2020年,开展行政执法公示制度、执法全过程记录制度、重大执法决定法制审核制度和行政规范性文件合法性审核专项监督检查
北碚区	2020年,在全市率先建立梁滩河流域横向生态补偿机制,大力推进生态环保执法体系建设
南岸区	2018年,建立行政执法公示事项清单,健全公示内容审查机制,落实专人管理,统一收集、梳理、发布 2021年,全面推行行政执法公示制度、执法全过程记录制度、重大执法决定法制审核制度;有效规范卫生健康行政执法行为,为实施卫生健康行政执法全过程记录的实施提供了制度保障
巴南区	2020年,推动行政执法"三项制度"全面落地,稳步推进行政执法公示制度,积极推动行政执法全过程记录,认真落实重大行政执法决定法制审核制度
九龙坡区	2021年,制定《九龙坡环境行政执法与生态环境监测工作联动机制》

上述这些执法内容有些直接与社会风险防控有关,比如信访活动的程序化和法治化;有些与社会风险防控无直接关系,比如执法公示制度等。但这些内容均促进了执法的制度化和法治化,有利于社会风险防控执法的法治化。

(三)《重庆市法治社会建设实施方案(2021—2025年)》对依法防范化解重大社会风险的引导

在2021年,为深入贯彻落实党中央关于全面依法治国的决策部署,加快推进法治重庆建设,根据《法治中国建设规划(2020—2025年)》《法治社会建设实施纲要(2020—2025年)》,结合重庆市的实际,重庆市制定了《重庆市法治社会建设实施方案(2021—2025年)》(以下简称《方案》)。在《方案》中,直接或间接涉及推进重大社会风险防范化解、社会治理走向法治化的内容,主要包括:

一是在加强社会治理的地方立法中,涉及治理社会风险的内容。重要领域立法要求:围绕基本民生,完善教育、劳动就业、收入分配、社会保障、医疗卫生、食品药品、安全生产、道路交通、乡村振兴、慈善、社会救助等领域和退役军人、妇女、未成年人、老年人、残疾人正当权益保护等方面的立法;全面加强公共卫生领域相关法规规章制度建设;围绕社会治理,健全社会组织、城乡社区、社会工作等方面的制度体系;围绕生态文明建设,完善土壤污染、固体废物污染环境防治、生活垃圾管理等方面地方立法。这些内容均和重大社会风险紧密关联,加强对这些领域的立法,能完善管理这些领域的法律体系,可进一步使这些领域的社会风险的治理有法可依。

二是在全面提升社会治理法治化水平的内容中,涉及治理法治化。社会治理要加强社会治理制度建设,推进社会治理制度化、规范化、程序化;要深化城乡社区依法治理;以"民主法治示范村(社区)"建设为载体,推动法治乡村建设,健全村级议事协商制度,规范落实党务、村务、财务、服务"四公开"制度;全面推进基层单位依法治理,推进企业、学校等基层单位完善各项制度规范,建立运用法治方式解决问题的制度机制;广泛开展行业依法治理,推进业务标准程序完善、合法合规审查到位、防范化解风险及时和法律监督有效的法治化治理方式;深入推进诉源治理,建立"一街镇一法官"工作机制,民事、行政案件万人起诉率稳步下降至合理区间;深化矛盾纠纷"控增量、减存量、防变量"专项行动,加大房地产开发建设、物业管理、交通等领域矛盾纠纷化解力度;充分发挥律师在调解中的作用,建立健全律师调解经费保障机制;在矛盾纠纷多发领域探索建立"一站式"纠纷解决机制,发挥"人民法院老马工作室"作用,完善调解协议在线司法确认流程,实现矛盾纠纷"一站式"化解;加强行政复议、行政调解、行政裁决工作,加快行政复议体制改革,发挥行政机关化解纠纷的"分流阀"作用。前述领域均是重大社会风险衍生的重要领域。若通过法治化的治理能取得良好的治理效果,也就实现了风险预防治理的法治化。

三是在加强新兴和重点领域治理的立法中,有涉及风险立法和制度建设的内容。这包括:及时跟进研究数字经济、平台经济、互联网金融、人工智能、大数据、云计算、信息安全等领域相关制度建设;加强防灾减灾、疫情防控相关地方立法和配套制度建设,强化公共安全保障,构建系统完备、科学规范、运行有效的突发公共卫生事件应对制度体系;强化食品药品、生态环境、安全生产等领域的制度规定。对这些领域治理的制度化、规范化,有助于消除事故隐患,且能使这些领域的治理有法可依。

四是进一步健全司法和执法,有助于防范化解重大社会风险中涉及的司法和执法问题解决的进一步法治化。《方案》继续在原已取得的法治成果基础上,进一步提升执法和司法法治化水平。相关的具体内容包括:严格落实重大行政决策程序制度;深化行政执法体制改革;扎实推进城市管理、市场监管、生态环境、文化市场、交通运输、应急管理、农业、自然资源、卫生健康等领域综合行政执法改革;建立健全成渝地区双城经济圈行政执法协作联动机制,以公共安全、食品药品安全、交通运输、文化旅游、市场监管、生态环境、公共服务为重点;坚持严格规范公正文明执法;加大食品药品、公共卫生、生态环境、安全生产、劳动保障、野生动物保护等关系群众切身利益的重点领域执法力度;落实行政执法责任制,深入推进执法规范化建设,防控行政执法风险;改进和创新执法方式,加强行政指导、行政奖励、行政和解等非强制行政手段的运用,完善行政强制执行工作机制和规范;严格执行突发事件应对有关法律法规,依法实施应急处置措施,全面提高依法应对突发事件能力和水平,等等。这些执法和司法措施的进一步法治化,能使这些领域涉及的重大社会风险治理方面的执法和司法进一步法治化、现代化。

综上所述,无论是在《法治政府建设实施纲要(2015—2020年)》实施期间,还是在《方案》的布局和规划中;无论是在重庆市宏观布局和措施中,还是在主城区区政府等微观层面的措施中,重庆均重视在社会风险的各个层面、各个领域推进依法治理。在这些法治建设措施中,有些是直接和专门针对重大社会风险治理的,有些尽管不是专门和直接针对重大社会风险治理但其法治效果也会"惠及"重大社会风险治理。但是,在前述梳理的重庆市和重庆各主城区的法治政府建设中的内容及司法机关的司法活动中,其中很多建制性的立法、司法、执法活动并不完善,在实践中的效果并不好,有些制度的落实还走向了法治的反面——立法的内容不妥、执法有问题、司法程序适法不妥等,均可能引起新的问题。同时,还必须注意到,有些措施还停留在"纸上"或"红头文件"中,需要进一步真正落实到实践层面。加上前述的风险防控领域的法治风险,就喻示着重庆还需要更进一步推进防范化解风险的法治化,需要提升法治在防范化解重大社会风险中的位阶。

二、法治原则是防范化解重大社会风险的第四道防线

(一)将法治作为第四道防线的必要性

在重大社会风险防控中,把法治原则作为第四道防线具有必要性。如前述论及的,如果防范化解重大社会风险的措施和行为本身存在违反法治原则的情况,造成了公民权利的严重损害,使得公民不再信任甚至抵触防控行为,那么无论前三道防线有多么严密,都不能发挥应有的作用。如前述论及的,在当前的防范化解中出现很多法治风险,已导致公权力机关的公信力下降、公民质疑公权力机关行使权力的合理性,甚至引起公众的不满和社会不稳定。如何将应对重大社会风险的整个过程纳入法治的范围中,以健全重大社会风险防范体系,成为亟待解决的问题。由此,法治原则作为防控全过程必须遵守的原则和方法,为防控全过程划定了底线。将法治作为防范化解重大社会风险的第四道防线,有利于保障防范化解重大社会风险的过程始终在法律的框架下进行,以明晰政府权力与公民权利的边界,因此,有必要把遵守法治原则提升到第四道防线的高度。

(二)将法治原则作为第四道防线的依据

"法治原则"是现代国家治理的基本方式,也是现代国家的显著特征之一。俞可平教授指出:"国家治理现代化有五个基本要素。一是制度化,即公共权力运行的制度化和规范化;二是民主化,即公共治理和制度安排必须要保障主权在民或者人民当家作主的实现;三是法治,即要让宪法和法律成为公共治理的最高权威;四是效率,即国家治理体系应当有效维护社会稳定和社会秩序;五是协调。"[①]其中,国家治理现代化的第三个要素就是法治。不仅如此,甚至可以说在现代国家中,法治水平的高低直接影响了治理能力与治理体系现代化的程度。人类历史证明,依法治理国家是最好的国家治理方式。由此,国家治理法治化亦是我国实现治理

---

① 俞可平:《没有法治就没有善治——浅谈法治与国家治理现代化》,载《马克思主义与现实》2014年第6期,第1页。

现代化建设的必由之路,一切有关治理现代化的方法都必须纳入法治的轨道,一切在治理现代化建设过程中出现的问题都必须用法治的方式去解决。

如前述论及的,防范化解重大社会风险是国家的重要治理国策,其必然要遵守法治原则,这是我国治理能力与治理体系现代化的内在要求。我国的治理能力有赖于构建现代化治理制度体系,而法治原则所内含的众多基本价值则是组成现代化治理制度体系的核心要素。也就是说,考察国家的治理制度体系是否朝向现代化,关键看国家治理制度体系坚持什么样的价值观和价值标准。张文显教授认为:"以国家治理现代化的世界元素和中国标准而言,秩序、公正、人权、效率、和谐等当属其基本价值。"[①]而国家防范化解重大社会风险的行为是国家治理的重要内容,其价值包括维持社会秩序、维护社会公正、保护人民权益、提高社会效率、促进社会和谐等基本内容,而这些价值也是法治原则追求的价值,甚至是法治原则的基本内容。因此,可以明显看出二者价值的重合性,故可以得出法治的基本价值是保障防范化解重大风险行为始终运行在正轨上的"轨枕"。这也意味着,防范化解重大社会风险的行为必须满足以上基本内容,才能符合法治的基本价值要求。因此,治理风险——无论是防范还是化解,作为一项国家行为,其必然要走向现代化,这也是其必须遵守法治原则的依据。

三、法治原则作为第四道防线的价值与意义

(一)法治原则为防范化解重大社会风险提供法制保障

我国已逐步建立了防范化解重大风险的法律体系。我国经历了各种重大风险的洗练,逐步积累了防控经验,并认识到依法治理风险的必要性。我国在依法治国国策的指导下,逐步将原本分散的应急法律制度和法律实施体制进行协调和整合,推进了我国的重大社会风险管理现代化与法治化进程。《突发事件应对法》在 2007 年 8 月 30 日第十届全国人大常委会第二十九次会议审议通过,并自 2007 年 11 月 1 日起正式施行。此后经过 17 年的发展,我国已经初步形成了以《宪法》为根本,以《突发

---

① 张文显:《法治与国家治理现代化》,载《中国法学》2014 年第 4 期,第 5-27 页。

事件应对法》为基本,以相关单行法、行政法规、行政规章、应急预案等为依托的重大社会风险防控法律体系,①为政府依法防范化解重大社会风险提供了强有力的法律制度保障。

但是,在防范化解重大社会风险的过程中,存在公权力对公民合法权利的不当侵犯,反而增加了潜在的社会风险。因此,要用法律将社会群体和个人纳入防控体系中来,让人民群众成为合理合法的参与者。政府作为重大社会风险防控的主导者,要依法行使其主导权力,通过法律赋予的权力充分发挥社会保障机制的作用,向人民群众提供国家力量以应对风险。同时,协调各个部门,设立专门的决策、指挥机构,构建一个协同合作的重大社会风险应急防控系统。但这也需要依法积极引导社会力量的参与,社会力量作为社会风险管理的补充力量,能够有效缓冲风险的集聚和爆发,起到了调节剂的作用。个体不仅是重要的社会力量,也是重大社会风险防控的重要主体。但所有社会力量参与重大社会风险的防控均需要以法律依据的存在为前提。故政府首先应把握社会力量的广泛性和基础性的特点,在法律体系的框架内,充分发挥其基础性作用,鼓励发展民间的互助组织,深化政府、个人、民间组织的合作与配合;其次,政府需要积极推动立法,为社会力量参与重大社会风险防控提供配套机制。而提供配套机制的内涵是指在法治的框架下,将人力、物力、财力及整个风险应对体系的运转,置于法律规范所允许的范围之中。概言之,就是要依法治理社会风险。

(二)遵守法治原则能规避防范化解和应急处置行为及其体系创设的风险

在国家治理现代化的语境下,通过法制规范防范化解和应急处置措施中的违反法治的行为,以规避防范化解和应急处置行为及其体系创设的风险。善用法治方式规避防范化解和应急处置行为及其体系本身带来的风险,是社会治理现代化的题中之义,也是保障防范化解和应急处置行为及其体系合法化的行动指南。党的十八大以来,从中央到地方,完善综治工作体系、改革体制机制和推进综治工作法治化、信息化、社会化,都是

---

① 钟雯彬:《以底线思维理念主导〈突发事件应对法〉修改》,载《中国应急管理科学》2020年第6期,第34-40页。

不容忽视的重大议题。① 而在推进相关防范化解和应急处置工作的同时,也要善用法治来规制工作本身可能存在的法治风险。

因此,必须以法治规避防范化解和应急行为所创设的风险。法治要求公权力行使和个人权利保护达到和谐状态,但这必须通过确保政府应对风险的行为具有合法性而实现。而合法性至少应是让政府的防范化解行为有其边界,做到有法可依,法无授权不可为。或者是,即使政府行为出现了越界,也应依法要求公权力及时作出恢复和弥补,将越界行为带来的损害降到最低。概言之,应以法治保障国家的防范化解和应急处置行为不侵犯法律赋予公民的合法权益,因为防范化解和应急处置重大社会风险行为的最终目的是实现人民福祉。② 这必然要运用法治的方法,规避这些防范化解和应急处置行为及其体系所产生的法治风险。

第二节 立法层面:严密法网,提升立法质量

如前所述,在防范化解和应急处置重大社会风险的过程中,存在诸多立法空白、立法不完善、立法不正当的地方。对于重庆市来说,应大力推动关于防范化解和应急处置重大社会风险的立法,严密法网,同时提高立法质量,完善立法的细节,才能从立法的质与量双向解决防范化解和应急处置重大社会风险中立法层面的问题。

一、推进防范化解和应急处置重大社会风险的法律制度建设

当前,重庆市处于发展的最好机遇期,但也应清醒地认识到来自多个维度的重大社会风险。如前述的相关章节所论及的,当前的重庆还需要进一步加强对各种重大社会风险的防范化解和应急处置。应在法治框架下,结合《重庆市法治社会建设实施方案(2021—2025年)》的布局,加强

---

① 《善用法治方式化解社会风险》,载《深圳特区报》2016年9月6日,第2版。
② 马怀德、汤磊:《总体国家安全观视角下的公共应急管理法治化》,载《社会治理》2015年第3期,第3页。

防范化解和应急重大社会风险的立法。

(一)应继续强化事前、事中、事后化解风险的规范化

重庆市应加强事前的预防性立法,其重点在于系统化,这要求在防范重大社会风险时,应注意到各个领域、各种主体。重大社会风险涉及金融、环境、交通、社区、农村、城市、移民、犯罪、违法等,这就要求我们在预防性立法时要注意统筹兼顾,做到系统化立法。系统化立法强调在制定法律时,要加强各部门之间的沟通,"地方人大及其常委会要在地方立法中发挥主导作用,掌握主动权,逐步打破政府部门为主导的立法模式。然而,在落实'人大主导立法'原则的同时,各级地方人大也要加强自身立法能力建设、加强同立法相关主体的协调、协商与协同,健全社会各方有序参与的途径与方式"。[①] 2018 年,重庆市政府出台了《重庆市坚决打好防范化解重大风险攻坚战实施方案》,从经济金融、公共安全、社会矛盾、电信网络等多方面进行了风险防控布局。重庆市在经济金融重大风险的领域,市委政法委、公安机关、检察机关、法院和司法行政机关从多方面出台规范,以保持金融风险总体平稳可控。总体来说,在法治框架和《重庆法治政府建设实施纲要方案(2016—2020 年)》的布局下,进行专项执法规范化行动。从前述的梳理中也可以看出,如深入开展自然保护地大检查、大整治,长江上游珍稀特有鱼类等自然保护区专项整治,工业污染源全面达标排放等环境执法专项行动,查处农资、建材、信息技术类产品、食品用塑料容器等违法案件的规范化,就是事前立法。这些规范化的举措使对事故的预防逐步规范化,但仍有很多不足之处,比如规范密度不够、现有规范的效力不足等问题。因此,重庆市必须进一步采取措施,以人大为主导,兼纳各个政府机关及社会主体的意见,系统性地强化预防重大风险的规范化力度。

同时,重庆市还应当加强事中和事后的立法。重大社会风险事中与事后的立法侧重点各不相同:事中侧重于加强对群众舆论的疏导,事后则应当侧重于加紧恢复事故所影响的社会关系。如有学者指出:"公众在第一时间内获得的信息、形成的观念,决定着社会舆论的形成和传播方

[①] 周振超、李英:《行动者视角下的地方性法规从"有"转"优"的实施路径》,载《中共福建省委党校学报》2016 年第 4 期,第 25 页。

向,因此,传统的危机管理有'黄金24小时原则'之说。即危机发生后的24小时内被人们认为是'道德窗口',媒体和公众从中可以看出危机处理者的道德诚意和问责决心。"①因此,重庆市政府应当加强事故的舆论引导,官方媒体应尽快主动披露有关情况,以正视听,避免出现公众在猜疑下出现网络群体性事件。特别是,应当以规范的形式确认重大风险发生过程中官方媒体的报道责任,以保障公民的知情权。即应在法律上,保障如何追责以及如何让公民享有知情权。在恢复事故所破坏的社会关系时,应当注意方式方法,避免出现二次伤害。因此,更有必要专门针对恢复事故破坏的社会关系进行立法。根据《重庆市突发事件应对条例》的规定,条文共51条,事后恢复与重建仅有5条,数量很少,仅原则性地规定了突发事件的威胁和危害得到一定控制后的善后支持工作,包括秩序恢复、财政支持、人员安置、社会保障等多个方面,但是却缺乏具体的行为指引。而且,政府忽视了有关事故后法律帮助的内容,所以重庆市政府有必要将事后重建的相关内容单独立法,以突出其重要地位。

(二) 应将优秀的防范化解和应急风险的方法或经验上升为规范

从法治的维度看,治理的长效性和机制化就是通过立法建立法制。而法律是源自实践和生活,有关防范化解和应急重大社会生活的方式和经验,也是立法重要的资源。近年来,重庆市政府及各部门也出台了《关于进一步加强矛盾纠纷多元化解工作的通知》《关于推进人民调解员进驻法院开展调解化解矛盾的指导意见》《关于推进人民调解员进驻公安派出所调解矛盾纠纷工作的指导意见》等,推广"社会治理老马工作室""乡贤评理堂""巴渝和事佬智能平台"等一批矛盾纠纷多元化解工作机制。诚如有学者提出的:"一个和谐稳定发展的社会,既需要建立公正高效权威的司法系统,更需要构建公民自治、社会共治、多方参与、司法保障的多元化纠纷解决体系。该体系建设的核心任务是制定一部具有中国特色的定位准确、职责清晰、科学规范的多元化纠纷解决机制建设法律。"②

---

① 骆正林:《网络突发事件舆情应对的经验与反思》,载《同济大学学报(社会科学版)》2014年第1期,第71页。

② 龙飞:《多元化纠纷解决机制立法的定位与路径思考——以四个地方条例的比较为视角》,载《华东政法大学学报》2018年第3期,第108页。

在《重庆市法治社会建设实施方案(2021—2025年)》的布局中,也要求依法推进多元纠纷解决机制。因此,重庆市有地方立法权的机关,应把以上这些经验与方法予以总结和凝练,并最终上升到法律的高度。

(三)应加强立法后监督评估法治化建设

如果说,为防范化解和应急重大社会风险的行为进行立法以规范其行为,是为了保障相关的防范化解和应急行为边界明晰,确保防范化解和应急行为的功能合法发挥,那么加强立法后的监督评估机制法治化建设,则是为了时刻审视防范化解重大社会风险立法的合理性与时效性,以防止防范化解和应急行为及其体系的臃肿、过时、重复。这对于相关法律法规的正常运作也至关重要。国务院于2017年修改《规章制定程序条例》,加入了有关立法后评估的内容。重庆市政府于2011年已经制定《重庆市政府规章立法后评估办法》,至今已沿用十余年。但此后从未修改过该规章,虽然该规章在2011年具有一定的先进性,但当时规定是否还能支撑起目前如此庞大的重庆市规章体系仍然需要考虑。更何况,目前重庆市还急需将一系列防范化解和应急处置重大风险的经验上升为规范,这将使重庆市规章体系进一步扩大。重庆市迫切需要对《重庆市政府规章立法后评估办法》进行修订,一方面顺应新出台的《规章制定程序条例》,另一方面也要将立法后的监督评估落到实处,加强对重复法条、老旧法条、粗疏法条的清理与重设,以确保防范化解和应急处置重大社会风险的立法有"容身之处"。

其实,重庆市人大较早地开展了立法后监督评估工作。"事实上,对于重庆市人大常委会来说,法规清理并不是第一次,但以前的法规清理主要是按照全国人大的要求,通过人大或者政府法规起草部门的力量进行,是内部自我清理,清理的重点主要是解决法规与所依据的上位法的规定存在不一致的地方,属于专项清理。"①但是,重庆市常态化的立法评估清理工作始终推进缓慢,现有的立法后评估办法难以实现立法清理的功能。由此观之,重庆市政府和人大应当进一步加强立法后监督评估机制,使得地方性立法能够动态地"进""出"。此外,重庆市虽然制定了《重

---

① 王兆秋、王君宏:《重庆:地方性法规清理新动》,载《中国人大》2013年第21期,第50页。

庆市政府规章立法后评估办法》，但是其中的立法评估标准过于抽象化，如"公平""公正""适当"等就比较抽象。而且，该规章只适用于重庆市政府制定的规章，而不适用于重庆市人大制定的地方性法规。故怎么评估防范化解和应急处置重大风险相关规范是否符合以上的标准，是抽象的、模糊的。所以重庆市应当尽可能地完善该评估办法，并将标准进行可测评性改造。有学者提出的方案值得借鉴，其认为："要想真正实现评估标准的可测评性，必须考虑两个因素：一为标准适用的针对性；二为标准内容的量化性。"[①]而具体到防范化解、应急重大风险的领域中，可采取的措施有：其一，针对风险防控规范的评估标准，如果要发挥测评效果，必须确保选取的评估标准能够真正适用于接受评估，这必须结合重庆市本地的综合风险状况来设定；其二，针对风险防控规范的评估标准必须是可以量化的，防范化解和应急重大风险的规范在发挥效果的基础上，能发挥多大的效果，是否足以面对目前及将来的风险，这些都是需要进行量化评价的。

立法后监督评估工作具有重要的意义。立法后监督评估工作不仅可以提升防范化解和应急重大社会风险的立法质量、确保相关立法的精细化，而且可以真实地反映这些立法后法律的适用情况。重庆市必须更新本地的规章立法后监督评估机制，从而达到评估标准适用的针对性与内容的量化性。当然，在规章的监督评估机制建设成熟过后，还可以将这种立法的监督评估经验推介到其他各个规范领域，最终形成全方面的立法监督评估机制。

二、提高防范化解和应急处置重大社会风险的立法质量

除了要增加防范化解和应急处置重大社会风险的立法量以外，还应当提升立法的质量，使立法具有合法性、适应性与针对性、激励性与保障性。

（一）重庆推进的防范化解和应急处置重大社会风险立法必须具有合法性

在防范化解和应急重大社会风险的过程中，为防控风险立法使防控

[①] 周隆基：《我国行政规章立法后评估标准研究》，载《人民论坛》2020年第33期，第103页。

有法可依,这是防范化解和应急处置重大社会风险法治化的第一步,也是最为重要的一步。而防范化解和应急重大社会风险的立法,必须具备合法性。但何为立法的合法性?立法合法性的判断主要存在两种理解,即狭义的合法性和广义的合法性。二者的含义是:"狭义上指形式上合乎已有实在法的规定,特别是制定法的规定,而不问这些规定是否合乎时宜或合理;广义上它还包括是否合乎所在社会的价值观念和社会理想,即内容不悖于公理、理想或所在社会占主导地位的意识形态观念。"① 所以判断立法是否有合法性有两种标准,一是狭义的立法合法性,二是广义的立法合法性。其中,狭义的合法性要求法律的形式必须合乎实在法的规定,即法律制定的程序、法律制定本身的依据等合乎现有《立法法》等涉及实体和程序的规定。广义的合法性则要求法律制定的程序及其本身的内容不仅要合乎《立法法》等的规定,而且还要符合社会的公理或者社会理想等。但基于广义的合法性太过于宽泛,且社会公理或价值观念等缺乏具体的标准,一般还是采取狭义的标准。

从实体方面看,学界通常从权限与内容两个方面考察立法的合法性。有学者认为:"权限合法通常被认为是立法的实体合法性要件之一,包括组织法上的权限合法和行为法上的权限合法……"② 换言之,立法不仅要得到法律的授权或者有法律规则依据,而且这种授权或规则依据必须是具体的,不能过于宽泛。此外,内容合法的判断应当包含三重指标:其一,立法内容应当与现时的社会政策和政治目标相一致。如有学者认为合法性是"一个政治秩序被认可的价值。合法性要求则与某个规范模式决定了的社会统一性的社会一体化之维护相联系"。③ 其二,立法内容应当不违背上位法。也就是说,在进行相关的立法时,必须考虑相关的上位法的内容,如国务院、教育部、卫生部、全国人大及其常委会制定的相关规范性文件,是不能与《宪法》相抵触的。同样,重庆市制定的规范性文件不能与国务院、教育部、全国人大等规范性文件相抵触。立法内容不违背

---

① 严存生:《法的合法性问题研究》,载《法律科学(西北政法学院学报)》2002年第3期,第8页。
② 牟效波、肖泽晟:《行政立法的实体合法性要件再探讨》,载《南京社会科学》2021年第5期,第103页。
③ [德]哈贝马斯:《交往与社会进化》,张博树译,重庆出版社1989年版,第184页。

上位法的内容,才能保证法制体系的统一性。其三,立法内容应当符合常识、常理、常情。陈忠林教授认为:"我们法律工作者的任务,是把已变成人民共识的先进思想、价值观念变为法律,并用这些人民的共识来解释、适用法律。"①法律是为人服务的,如果制定的法律与公众的基本理念、基本感情不符合,那是违背民心的,是得不到认可的。在防范化解和应急处置重大风险领域的立法,更应当以人民群众的利益为核心。在新时代,这些利益不仅包括人民群众的生命权、健康权、休息权等《宪法》规定的传统基本权利,还应当包括人民群众的隐私权、通信自由权等新兴权利。

从程序方面看,立法的程序必须合法。一般而言,程序合法大致可以归纳为三个方面,即立法权限的正当性、程序法定主义、程序的可参与性。② 立法程序合法的实质在于通过设定程序以限制立法权的不正当使用。尽管重庆规范性文件的制定属于地方性立法行为,但还是应该按照程序合法的要求,限制其立法权的滥用,"程序控权是一种保护权利的有效模式,从地方立法草案确立那一刻开始,立法程序就承担着严格'限权''控权'的角色"。③ 诚然,我国由于政府层级间并不存在真实的"法""理"分离,且实质呈现出一种"上下同构"的层级状态,这就使我国的地方机关天然受制于上位机关的约束,导致地方立法程序也必然受上位立法程序的约束。同时,重庆市的立法程序也必须符合《立法法》中对立法民主、公开、科学、法制统一、明确的要求。除此之外,重庆市的立法程序设置还必须起到限制立法权的效果。特别是在防范化解和应急处置重大风险的领域,重庆市的防范化解和应急处置立法更不得违反立法程序的规定,必须符合民主公开、明确科学的要求,从而保证其不侵犯公民的合法权益。一旦立法程序失去其应有的限制效果,就会诱发立法权的滥用。重庆市人大出台的《重庆市地方立法条例》从多个角度限制了立法权的不当使用,同时明确了立法公开、多次论证的原则。在《重庆市法治社会建设实施方案(2021—2025年)》的布局中,也对民主、公开立法等有明确

---

① 陈忠林:《"常识、常理、常情":一种法治观与法学教育观》,载《太平洋学报》2007年第6期,第25页。

② 江国华:《行政立法的合法性审查探析》,载《武汉大学学报(哲学社会科学版)》2007年第5期,第705页。

③ 宋才发:《地方立法的基本程序及功能研究》,载《河北法学》2021年第3期,第5页。

的要求。因此,在对新兴风险防控领域进行立法时,如对人脸识别、大数据使用等方面进行立法时,就应按照遵守立法程序的这些要求,保证立法的正当性。

(二)重庆防范化解和应急处置重大社会风险的立法应具备适应性与针对性

重庆市推进的防范化解和应急处置重大社会风险的立法,应具有适应性和针对性。所谓立法的适应性,是指一个地区的立法应当与本地区的客观现实情况相适应,在不违背上位法的基础上因地制宜的立法。立法的针对性则是指立法必须有所指向,必须以解决具体的现实问题为导向。重庆市立法必须与其真实客观实际情况相适应,针对重庆治理中的特别问题进行立法。否则,其立法就无法与重庆市本土的实际情况相衔接。不与重庆本土实际情况契合的立法也就将成为被束之高阁的"花瓶",也就起不到指引司法、约束执法的作用。中央的立法往往因为其适用全国而具有一定的总领性、原则性,而重庆市在具体的治理中必须根据中央立法的规定与方向,且在不违背上位法的前提下,进行适应性的再立法,才能使得相关风险防控的立法能在重庆得到具体的实施。

重庆市无论是在地理位置还是在经济发展等方面,均存在一些特殊情况。如前面相关章节论及的,重庆有特殊的城乡发展政策与自然地理状况,与诸多省市差异巨大。从城乡发展策略带来的重大社会风险的防控来说,重庆市必须注重化解因城乡一体化发展带来的群众矛盾与发展差异带来的风险。重庆市自直辖以来就肩负着安置三峡库区移民,带动渝东北、渝东南脱贫的重大任务,由此,重庆市一直采取城乡统筹的发展模式以"打破城乡二元结构为目标"。不仅如此,重庆市在人口策略上也一直以城乡一体化模式为根基:一方面充分重视城市对农村的带动作用,另一方面也要使农村与城市共同发展,共享发展成果。[①] 在重庆市城乡统筹发展的过程中,农村劳动力的流失、城市因全局发展带来的桎梏始终都是重庆市亟待解决的问题,也是社会不稳定风险形成的重要因素。根据全国第六次人口普查的数据,重庆市非农业户口人数仅占到重庆市

---

① 王瑞全:《重庆城乡统筹发展模式探析》,载《重庆社会科学》2008年第2期,第32页。

总人口比重的 34.59%,其中市辖区的非农人口占比为 45.62%,而县的非农人口占比仅达到 21.38%。根据国家统计局数据,到全国第七次人口普查时,重庆市的城区人口的比重仍然只达到约 50.98%,非城区人口数量仍然是超大、特大城市中之最。重庆市统计局在第七次人口普查中统计结果也得出:居住在城镇的人口为 2226.41 万人,占 69.46%,略高于全国 63.89% 的平均水平。对这些数据总体分析可知,重庆市的人口中仍然存在较大的农业人口数量,"大城市、大农村"仍然是重庆市人口结构的主基调。① 从城市的发展区域来讲,也有学者指出重庆市"郊区体制不顺,郊县改设区与中心城区的性质相混淆,区名被滥用,假性城市化比较严重"。② 这样的现状就导致了重庆市城乡收入的差距进一步扩大,城乡公共服务水平存在明显差距。重庆市政府必须从政策、经济、文化等多方面弥补社会保障差距和收入差距,否则就可能导致群众不满、政府公信力下降等重大社会风险。特别是在重庆市一些相对贫困的区域,以及其他区县的城乡接合地带等,发展带来的经济、文化上的撕裂将显得更加明显,这就更容易激发社会矛盾。因此,在立法的时候,必须关注这些差距,并通过立法尽可能地消除这些隐患和矛盾。

重庆的既有立法以及如前述论及的《重庆市法治社会建设实施方案(2021—2025 年)》的布局中,均已针对前述情况进行了立法或布局。比如近几年来,重庆市在《计划生育法》《国家人口发展规划(2016—2030 年)》《国务院关于加大统筹城乡发展力度进一步夯实农业农村发展基础的若干意见》《中共中央国务院关于建立健全城乡融合发展体制机制和政策体系的意见》等多个规范性政策的指引下,相继出台和修订了《重庆市人口与计划生育条例》《重庆市人口发展规划(2016—2030 年)》《重庆市城乡规划条例》等多个地方性立法。这些地方性立法均具有针对性。重庆市在制定防范化解和应急处置重大风险的立法时,也必须重视前述的本土情况。同时,化解城乡差异带来的风险必须从多方面进行入手,如经济政策、人口政策、福利政策等,而立法在这其中也应发挥作用,比如起

---

① 蒋小浪、张磊、许观玉、蔡琴:《重庆市统筹城乡战略思路及成效分析》,载《重庆工商大学学报(西部论谈)》2008 年第 6 期,第 9 页。

② 刘君德:《中国直辖市制度辨析与思考》,载《江汉论坛》2006 年第 5 期,第 87 页。

到对公民合法权益的确认性、保障性的功能,以确保这些防范化解措施落到实处并且不会侵犯公民的合法权益。

又比如,针对重庆市的自然环境,重庆市防范化解和应急处置风险立法应解决本地自然生态灾害带来的风险。从重庆市自然地理的状况来说,重庆市整市范围多山地,多降水且集中,地表岩土体常年经严重的风化作用,再加上重庆夏季的暴热暴雨,崩塌、滑坡为主的地质灾害多发,灾害点多、密度大,呈带状分布是重庆市生态环境风险的基本特征。一旦发生较为严重的地质灾害,则面临诸多风险治理难题,如灾后救援、灾害移民、灾害范围控制等。2020年重庆市修订了《重庆市地质灾害防治条例》(以下简称《防治条例》),确立了针对"农村偏远山区,居民较为分散,治理难度大,宜优先采用避险移民搬迁措施;城市、集镇、农村居民集中居住区等区域的地质灾害隐患点,宜采取综合防治,消除安全隐患等措施"。但是,在灾害移民等问题上,如何在防治本土生态灾害带来风险的同时保障被移民群体的合法权益,也是重庆市需要解决的问题。从自然灾害风险防治的角度来说,重庆市防范化解和应急处置生态风险的立法重点要避免生态风险群众风险。在目前的《防治条例》中,重庆市关于群众利益的保护做得并不妥善。如《防治条例》第38条规定:"受灾害威胁的单位和个人应当积极协助和配合治理工作。"第48条规定:"对因自然因素造成难以治理的地质灾害,可以对该地质灾害险情区域内的住户实行搬迁避让。具体办法由市人民政府另行制定。"重庆市作为一个三峡库区灾害移民较多的地区,应尽快从移民政策、移民模式、移民权益、后续保障体系、管理体制、资金配套等多方面建立关于灾害移民的相关地方性法规,形成系统性的灾害移民治理,以保障因治理生态风险而移民的群体的合法权益。

(三)重庆防范化解和应急处置重大社会风险立法的内容应注重激励性与保障性

重庆市立法应注重增加激励性内容。"激励"原本是管理学当中的特别术语,特指组织及其个人通过设计适当的奖酬形式和工作环境,以及一定的行为规范和惩罚性措施,借助信息沟通,来激发、引导、保持、规范组织及其个人的行为,以有效地实现组织及其个人目标。后来"激励"这一概念被引入法学领域,用以形容某些能够激发、引导、保持法律主体行为的一些法律要素。可以看出,"激励"这一概念在法律领域产生了概念上的异化,使之与法的威慑力相对应:法的威慑性要求通过设定一定的条件以震慑公民被动地为或不要为一定的行为,而法的激励性则要求通过设计一些正向条件以鼓励公民主动地为或不要为一定的行为。防范化解和应急处置重大社会风险立法应当保持一定的激励性,特别是在当下我国强调公众参与、群防群控的社会风险防治体系中,法的激励性是实现公民广泛参与的重要引擎。

目前社会重大风险防范领域的法律,无论是全国的还是重庆的立法,主要侧重于处罚、强制等威慑性规制手段。重庆市政府面临的问题是:如何把惩罚威慑为主的立法模式,转变为以激励为手段的以实现预防为主的立法模式。以重庆市政府印发的《2021年全市安全生产与自然灾害防治工作要点》(以下简称《工作要点》)为例,《工作要点》虽然明确了"以综合性消防救援队伍为主力、以地方政府专职救援队伍为支撑、以行业专业抢险救援队伍为骨干、以社会应急力量为辅助,打造专常群结合的应急救援力量"这一群众参与风险治理的指导性方针,调动了社会力量参与安全生产风险与自然灾害风险治理,同时呼吁市民积极参与应急知识学习。但从应急管理制度的结构来说,应急管理工作的重心仍然放在责任落实与专项治理上,且并无确切的对社会力量的正向激励规定。通过禁止、关闭、追责、排查等手段进行风险治理,这无形中大大增加了后续司法与执法的成本,属于传统的立法思路。因此,在重庆市防范化解、应急重大社会风险的立法内容中,应当尽可能地有一套干预强度递进的金字塔体系:底部为建议、激励、说服、信用、协商、指导等柔性工具或服务性风险防范工具;中间是警告、行政强制、可执行的保证、禁止性或改进命令、恢复性措施等行政制裁措施;顶端则是罚款、剥夺资格、限制等惩罚性制裁措施。[①] 此类立法有利于重庆市在重大社会风险防范攻坚中最大限度地调动各方利益,并将调动社会力量进行风险防控的行为明确规定一定

---

① [澳]尼尔·甘宁汉:《执法与守法策略》,载[英]罗伯特·鲍德温、马丁·凯夫、马丁·洛奇瑞编:《牛津规制手册》,宋华琳、李鸻、安永康、卢超译,宋华琳校,上海三联书店出版社2017年版,第140-146页。

的激励性措施。当然,针对具体的激励措施,可采取经济激励(如税收优惠、补助金等)和表彰等。

重庆市立法应注重提高有关保障性的内容。"保障"本身指的是保护、保证等手段与起保护作用的事物构成的可持续发展支撑体系,而立法内容的保障性则是指通过立法手段保护公民享有的社会福利是可以获得且不会被非法减损的。在防范化解和应急处置重大社会风险的过程中,防范化解和应急处置行为本身是可能对公民应享有的社会保障造成不当妨害的,故在防范化解和应急处置重大风险的立法中,我们更应当注重强化立法内容的保障性。在我国,"社会保障"已被约定俗成为一个包括社会救助、社会保险、社会福利、社会优抚、社会互助在内的总概念,[①]故我国公民所应当享有的社会保障是广泛的,包括失业保障、伤残保障、年老保障、病症保障等。社会保障应当是政府给予人民的最低承诺,而如果在防范化解和应急处置重大社会风险的过程中,政府忽视了社会保障部分,那必然会引起人民的强烈不满或忧惧,甚至产生系统性社会风险。比如,重庆市应重视就业方面的立法,并且其应以保障性内容为主要内容,从而保障民生以降低就业方面可能衍生的各类社会风险。重庆市近年来一直较为重视群众的就业问题,自十八大以来,重庆市出台了不少关于促进就业的规范性文件(如表6-4所示)。

表6-4 2015—2020年重庆市促进就业的规范性文件

发布时间	政策名称	相关措施
2015年	《重庆市教育委员会关于做好2015年普通高校毕业生就业创业工作的通知》	加强创新创业教育和加大创业扶持力度、拓宽高校毕业生就业渠道、提升就业指导服务水平、加大就业帮扶力度、深化高等教育教学改革、加强领导和组织保障
2015年	《重庆市人民政府关于做好新形势下就业创业工作的实施意见》	进一步实施就业优先战略、进一步促进创业带动就业、进一步推动重点群体就业、进一步提升就业创业服务水平、进一步完善就业创业工作机制

[①] 张利平:《论社会保障中的政府责任》,载《新视野》2005年第2期,第35页。

续表

发布时间	政策名称	相关措施
2016年	《重庆市人民政府办公厅关于下达2016年就业创业工作目标任务的通知》	认真研判就业形势,明确总体要求和目标任务;健全促进就业创业体制机制,切实保障劳动者充分就业,扩大稳岗补贴政策实施范围,进一步加强组织领导,强化目标责任
2016年	《重庆市教育委员会转发教育部办公厅关于开展全国普通高校毕业生精准就业服务工作的通知》	加强工作统筹、推进平台建设、强化信息维护、实现供需对接、开展精准服务、准确掌握就业状况,实施精准帮扶、加强监督检查
2017年	《重庆市人民政府办公厅关于印发重庆市"十三五"期间促进就业重点任务分工的通知》	抓好落实各行业有关促进就业创业政策;压实责任,加强督查;加强宣传,增强实效
2018年	《重庆市人民政府关于做好当前和今后一个时期就业创业工作的实施意见》	支持小微企业融资,支持创业载体建设,促进高校毕业生等重点群体就业,实施职业技能培训,落实失业保险待遇,落实责任,加强政策宣传和精准服务,引导企业等各方履行社会责任
2020年	《重庆市人民政府办公厅关于印发贯彻落实国务院关于进一步做好稳就业工作的意见重点任务分工的通知》	完成全年城镇新增就业60万人以上、城镇调查失业率保持在5.5%左右的目标任务,相关单位着力稳定岗位、大力增加岗位、全力保障重点群体就业

这些措施均针对了社会风险下重点关注群体开展就业引导,起到了较好的效果。根据重庆市2021年发布的《2020年重庆市国民经济和社会发展统计公报》结果显示,2020年重庆市城镇新增就业人员65.56万人,比上年下降12.8%;年末城镇登记失业率4.5%,比上年末上升1.9%;全年城镇调查失业率平均为5.7%。但是,这些措施明显存在临时性、应急性,如增加临时就业岗位、增加高等教育入学数量等措施,都明显属于缓冲性措施,将矛盾推移到风险期过后再行处理。这样的方法具有一定的现实合理性,但从全局来看,增强保障性立法才是实现社会长治久

安的根本之道。重庆市政府在做好这种临时性保障措施的同时,也应当从源头上增强保障性立法,提高社会保障制度的社会风险应对能力。如重庆市可以积极探索小微企业设立的规范性立法,增加就业岗位;逐步提高重庆市自由职业者等群体的社会保障力度,缓慢释放就业群体压力;继续探索重庆市户籍管理制度,使进城务工人群的就业及子女成长的保障更加充分等。

三、推进新兴科技领域相关立法的进度

如前述论及的,随着社会和科学的发展,高新技术不断涌现,且被广泛使用于风险防控领域。其中,最耀眼的就是大数据、人工智能。大数据、人工智能等尽管被广泛使用于风险防控,但关于其使用的立法刚刚起步,需要不断完善以解决相关规范供给不足的问题。在《重庆市法治社会建设实施方案(2021—2025年)》的布局中,也涉及这些内容。因此,在重庆今后的立法中,应重视大数据、人工智能使用的立法。

(一)推进大数据领域的相关立法

随着大数据应用范围越来越广泛,国家的政治、经济、军事、文化等各个领域都离不开数据和数字基础设施。倘若法律法规的约束力不足,各类大数据平台承载的大量数据资源、敏感资源、重要数据,很容易就会成为策划、实施、推动各种违法犯罪活动的工具,将造成重大的社会风险。甚至,涉及国计民生的关键信息基础设施的大数据资源一旦受到破坏,大到国家层面能使国家安全受到巨大的损失;小到微观层面可能对一个城市的社会稳定造成极大的影响。因此,国家已高度重视大数据领域的立法。如前面在对我国新兴技术立法现状的论述中,2021年我国相继出台了《数据安全法》《个人信息保护法》等相关保护性法律。这些大数据领域的相关立法,能积极推进大数据领域的法治建设。

重庆市的大数据管理领域的立法处于起步阶段。2018年11月5日重庆市成立了大数据应用发展管理局,至2021年其已出台了5部规章,包括《重庆市电子政务云平台管理暂行办法》《重庆市关于促进平台经济规范健康发展的实施意见》《重庆市公共数据开放管理暂行办法》《重庆市关于加快线上业态线上服务线上管理发展的意见》《重庆市政务

数据资源管理暂行办法》。诚然,这些法律在一定程度上起到了对大数据技术规制的作用,特别是在一些重庆本地的电子商务信息处理、政务数据管控、数字经济数据统计起到了一定的作用,防范化解了不少大数据技术带来的潜在风险。然而,重庆市目前针对大数据立法最大的问题在于规范数量不够、法网不够严密,以及相关风险防控机制不够完善、妥当,故重庆市应当进一步完善大数据立法。

重庆市有关大数据技术管控的立法必须与《数据安全法》保持一致。根据立法一般原理,重庆市本地立法不得与中央立法相违背。因此,重庆市有关数据安全的立法必须与《数据安全法》一脉相承。在防范化解重大社会风险的领域,此次《数据安全法》的亮点主要在于规定了国家数据安全应急处置机制、中央统筹协调下的行业数据监管机制以及国家数据分类分级保护机制。[①] 前两者的核心都在于明确了数据安全"谁主管谁负责、谁运行谁负责"的原则,其中,各地政府也必然成为负责任的主体。国家数据分类分级保护机制则是明确了各地政府应当以"重要程度+危害程度"为依据,细化分类分级的数据保护机制。

重庆市有关大数据的立法应在遵循《数据安全法》的前提下,从以下几个方面努力:其一,通过规范尽快确立重庆市各机关在大数据使用中的责任主体地位,明确各机关谁出现数据泄露、数据滥用等问题则谁负责的机制;其二,通过地方立法强调各机关对下属管理行业的数据安全监督制度,特别是重庆市人民政府应当作为监管核心,对重庆市各级政府机关的数据使用进行监督,同时也要做好应急预案,防止相关风险的发生与扩大;其三,重庆市政府必须依据《数据安全法》的要求,建立数据分类分级保护机制,将涉及关系国家安全、国民经济命脉、重要民生、重大公共利益等数据列为最高保护等级,并结合重庆市的现状对"重要数据"作出定义,以确保不同级别的保护措施有别。

(二)推进人工智能领域的相关立法

与大数据一样,人工智能的使用已产生严重的风险。在当前的社会治理中,人工智能相关技术已然发挥着不可忽视的功能。如前述所言,以

[①] 王春晖:《我国〈数据安全法〉十大亮点解析》,载《中国电信业》2021年第9期,第43-44页。

人脸识别、机器学习、专家系统、智能搜索等技术为代表的人工智能技术,已然造成了严重的社会风险。人工智能技术带来的社会风险很多,如伦理风险、极化风险、异化风险、规制风险、责任风险等。① 伦理风险,比如如何设置和理解机器人的"善恶",如何处理人机之间的关系以及随之而来的人文精神缺失的问题。极化风险,即人工智能可能会淘汰非常大一部分劳动力,这部分劳动力可能形成所谓的"无用阶级"。② 这些被淘汰的人可能会带来一定的社会风险,可能成为所谓的"无能的大众、被消费的大众、被废弃的大众"。③ 异化风险,即人工智能等形成的自动化系统已经由简单的行政管理工具变成了主要的"决策者",替代人工成为主导者。规制风险,即人工智能带来的政府对监控的滥用及商业领域中"算法战争"的混乱态势。责任风险,也就是人机共处、行为协同的过程中法律责任的分担存在疑问。以上这些社会风险参差交错,可能使社会秩序陷入前所未有的混乱,重大社会风险也必然时常出现。而上述这些社会风险的降低,需要通过立法的方式,让其适用规范化。不仅如此,其适用——尤其是如前述论及的,其在防范化解重大社会风险中的适用,引起的侵犯公民权利的乱象,也需要立法让其规范化。

目前,我国在人工智能领域的立法极不完善,重庆也是如此。一方面,政策法规等传统规范的基本解决,而传统规范未能全部囊括人工智能领域的范围,比如数据安全、数据的分类管理等问题。而目前弱人工智能领域(如自动驾驶技术)的问题尚且能得到现行法律的规范,如《个人信息保护法》《数据安全法》等法律。另一方面,强人工智能的发展比如"类人脑"技术的研究尚处于瓶颈状态,针对此类技术运用于社会治理的具体规制仍为时过早。尽管我国也在努力推进这方面的立法,但始终是停留在总领性、散见性的规范及指导文件当中,如 2020 年我国相继出台了《智能汽车创新发展战略》《国家新一代人工智能标准体系建设指南》等。也有不少城市出台了新的人工智能行动方案,比如,西安市在 2020 年公布

---

① 马长山:《人工智能的社会风险及其法律规制》,载《法律科学(西北政法大学学报)》2018 年第 6 期,第 47-55 页。
② [美]约翰·马尔科夫:《人工智能简史》,郭雪译,浙江人民出版社 2017 年版,第 89 页。
③ 马长山:《人工智能的社会风险及其法律规制》,载《法律科学(西北政法大学学报)》2018 年第 6 期,第 47-55 页。

了《西安市建设国家新一代人工智能创新发展试验区行动方案(2020—2022年)》,成都市于2020年公布了《成都建设国家新一代人工智能创新发展试验区实施方案》。但重庆目前还没有举措,因此,其也可以顺应大势推出重庆本地的人工智能发展方案,从重大风险预防的角度去提前规制和引导人工智能相关技术的运用与发展。

德国学者托马斯·维施迈尔提出了人工智能系统设计和应用应当遵循的六项监管原则,即智能系统的决策过程应当做到"可视化"、智能系统应符合一定的质量标准、智能系统反歧视、智能系统使用过程中的数据保护和信息安全、针对智能系统使用过程中存在的多种问题、智能系统使用过程对于责任和职责应明确化。① 这给重庆市的人工智能相关技术发展与规制的立法提供了一些方向。

其一,重庆市应立法规范产品设计以规避产品异化风险。因为人工智能本身的异化会创设风险,故这种人工智能本身的风险就会带入使用中,包括在防范风险的适用中。比如,现在诸多地方的政府也在使用人工智能技术实现管理,而政府本身并非开发人工智能的主体,就会委托诸多社会主体参与人工智能系统的构建。而相关的技术和标准可能落入别有用心人的手中,这些"集复杂性与紧密性于一体的系统更容易成为那些间谍、犯罪分子以及追求极大破坏性的极端分子的选择目标"。② 因此,在立法中,要注意对人工智能机器人的设计进行规范,尤其要对其所包含的程序进行一种事先的审查,防止其被植入恶意程序,以有效控制人工智能可能引发的异化影响。③ 重庆市必须在面对可能出现的人工智能产品带来的风险时,做好对异化影响的准备。人工智能技术的应用,是通过代码和算法来实现的,所以必须从代码和算法的源头进行控制。但是大多数系统代码并非透明的,那么就可能存在问题,即代码制作者可能在其中放入不良代码,设计了过度商业化的资本追求、价值偏好、歧视因素。因此,凭借算法来侵蚀大众权益的情况就会变得普遍化,就有可能带来各种

---

① [德]托马斯·维施迈尔:《人工智能系统的规制》,马可译,载《法治社会》2021年第5期,第111-126页。
② [英]詹姆斯·柯兰、娜塔莉·芬顿、德斯·弗里德曼:《互联网的误读》,何道宽译,中国人民大学出版社2014年版,第192页。
③ 王利明:《人工智能对民法的挑战》,载《中国城市报》2017年9月11日,第22版。

重大的社会性风险,比如大规模用户个人信息被泄露并且被恶意商用等问题。因此,重庆市的立法必须明确代码设计的透明性,特别是在涉及人民群众利益的部分。此外,还应当明确代码设计者必须承担的说明义务,以保障代码使用者认识到其潜在的风险。

其二,重庆市应明确划分人工智能领域的法律责任问题。只有先划清了责任主体,才能在可能的风险出现之前,甚至是在风险出现之后明确归责方式,以起到风险防控的作用。有学者清醒地认识到,人工智能"执行任务并且它们这么做的方式有着道德后果——影响人类利益的后果"。[1] 例如,若人工智能运用于自动驾驶、医疗等领域,完全自动的机器行为,其责任是由启动者、制作者抑或是医生来承担？特别是自动驾驶在近两年来频频出现事故,导致不少车毁人亡的惨剧,而法律责任的归属却始终不明。责任的划分归属一旦不明确,就有可能出现重大的社会风险。所以重庆市在立法的时候,应清楚地划分责任,以明确责任的主体。除此之外,重庆市的立法应当同《数据安全法》相对接,必须明确"谁设计生产的产品出问题谁负责"的基本原则。一方面,尽管人工智能技术产品的智能程度更高,但目前现存的人工智能技术产品都尚未出现完全脱离设计者意志的行为,因此,设计者、生产者天然应当对其设计生产的产品承担责任。另一方面,也应当明确如果有人为因素影响人工智能的运行,同样应当根据现有的法律如《民法典》,承担相应的责任。

其三,重庆市应规范使用人工智能的行为,规避滥用造成的风险。诚如前述论及的,人工智能适用本身会侵犯权利,比如隐私等,易激化社会矛盾。这是"滥用"行为创设的风险,所以必须通过立法规范使用行为。故在重庆市针对人工智能的立法布局中,需要树立规范应用的法律理念。首先,需要坚持政府干涉的合理性。从世界范围内来看,"许多危险和有伦理争议的技术事实上已经处在有效的政治管制下,包括核武器及核能、弹道导弹、生物或化学武器、人体器官移植、神经医药学药物等等,这些都不能够自由研发或在国际范围内进行交易"。[2] 从我国来看,《数据安全

---

[1] [荷]尤瑞恩·范登·霍文、[澳]约翰·维克特主编：《信息技术与道德哲学》,赵迎欢、宋吉鑫、张勤译,科学出版社2014年版,第190页。

[2] [美]弗朗西斯·福山：《我们的后人类未来：生物技术革命的后果》,黄立志译,广西师范大学出版社2017年版,第77页。

法》明确提出了各地政府在人工智能使用中的管理者地位。如前所述,许多技术存在危险和伦理争议,故这类人工智能技术的使用,需要被政府严格管控。只有相应的管控措施到位,重大社会风险才能被有效防止,故重庆市势必要出台人工智能的相关规范与指导性文件,以实现本市域范围内的先行管控。其次,重庆市针对使用人工智能技术的行为,在立法中要确立风险管控立法的基本原则。在人工智能技术的风险管控中,主要应当秉持两大原则:风险预防原则和成本效益分析原则。前者是提前做好人工智能的风险预防,特别是用立法的方式,把相关风险"扼杀"在萌芽之中,这在上部分已经提及;后者是基于现有的知识,对目前人工智能发展的状况进行成本效益分析,争取利益最大化。鉴于人工智能时代的"人类变成了制定规则的上帝,所有伴随人类进化历程中的既定经验与认知沉淀将遭遇颠覆性挑战"[①],人工智能的风险有太多不确定性,所以很难以成本效益分析原则相对准确地得出预防策略。而一旦采用了错误的预防策略,那么很可能造成不可挽回的恶果。所以,在当前人工智能技术尚未完全得到开发的情况下,重庆市应当与我国针对人工智能技术的谨慎态度相结合,优先以风险预防原则作为相关立法的原则,出台相对严格的人工智能技术使用程序。也只有这样,才能在使用人工智能的风险尚未完整显露之前预防其发生。

第三节　司法层面:统一法律适用标准,强化司法人员法律素养

前述论及,在防范化解重大风险的司法中出现了很多风险。出现这些司法风险的主要原因有:第一,司法适用标准尚未相对统一,类案检索机制不完善;第二,司法人员法律素养不足;第三,立法本身具有局限性,或者立法不完善。在防范化解重大风险的过程中,面对这些司法风险,应针对这些原因寻找对策,为防范化解重大风险的司法行为正本清

---

① 王天一:《人工智能革命:历史、当下与未来》,北京时代华文书局出版社2017年版,第90页。

源。对于立法本身的局限、缺乏或不完善的问题,应通过立法完善解决。这在前述论及的立法对策中有所涉及,在本节不再赘述。从前面的论述看,在《法治政府建设实施纲要(2016—2020年)》的布局下,重庆市政府和各个区府均重视司法机制建设,也重视风险防控领域出现的司法问题,并取得了前述相关论述提及的成绩。但具体的措施有待于进一步强化和落实,而《重庆市法治社会建设实施方案(2021—2025年)》的布局也涉及司法体制建设方面的内容。因此,还需要进一步采取措施巩固成绩,并针对现有的问题对症下药。对于司法适用标准不统一的问题,应加强司法解释与指导性案例的工作,同时加强类案检索机制的建设,以解决法律适用的不一;对于司法人员法律素养的问题,应通过提高职业准入门槛、加强职业能力培训等方式提高其队伍素质。

一、发挥司法解释与指导性案例的引导作用

司法解释作为我国数量最多的正式法律渊源之一,长期承担着指导法律适用的功能,在统一法律适用标准的过程中起到基石性的作用。同样,近年来公布越来越多的指导性案例,也在法官处理具体案件的法律适用中,起到了参照性的作用,甚至成为"中国法院在司法裁判中基于附属的制度性权威并具有弱规范拘束力的裁判依据"[1],使之具备了"准法源"的地位。如前所述,在防范化解重大社会风险中,出现的很多案件需要紧急处理,或者是立法比较模糊而引致的法律适用问题,就只能通过司法解释或者指导性案例予以引导。因此,加强司法解释与指导性案例工作,成为防范化解重大社会风险时统一法律适用标准的重要措施,只有出台更加合理、精确、类型化、体系化的司法解释与指导性案例,才能使司法在防范化解重大社会风险中保持公平、正义的本色。

重庆市司法机关作为地方性司法机关,没有直接权力实现这些目标。因此要实现以上目标,一方面必须从上而下,积极与最高人民法院、最高人民检察院出台的特别时期的司法解释、指导案例的精神保持一致,避免错误适用相关条款,造成新的风险;另一方面也要从下而上,积极将重庆在防范化解重大风险中的典型司法案例上报,以支持指导案例库的扩

---

[1] 雷磊:《指导性案例法源地位再反思》,载《中国法学》2015年第1期,第289页。

大,以便于全国其他地方法院在遇到类似的社会风险时汲取重庆经验,尽力避免由于指导案例的数量不足导致的司法适用标准混乱,最终形成区域性乃至全国性的类案同判。

(一)特殊时期的法律适用应与"两高"司法解释保持一致

在防控重大社会风险期间,重庆市的司法机关如要使法律适用统一而协调,就必须要令法律适用、指导性文件与"两高"出台的有关风险化解的司法解释保持步调一致。这就要求重庆市司法机关应当理顺相关法律适用指导意见、会议纪要、法律适用问题解答与最高人民法院、最高人民检察院出台的司法解释的关系。

我国作为一个幅员辽阔的国家,要在防范化解重大风险的过程中实现法治化,必须以法制统一为基本前提。以上所提及的由地方司法机关所制定的各种"意见""会议纪要""解答"均可以归属为"地方释法"。尽管"两高"及中央立法机关都对地方性司法解释类文件持严格禁止态度,但由于高层规范内容本身存在较大的模糊性,故这些"地方释法"层出不穷。诚如有学者指出:"基于严格解释的立场,任何与业务相关的司法规范皆带有司法解释性质,但是,相关规制规范并未被严格解释,其使用的一系列模棱两可的概念与表述,为'地方释法'创造了极大的弹性空间。"[1]地方释法文件成为不可消除的事实。于是,针对这一既有事实,妥善处理的核心在于明确最高人民法院及最高人民检察院在司法解释问题上的中心地位与权威。具体来说,必须要明确"两高"对地方释法文件的监督与控制,一方面,可以允许"两高"在特殊时期有限授权地方司法机关对部分领域的法律适用问题作出一定解释,但必须要与"两高"出台的生效司法解释保持内核一致,不能产生实质冲突;另一方面,地方司法机关如重庆市司法机关的释法文件必须主动、积极与两高的解释保持一致。详细情况为:

其一,"两高"可以考虑在特殊时期允许地方司法机关有限地参与司法解释的起草与论证。特别是在防范化解社会重大风险时,一般都会迎来一个相关的司法解释出台的高峰期。在这种解释数量爆发的期间,面

---

[1] 聂友伦:《司法解释场域的"央地矛盾"及其纾解——以"地方释法"为中心的分析》,载《法律科学(西北政法大学学报)》2021年第1期,第29页。

临出台频繁的司法解释,地方司法机关本身就更容易根据各地的状况,混乱地使用"两高"的解释。其原因是,根据目前的《司法解释工作办法》(以下简称《办法》),尽管规定了地方司法机关的司法解释参与权,但仅限于参与立项与意见征集部分,而并不能参与最为关键的起草与论证部分。这就导致在重大社会风险发生时期,地方司法机关不能将各地的真实情况反映到防控重大社会风险的司法解释中。对于这种困境,可以考虑对《办法》进行修订,使地方司法机关在重大社会风险发生时,也能有限参与司法解释的起草与论证工作,使得地方司法机关在紧急情况下的类释法行为有迹可循。如此,地方司法机关即会自觉遵循"两高"的司法解释的精神,实现法律适用的统一。

其二,重庆司法机关在防控重大社会风险时期的法律适用问题上,应紧跟"两高"的步伐,保持法律适用的内在一致性。在防控重大社会风险的过程中,重庆市司法机关出台了一些法律适用指导文件,使法律适用的统一性得以继续保持。如2018年,"两高"联合公安部、司法部出台了《关于办理黑恶势力犯罪案件若干问题的指导意见》,就惩治黑恶犯罪、维护社会治安、解决社会风险掀起了新一波的治理高潮。同年,重庆市司法机关结合重庆本地黑恶势力犯罪的特点,出台了《关于办理"套路贷"犯罪案件法律适用问题的会议纪要》《关于办理危险驾驶犯罪案件法律适用及证据规范问题的座谈会综述》《关于办理非法集资类刑事案件法律适用问题的会议纪要》等多个文件,以严厉惩治重庆市本地的黑社会性质组织及恶势力组织。重庆市司法机关应继续根据本地风险特征,恰当地根据司法解释指导法律适用,以实现法律适用的统一。

(二)积极上报防控重大社会风险中的典型案例

重庆市司法机关应把重大社会防控中的典型案例上报,并积极对已公布的指导性案例进行关键词分类,以便更好地发挥指导性案例在具体防范化解重大社会风险司法中的指引功能。指导性案例脱胎于各地方司法机关上报的典型案例,一般经过最高人民法院审委会的充分讨论确定后,通过法定程序,在《最高人民法院公报》、最高人民法院网站、《人民法院报》上以公告的形式发布。[①] 指导性案例制度作为司法解释的补充,能

---

① 刘克毅:《论人民法院指导性案例形成机制》,载《法律科学(西北政法大学学报)》2018年第6期,第189页。

够配合司法解释发挥统一法律适用的作用。在防范化解社会重大风险时,相较于司法解释的生效程序,指导案例生效的程序更为紧凑。这就意味着,指导案例在面临危机时能更快地发挥作用。此外,相比于司法解释的抽象性,指导性案例更为具体、实际、具有时效性。在防范化解重大社会风险的过程中,统一法律适用的目标实现,有赖于各地积极上报防控风险的典型案例,以形成系统性的措施。

重庆市司法机关也一直积极地重视防控重大社会风险典型案例的上报工作。2020年1月,重庆法院《李劲诉华润置地(重庆)有限公司环境污染责任纠纷案》《重庆市人民政府、重庆两江志愿服务发展中心诉重庆藏金阁物业管理有限公司、重庆首旭环保科技有限公司生态环境损害赔偿、环境民事公益诉讼案》《重庆市绿色志愿者联合会诉恩施自治州建始磺厂坪矿业有限责任公司水污染责任民事公益诉讼案》等3个案例入选最高人民法院发布的第24批指导性案例,成为重庆法院在防控重大环境风险中的典型指导性案例。① 重庆市司法机关应继续总结防控重大社会风险的经验,加强对重大社会风险防控典型案例的汇总,通过辖区内各基层法院、中级人民法院的提供,经由高级人民法院初步汇总,上报给最高人民法院作出最终决定,为防范化解重大社会风险时期内统一法律适用的过程注入重庆智慧、重庆经验。此外,重庆市司法机关在进一步根据指导案例作出法律适用时,可以自行根据本市的情况,细化相关案件的关键词,将更多实体法律适用的关键环节与程序法律适用的关键环节统一标注,如"环境污染""光污染""环境公益诉讼"等,以便于司法人员在防控重大社会风险的司法中更加方便快捷地查询相关案件细节并予以参照,促进类案同判目标的实现。

二、完善各级法院法律适用分歧解决与类案检索机制

如果说在防范化解重大社会风险中,加强前述的司法解释与指导性案例的相关工作,是从宏观角度进行的考量,运用司法手段从源头上填补立法空白或者立法不完善带来的问题,那么完善具体案件的法律分歧适

---

① 《指导案例128号:李劲诉华润置地(重庆)限公司环境污染责任纠纷案》,载中华人民共和国最高人民法院网。

用机制与类案检索机制,则是从微观的角度,偏向于在风险发生的过程中促成法律适用的统一。其中,法律适用分歧解决机制,旨在形成一种法院内部对具体案件法律适用的协商与控制,而类案检索工作机制,旨在使法官个人的法律适用行为受到指引与约束。自此,防范化解重大社会风险时统一法律适用的体系包括:宏观上,运用司法解释与指导性案例填补立法的模糊与缺漏,以使特殊时期下的司法有标准可依;微观上,建立健全法律适用分歧解决机制与类案检索工作机制,使法院内部到法官个人在紧急状态下均可进行法律适用的矛盾化解。

(一)健全重庆市各级人民法院法律适用分歧解决机制

所谓法律适用分歧,是指法官因教育背景、职业经历、司法经验、价值理念的差异,导致不同法官对于某项事实如何适用法律可能得出的截然相反的结论。[1] 在防范化解重大社会风险的过程中,因为风险态势变化之迅猛,新的法律适用难题总会出现,这就导致了在司法中极有可能产生法律适用的分歧,如处理分歧意见不当,不仅有损于审判的公信力,更有损于具体案件当事人的合法权益,造成新的风险。故在法院内部建立一套完善的法律适用分歧解决机制,对于解决以上问题至关重要。

最高人民法院已开始这项工作,重庆市应以重庆市高级人民法院为领头雁,根据重庆市的情况推行该制度。2019年10月28日,最高人民法院正式实施《关于建立法律适用分歧解决机制的实施办法》(以下简称《办法》),就最高人民法院内部的法律适用分歧提出指导意见。《办法》旨在使最高人民法院"从自身做起、以上率下","以解决本级生效裁判之间的法律适用分歧为切入点,推动全国法院积极探索解决法律适用分歧的新机制和统一法律适用的新措施"。[2] 重庆市各级人民法院应积极响应最高人民法院的号召,规范其法院内部的法律适用分歧意见,避免风险防范化解中的案件处理的法律适用不统一问题。具体来说,对于重庆市审判机关而言,应积极接受最高人民法院的监督与指导,并以《办法》为

---

[1] 贺小荣:《法律适用分歧的解决方式与制度安排》,载《人民司法》2019年第31期,第20页。

[2] 曹士兵、韩煦:《〈关于建立法律适用分歧解决机制的实施办法〉的理解与适用》,载《人民司法》2020年第1期,第35页。

指导,制定细则协调内部的法律分歧解决机制。大致而言,可从以下两个方面推进以上工作。

其一,从重庆市法院层级结构来说,必须明确重庆市基层、中级人民法院向高级人民法院提出法律适用分歧的途径。最高人民法院出台的《办法》第 2 条指出,申请法律适用分歧解决的主体必须是最高人民法院各业务部门、各高级人民法院和各专门人民法院。这意味着重庆市人民法院在司法活动中发现的法律适用分歧,必须通过高级人民法院才能上报最高人民法院。这就要求重庆市高级人民法院,必须建设下级法院提交法律适用分歧的途径。最高人民法院将审判管理机构的基本职能定位为:案件信息管理、审判流程管理、审判质效评估、案件质量评查、审判运行态势分析、审判绩效考核及审委会事务管理等七大基本职能。[①] 其中,作为审委会事务的管理部门,重庆市基层、中级人民法院的审管办,有义务将具体业务部门发现或提交审委会讨论的法律适用分歧,上报给重庆市高级人民法院。基层、中级人民法院的审委会经充分讨论法律适用分歧后,再提交审管办,由审管办统一上报给高级人民法院具体决定。多层设置既确认了法律适用分歧的存在,也可以使重庆市各级人民法院法官在每个环节为解决分歧提供意见。目前,重庆市各级人民法院已经在实际审判工作中基本确认了这样的工作机制,即上述的"发现分歧—提交审委会讨论—提交审管办—上报高院"模式。全国范围内,上海市、天津市、辽宁省、内蒙古自治区等地高级人民法院制定了具体的办法。重庆市也可按照《办法》的基本逻辑与思路,联系重庆市本地的社会风险实况,积极推进具体实施办法的出台。

其二,从重庆市法院内部机构职能来说,必须落实重庆市各级人民法院的审判委员会在确认法律适用分歧中的核心地位。根据我国《法院组织法》第 37 条的规定,审判委员会有总结审判经验、讨论决定法律适用及其他各种有关审判的重大问题的职能。《办法》也在第 1 条将审判委员会的分歧确认职能予以明确,这也提示了重庆市各级人民法院应当以规范的形式,明确审判委员会在法律适用分歧问题上的核心地位。同时,重

---

① 黄晓云:《脚踏实地　总结提高　努力推进人民法院审判管理再上新台阶　访最高人民法院审判管理办公室主任周建平》,载《中国审判》2012 年第 7 期,第 16 页。

庆市各级人民法院的审判委员会,讨论确认法律适用分歧时,应当采取民主集中制原则进行,由多数意见确认法律适用分歧是否真实存在。总之,在防范化解重大风险的过程中,一般发生的案件都相较于平时更为关键、影响更大。故在这种时期,更应当发挥我国民主集中制这一特殊审判讨论机制的优势,集中法官的智慧与意见,更加有利于发挥下级人民法院在发现、上报法律适用分歧上的主观能动性。从实际情况看,重庆市各级人民法院在具体审判工作中,早已贯彻民主集中制原则。如重庆市各级人民法院都会在确定的时间,组织各庭法官及审判委员会专职委员集中讨论本周审判工作中的疑难问题及法律适用分歧,以提高解决法律适用分歧的效率。将来还可以根据实际情况,拿出更多的举措消除分歧,促使案件处理更加公正。

(二)深入探索重庆市法院类案检索工作机制

在防范化解重大社会风险的司法过程中,法官是特殊时期下实现法律适用统一、把握司法底线、严防司法风险的第一责任人。这就要求法官个人必须在具体案件的审判中尽力做到类案同判,而类案检索系统能为法官在具体案件的审判中查询类案提供便利,甚至能在一定程度上限制法官恣意判案,以实现第一线的司法行为控制。

最高人民法院已经先行发布了建设类案检索系统的指导意见,重庆市应由重庆市高级人民法院牵头,带头探索本市审判机关的类案检索机制。2020年7月31日,最高人民法院发布《最高人民法院关于统一法律适用加强类案检索的指导意见(试行)》,指导各级人民法院在具体司法中要积极使用类案检索,针对类案检索的情形、范围、方法等多项标准作出规定。而要继续深入探索建设类案强制检索机制,首先必须厘清何谓"类案"。"类案"不同于"同案",从文义解释的角度来说,类案就是指"类似的案件"。也有学者从目的解释的角度表示:"法律人所说的'同案'是指在案件的主要事实上最相类似、最相接近,而'同判'是指在案件性质的认定上,以及裁决结果上的最相接近。"[①]总之,学界关于何为"类案"的争论尚无定论,但可以得出的最大公约式是:两个以上相类似的案

---

① 根据该学者文章的贯通理解,此处该学者所作"同案"实质上就是指"类案"。刘作翔:《"类案同判"是维护法制统一的法治要求》,载《人民法院报》2020年10月20日,第2版。

件,一定在法律适用、程序选择、法律结果等方面存在相同点。纵观我国司法从追求"同案同判"转向"类案同判",看似是降低了相应的司法标准,实则是在推动司法裁判公正的道路上切实地更进一步,使各级人民法院法官在具体司法时有更加切实的关键点进行参考。从这个角度来说,继续深入类案强制检索机制是实现司法公正的重要之路。事实上,全国各地人民法院,早已开始积极探索类案同判的实现机制。如北京高级人民法院推出了"睿法官"办案系统,江苏高级人民法院建立了"同案不同判预警平台",上海高级人民法院针对刑事审判研发了"上海刑事案件智能辅助办案系统",贵州高级人民法院也研发了大数据智能辅助办案系统。

重庆市司法机关虽然也在积极推进类案检索机制的建设,但是相较于一些比较有成效的省市,仍然显得有所不足。下一步,重庆市司法机关应当继续深入探索类案检索机制,提高相关法律位阶、研发专门检索软件、优化检索案件流程:

其一,重庆市司法机关应将下位法院的类案检索试点经验总结,并上升为整个辖区的规范,最终指导整个市区范围内司法机关的司法适用工作。其实在2017年,重庆市辖区内的基层法院等也对类案检索工作进行了积极探索,出台了《关于类案检索参考的规定(试行)》。但由于其效力位阶更低,并未受到整个重庆市范围的重视。随着2020年最高人民法院出台了强化类案检索的指导意见,重庆市较高级别的法院应总结辖区内已有的经验,并将下位法院在具体实施相关文件时遇到的问题进行汇总、综合讨论处理意见,最终经过高级人民法院审委会的讨论通过,发布具有较高效力的指导性文件。同时,重庆市高级人民法院所发布的指导性文件,必须积极对接最高人民法院所发布的有关类案适用的指导意见。由最高人民法院所发布的指导意见具有指示性、规范性、针对性的特征,能够对地方各级人民法院实现良好的司法管理功能,且也赋予了地方法院以弹性的空间予以对接。[①] 重庆市司法机关在制定相关的检索标准时,必须时刻与最高人民法院发布的类案检索意见相衔接,不得冲突。

其二,重庆市司法机关应积极研发专门的类案检索软件,给予司法工

---

① 彭中礼:《最高人民法院"指导意见"研究》,载《法学》2021年第7期,第5—12页。

作人员在类案检索时以便利的条件。当前重庆市司法机关工作人员在进行类案检索时,主要还是依靠审判管理平台、中国裁判文书网、北大法宝数据库、法信、中国知网数据库等多种途径,并没有北京、上海等地区的综合性检索软件。这就导致法官个人在具体进行案件检索时时间成本较高,且由于每个检索系统的操作方式不一,导致法官难以检索到部分具体案件。从这个方面来讲,尽快研发一套统一端口的类案检索软件是大势所趋。由司法机关专用的类案检索软件,实际上可以承担两方面的内容:一是集成各大案例公布网站的端口,统一查询途径,使司法工作人员能够更快查询到有关的案件;二是将司法工作人员个人办理的案件强制收集汇总,并定时进行上报,以充实案例库。如此,该软件即可为类案检索提供输出与输入双向功能,以实现类案检索的便利化。特别是在重大社会风险发生的时期,专门、统一的类案检索软件有利于各地在法律适用上统一步调,以迅速实现司法行为的控制,防止社会风险的扩张。

其三,重庆市司法机关应继续优化具体的案件检索流程,以司法人员为核心进行案件检索建设,并学习其他省市的优秀经验。如北京市高级人民法院所推出的"睿法官"系统能够自动将案件分为庭前、庭中、庭后三个阶段,并自动归纳各个阶段的关键争议点,特别是在庭前阶段自动归纳相关案件的核心证据类型,使得其他法官在后续查阅类案时,可以根据关键情节进行检索;江苏省高级人民法院推出的"同案不同判预警平台"则是通过"图谱构建→情节解析→权重排序→类案识别→模型训练→量刑预测→偏离预警"的基本步骤,采取随机森林算法模拟法官的判罚思路,如果发现法官的实际判罚与算法模拟有较大出入,则会发出预警并向法官推荐相关类似案例予以参考,自动实现类案检索。[1] 这些经验无一不体现了以下特征:一是以司法工作人员为使用核心进行设置,一切以便利司法人员工作为主要目的;二是都采取了大数据技术及自动算法技术,能够在一定程度上减少司法人员的工作量,实现自动化的类案比对。重庆市司法机关在设置相应类案检索流程时,也应当尽量以减少司法者的事务性工作量为核心,提高类案检索的速率,实现高效办案、准确办案。在防控重大社会风险的过程中,这样的优化还能提高紧急状态下司法工

---

[1] 《同案不同判预警系统》,载法安网。

作者的效率,间接也提升了有关重大社会风险司法案件的处理质量,能够一举两得。

三、加强对司法工作人员的素质培养

防范化解重大社会风险出现的司法风险,有很多是由司法人员素质不高造成的。司法人员素质不高,不仅影响法律的理解和适用,严重的还会出现腐败受贿等问题。这会严重影响司法公正以及司法判决的公信力,尤其是对于防范化解重大社会风险的问题,更是雪上加霜。因此,必须提高司法工作人员的素质。司法终究是以人为核心的活动,故重庆市应在司法人员的培养上下大功夫。在重庆市《法治中国建设规划(2020—2025年)》实施方案的布局中,也涉及相关的内容,即明确要求"加强队伍和人才保障。牢牢把握忠于党、忠于国家、忠于人民、忠于法律的总要求,大力提高法治工作队伍思想政治素质、业务工作能力、职业道德水准,建设德才兼备的高素质法治工作队伍"。司法人员的基本素质是决定整个司法质量高低的核心因素之一,无论是法官、检察官、公安,其群体素质的高低均深刻影响着一方司法的生态。司法人员素质的提高,是树人的工程,不可能短时间就有效果。因此,加强对司法人才的素质培养,必须从司法职业的入职前和入职后两个方面进行介入,以完善整个司法人才的培养机制。

(一)入职前:严格准入标准,加强职前学习

在重庆,司法官员遴选制改革得到了贯彻,重庆市主城区范围内的基层人民法院、基层人民检察院,基本都要求硕士以上学历且通过法律职业资格考试的毕业生才能报考。重庆市各区县的基层人民法院、检察院,也需要本科以上学历且通过法律职业资格考试的毕业生才能报考。这是一个良好的开端。下一步,重庆市司法机关应当逐步规范司法工作人员报考与考察的条件,根据不同辖区内的各案由案件发生量,集中招录具有相关法学二级学科专业的人才进入司法队伍,使得本市内的司法工作人员群体素质进一步优化。比如,重庆市两江新区法院、检察院,由于其辖区内知识产权案件、民间经济纠纷案件、环境保护案件较多,可以集中招录知识产权方向、民商事法方向、环境资源保护法方向的人才成为司法工作人员。

此外,对于已经录用为司法工作人员的"准司法官员",则应当加强职前培训,主要可以从政治素质、职业道德素质、业务素质三个方面去加强人才培训,加强"准司法官员"的防范化解社会风险的能力。2020年9月10日,最高人民法院正式发布《法官教育培训工作条例》,规定拟初任法官的人员,必须接受为期一年的法官职前培训,培训内容以政治能力、职业道德素养、司法能力为重点,综合提高法官的审判实务技能与审判工作能力。其中,尤其是应当重视培养"准司法官员"化解重大社会风险的能力,如信访化解技巧、诉讼调解技巧、与当事人沟通能力等。而重庆市在司法官员的培养上具有天然优势,因重庆市有国家法官学院重庆分院和西南政法大学等,其能助力重庆市司法官员的培养。故重庆市司法机关在原本的司法官员培训基础外,可以积极寻求与西南政法大学及其他高校进行培训合作,进一步提高法官入职前的培训质量。

(二)入职后:保障职业能力培训,通畅深造途径

法官在入职后的在职培训,应当着重以提高事实认定能力与法律适用能力为核心。在发现、提出、解决具体的法律适用分歧问题上,法官的法律适用能力起着至关重要的作用,而这项能力又对防范化解重大社会风险至关重要,直接决定了风险防控中司法的质量。《法官教育培训工作条例》第20条规定,法官履职期间,须接受在职培训,着重提高法学理论素养和司法审判能力。每年培训时间不少于12天。然而,许多重庆市的法官表示囿于其日常事务的烦琐,难以分出精力去进行反思学习。在这样的基础上,即使每年分散地令法官进行职业培训,也无益于法官职业能力的提高。但是,如果采取集中培训的方式,则可能导致审判一线力量减少,案件积压,如此就成为一个困局,确保培训的实效成为问题。针对这些问题,重庆市法院应当积极推进法官培训体系的改革,按照"审判为先、按需培训、保质保量、重在应用的基本原则"[①]进行。这就要求重庆高级人民法院应当首先推荐在考核指标中司法效率较低、职业能力稍欠的法官优先进行培训,并针对该法官的具体欠缺的法律适用能力进行集中学习,其次再安排审判效率较高、职业能力较强的法官进行培训学习。如此

---

① 赵冰:《创新基层法院法官教育培训体系》,载《中共山西省委党校学报》2014年第4期,第108页。

既不会造成过大的案件事务压力,也可以保障法官获得培训逐步提高能力。除此之外,重庆市还可以探索法官培训激励机制,如将参与培训的效果、质量作为法官晋级、提拔的指标之一,促使法官积极参与培训。只有日常的"练兵"到位了,在重大社会风险发生时才能保证我们的司法队伍依旧高水平、高素质。

对于有深造需求与深造意愿的司法工作人员,主管部门应当在条件允许的情况下积极予以支持。特别是针对从基层司法机关遴选至中、高级司法机关的司法工作人员,如果存在其前学历不足或不能完全处理妥当上级司法机关工作的,可以推荐其进行全日制或非全日制教育,系统性提高其事实认定与法律适用水平及相关法律领域理论水平,提高其化解重大社会风险的能力与技巧。

第四节 执法层面:加强执法的规范性以保证执法公正

随着治理重大风险的不断推进,依法执法在风险治理过程中的作用越发明显。在前述章节中,已论及立法为防范化解重大社会风险提供法律依据,使各个环节的治理有法可依。但任何立法再完善,如不经执法也无法达到预期的效果。从这个层面看,执法是将立法现实化的重要手段之一。但是,如前面在法治风险中论及的,执法这项法律实践活动如果不受规制,本身也会成为重大社会风险或者引发重大社会风险。而此种社会风险的防范化解,需要通过重视执法活动的规范性,重视对执法活动的监督,并保证执法的公正才能实现。

一、推动建立执法公示、过程记录、重大执法决定法制审核制度

依法执法是指行政机关在执法体制以及程序下,实施法律法规、依法管理经济社会事务。[①] 从概念看,依法执法意味着:一方面需要立法对

---

① 周继东:《深化行政执法体制改革的几点思考》,载《行政法学研究》2014 第 1 期,第 12 页。

于行政机关的权责边界予以明确；另一方面，则需要有确定的程序来拘束行政执法行为。前者是实体法方面的要求，就是执法内容和权限边界等应有法律的明确规定。后者是程序方面的要求，即执法不是随意进行，相反，执法是一个过程，这个过程如何推进是需要与程序有关的法律予以明示的。执法的内容和执法的程序均依法进行，才能保证执法的公正。

以行政规定等实体内容拘束行政机关具有积极价值。在实践中，由于立法具有一定的滞后性，导致行政机关的执法依据多为"行政规定"。而且在我国，"行政规定"一词一般是政策性用语。① 从行政规定的效力渊源看，我国现行法律体系将行政规定排除在正式法律渊源之外。但是，由于其制定程序相较立法程序而言灵活性强，其在实践中起到了一定的作用。② 实体内容的本质是实质正义的分配，如果实体内容与社会经济发展阶段、部门事项特点、行政行为属性、地区经济社会发展程度、当事人个人状况等一系列特定因素的结合程度越高，实质正义的实现程度就越高。③

但以实体内容规范行政执法亦有局限，需要程序的辅助。随着20世纪初行政国家的出现，行政权力急剧扩张。由此，加强对行政权进行规范和监督成为客观需要。传统的实体法控制和事后救济机制，均无法满足行政控权的新需要。在对各类风险展开的公共治理中，受制于立法时无法准确预判未来，立法者只能设定规制目标。因此，行政机关获得广泛的自由裁量权，行政行为的内容和正当性，不再来自实体内容的明确规定。④ 因此，拘束行政机关的执法行为，还应当通过设立相应的程序来实现。程序是一个完全开放的决策过程，非常容易为事实上存在的力量对比关系所左右。所以，应当通过程序设计的方式，既约束行政机关的执法

---

① 郭清梅：《行政规定规制研究》，华东政法大学2012年博士论文，第15页。
② 徐丽碧：《行政规定在行政诉讼中的审查与适用》，载《厦门大学法律评论》2014年第1期，第219页。
③ 王万华：《我国行政法法典编纂的程序主义进路选择》，载《中国法学》2021年第4期，第118页。
④ 王万华：《我国行政法法典编纂的程序主义进路选择》，载《中国法学》2021年第4期，第110页。

行为,又让其在程序的范围内可以行使相应的选择性权力,以此保障行政效率。

重庆市全面推行城市管理执法"三项制度"就是推进执法程序公正的体现。城市管理执法"三项制度"即执法公示制度、执法全过程记录制度、重大执法决定法制审核制度,其意在逐渐完善执法程序,保障市民的知情权与监督权。在防范化解重大社会风险中,"三项制度"是重庆解决执法秩序的重要原则,但要深刻理会其内容,首先应深入分析"三项制度",并判断操作层面是否具有可行性。

(一)行政执法公示制度

行政执法公示是指除非法律另有规定外,对于行政机关的执法行为应通过可视化或是书面化的形式予以公开。传统的公示方法主要是通过书面化呈现的,非常单一且不便。然而,科学技术的发展对执法公示有巨大的推动作用,尤其是可视化行政执法记录让行政执法更加便捷、高效、透明。比如,为行政执法人员配备执法记录仪,就是运用科学技术助力执法公示的表征。当然,如何公开以及公开执法全过程还是执法片段,仍是一个有待探讨的问题。换言之,即使有技术的帮助,但公示内容有瑕疵,或者公示的内容存在问题,仍然无法实现公示的目的,即执法公示不到位,不利于执法取得很好的效果。在防范化解重大社会风险中,重庆市尤其重视执法公示,充分利用市城市管理局门户网站的作用,设立"综合执法"栏目,主要内容包括执法动态、执法风采、执法公示、队伍建设、曝光台、行政处罚公告、专题专栏等城市管理执法具体内容。市、区县城市管理局将城市管理执法基本信息、行政许可结果信息、行政检查结果信息以及行政处罚结果信息在门户网站公示。在积极推行执法公示制度方面,重庆市城市管理综合行政执法总队公示了所有在编执法人员基本信息,执法人员在开展执法巡查、调研、检查和办案过程中,坚持佩戴和出示执法证件以及有关文书,并探索城市管理执法决定公开的范围、内容、方式、时限、程序。近两年来,重庆市城市管理局门户网站公告扬尘污染企业231家。

(二)执法全过程记录制度

行政执法全过程记录是行政执法活动合法有效的重要保证。行政执法机关要通过文字、音像等记录形式,对行政执法的启动、调查取证、审核决定、送达执行等全部过程进行记录,并全面系统归档保存,做到执法全过程留痕和可回溯管理。全面推行执法全过程记录制度,针对执法行为不严格、不文明及执法过程记录不全面、不标准等问题,主要从完善文字记录、规范音像记录、严格记录归档、发挥记录作用等四个方面,对行政执法文书基本格式标准,音像记录的定位、作用、要素、设备配置,依法归档保存执法档案,加强记录信息的调阅监督等作出规定。目前,在防范化解重大社会风险中,重庆市城市管理部门和执法机构已全面推行执法全过程记录制度。重庆市城市管理局先后制定印发城市管理执法文书式样,统一规范全市城市管理执法文书;各区县大力推进城市管理执法全过程记录,逐步完善全过程记录设备配备,城市管理执法人员基本做到每人一台执法记录仪,并建立完善使用管理制度,做到执法全过程留痕和可回溯管理。重庆市城市管理综合行政执法总队为执法支队配备了摄像机,为执法大队配备了照相机,为每个执法人员配备了执法记录仪,在每个支队和法制处配备了执法信息采集工作站。执法巡查、执法调研、执法检查和执法办案获得的违法行为线索均有记录,案件审核和重大执法决定法制审核全过程均有记录,并建立完善了行政处罚一般程序案件办理流程图。

(三)重大执法决定法制审核制度

重大执法决定法制审核是指行政执法机关作出重大执法决定前,必须进行法制审核,未经法制审核或者审核未通过的,不得作出决定。重大执法决定法制审核制度,针对法制审核机构不健全、审核力量不足、审核工作不规范等问题,主要从明确审核机构、审核范围、审核内容、审核责任等四个方面,对法制审核机构的确定、审核人员的配备、重大行政执法行为标准的界定、法制审核的内容和程序、相关人员的责任等作出规定。在重大执法决定法制审核方面,重庆市制定了《重庆市城市管理综合行政执法总队行政处罚全过程管理暂行办法》,以加强对城市管理行政处罚案件的流程管理和法制审核;《重庆市全面推行行政执法公示制度执法全过程记录制度重大执法决定法制审核制度实施方案》对重大执法决定的法制审核有着明确的规定。

因此,依据依法行政原则,对于重大行政决议应当有法制审核。在实践中,法制审核多是由行政机关内部机构进行审核。例如,公安机关内设法制大队,对于相应的执法进行考核与监督,对于重大法制审核事项也由该部门来进行。但是,这样可能会遇到内部监督效力、监督者专业能力的问题,且这两个问题都可能会影响法制审核的效力。所以,应考虑在现有的体制框架下,由行政机关邀请司法机关尤其是从事行政审判的专业人员,参与重大行政决策的审核,并且通过制度化的设计使得该审核具有事实上的拘束力,以此来加强行政执法的规范性。

二、加强执法监督:坚持法定原则、问责原则、专业性原则

执法是运用公共权力的过程,不能不加任何监督。重庆市监督执法行为总体遵循了三大原则,即法定原则、可问责原则、专业性原则。法定原则指对任何实体性或者程序性事项进行监督,必须事先有相应的法律法规作为依据。问责原则指对任何实体性或者程序性事项进行监督,事后必须有相应的问责措施。专业性原则指对任何实体性或者程序性事项进行监督的主体,必须具有该事项所要具有的专业知识。

(一)法定原则:执法必须依法进行

在防范化解重大社会风险的执法中,行政机关必须依照相关法律法规的规定进行。在防范化解重大社会风险的执法中,确保执法的合法性是充分发挥执法作用的关键所在。只有执法是合法的,才能使执法更具公信力,否则很难获得广大人民群众的认可。因此,行政执法合法与否,直接影响到行政执法主体的执法权威性。但执法的合法性如何体现呢?一般而言,执法的合法性主要包括三个方面的内容:首先,执法主体必须具有合法性。对于不同的法律法规,其执法主体是不同的,只有法律规定的执法主体才具有执法资格。同时,对于一些情节比较复杂或者重大的违法行为,执法应该通过集体讨论之后再决定。其次,执法的内容应具有合法性。执法过程中要以事实为依据,以法律为准绳,同时要审慎使用自由裁量权,更为重要的是,在实施行政执法的过程中要对相应的多个法律规范进行调整,使行政执法符合立法的目的。最后,行政执法的程序要合法。前述论及,程序对行政执法具有限制作用。只有做到行政执法程序合法,才能使得行政执法的合理性和公正性得到保障。依程序执法,即要求在实施行政执法的过程中,要符合法定的步骤,既不能缺少步骤,也不能将步骤的顺序颠倒。例如,部分的执法人员在行政执法的过程中,对有关场所进行检查、询问当事人、询问证人之前不向当事人、证人表明身份出示执法证件,直接进行现场检查或询问当事人、证人,这样的做法会直接影响到所制作的现场检查笔录、询问笔录的证明能力。除此之外,部分执法人员在发现案件后即对案件进行调查取证,待案件事实查清、取证结束后才填写立案审批表、行政处罚决定审批表报领导审批。这就导致虽然案件有立案,但此时的立案是在案件调查取证之后进行的,使"立案"失去了原有的法律意义,是不符合法律程序要求的。步骤的缺少和颠倒会使得执法环节的合法性中断,不仅使得行政相对人的合法权益得不到充足的保证,更会使得执法的公信力大大削弱,因此,执法必须严格依法进行。

重庆市为此做出了努力。为了全面推进依法行政,规范行政执法监督活动,维护公民、法人以及其他组织的合法权益,2005年11月25日,重庆市第二届人民代表大会常务委员会第二十次会议通过了《重庆市行政执法监督条例》。该条例的出台为重庆市行政执法监督活动提供了法律法规依据,是当时重庆市全面推进依法行政进程中的重要里程碑。甚至可以说,《重庆市行政执法监督条例》是重庆市在执法监督方面贯彻法定原则的重要开端。但无法否定的是,该条例的规定是较为原则性的规定,内容粗疏,总体而言,只是框架性规定。

基于执法中存在的问题,重庆市也在不断完善执法。在重庆过往的执法过程中,出现了多头执法、重复执法、效率低下以及执法腐败等问题。重庆市在不断寻找对策,比如于2018年4月13日,揭牌成立重庆市城市管理综合行政执法总队。同时,近年来重庆市也一直大力致力于精简执法机构,加强执法队伍建设,提高执法效率。综合执法的直观表现是执法不再"臃肿",但是这不代表执法监督可以因此放松。重庆市在完善综合执法的同时,也在加强执法监督的建立健全。2020年10月中旬,重庆市城市管理局印发了《重庆市城市管理执法监督暂行办法》,共24条,具体包括:制定依据、执法监督定义、适用范围、职责分工、监督原则、内容、方式、措施、违规情形处理、执法监督的执行、过错责任追究、违纪情形处理等内容。并且,重庆市还通过了《重庆市城市管理执法监督通知书》《重庆市城市管理执法监督建议书》两个附件,对违规情形的处理文书进行了统一规范。在防范化解重大社会风险中,重庆市应出台更多规范性文件以贯彻法定原则,完善执法监督活动。

(二)问责原则:落实责任以督促执法

在贯彻法治原则的基础上,如果没有相应的问责措施,规范性文件就会成"一纸空文"。但问责并不是仅仅对被监督主体问责,还包括对监督主体问责。关于后者,过往的工作十分欠缺。因此,近年来,重庆市加强了问责原则的贯彻,具体措施有:重大执法决定法制审核、重大案件督办、行政处罚案卷评查、执法工作情况报告、执法工作考核评议等。在这些监督措施中,如发现任何执法不当、执法违规、执法违法的情况,都会问责到具体的个人。如果领导在职责范围内只负有全面领导责任而没有具体实施执法活动,也要被问责。相关的执法部门也在不断推进执法中的问责,比如重庆市南川区司法局于 2021 年 1 月 15 日,发布了《行政执法错案责任倒查问责制度》,共 14 条,其旨在加强对造成行政执法错案的行政执法人员的问责力度。该制度设计具有一定科学性与进步性,明确了原则、错案的情形、责任划分、从重追究的情形、从轻或者减轻追究情形、错案责任追究的种类和方式等,是重庆市加强执法监督问责的重要缩影。

整体看来,重庆市的执法监督问责制度已经得到了极大的完善,但是着眼于未来,结合重大风险防范化解实际情况,比如各个环节的参与人的责任,政府的领导责任、执法中的错误责任、没有到位的责任以及不作为的责任等,重庆市还会将从以下方面继续健全该制度。首先,建立健全问责程序,当前问责制度相关程序还不明确,甚至存在空白,这样不利于保证被问责人员以及单位的合法权益,容易产生问责权力滥用、寻租等问题。其次,完善问责结果运用,当前问责制度的一个突出问题是问责决定作出后如何督促执行的问题还存在空白或者需要继续细化。最后,建立相关配套措施,目前问责制度在不断被完善,但是相应的配套措施还相当缺乏,例如问责协作配合制度、问责典型问题通报曝光制度、回访教育制度、问责统计报告制度、问责监督检查制度等。

(三)专业性原则:使执法更科学和可信

有的执法属于专业性执法,有其不同于其他执法行为的特殊性。社会分工的精细化,也使社会不断被分为各种不同的领域,比如金融领域、食品领域、药品领域、卫生领域等。对这些不同的领域进行治理,需要不同的专业知识。这些领域与民生有重大关系,为了防范化解重大社会风险,关照人民群众的幸福和利益,行政权在这些领域使用时不仅要做到合法、合理、科学、有效,而且要具有专业性。这里的专业性不仅指执法本身的专业性,还包括执法领域所要求的专业性。申言之,在食品、药品、医疗器械、特种设备等重点领域,执法监管不是仅落实相关措施以及制度即可,而需要深刻把握该行业或领域发展规律研究,引导其健康规范发展,对新技术、新产业、新业态、新模式,要按照鼓励创新原则,留足发展空间,同时坚守质量和安全底线,不能简单地一关了之。

重庆市近年来采取了许多措施加强执法监督的专业性,加快建设高素质、职业化、专业化的监管执法队伍,扎实做好技能提升工作,大力培养"一专多能"的监管执法人员。推进人财物等监管资源向基层下沉,保障基层经费和装备投入。推进执法装备标准化建设,提高现代科技手段在执法办案中的应用水平。基于此,重庆市执法专业性得到显著提升。重庆市通过增强执法工作人员的专业性以及执法设备的先进性,加强了执法力度,取得了好的效果。

三、保证行政执法实现实体公正与程序公正

执法公正是执法活动自身的要求和所要达到的效果。在执法中,公正包括两种含义:一是实体公正,即结果公正,指执法的实体处理结果所体现的公正;二是程序公正,即过程公正,指执法程序方面所体现的公正。在执法的时候,要同时保障实体公正和程序公正,以确保执法公正。

(一)执法应保证实体公正

在执法中,要做到实体公正,最为重要的是贯彻好"以事实为根据,以法律为准绳"原则。首先,该原则要求执法主体在执法过程中,必须以一定的客观事实为基础。而客观事实的成立必须以确实、充分的证据为支撑。其次,该原则要求执法主体在执法过程中,要正确适用法律、法规及

规章。最后,该原则要求执法主体对错误的执法及时予以纠正、补偿、赔偿。这三者密切相连,共同构筑起执法实体公正的基石。客观事实是执法机关适用法律、法规及规章以实现实体公正的基础;正确适用法律、法规及规章是实现执法实体公正的关键环节;能够对执法主体的错误执法予以追责是实现执法实体公正的保障。三者相辅相成,缺一不可。

实体公正直接关乎到执法结果的妥当性。实体公正具有重要的意义,直接影响执法效果和社会效果。若实体不公正,关系案、人情案、金钱案会大量涌现,社会就失去了最起码的公平公正,就会引发大量社会矛盾、影响和谐稳定。当前,我国正处于社会转型的特殊历史时期,影响社会和谐稳定的因素大量存在,因劳资纠纷、医患纠纷、环境污染、征地拆迁等问题引发的矛盾多发局面短期内难以根本扭转,对行政执法机关发挥职能作用、促进社会公平正义、防范化解重大社会风险提出了更高要求。实践证明,只有让严格规范公正文明执法理念根植到每一名执法人员内心、落实到每一次执法活动中,才能在全社会形成法治权威和法治信仰,实现以行政执法公信力的提升促进社会公平正义。

重庆市在不断采取措施保证在防范化解重大社会风险中执法的公正。为了保证执法的实体公正,重庆市采取的措施主要有:第一,重庆市深化行政执法体制改革,加快构建职责清晰、权责一致、高效有序的镇街综合行政执法体制机制,以提高执法质量。第二,重庆市特别围绕加强城市管理执法队伍建设,全面提升城市管理执法和服务水平这一主线,推进优化城市管理执法管理体制和运行体制、进一步健全城市管理执法制度体系、加快推进城市管理执法指挥调度智能平台建设、推进"城管进社区"等专项行动。[①] 具体包含两方面:一方面健全规范,比如,重庆市某些区进一步规范镇街综合行政执法有关事宜,包括规范综合执法事项、规范镇街委托执法、健全执法协调联动机制。另一方面,提升执法效果和社会效果统一,在民众的一般观念里,执法结果与其自身利益密切相关。不重视执法实体公正,容易引发民众对执法公信力的质疑,从而产生更大的社会风险。同时,实体公正是相对的,在执法中会遇到各种利益冲突,这就需要重庆市的执法人员根据经济社会发展水平、法治观念、社会治安情

---

① 《年底前,重庆将制定出台城市管理行为用语规范》,载重庆市人民政府网。

况、违法的严重程度、程序违法行为的具体情况等因素,对具体案件中涉及的利益冲突作出适当的权衡和取舍。

这两项措施从宏观体制机制到具体管理体制和运行体制为落实执行实体公正提供了保证。首先,从框架规范到实施细则均得到进一步完善,执法事项得到进一步明确以及执法权责得到进一步明晰;其次,执法队伍建设更加健全,执法人员的执法观念以及执法服务的提升均被给予高度重视;最后,注重行政相对人的权益保障,风险防控的行政执法极易对行政相对人的权益造成损害,通过整个执法质量的提升以及执法效率的提高,能够消解具体案件中涉及的利益冲突。综上,重庆市通过人、事、权、责的全方位健全完善,为执法实体公正保驾护航。

(二) 执法应保证程序公正

程序公正要求执法主体在执法过程中严格遵循合法、正当的程序,保证相关自然人、法人及其他组织的程序权利。如前论及的,程序公正不仅仅在于保证实体公正的实现,更重要的是通过合法、正当的程序制约执法权力的滥用。甚至从某种程度上看,对执法程序进行规制比执法实体更为重要,因为实体层面诸多事项一经法定,便具有一定的稳定性,而程序性事项不经规制,则会出现极大的随意性,会对相关自然人、法人及其他组织的权利、自由产生威胁。因此,执法必须重视程序的公正。

在重庆防范化解和管控风险的执法中,除了在法治风险中提到的程序问题外,还有很多程序问题值得重视。比如,环境保护部门在污染防治、生态保护、核与辐射安全方面执法时,出于防范化解和管控风险的需要,执法人员采取"先办案后立案"的方式,先执法后补法律文书,明显违反法定程序。同时在该类执法案件中,执法人员执法中只讲配合,不讲制约,执法程序不规范,"一刀切"要求停工停产,调查取证不到位,取证不规范、记录不清楚,有的关键证据未及时、合法提取固定。再如,为防范化解群体性事件,在信访执法中,信访核查发现的问题和错误久拖不纠;对符合规定的证照不及时办理,对群众救助需求和涉及人民群众切身利益事项不理不睬、上推下卸、互相推诿,通过程序的颠倒和设置障碍为群众维护合法权益带来难题。防范化解和管控风险的执法中,不重视程序问题将会严重损害人民群众的合法利益,有损执法部门权威,不仅不能适时管控风险,还会增添更多风险,因此,必须重视执法程序的公正问题。

重庆市针对执法中的程序问题,在不断采取措施避免程序不公正。例如,《重庆市行政执法人员管理办法》明确规定:第一,行政执法人员从事行政检查、行政处罚、行政强制、行政征收等行政执法活动时,应当主动出示有效的执法证。第二,行政执法人员从事行政执法活动时,应当仪表整洁、态度和蔼、举止端庄、语言文明、礼貌待人。行政执法人员在行政执法活动中,不得使用粗俗、歧视、侮辱以及威胁性语言。第三,行政执法人员调查取证时,应当全面、客观、公正、及时。行政执法人员不得以利诱、欺诈、胁迫、暴力等不正当手段收集证据,不得伪造、隐匿证据。第四,行政执法人员作出行政强制、行政处罚决定前,应当告知当事人作出决定的事实、理由及依据,并告知当事人依法享有的陈述权、申辩权、申请回避权、申请听证权和救济权。诸如此类的规范性文件,对执法行为进行程序性规制,避免了执法人员为了追求政绩、业绩等利益驱动粗糙执法。

防范化解重大社会风险中的执法面对着各种处在变动之中的风险要素,因而执法中的程序公正应有两个面向:一即原则性,二即灵活性。原则性是指防范化解重大社会风险中的执法要坚守如上所述一般执法均需要遵守的程序底线;灵活性是指在秉持原则性的基础上,运用风险预见能力,保持基本程序框架基础上,通过灵活性机制的设置,捕捉风险因素的动态发展,增强执法的及时性和有效性。防范化解重大社会风险中的执法要求执法者跳出固有的思维模式,更为积极主动地决策以及行动。但这并不是为执法者规避程序制约恣意执法提供借口。实践中,防范化解重大社会风险中的执法因过于强调防微杜渐,出现了如下的程序问题:未履行相关立案手续即介入执法;执法人员先请示领导后才向审核机构审核;执法人员在对当事人进行行政处罚告知前即签发行政处罚决定书;案件讨论形式化,不详细记录讨论的整个过程和各案件研究人员的具体意见;证据不足即作出行政处罚决定;条件不齐备即运用行政强制措施等。因而防范化解重大社会风险中的执法的灵活性亦需要法制保障,任何措施都应有法制部门参与指导,确保每一项措施的出台都遵循法定程序,有明确的法律法规支持,保证每一个程序的合法性。

第五节　守法层面：全民守法以助防范化解重大社会风险

在防范化解重大社会风险的工作中，重庆市迫切需要用法治凝聚改革共识，用法治思维和法治方式化解社会矛盾。因此，需进一步推进科学立法、严格执法、公正司法、全民守法。其中，全民守法是法治建设的基础工程，是法的实现的最基本的形式。防范化解重大社会风险必须在法治的轨道上进行，除了立法、司法、执法必须遵守此原则外，全民也必须遵纪守法。因此，重庆市应采取措施，宣传法治以保证公民遵纪守法。一直以来，重庆在推进法治政府建设过程中，较为重视法治宣传和教育公民遵纪守法，且取得了一定的成绩。今后，应进一步总结经验，结合重大社会风险防范化解这一重大使命，继续推进公民遵纪守法。

一、重庆市以"七五"普法全面推进全民守法工程

"六五"普法后，重庆市普法工作现状离达到能够推进全民守法的要求还有很大差距。具体而言，普法宣传教育机制还不够健全，普法工作方式亦未能紧跟时代发展，干部群众自觉学法积极性尚未充分调动，法律权威和法治信仰尚未普遍树立，运用法治思维和方式的能力还不够强，办事依法、遇事找法、解决问题用法、化解矛盾靠法的社会氛围还有待进一步形成。针对上述不足，在2016—2020年，重庆市以"七五"普法工作为主线，采取多项措施全力持续推进全民守法工程，并取得了一定的成绩。

（一）"七五"普法采取了很多新措施

在形式上，重庆市强化丰富载体以推动"七五"普法。在传统载体方面，重庆市推出一批具有本地特色的法治题材电影、电视剧、微视频、舞台剧，策划和出版一批法治题材图书，并配置在全市图书馆、文化馆、公共图书借阅场所、农家书屋、社区书屋中，提高普法读物的藏书量和流通量，加强普法宣传。在新兴载体方面，重庆市推进"互联网+法治宣传"行动，加强普法网站和普法网络集群建设，积极运用微博、微信、微电影、客户端等

开展新媒体普法服务,加强培养方案宣传信息资源数据库建设,实现公共数据资源的开放和共享。

在内容上,重庆市强化主题宣传以推动"七五"普法。重庆市不仅紧紧围绕"十三五"经济社会发展开展,同时也坚持顺应群众的期待,回应社会关切,紧紧围绕保障和改善民生开展,大力宣传教育、就业、收入分配、社会保障、医疗卫生、食品安全、扶贫、慈善、社会救助和妇女儿童、老年人、残疾人合法权益保护等方面法律法规,让群众在享受法治实惠的过程中,增强法律意识,坚定法治信心。

在对象上,突出重点对象以推动"七五"普法。在新的普法阶段,针对不同的普法对象,普法的要求也应当存在区分度。第一,狠抓领导干部这一"关键少数"。重庆市积极推进领导干部尊法、学法、守法和用法长效机制建设,坚持深化新提任领导干部法治理论考试,建立了年度普法考试网络系统。至2020年,有16002名新提任领导干部参加了法治理论考试,其中包括市管干部840名;每年参加年度普法线上考试的人数达40余万。第二,牢牢抓住企业这一市场主体。重庆市着眼于保持经济社会平稳较快发展,大力宣传市场经济领域的法律法规,保障市场经济规范运行、健康发展。针对落户市内的企业,着眼于提高发展质量和效益,深化供给侧结构改革、化解过剩产能、培育壮大战略性新兴产业和现代服务业等方面对其进行普法宣传。第三,面向全体市民这一广泛主体普法。重庆市坚持普法与群众服务工作相结合,全面构建城乡法律普及体系,巩固和完善村居法律顾问全覆盖成果,不断扩大社区"法律诊所"试点覆盖面,实现普法由"单一教育"向"服务引导"的转变,在服务群众中教育引导群众,充分调动广大市民守法积极性。

这些普法措施对于防范化解社会风险也有直接的作用。比如,针对领导干部的普法,能让领导干部遵纪守法,减少其不遵守法纪导致的社会层面的风险;针对企业的普法,能督促企业遵守法律,减少违法行为导致的重大事故;针对普通公民的普法,能让其遵守法律从而养成良好的习惯,这对于顺利推进风险防范化解,也具有重要作用。重庆市"七五"普法工作注重结合宏观大政和民生工程两大主题进行普法。尤其是前述提及的,重庆市紧紧围绕保障和改善民生开展,大力宣传教育、就业、收入分配、社会保障、医疗卫生、食品安全、扶贫、慈善、社会救助和妇女儿童、老年人、残疾人合法权益保护等方面法律法规,这本身就是直接适用法律防范化解重大社会风险的举措,因此对于防范化解重大社会风险具有积极意义。

(二)"七五"普法已见成效

至2020年,重庆市全民普法各项工作都取得了新的进展。首先,重庆市建立和完善了全民普法守法领导工作机制。在全市各级设置全民普法守法专项小组和普法工作办公室,加强各级党委和政府对全民普法守法工作的领导,将其纳入各地、各部门、各行业的经济社会发展规划,并加强对普法工作的日常监督和专项检查。其次,重庆市公共法治文化服务体系已逐渐形成,以"法治新家园"为载体推动了311个标准化社区法治文化室和35600个农家书屋的法律图书角建设,建成公共场所法治宣传专栏、橱窗2万余个。打造了市级媒体普法专栏和网站新媒体普法联盟等法治文化传播集群,全市共建成各类普法微博1131个、微信公众号771个、客户端(App)130个,创立了"点赞公民——千万市民学法律"、"十大法治人物"评选、"12.4"网络晚会等系列有影响力的法治文化品牌,"拍案说法""大律师在线"等法治栏目屡获全国殊荣。最后,重庆市建立了全市普法保障机制。重庆市把普法工作经费列入各级政府财政预算,严格落实全市各级财政经费保障标准,并建立动态增长机制,专款专用。把普法列入政府购买服务指导性目录,切实加强经费支撑。根据部门单位普法任务安排法治宣传教育专项经费,加大资金投入。坚持经费保障重点向基层倾斜、向一线倾斜、向艰苦边远地区倾斜,进一步缩小地域城乡普法工作保障差距。通过"七五"普法的贯彻实施,重庆市提高了普法的针对性和时效性,提高了服务全面依法治市的能力和水平。

二、以对象分类,重点结合风险防范化解进行普法

前述的普法尽管也有利于推进防范化解重大社会风险,但并没有很强的针对性。因此,对于防范化解重大社会风险,还应采取有针对性地促使公民守法的措施。在全面推进"七五"普法的前提下,可以按照对象分类,重点结合风险防范化解进行普法。具体而言,领导干部作为防范化解风险的领航者,应当对防范化解风险的法律法规有较高的领悟力和执行力;一般公民也需有针对性地知悉相关法律条文,确保在社会风险事件发生时能妥善应对;企业作为社会经济活动的另一"公民",也应当知悉企业经营管理的法律法规,以强化其守法意识,从而促进重庆微观经济正常发展。

(一)强化领导干部对有关防范化解风险的法律的理解力

法律法规是领导干部决策的基准,党内法规是领导干部决策的凭据。领导干部加强涉风险防范化解法律法规的理解力有利于理性分析、准确研判、科学决策。重庆市要抓好普法工作,首先要抓好领导干部这个"关键少数",充分发挥领导干部及党员的先锋模范作用。此外领导干部学好党内法规也有利于肃清重庆官场,改善重庆市内的腐败环境。通过对涉风险防范化解法律法规和党内法规的学习,不断提高重庆市各级领导干部运用法治思维和法治方式深化改革、推动发展、化解矛盾、维护稳定、应对风险的能力。领导干部在制定风险预案以及风险处置案时,首先应当遵守《突发事件应对法》《重庆市突发事件应对条例》。此外,还应当将党内法规融于骨血,例如《中国共产党章程》《关于新形势下党内政治生活的若干准则》《中国共产党廉洁自律准则》等。在社会风险事件发生时,不能考虑自己"乌纱帽",而是应当心系一方百姓,以人民利益为中心,合法妥善灵活地制定风险预警方案及风险处置方案。但是就目前对领导干部的考察要求来看,重庆市仅仅注重领导干部对相关法律的识记能力,缺乏理解力和运用力的考察。身处防范化解风险前线的领导干部,在风险来临时应当能够做到灵活准确地适用法律法规化解。

(二)培养公民在法治范围内防范化解风险的能力

为防范化解社会风险,重庆制定《中共重庆市委宣传部、重庆市司法局关于开展法治宣传教育的第八个五年规划(2021—2025年)》,其中将《国家安全法》《反分裂国家法》《国防法》《反恐怖主义法》《生物安全法》《网络安全法》列为重庆重点普及的法律法规。这就需要重庆在普及相关法律法规时要注重系统性,使公民在学习风险防范化解法律法规条款时,促进防范化解风险能力的提高。应当对涉风险防范化解法律条款进行整理,以《突发事件应对法》《重庆市突发事件应对条例》为基础,再围绕医疗卫生、食品药品安全、扫黑除恶、网络空间秩序、反诈骗、禁毒防艾、社区管理服务、构建和谐劳动关系、防治家庭暴力、个人信息保护、养老继承、退役军人服务保障等人民群众关心关注的问题,分主体、分主题地长期、定期宣传,不断提高重庆公民在法治防线内应对重大风险的能力,尤其是要在普法中培养公民的依法维权能力、理性判断能力、合法理性参与政治能力等。目前群体性事件的趋势已呈现出由现实转向网络、由维权转向意识形态攻击的态势。因此,如何通过法治宣传培养公民合法维权以及理性判别是非的能力,成为向公民普法的重中之重。此外,在群体性事件爆发后,公民需要具备一定的理性判断能力,避免被境外势力操控,危及国家安全和政权稳定。公民也要恪守网络规范,在学习网络规范时注重培养公民的法律责任意识,不能让网络空间成为"施暴者无责"的场所。根据重庆市第五届人民代表大会第四次会议通过的《重庆市文明行为促进条例》,其中规定公民应当"文明互动、理性表达,抵制谩骂、侮辱、诽谤、恐吓、人肉搜索、恶意诋毁等网络暴力行为",这些都体现了重庆市对网络暴力行为的禁止。因此,在普法中培养公民的防范化解风险能力可以保障社会治理建设的根基稳定,助力重庆乃至国家的长治久安、经济发展。

(三)督导建立企业合规的风险防控机制

企业作为社会经济活动的另一参与主体,其经济行为的合法性直接影响重庆经济的稳定性。因此,为有效防范化解重庆经济领域的社会风险、稳定重庆金融管理秩序,重庆应当引导全行业企业建立企业合规机制。重庆市制定了《重庆市市属国有企业合规管理指引(试行)》,以促进国有企业及其员工的经营管理行为符合法律法规、监管规定、行业准则、企业章程、规章制度、国际条约、规则、生效法律文件等要求。但是,这份文件的适用对象仅包括市属国有企业,对其他所有制企业并无直接的规范体系予以衔接。作为社会主义市场经济的重要组成部分,非公经济尤其是非公企业的规范和引导对经济秩序的稳定起着至关作用。因此,为规范重庆市内企业的经营管理行为,重庆市要以《公司法》《个人独资企业法》《合伙企业法》《外商投资法》为基础,结合《中央企业合规管理指引(试行)》《重庆市市属国有企业合规管理指引(试行)》的合规程序,并辅之以《企业所得税法》《劳动法》《反不正当竞争法》《广告法》《安全生产法》《审计法》等法律,构建全所有制、全行业的企业合规制度,促进企业守法经营,以最大程度地保证这些企业不违法犯罪,降低企业违法犯罪带来的各种社会风险。

综上,守法主体主要有三类:第一类为党员及领导干部,遵守的除了上述的一般意义上的规范性文件,还包括党组织内部的相关规定,一般性的规范性文件只是其作为普通公民的基本要求,而其服务人民意识和防范化解风险能力的提高,则需要仰仗着遵守更高层次要求的党内法规,这就需要提高其法治信仰和对法律规范的理解力,强化自身的廉洁意识,使法治意识和为人民服务意识深入其内心。第二类为一般公民,遵守的是国家职能部门颁布的法律、法规、条例等规范性文件,通过对公民进行普法的过程不断培养其主体性意识,最大限度地通过法律途径维护自身合法权益,借助社会提供的用法条件,将可能引发大规模群体性事件的矛盾纠纷化解在基层,在一次又一次的法治实践中提升用法的获得感和主人翁意识。第三类为企业等单位主体,不仅要遵守国内的生产经营管理规范,还要遵守我国缔结的国际条约和国际商事习惯,这就需要重庆市政府等相关单位帮助和督促各种所有制企业建立合规机制,以防范化解因企业不法经营和管理带来的重大的社会经济风险。

三、多维协同推进法治教育以实现公民有效守法

公民对于法律行为存在四种递进式的态度。第一,公民完全无视法律,最终成为触犯法律的违法者;第二,公民对法律规范没有认知和理解,仅因恐惧法律惩罚与制裁而被迫守法,成为消极守法者;第三,理解法律的真实价值意蕴之于自身、他人与社会的积极意义,成为积极守法者;第四,认同法的价值并深刻领悟法的精神,成为法律信仰者。所以,在向度上,公民守法表现为强制守法、自觉守法、信仰法律三个层面。[①] 强制守法是指公民在外部监督约束措施的强制下遵守外部规范的过程,自觉守法以及信仰法律则是公民将法律从外部规范与制度转化为自身内在需

---

① 龚怀林:《公民守法道德的向度及其养成》,载《安徽农业大学学报(社会科学版)》2013年第6期,第41页。

求与自觉。目前,在我国法治建设的语境下,守法作为一种社会行动,具有建构属性,即在大多数情况下,人们做出守法的行为选择,是由外界力量所建构的,并非是内生的。① 究其原因,我国对于全民守法的推进一直以来以全民法制宣传教育为主要手段,并且将"五年普法规划"作为一项长期基础性的核心工作,循序渐进推进"全民普法"目标的实现。普法教育的根本目的是使公民做到慎独式守法、自觉式守法、信仰式守法。② 因此,普法教育不应单纯是法制宣传,即停留在各法律条文、规范以及制度的认知和理解上,而应是实现从法制宣传到法治教育的范式转换。法治教育是塑造或者促成全民守法行动的深层原因,即通过对公民法治教育以增强公民对法律规范、制度背后的原则、理念、价值的认同,实现公民的守法由强制、外在、被动向自觉、内在、主动的深刻改变。

2020年,重庆市"七五"普法收官,虽然取得较大成果,但重庆市整体法治教育机制尚未建立健全,公民法治素养和守法品格尚未全面形成。因而,守法的自愿性甚至自觉性不足,不能带来守法的普遍性、必然性、持续性与时刻的警惕性。因此,少数公民个体在缺乏内在约束的情况下,突破外在约束,实施违法犯罪行为,不仅给社会秩序造成破坏,而且导致重大社会风险的酝酿、产生及扩大。如前面有关章节所述,重庆市存在诸多公民个体违法犯罪行为,这些行为导致重大社会风险或者重大社会风险的扩散。因此,重庆市防范化解重大社会风险必须在深入推动普法工作的情况下,全力推进法治教育,以实现公民有效守法。随着"八五普法"开局,重庆市应重视公民法治教育过程中的多维协同机制,通过建构更多观察、体验、参与的方式进行公民法治教育途径的创新,以提高教育实效,并采取"唤醒公民主体意识—养成公民守法习惯—社会保障公民用法"递进式路径。在此机制与具体路径中,公民通过对法律常识、法律制度和法治原则的认知、理解、内化,最终形成法治理念,在生活实践中实现高度行为之治,即信仰和遵守法律,并把遵守法律当作自己的信念。

---

① 江荣荣:《党的领导与全民守法:嵌入机制及其路径优化》,载《大连干部学刊》2019年第6期,第60页。
② 刘振红:《基于人生境界的公民守法四层次说》,载《山东社会科学》2019年第1期,第115页。

(一)唤起公民的主体意识

唤起公民的主体意识是公民有效守法的首要环节。"公民的主体意识又称为公民意识,是指公民个人对自己在国家中的政治地位和法律地位的自我认识,是公民主体性的具体表现。"①在此主体意识下,公民对于自己的法律权利以及与自己法律权利相对应的他人的法律权利都应当予以平等的承认、尊重、保护。其重要意义在于:首先,公民的主体意识影响法律平等价值的实现。平等原则是所有法律的原则,并规定了大量的法律权利和法律义务,公民具备主人翁意识就会积极地行使法律权利、履行法律义务。其次,公民的主体意识影响防范化解社会风险的广度和效果。社会治理依赖群众参与,这与国家信访局倡导的"将矛盾纠纷化解在基层、化解在萌芽状态"②具备高度一致性。该措施能使基层矛盾纠纷无法升级为社会风险,还可能会化解其他类型的社会风险。

(二)建构有利公民守法习惯养成的机制

公民守法习惯的养成机制是公民有效守法的主体部分。在具体的守法实践中,如前述论及的,守法的主体包括一般领导干部、公民、企业主体等。不同的守法主体,对其守法的强度和内容也是不同的。对于一般公民来说,守法不应成为个别现象,而是应当内化为习惯,否则法律也只能成为一纸空文。对于党员及领导干部来说,守法应当成为典范,以供全社会成员学习。针对两类主体的不同守法强度,重庆市出台了不同的公民守法习惯养成机制。对于一般公民,就是前述提及的重庆市在《中共重庆市委宣传部、重庆市司法局关于开展法治宣传教育的第八个五年规划(2021—2025年)》中明确"推动实践养成",要求把提升公民法治素养与推进依法治理等实践活动有机结合,注重把矛盾纠纷化解等法治实践活动变成提升当事人法治素养的过程。③ 对于党员及领导干部,重庆市在《重庆市〈法治中国建设规划(2020—2025年)〉实施方案》中出台相应的

---

① 梅萍:《论公民的主体意识与现代公民教育机制》,载《中南民族大学学报(人文社会科学版)》2005年第4期,第95-96页。
② 《国家信访局:努力将矛盾纠纷化解在基层、化解在萌芽状态》,载央广网。
③ 《关于〈重庆市关于在公民中开展法治宣传教育的第八个五年规划(2021—2025年)(征求意见稿)〉的解读说明》,载重庆市人民政府网。

机制,建立领导干部应知应会法律法规清单制度,完善领导干部法治理论知识考试和旁听庭审制度,把法治素养和依法履职情况纳入考核评价干部的重要内容,全面提高各级领导干部运用法治思维和法治方式深化改革、推动发展、化解矛盾、维护稳定、应对风险能力,绝不允许以言代法、以权压法、逐利违法、徇私枉法。此外,对于企业,也应当养成守法习惯,在前述提及的《中共重庆市委宣传部、重庆市司法局关于开展法治宣传教育的第八个五年规划(2021—2025年)》中,重庆市强调要加强企业主要负责人法治培训,强化企业市场主体责任,规范企业管理标准,依法防范市场风险。公民守法习惯的养成机制的最终目的在于提高公民对法律法规的知晓度、法治精神的认同度、法治实践的参与度,增强全社会尊法、守法、用法的自觉性和主动性,深入推进多层次多领域依法治理,改善全社会办事依法、遇事找法、解决问题用法、化解矛盾靠法的法治环境。因此,公民守法习惯的养成机制,是推进有效守法的主体工程,具有重要的实践意义。

(三)创设公民用法的社会条件

创设公民用法的社会条件是公民有效守法的外在保障部分。党的十七大报告明确提出:"深入开展法制宣传教育,弘扬法治精神,形成自觉学法守法用法的社会氛围。"其中谈到了"公民用法"的概念。"所谓'公民用法',是指公民作为社会个体对有关国家法律和法规予以有意识运用的行为。'公民用法'从其实质看,所反映的是公民与法的关系乃至于公民与政府的关系。"[①]在公民与法抑或是公民与政府之间的博弈关系中,公民通过使用法律表达或者实现其合理诉求,法或者政府在这个过程中得到了优化和升级。所以重庆市委、市政府应当竭力为公民提供更多用法的社会条件:首先,应当确认公民用法有选择权。一直以来政府对"守法"概念的狭隘理解,导致公民只是法律的遵守者。但是应当肯定的是,公民适用法律规则维护自身合法权益,才是现代法治的题中应有之义。所以,政府首先应当转换理念,培育公民办事依法、遇事找法、解决问题用法、化解矛盾靠法的自觉性,应当肯定公民在法律限度内解决纠纷的

---

① 关保英:《"公民用法"问题研究》,载《东方法学》2010年第5期,第8页。

选择权，不能胡乱干涉。其次，应当为公民提供社区律师。目前重庆市仅有少量的社区配备了社区律师，例如某些区与律师事务所开展了合作，由该所的律师进社区提供法律咨询、普法宣传，为老百姓化矛盾、解难题。但是这种"松散的联盟"极容易缺乏实质性作用，因为律师事务所毕竟是以盈利为目的的，因此应当实现专职社区律师长效服务机制全覆盖，以此打通公共法律服务的最后一公里。最后，应当拓宽公民获取法律的途径。目前来看，重庆市各区都有相应的普法措施，但仍然存在阶段性、缺少目标受众分析、普法途径单一等问题，甚至还有"运动式治理"的现象。因此，重庆市政府应当尽可能地扩大公民对法律的"接触面"，切实为公民有效守法搭建平台或提供帮助。

参考文献

一、中文著作

[1]中共中央党史和文献研究院编:《习近平关于防范风险挑战、应对突发事件论述摘编》,中央文献出版社2020年版。

[2]中共中央党史和文献研究院编:《习近平关于总体国家安全观论述摘编》,中央文献出版社2018年版。

[3]中共中央文献研究室编:《十五大以来重要文献选编》(上),中央文献出版社2011年版。

[4]中共中央文献研究室编:《十八大以来重要文献选编》(上),中央文献出版社2014年版。

[5]中共中央文献研究室编:《十八大以来重要文献选编》(中),中央文献出版社2016年版。

[6]中共中央党史和文献研究院:《十八大以来重要文献选编》(下),中央文献出版社2018年版。

[7]中共中央党史和文献研究院、中央"不忘初心、牢记使命"主题教育领导小组办公室编:《习近平关于"不忘初心、牢记使命"论述摘编》,中央文献出版社、党建读物出版社2019年版。

[8]《习近平谈治国理政》(第一卷),外文出版社2014年版。

[9]《习近平谈治国理政》(第二卷),外文出版社

2017年版。

［10］《习近平谈治国理政》(第三卷),外文出版社2020年版。

［11］顾镜清等:《风险管理——理论与实务》,中国国际广播出版社1993年版。

［12］尤国珍:《中外比较视域下意识形态安全与首善之区建设》,知识产权出版社2018年版。

［13］靳辉明、李崇富主编:《马克思主义若干重大问题研究》,社会科学文献出版社2011年版。

［14］白智立:《改革开放以来的中国国家治理模式及改革》,广东人民出版社2018年版。

［15］颜晓峰:《坚持底线思维——着力防范化解重大风险》,人民东方出版传媒、东方出版社2019年版。

［16］重庆社会科学院、重庆市人民政府发展研究中心编:《重庆蓝皮书——2019年中国重庆发展报告》,重庆出版集团、重庆出版社2019年版。

［17］秦启文等:《突发事件的预防与应对》,新华出版社2008年版。

［18］李松:《中国社会病》,华夏出版社2013年版。

［19］童小平、肖鼎光、张巍、孟东方等:《"一带一路"和长江经济带建设中的重庆思考》,西南师范大学出版社2018年版。

［20］董正爱:《风险与回应:城乡环境风险协同共治法律研究》,中国社会科学出版社2018年版。

［21］何向东:《逻辑学概论》,重庆出版社1985年版。

［22］马俊峰:《马克思主义价值理论研究》,北京师范大学出版社2012年版。

［23］李德顺:《价值论:一种主体性的研究》(第3版),中国人民大学出版社2020年版。

［24］童星、张海波等:《中国转型期的社会风险及识别——理论探讨与经验研究》,南京大学出版社2007年版。

［25］侯娜、池志培:《总体国家安全观研究新探》,中国商务出版社2020年版。

[26]陆学艺:《社会建设论》,社会科学文献出版社2012年版。

[27]曾俊等:《坚持和加强党的全面领导研究》,人民出版社2019年版。

[28]肖子良:《中国共产党防范执政风险研究》,中国社会科学出版社2018年版。

[29]黄相怀:《牢记使命:中国共产党为什么能砥砺奋进》,中国人民大学出版社2018年版。

[30]吴海江:《以人民为中心的发展思想研究》,人民出版社2019年版。

[31]于永达、阮青、马彦涛:《新时代党政干部必须增强八大本领》,中共中央党校出版社2019年版。

[32]刘丹、何隆德主编:《防范化解重大风险研究》,国家行政管理出版社2020年版。

[33]王浦劬主编:《政治学基础》,北京大学出版社1995年版。

[34]高芙蓉编著:《突发公共事件应急管理》,经济科学出版社2014年版。

[35]王天一:《人工智能革命:历史、当下与未来》,北京时代华文书局出版社2017年版。

[36]2004—2008年《中国社会形势分析与预测》,社会科学文献出版社,共5本。

[37]中国人民大学危机管理研究中心、唐钧主编:《风险评估与危机预警报告(2015~2016)》,社会科学文献出版社2016年版。

[38]《运筹学》教材编写组编:《运筹学》(修订版),清华大学出版社1990年版。

[39]《马克思恩格斯全集》(第一卷),人民出版社1956年版。

[40]《马克思恩格斯选集》(第一卷),人民出版社2012年版。

[41]《毛泽东选集》(第二卷),人民出版社1991年版。

[42]《毛泽东文集》(第八卷),人民出版社1999年版。

[43]《江泽民文选》(第三卷),人民出版社2006年版。

[44]《胡锦涛文选》(第二卷),人民出版社2016年版。

[45]《牛津大学英语词典》,上海译文出版社2005年版。

[46]中国社会科学院语言研究所词典编辑室编:《现代汉语词典》(第7版),商务印书馆2016年版。

[47]张志伟:《西方哲学十五讲》,北京大学出版社2004年版。

[48]李航:《我国转型期弱势群体社会风险管理探析》,西南财经大学出版社2007年版。

二、报纸、期刊

[1]《习近平主持召开经济社会领域专家座谈会强调:着眼长远把握大势开门问策集思广益　研究新情况作出新规划》,载《人民日报》2020年8月25日。

[2]《陈敏尔在全市宣传思想工作会议上强调:守正创新　凝心聚力　不断谱写宣传思想工作新篇章》,载《重庆日报》2018年9月30日。

[3]《中共中央关于全面深化改革若干重大问题的决定》,载《人民日报》2013年11月16日。

[4]《准确把握国家治理现代化——二论学习贯彻习近平在省部级专题研讨班重要讲话》,载《人民日报》2014年2月20日。

[5]《去年全国居民对社会治安的满意度达83.6%》,载《人民日报》2021年1月22日。

[6]段树军:《为什么说中国特色社会主义新时代是我国发展新的历史方位——访中共中央党校(国家行政学院)经济学部教授李鹏》,载《中国经济时报》2021年11月24日。

[7]姚桓:《深刻理解坚持和加强党的全面领导》,载《人民日报》2017年12月15日。

[8]赵振宇:《保障人民参加国家和社会治理》,载《人民日报》2020年1月15日。

[9]黄光红:《重庆防范化解金融风险成效明显》,载《重庆日报》2019年5月13日。

[10]董振华:《全面提升防范化解重大风险的能力》,载《学习时报》2020年5月29日。

[11]《善用法治方式化解社会风险》,载《深圳特区报》2016年9月6日。

[12]王利明:《人工智能对民法的挑战》,载《中国城市报》2017年9月11日。

[13]刘作翔:《"类案同判"是维护法制统一的法治要求》,载《人民法院报》2020年10月20日。

[14]习近平:《全国提高依法防控依法治理能力,健全国家公共卫生应急管理体系》,载《求是》2020年第5期。

[15]国务院发展研究中心"经济转型期的风险防范与应对"课题组:《打好防范化解重大风险攻坚战:思路与对策》,载《管理世界》2018年第1期。

[16]崔德华:《习近平风险防范观的形成脉络与价值意蕴》,载《中国石油大学学报(社会科学版)》2021年第5期。

[17]周振超、李英:《行动者视角下的地方性法规从"有"转"优"的实施路径》,载《中共福建省委党校学报》2016年第4期。

[18]邹东升、张力:《"一带一路"背景下中欧班列货物安全警务合作机制构建》,载《公安学研究》2019年第3期。

[19]钟飞腾:《中国周边安全环境:分析框架、指标体系与评估》,载《国际安全研究》2013年第4期。

[20]何振、蒋纯纯:《总体国家安全观下的国民安全感危机与治理》,载《城市学刊》2018第6期。

[21]马宝成:《全面践行总体国家安全观 着力防范化解重大风险》,载《行政管理改革》2019第4期。

[22]闪淳昌:《坚持总体国家安全观 防范化解社会领域重大风险》,载《劳动保护》2019第4期。

[23]孙东方:《坚持总体国家安全观 防范化解重大风险》,载《中国党政干部论坛》2020年第5期。

[24]权衡、罗海蓉:《"中等收入陷阱"命题与争论:一个文献研究的视角》,载《学术月刊》2013年第11期。

[25]江时学:《真的有"中等收入陷阱"吗》,载《世界知识》2011年第

7期。

[26]王笑楠、王喜成:《"三大陷阱""两个事件"给领导干部的考验和启示》,载《领导科学》2019年第15期。

[27]郭晓亭、蒲勇健、林略:《风险概念及其数量刻画》,载《数量经济技术经济研究》2004年第2期。

[28]刘崇顺:《构建和谐社会的制约因素和主要途径》,载《武汉学刊》2005年第3期。

[29]张海波:《社会风险研究的范式》,载《南京大学学报(哲学·人文学科·社会科学)》2007年第2期。

[30]吴世坤、郭春甫:《社会重大风险起源、界定与防范化解》,载《社会治理》2019年第5期。

[31]吴忠民:《现阶段中国的社会风险与社会安全运行——当前中国重大问题研究报告之一》,载《科学社会主义》2004年第5期。

[32]李雪峰:《防范化解社会领域重大风险的若干思考》,载《行政管理改革》2019年第4期。

[33]张国伟:《时代变迁与历史唯物主义的新阐释》,载《湖北经济学院学报(人文社会科学版)》2020年第12期。

[34]张彦:《论质变的渐进方式与高级方式》,载《江苏社会科学》1997年第3期。

[35]李琼:《特大城市社会稳定风险识别与治理——基于上海市Z"城中村"动迁事件的调查分析》,载《同济大学学报(社会科学版)》2018年第6期。

[36]王宏伟:《重大安全风险的内涵与防范化解之道》,载《劳动保护》2019年第3期。

[37]黄庆华、李亚美、周密:《重庆市基层公共卫生人员职业倦怠现状及影响因素分析》,载《重庆理工大学学报(社会科学)》2020年第6期。

[38]文茂伟、倪冰校:《政府购买公共卫生服务的实践探索与优化建议——以重庆市为例》,载《重庆行政(重庆行政)》2015年第5期。

[39]吴心怡、王林生、吴程程:《群体心理理论视角下群体性事件应

对研究》,载《南方论刊》2021年第7期。

[40]贾焕银:《群体性事件特点及其预防机制的完善——基于重庆市124起事件的实证研究》,载《中国人民公安大学学报(社会科学版)》2018年第6期。

[41]吴晶晶:《当前我国意识形态领域的七大错误思潮及其应对》,载《内蒙古师范大学学报(哲学社会科学版)》2019年第6期。

[42]马凤强:《中亚恐怖主义犯罪与中国反恐防范机制构建》,载《新疆社会科学》2014年第6期。

[43]陈文彪:《"一带一路"倡议背景下我国高铁反恐对策研究》,载《铁道警察学院学报》2018年第1期。

[44]付新河:《铁路公安机关应对暴恐犯罪教育训练之策——以现场处置为视角》,载《铁道警察学院学报》2015年第4期。

[45]兰立宏:《中欧班列治安风险防控国际合作策略研究》,载《山东警察学院学报》2019年第3期。

[46]吴心伯:《竞争导向的美国对华政策与中美关系转型》,载《国际问题研究》2019年第3期。

[47]张晓通、许子豪:《"一带一路"海外重大项目的地缘政治风险与应对——概念与理论构建》,载《国际展望》2020年第3期。

[48]翟新、刘城晨:《"一带一路"建设中的东亚安全与合作机制重构》,载《东北亚论坛》2017年第3期。

[49]陈文彪:《"一带一路"倡议背景下国际中欧班列面临风险与对策研究》,载《武警学院学报》2019年第1期。

[50]朱力:《突发事件的概念、要素与类型》,载《南京社会科学》2007年第11期。

[51]孙爱军、刘茂:《公共安全事故风险控制理论研究与实践中的两条线索》,载《中国公共安全(学术版)》2010年第1期。

[52]宋效红:《基于信息技术应用创新的驾驶者交通风险实时预警研究》,载《物流技术》2014年第9期。

[53]杨耀武:《我国道路交通安全风险管理中的政府职责》,载《哈尔滨学院学报》2009年第10期。

［54］董正爱、王璐璐:《迈向回应型环境风险法律规制的变革路径——环境治理多元规范体系的法治重构》,载《社会科学研究》2015年第4期。

［55］刘长坤、陈田、夏以群:《四川、重庆两地未成年人犯罪调研和思考》,载《青少年犯罪研究》2006年第3期。

［56］陈世伟:《变色的青春:青少年"涉黑"犯罪实证研究——基于重庆市的调查》,载《中国青年研究》2010年第12期。

［57］唐如冰、马锐琪、李梦婷:《社区矫正的实践困境与对策研究——以重庆市为例》,载《重庆行政(公共论坛)》2016年第2期。

［58］姚琴、管晓斌:《重庆市毒品犯罪的特点与防治对策探析》,载《法制与社会》2015年第7期。

［59］黄超:《渝东北地区毒品犯罪新趋势及对策研究》,载《湖北警察学院学报》2014年第2期。

［60］唐兴惠、程健:《重庆市长寿区农民工吸毒调查》,载《中国药物滥用防治杂志》2014年第4期。

［61］寇斌:《合理管控劳务用工常见风险》,载《人力资源》2020年第1期。

［62］蒲隆基:《概念在西方逻辑史的发展研究——从西方古代逻辑思想至西方近代逻辑思想》,载《西部学刊》2021年第2期。

［63］欧阳康、孟小非:《社会预警问题的哲学透析:多维内涵、系统结构及其认知发生过程》,载《社会科学文摘》2020年第3期。

［64］冯仕政:《中国信访制度的历史变迁》,载《社会发展研究》2018年第2期。

［65］丁婧祎、赵文武、王军、房学宁:《降水和植被变化对径流影响的尺度效应——以陕北黄土丘陵沟壑区为例》,载《地理科学进展》2015年第8期。

［66］汪新建、张慧娟、武迪、吕小康:《文化对个体风险感知的影响:文化认知理论的解释》,载《心理科学进展》2017年第8期。

［67］郑旭涛:《总体国家安全观:新时代中国国家治理的重要指导思想》,载《学习与探索》2020年第1期。

[68]江锡华:《总体国家安全观大格局思维分析》,载《毛泽东邓小平理论研究》2020年第5期。

[69]温志强、李永俊:《国家重大安全风险化解的理论逻辑与实践路径》,载《江淮论坛》2020年第1期。

[70]孙蚌珠:《在辩证把握"两个大局"中推动中华民族伟大复兴》,载《中国党政干部论坛》2020年第10期。

[71]阮宗泽:《"百年未有之大变局":五大特点前所未有》,载《世界知识》2018年第24期。

[72]齐卫平、樊士博:《统筹中华民族伟大复兴战略全局和世界百年未有之大变局的战略意蕴》,载《思想理论教育》2021年第2期。

[73]李建伟:《总体国家安全观的理论要义阐释》,载《政治与法律》2021年第10期。

[74]胡洪彬:《中国共产党防范化解重大风险的百年历程、经验及启示》,载《理论探索》2021年第2期。

[75]朱永刚:《新时代中国共产党防范化解重大风险研究》,载《学术探索》2021年第1期。

[76]胡洪彬:《民主革命时期中国共产党防范和化解重大风险的历程与经验》,载《中国浦东干部学院学报》2020年第4期。

[77]刘蔚:《新中国成立初期毛泽东防范化解重大风险的基本战略及其启示》,载《毛泽东研究》2020年第3期。

[78]苗遂奇:《不忘初心、牢记使命的时代价值》,载《红旗文稿》2018年第2期。

[79]朱亮高:《不忘初心、牢记使命、永远奋斗——中国共产党永远年轻的"法宝"》,载《红旗文稿》2021年第4期。

[80]冯灵芝:《中国共产党初心使命的百年发展逻辑与历史经验》,载《南京社会科学》2020年第10期。

[81]魏继昆:《习近平关于新时代中国共产党抵御重大风险的思想论析》,载《社会主义研究》2019年第1期。

[82]秦培涛、黄志高:《习近平新时代防范化解重大风险的方法论思想探析》,载《深圳社会科学》2020年第3期。

[83]赵颖、孙正:《关于防范化解重大风险战略框架的思考:认知与对策》,载《北京交通大学学报(社会科学版)》2020年第4期。

[84]崔德华:《习近平关于风险防范重要论述的基本内涵及时代特征》,载《治理现代化研究》2020年第2期。

[85]谭波:《权责统一:责任型法治政府建设的基本思路》,载《西北大学学报(哲学社会科学版)》2020年第4期。

[86]梁栋:《责任机制与提高政府执行力》,载《东岳论丛》2011年第5期。

[87]严书翰:《深刻领会扎实贯彻习近平防范化解重大风险重要论述》,载《中共福建省委党校(福建行政学院)学报》2020年第2期。

[88]岳宗强:《领导干部防范化解重大风险的责任担当及路径建构》,载《大庆社会科学》2020年第2期。

[89]冯志峰、万华颖:《打好防范化解重大风险的主动战攻坚战持久战》,载《理论学刊》2020年第2期。

[90]王宜科、董振华:《习近平关于防范化解重大风险重要论述阐释》,载《学习与实践》2021年第3期。

[91]吴祖清、张莉彬:《提升领导干部防范化解重大风险能力探析》,载《探求》2020年第3期。

[92]姚亮:《现阶段中国社会风险的形成机理探析》,载《学习与实践》2011年第8期。

[93]周彬:《网络场域:网络语言、符号暴力与话语权掌控》,载《东岳论丛》2018年第8期。

[94]潘斌:《社会风险何以形成——一个实践生成论的进路考察》,载《求索》2010年第10期。

[95]翟运开:《基于知识转移的合作创新风险传导研究》,载《武汉理工大学学报(社会科学版)》2007年第6期。

[96]刘晋:《"社会风险—公共危机"演化逻辑下的应急管理研究》,载《社会主义研究》2013年第6期。

[97]刘彬:《突发性事件、社会风险和公共危机的逻辑演进研究》,载《晋阳学刊》2009年第5期。

［98］张海波、童星:《公共危机治理与问责制》,载《政治学研究》2010年第2期。

［99］闻言:《问责风暴刮向中国政坛》,载《经济论坛》2005年第1期。

［100］滕五晓:《公共安全管理中地方政府的责任及其作用——以重庆市开县井喷事故灾害为例》,载《社会科学》2005年第12期。

［101］姜玉欣:《风险社会与社会预警机制——德国社会学家贝克的"风险社会"理论及其启示》,载《理论学刊》2009年第8期。

［102］方世南、韦锋:《安全发展与政府责任》,载《学习论坛》2008年第10期。

［103］侯书和、张子礼:《风险社会中政府的安全责任及其制度保障》,载《行政论坛》2011年第3期。

［104］周文彰、鲁彦平:《提高风险社会治理水平的三个维度》,载《社会治理》2018年第11期。

［105］陈宝明:《高度警惕并有效防范化解科技领域重大风险》,载《中国党政干部论坛》2019年第3期。

［106］黄元丰、张美琴:《社会主义和谐社会构建中社会风险治理机制的优化》,载《中共南昌市委党校学报》2014年第6期。

［107］何荣功:《社会治理"过度刑法化"的法哲学批判》,载《中外法学》2015年第2期。

［108］石魏、李俊晔:《醒不来的"醉驾" 醉驾入刑十年,危险驾驶罪不降反升》,载《法人》2021年第5期。

［109］于文轩、牟桐:《论环境民事诉讼中"重大风险"的司法认定》,载《法律适用》2019年第14期。

［110］洪延青:《人脸识别技术的法律规制研究初探》,载《中国信息安全》2019年第8期。

［111］林凌、贺小石:《人脸识别的法律规制路径》,载《法学杂志》2020年第7期。

［112］彭峰:《环境法中"风险预防"原则之再探讨》,载《北京理工大学学报(社会科学版)》2012年第2期。

［113］李笑语:《当前公民个人信息安全问题及防范措施》,载《网络安全技术与应用》2021年第9期。

［114］俞可平:《没有法治就没有善治——浅谈法治与国家治理现代化》,载《马克思主义与现实》2014年第6期。

［115］张文显:《法治与国家治理现代化》,载《中国法学》2014年第4期。

［116］钟雯彬:《以底线思维理念主导〈突发事件应对法〉修改》,载《中国应急管理科学》2020年第6期。

［117］刘小冰:《以紧急状态法为重心的中国应急法制体系的整体重构》,载《行政法学研究》2021年第2期。

［118］黄英君:《公共管理视域下的社会风险管理体系培育:战略、逻辑与分析框架》,载《行政论坛》2018年第3期。

［119］马怀德、汤磊:《总体国家安全观视角下的公共应急管理法治化》,载《社会治理》2015年第3期。

［120］王灵桂:《聚焦当今世界大变局 化解外部环境风险》,载《旗帜》2019年第4期。

［121］骆正林:《网络突发事件舆情应对的经验与反思》,载《同济大学学报(社会科学版)》2014年第1期。

［122］龙飞:《多元化纠纷解决机制立法的定位与路径思考——以四个地方条例的比较为视角》,载《华东政法大学学报》2018年第3期。

［123］王兆秋、王君宏:《重庆:地方性法规清理新动》,载《中国人大》2013年第21期。

［124］周隆基:《我国行政规章立法后评估标准研究》,载《人民论坛》2020年第33期。

［125］严存生:《法的合法性问题研究》,载《法律科学(西北政法学院学报)》2002年第3期。

［126］牟效波、肖泽晟:《行政立法的实体合法性要件再探讨》,载《南京社会科学》2021年第5期。

［127］陈忠林:《"常识、常理、常情":一种法治观与法学教育观》,载《太平洋学报》2007年第6期。

[128]江国华:《行政立法的合法性审查探析》,载《武汉大学学报(哲学社会科学版)》2007年第5期。

[129]宋才发:《地方立法的基本程序及功能研究》,载《河北法学》2021年第3期。

[130]王瑞全:《重庆城乡统筹发展模式探析》,载《重庆社会科学》2008年第2期。

[131]蒋小浪、张磊、许观玉、蔡琴:《重庆市统筹城乡战略思路及成效分析》,载《重庆工商大学学报(西部论谈)》2008年第6期。

[132]刘君德:《中国直辖市制度辨析与思考》,载《江汉论坛》2006年第5期。

[133]张利平:《论社会保障中的政府责任》,载《新视野》2005年第2期。

[134]王春晖:《我国〈数据安全法〉十大亮点解析》,载《中国电信业》2021年第9期。

[135]颜瑾瑾:《大数据时代更需法律约束》,载《人民论坛》2018年第18期。

[136]马长山:《人工智能的社会风险及其法律规制》,载《法律科学(西北政法大学学报)》2018年第6期。

[137]雷磊:《指导性案例法源地位再反思》,载《中国法学》2015年第1期。

[138]聂友伦:《司法解释场域的"央地矛盾"及其纾解——以"地方释法"为中心的分析》,载《法律科学(西北政法大学学报)》2021年第1期。

[139]刘克毅:《论人民法院指导性案例形成机制》,载《法律科学(西北政法大学学报)》2018年第6期。

[140]贺小荣:《法律适用分歧的解决方式与制度安排》,载《人民司法》2019年第31期。

[141]曹士兵、韩煦:《〈关于建立法律适用分歧解决机制的实施办法〉的理解与适用》,载《人民司法》2020年第1期。

[142]黄晓云:《脚踏实地　总结提高　努力推进人民法院审判管理

再上新台阶——访最高人民法院审判管理办公室主任周建平》,载《中国审判》2012年第7期。

[143]彭中礼:《最高人民法院"指导意见"研究》,载《法学》2021年第7期。

[144]赵冰:《创新基层法院法官教育培训体系》,载《中共山西省委党校学报》2014年第4期。

[145]周继东:《深化行政执法体制改革的几点思考》,载《行政法学研究》2014第1期。

[146]徐丽碧:《行政规定在行政诉讼中的审查与适用》,载《厦门大学法律评论》2014年第1期。

[147]王万华:《我国行政法法典编纂的程序主义进路选择》,载《中国法学》2021年第4期。

[148]中国行政管理学会课题组:《我国转型期群体性突发事件主要特点、原因及政府对策研究》,载《中国行政管理》2002年第5期。

[149]应松年:《加快法治建设促进国家治理体系和治理能力现代化》,载《中国法学》2014年第6期。

[150]邓伟志:《关于社会风险预警机制问题的思考》,载《社会科学》2003年第7期。

[151]吴传毅:《法治政府建设的多维审视》,载《行政论坛》2019年第3期。

[152]徐汉明、邵登辉:《新时代依法防范化解重大风险挑战的行动指南——学习"习近平依法防范化解重大风险挑战论述"的体会》,载《法制与社会发展》2021年第1期。

[153]桂维民、杨乃定、姜继娇:《加拿大政府集成风险管理模式及借鉴研究》,载《中国科技论坛》2004年第3期。

[154]朱正威、刘泽照、张小明:《国际风险治理:理论、模态与趋势》,载《中国行政管理》2014年第4期。

[155]王能东:《"自反性现代性"理论述评》,载《国外理论动态》2009年第7期。

[156]林育均:《重庆市人民政府关于我市社区矫正工作情况的报

告》，载《重庆市人民代表大会常务委员会公报》2017 年第 4 号。

［157］杨雪冬：《全球化、风险社会与复合治理》，载《马克思主义与现实》2004 年第 4 期。

［158］丁烈云、何家伟、陆汉文：《社会风险预警与公共危机防控：基于突变理论的分析》，载《人文杂志》2009 年第 6 期。

［159］曾永泉、张鹏：《基于综合评估法的社会风险预警指标体系建构》，载《现代管理科学》2007 年第 12 期。

［160］龚怀林：《公民守法道德的向度及其养成》，载《安徽农业大学学报（社会科学版）》2013 年第 6 期。

［161］江荣荣：《党的领导与全民守法：嵌入机制及其路径优化》，载《大连干部学刊》2019 年第 6 期。

［162］刘振红：《基于人生境界的公民守法四层次说》，载《山东社会科学》2019 年第 1 期。

［163］梅萍：《论公民的主体意识与现代公民教育机制》，载《中南民族大学学报（人文社会科学版）》2005 年第 4 期。

［164］关保英：《"公民用法"问题研究》，载《东方法学》2010 年第 5 期。

三、学位论文

［1］尹建军：《社会风险及其治理研究》，中共中央党校 2008 年博士学位论文。

［2］马步云：《现代化风险初探》，复旦大学 2006 年博士学位论文。

［3］王志雄：《法治化视野下重庆信访工作优化研究》，西南大学 2019 年硕士学位论文。

［4］黄会杰：《重庆市区域性暴雨危险度与灾情综合评估研究》，西南大学 2018 年硕士学位论文。

［5］石佳佳：《涪陵区肇事肇祸精神病人行政管控问题调研报告》，西南政法大学 2014 年硕士学位论文。

［6］许身健：《刑事程序现代性研究——刑事法治秩序的建构》，中国政法大学 2004 年博士学位论文。

[7]马步云:《现代化风险初探》,复旦大学2006年博士学位论文。

[8]李永利:《中国社会风险预警机制研究》,西南财经大学2011年硕士学位论文。

[9]李仲仕:《我国信托业风险缓冲机制研究》,苏州大学2007年硕士学位论文。

[10]郭清梅:《行政规定规制研究》,华东政法大学2012年博士学位论文。

四、译著

[1][美]富勒:《法律的道德性》,郑戈译,商务印书馆2005年版。

[2][德]哈贝马斯:《交往与社会进化》,张博树译,重庆出版社1989年版。

[3][澳]尼尔·甘宁汉:《执法与守法策略》,载[英]罗伯特·鲍德温、马丁·凯夫、马丁·洛奇编:《牛津规制手册》,宋华琳、李鸻、安永康、卢超译,宋华琳校,上海三联书店2017年版。

[4][美]约翰·马尔科夫:《人工智能简史》,郭雪译,浙江人民出版社2017年版。

[5][英]詹姆斯·柯兰、娜塔莉·芬顿、德斯·弗里德曼:《互联网的误读》,何道宽译,中国人民大学出版社2014年版。

[6][荷]尤瑞恩·范登·霍文、[澳]约翰·维克特主编:《信息技术与道德哲学》,赵迎欢、宋吉鑫、张勤译,科学出版社2014年版。

[7][美]弗朗西斯·福山:《我们的后人类未来:生物技术革命的后果》,黄立志译,广西师范大学出版社2017年版。

[8][德]乌尔里希·贝克,[英]安东尼·吉登斯、斯科特·拉什:《自反性现代化——现代社会秩序中的政治、传统与美学》,赵文书译,商务印书馆2014年版。

五、外文文献

[1] J. S. Rosenbloom, *A Case Study in Risk Management*, Prentice Hall, 1972.

[2] F. G. Crane, *Insurance Principles and Practices*. 2*nd ed*, New York: Wiley, 1984.

[3] M. Thompson & A. Wildavsky, *A Proposal to Create a Cultural Theory of Risk*, in H. C. Kunreuther and E. V. Ley, eds. , The Risks Analysis Controversy: An Institutional Perspective, New York: Springer-Verlag, 1982:148.

[4] Uriel Rosenthal, *Coping with Crises: The Management of Disasters, Riots, and Terrorism*, Spring field, IL: Charles C. Thomas, 19.

后 记

《重大社会风险的防范化解对策及其法治保障研究——以重庆实践为视角》,是重庆市教育委员会2019年人文社科重大项目"重庆防范和化解重大社会风险研究"(项目编号:19SKZDZX16)的主要成果。在新时代背景下,基于各种新情况的影响,社会中的新问题逐渐显现,各种社会风险不断被诱发,影响了社会的稳定和发展,也为政府提高治理能力和公共事务管理能力带来了新的挑战。自党的十八大以来,习近平多次强调要增强忧患意识、坚持底线思维、防范化解重大风险。在党的十九大报告中,"防范化解重大风险"在三大攻坚战中更是居于首位。可见,防范化解重大风险已是国家保持经济持续健康发展和社会大局保持稳定的重要战略。

重庆市社会治理中的各个领域均面临着各种挑战,当然也包括面临重大社会风险的挑战。从重大社会风险层面看,重庆市的总体形势是好的,但面临的风险问题也不容忽视,这些问题包括危及生命与健康、侵害群众财产安全、影响人居环境、自然灾害、各类违法/犯罪,等等。为了增强重庆市人民群众的安全感和幸福感,解决好重庆市人民群众的切身利益问题,推进重庆市社会治理能力和治理体系现代化,所以构建防范化解重大社会风险的机制是很有必要的。这就要求坚持底线思维,认真研判、精准防范、有效化解政治、意识形态、经济、科技、生态、社会、党的建设等领域的重大社会风险。另外,防范化解重大风险是一种国家权力运行的行为,其运作应当遵循法治原则。从这个层面看,遵守法治便是防范化解和应急这三道防线之外的"第四道"防线。

课题内容较为宏大且涉及面广。整体看,课题主要涉及四个方面的内容:一是重庆防范化解重大社会风险的意义和根据。该部分内容主要是结合习近平和党中央关于防范化解重大风险的论述和基本国策,以重庆市的情况为研究对象,深度分析了重庆防范化解重大风险必要性、急迫性、重大意义及面临的严重危机。二是根据重庆具体情况,构建相应的风险预警指标体系。具体内容方面涉及重庆重大社会风险的主要类型、各类型的特征,根据这些类型、特征等提炼出了重庆市重大社会风险方面需要重视的领域和各种影响因素,分析了重庆建构风险指标体系的原则、重大社会风险指标体系的组成及主要的一级指标、二级指标等。在此基础上,建构出以重庆实践为根据的重大社会风险预警指标体系。三是根据重大社会风险的演化生成过程,提出了构建"分时段"和依靠"一切力量"的重大社会风险防范化解和应急处置机制。在这部分内容中,主要分析了防范阶段、化解阶段、应急阶段的对策,且这些对策成为了重大社会风险管理的三道防线,极具实践意义。四是针对重庆市防范化解重大社会风险中的法治风险,提出把依法防范化解重大社会风险作为第四道防线。从具体内容来看,分析了重庆防范化解重大社会风险时,在立法、司法、执法等方面存在的风险,立法、司法、执法为防范化解重大社会风险提供法治依循的举措和成果。

自课题立项之后,课题组就展开了全方位的研究。非常感谢西南政法大学行政法学院院长谭宗泽教授、法学院副院长张吉喜教授的倾力支持,同时作为子课题负责人领衔该课题研究,对课题的完成发挥了重要作用。课题组成员南京财经大学法学院席若副教授、成都铁路运输中级法院刘佳佳、西南政法大学国家安全学院佘杰新副教授等均认真参与并付出了宝贵的时间。其中,前言、第一章、第二章由姜敏、郝煜洋、张坤龙等人完成;第三章由冯迎港、郝煜洋、赖佳敏、周妮等人在佘杰新老师的指导下完成;第四章由刘佳佳独立完成;第五章由席若老师独立完成;第六章由姜敏、郝煜洋、曾云菲、冯迎港完成。同时,湖南工商大学公共管理学院张慧副研究员也参与了课题,且针对前言、第一章、第六章的资料收集等工作,付出了努力;福建警察学院的孔庆梅老师参与了第二章的资料搜集、分析、整理;西南政法大学政治与公共管理学院类延村教授、金莹教授为课题研究提供了宝贵的资料。最终的统稿、修改、定稿由姜敏完成。课题立项后,虽遇到了重重困难,但整个课题组克服各种困难,最终保证了课题完成。对此,非常感谢课题组各位成员的辛苦付出。

诸多专家和学者也付出了很多心血,提供了宝贵的智识。首先,感谢刑法学专家徐立教授对课题的指导。徐立教授不仅是具有声望的刑法学专家,还是优秀的行政管理者,拥有丰富的重大课题研究及主持经验。在课题研究过程中,徐立教授给予了很大支持,提供了很多宝贵的经验。其次,感谢中期开题的专家组。课题组于2020年6月10日进行了开题,周尚君教授(主持人)、邹东升教授、朱颖教授、周燕教授、彭国萍庭长、张程处长等,对课题的结构、内容、既有研究等提出了宝贵的意见。最后,感谢结题时的专家验收组。经过近3年的时间,课题的研究工作基本完成。2022年7月16日,课题组邀请专家组进行了结项验收。参与验收的专家有西南政法大学党委常委、副校长岳彩申教授(组长),重庆市教育委员会副总督学、督导室主任、重庆市人民政府教育督导室副主任吴边,重庆市检察院第一分院法律政策研究室主任曹忠鲁,西南政法大学政治与公共管理学院副院长邹东升教授,西南政法大学朱颖教授,西南大学诸彦含教授。各位专家冒着酷暑参与课题验收,针对课题内容等提出了宝贵的修改意见,对课题内容的完善起到了重要作用。还需要特别感谢的是邹东升教授,他不仅参与了开题和课题结项验收,而且在课题研究和专著修改过程中,帮助课题组到实务部门进行咨询,对专著的提纲、内容、最终定稿等,多次非常耐心地予以帮助,并提出宝贵意见,对课题的完成付出了大量心血。此外,西南政法大学政治与公共管理学院郭春甫教授,为完成第四章的专家调查部分,也付出了巨大心血。

21世纪是一个充满机遇与挑战的时代,社会在发展与进步的同时,也有许多潜在的风险,因此如何防范化解社会风险已然成为了重要命题。就重庆市而言,重庆市重大社会风险的治理,特别是要下大气力解决好人民群众切身利益问题,全面做好就业、教育、社会保障、医药卫生、食品安全、生产安全、社会治安、住房市场调控等各方面的风险防控,才能不断增加重庆人民群众的获得感、幸福感、安全感,更有利于促进重庆市更好的发展。